Berger | Fuchs

Einführung in die HOAI
Basiswissen Architektenrecht

EINFÜHRUNG IN DIE
HOAI
BASISWISSEN ARCHITEKTENRECHT

Rechtsanwalt Dr. Andreas Berger
Fachanwalt für Bau- und Architektenrecht

Rechtsanwalt Dr. Heiko Fuchs
Fachanwalt für Bau- und Architektenrecht

Werner Verlag 2009

Zitiervorschlag: Berger/Fuchs, HOAI, Rdn. 26

Bibliografische Information der Deutschen Nationalbibliothek
Die Deutsche Nationalbibliothek verzeichnet diese Publikation in der Deutschen Nationalbibliografie; detaillierte bibliografische Daten sind im Internet über http://dnb.d-nb.de abrufbar.

ISBN 978-3-8041-5196-3

www.wolterskluwer.de
www.werner-verlag.de

Umschlagkonzeption: futurweiss kommunikationen, Wiesbaden
Satz: Satz-Offizin Hümmer GmbH, Waldbüttelbrunn
Druck und Weiterverarbeitung: Wilhelm & Adam OHG, Heusenstamm

Gedruckt auf säurefreiem, alterungsbeständigem und chlorfreiem Papier.

Vorwort zur 1. Auflage

Fast zeitgleich zum Inkrafttreten der HOAI 2009 am 18.08.2009 haben wir das Manuskript zur Erstauflage der »Einführung in die HOAI – Basiswissen Architektenrecht« fertig gestellt und können unseren Lesern auf diese Weise einen hochaktuellen Überblick über die Neuregelungen verschaffen. Da wir den über weite Strecken zähen und zum Schluss unnötig hektischen Reformprozess der vergangenen Jahre aufmerksam verfolgt haben und viele Prinzipien der Vorgängerfassung der HOAI, die uns in der Beratungspraxis täglich beschäftigt haben, beibehalten wurden, waren wir trotz der kurzen Zeitspanne, die der nun in Kraft getretene Entwurf den beteiligten Kreisen bekannt war, in der Lage, praxistaugliche Aussagen zu allen wesentlichen auf den ersten Blick unklaren oder widersprüchlichen Neuregelungen der HOAI 2009 zu formulieren.

Doch unser Buch stellt nicht nur diese Neuregelungen dar, es ist auch und gerade für diejenigen Leser konzipiert, die bislang noch keine Berührung mit der HOAI hatten. Darum steht auch das Honorarrecht im Mittelpunkt unserer Darstellungen, erweitert um wichtige Hinweise zur Vertragsgestaltung und zu anderen Bereichen des Architektenrechts. Denn wir wollen unserem Leser ein kleines Kompendium zu allen wichtigen Rechtsfragen seiner täglichen Berufspraxis als Architekt oder im Umgang mit Architekten an die Hand geben.

Die Rechtsprechung und Literatur des Buches sind auf dem Stand August 2009. Zu Beginn des Buches haben wir die aus unserer Sicht wichtigsten fünf Urteile des Jahres 2009 zum Architektenrecht aufgeführt und kurz kommentiert. Da wir die Einführung regelmäßig überarbeiten und aktualisieren werden, freuen wir uns schon jetzt auf Ihre Kritik oder Anregungen.

Mönchengladbach, im August 2009

Dr. Andreas Berger
Rechtsanwalt und Fachanwalt
für Bau- und Architektenrecht
andreas.berger@kapellmann.de

Dr. Heiko Fuchs
Rechtsanwalt und Fachanwalt
für Bau- und Architektenrecht
Lehrbeauftragter an der
Heinrich-Heine-Universität
heiko.fuchs@kapellmann.de

Bearbeiter

Dr. jur. Andreas Berger
Rechtsanwalt und Fachanwalt
für Bau- und Architektenrecht
seit 2004 in der Kanzlei Kapellmann und Partner,
Mönchengladbach

Dr. jur. Heiko Fuchs
Rechtsanwalt und Fachanwalt
für Bau- und Architektenrecht
seit 2000 in der Kanzlei Kapellmann und Partner,
Mönchengladbach
Lehrbeauftragter für das Bauvertragsrecht
an der juristischen Fakultät der
Heinrich-Heine-Universität Düsseldorf

Inhaltsverzeichnis

Abkürzungsverzeichnis

a.A.	andere Ansicht
Abs.	Absatz
a.F.	alte Fassung
AG	Auftraggeber
AGB	Allgemeine Geschäftsbedingungen
AN	Auftragnehmer
BauR	Zeitschrift für das gesamte öffentliche und zivile Baurecht
BGB	Bürgerliches Gesetzbuch
BGBl.	Bundesgesetzblatt
BGH	Bundesgerichtshof
BGHZ	Entscheidungen des Bundesgerichtshofs in Zivilsachen
BR-Drs.	Bundesratsdrucksache
bspw.	beispielsweise
BT-Drs.	Bundestagsdrucksache
BVerwG	Bundesverwaltungsgericht
bzw.	beziehungsweise
DIN	Normen des Deutschen Instituts für Normung e.V.
gem.	gemäß
GG	Grundgesetz für die Bundesrepublik Deutschland
h.M.	herrschende Meinung
HOAI	Honorarordnung für Architekten und Ingenieure
IBR	Zeitschrift Immobilien- und Baurecht
iVm.	in Verbindung mit
KG	Kammergericht *oder* Kostengruppe
LG	Landgericht
LP	Leistungsphase
Ls.	(nur) Leitsatz/Leitsätze
m.w.N.	mit weiteren Nachweisen
n.F.	neue Fassung
NJW	Neue Juristische Wochenschrift
NJW-RR	NJW-Rechtsprechungsreport Zivilrecht
NZBau	Neue Zeitschrift für Baurecht und Vergaberecht
OLG	Oberlandesgericht
RGZ	Entscheidungen des Reichsgerichts in Zivilsachen
Rdn.	Randnummer
SFH	Schäfer/Finnern/Hochstein, Rechtsprechung zum privaten Baurecht, Loseblattsammlung

sog.	so genannt(e/n)
TGA	Technische Gebäudeausrüstung
u.a.	unter anderem
u.E.	unseres Erachtens
u.U.	unter Umständen
VDI	Richtlinien des Vereins Deutscher Ingenieure e.V.
VersR	Zeitschrift Versicherungsrecht
VG	Verwaltungsgericht
VOB	Vergabe- und Vertragsordnung für Bauleistungen
ZfBR	Zeitschrift für deutsches und internationales Bau- und Vergaberecht
ZPO	Zivilprozessordnung
z.B.	zum Beispiel

Literaturverzeichnis

Eschenbruch, Projektmanagement und Projektsteuerung für die Immobilien- und Bauwirtschaft, 3. Auflage, Köln 2009

Kaiser, Das neue Forderungssicherungsgesetz, Münster 2009

Kapellmann/Langen, Einführung in die VOB/B, 18. Auflage, Köln 2009

Kapellmann/Schiffers, Vergütung, Nachträge und Behinderungsfolgen beim Bauvertrag
Band 1: Einheitspreisvertrag, 5. Auflage, Neuwied 2006
Band 2: Pauschalvertrag einschließlich Schlüsselfertigbau, 4. Auflage, Neuwied 2006

Kniffka/Koeble, Kompendium des Baurechts, 3. Auflage, München 2008

Korbion/Mantscheff/Vygen, Honorarordnung für Architekten und Ingenieure (HOAI), 7. Auflage, München 2009

Kus/Verfürth, Einführung in die VOB/A, 2. Auflage, Köln 2008

Langen/Schiffers, Bauplanung und Bauausführung, München u.a. 2005

Lederer (Hrsg.), Honorarmanagement bei Architekten- und Ingenieurverträgen, 2. Auflage, Berlin 2005

Lederer (Hrsg.), Redevelopment von Bestandsimmobilien, 2. Auflage, Berlin 2008

Locher/Koeble/Frik, Kommentar zur HOAI, 9. Auflage, Neuwied 2006

Löffelmann/Fleischmann, Architektenrecht, 5. Auflage, Köln 2007

Palandt, Bürgerliches Gesetzbuch, 68. Auflage, München 2009

Pott/Dahlhoff/Kniffka/Rath, Verordnung über die Honorare für Leistungen der Architekten und der Ingenieure (Honorarordnung für Architekten und Ingenieure). Kommentar, 8. Auflage, Essen 2006

Thode/Wirth/Kuffer, Praxishandbuch Architektenrecht, München 2004

Werner/Pastor, Der Bauprozess, 12. Auflage, Neuwied 2008

Kurzkommentar: Die 5 wichtigsten Urteile 2009

1 1. Die Vereinbarung eines Zeithonorars für Architekten- und Ingenieurleistungen ist gemäß § 4 Abs. 1 HOAI wirksam, wenn sie schriftlich bei Auftragserteilung unter Berücksichtigung des Preisrahmens der Mindest- und Höchstsätze erfolgt. Die Wirksamkeit einer solchen Honorarvereinbarung hängt nicht davon ab, ob die Preisvorschriften der HOAI eine Abrechnung nach Zeithonorar anordnen oder zulassen.
2. Eine nach § 4 Abs. 1 HOAI wirksam getroffene Zeithonorarvereinbarung unterliegt nicht den Beschränkungen des § 6 HOAI. Die einzuhaltenden Mindest- und Höchstsätze ergeben sich aus §§ 10 ff. HOAI oder vergleichbaren Regelungen und nicht aus § 6 Abs. 2 HOAI.
3. Zur schlüssigen Begründung eines nach Zeitaufwand zu bemessenden Vergütungsanspruchs muss der Unternehmer grundsätzlich nur darlegen, wie viele Stunden für die Erbringung der Vertragsleistungen angefallen sind.
4. Die Vereinbarung einer Stundenlohnvergütung für Werkleistungen begründet nach Treu und Glauben eine vertragliche Nebenpflicht zur wirtschaftlichen Betriebsführung, deren Verletzung sich nicht unmittelbar vergütungsmindernd auswirkt, sondern einen vom Besteller geltend zu machenden Gegenanspruch aus § 280 Abs. 1 BGB entstehen lässt. Dessen tatsächliche Voraussetzungen muss der Besteller nach allgemeinen Grundsätzen darlegen und beweisen (Bestätigung von BGH, Urteil vom 1. Februar 2000, X ZR 198/97, BauR 2000, 1196).
5. Der Unternehmer muss zu Art und Inhalt der nach Zeitaufwand abgerechneten Leistungen jedenfalls so viel vortragen, dass dem für die Unwirtschaftlichkeit der Leistungsausführung darlegungspflichtigen Besteller eine sachgerechte Rechtswahrung ermöglicht wird. Insoweit trifft ihn eine sekundäre Darlegungslast.
6. Welchen Sachvortrag der Unternehmer danach zur Erfüllung seiner sekundären Darlegungslast konkret zu führen hat, ist einer generalisierenden Betrachtung nicht zugänglich

und muss im Einzelfall unter Berücksichtigung des jeweiligen Vorbringens der Gegenseite beurteilt werden. Maßstab hierfür ist das Informations- und Kontrollbedürfnis des Bestellers.

BGH, Urteil vom 17.04.2009, VII ZR 164/07, BauR 2009, 1162 = NZBau 2009, 450

1 Diese noch zur alten HOAI ergangene Entscheidung gilt erst recht unter der neuen HOAI 2009. Schriftlich bei Auftragserteilung getroffene Honorarvereinbarungen zur Abrechnung nach Stundenaufwand sind damit gemäß § 7 Abs. 1 HOAI n.F. innerhalb des Preisrahmens der Mindest- und Höchstsätze wirksam. Hier gilt also das Gleiche wie bei Pauschalhonorarvereinbarungen, »Hauptsache das Ergebnis stimmt«. Dieses »Ergebnis« (Einhaltung der preisrechtlichen Grenzen) kennen die Parteien zum Zeitpunkt der Stundenvereinbarung (Vertragsschluss) naturgemäß nicht. Diese Unsicherheit wird vom BGH hingenommen.

Im Übrigen erleichtert der BGH den Nachweis der konkret angefallenen Stunden ganz erheblich. Im Regelfall muss der Architekt nur darlegen, wie viele Stunden er für die Erbringung der Vertragsleistungen insgesamt erbracht hat. Nur ausnahmsweise, z.B. bei sog. angehängten Stundenlohnarbeiten, die regelmäßig ohne fest umschriebenen Leistungsumfang für Unvorhergesehenes vereinbart werden und nur bei Bedarf auszuführen sind, ist ein näherer Vortrag dafür erforderlich, *wofür wie viele* Stunden aufgewandt worden sind. Steht danach fest, wie viele Stunden tatsächlich angefallen sind, so obliegt letztlich *dem Auftraggeber* die Beweislast dafür, dass bzw. inwieweit der angefallene Stundenaufwand nicht im Sinne einer wirtschaftlichen Betriebsführung erforderlich war. Dies muss im Zweifel ein Sachverständiger beurteilen, wobei der BGH dem Architekten hier ausdrücklich einen gewissen Spielraum hinsichtlich der erforderlichen Arbeitsstunden zubilligt.

2 **1. An eine Schlussrechnung ist der Architekt gebunden, wenn der Auftraggeber auf eine abschließende Berechnung des Honorars vertrauen durfte und er sich im berechtigten Vertrauen auf die Endgültigkeit der Schlussrechnung in schutzwürdiger Weise so eingerichtet hat, dass ihm eine Nachforderung nicht mehr zugemutet werden kann.**

2. Allein die Bezahlung der Schlussrechnung ist keine Maßnahme, mit der sich der Auftraggeber in schutzwürdiger Weise auf die Endgültigkeit der Schlussrechnung einrichtet.
3. Die Unzumutbarkeit der Nachforderung setzt voraus, dass die dadurch entstehende zusätzliche Belastung unter Berücksichtigung aller Umstände des Einzelfalles für den Auftraggeber eine besondere Härte bedeutet.

BGH, Urteil vom 23.10.2008, VII ZR 105/07, BauR 2009, 262 = NZBau 2009, 33

Der Architekt lässt sich auf eine Honorarvereinbarung unter den Mindestsätzen ein und rechnet auch nach Fertigstellung des Bauvorhabens entsprechend ab. Weil es mit dem Auftraggeber zu Differenzen kommt, nimmt der Architekt seine Schlussrechnung zurück und rechnet neu, diesmal auf Mindestsatzbasis, ab.

Mag hierin auch ein widersprüchliches Verhalten liegen, im Regelfall ist der Architekt nach der Rechtsprechung des BGH nicht mehr an seine erste (falsche) Schlussrechnung gebunden. Dies gilt selbst dann, wenn der Auftraggeber die erste Schlussrechnung beanstandungslos vollständig ausgeglichen hat. Eine Bindung an die erste Schlussrechnung setzt zusätzlich voraus, dass sich der Auftraggeber auf die Endgültigkeit der Schlussrechnung eingerichtet hat und eine Nachzahlung für ihn eine *besondere Härte* bedeuten würde. Dies wird nur in krassen Ausnahmefällen bejaht werden können.

3 **1. Eine Haftung des Architekten wegen Planungs- oder Überwachungsfehlern kommt nicht in Betracht, wenn die Unterdimensionierung der Bewehrung der Bodenplatte für die Tiefgarage auf der fehlerhaften Berechnung des Statikers beruht und nicht auf unvollständigen oder fehlerhaften Vorgaben des Architekten.**
2. Der Architekt war auch nicht verpflichtet, die statische Berechnung zu überprüfen und dazu die geltenden Rechenwerte für die Rissbreitenbeschränkung heranzuziehen oder eine Begutachtung zu veranlassen, solange keine konkreten Anhaltspunkte für fehlerhafte Berechnungen vorliegen.
3. Auch schadensursächliche Fehler der Bauüberwachung liegen nicht vor, wenn die Bewehrungsabnahme durch den Fachbauleiter erfolgte, die entsprechenden Protokolle vor-

lagen und keine konkreten Anhaltspunkte für eine teilweise nicht richtig liegende Bewehrung vorliegen.

OLG Stuttgart, Urteil vom 13.12.2007, 13 U 83/07, BauR 2009, 846, rechtskräftig durch BGH, Beschluss vom 14.08.2008, VII ZR 16/08

Die Entscheidung beschäftigt sich mit der nicht immer einfachen Haftungsabgrenzung beim Zusammentreffen von (Fach-)Planungs-, Ausführungs- und Überwachungsfehlern. Die Bodenplatte einer Tiefgarage wies unzulässige Risse auf. Dies hatte zwei Ursachen: Die Bewehrung war von vornherein unterdimensioniert, weil sich der Statiker schlicht und einfach verrechnet hatte. Zudem hatte die Bewehrung vor dem Betonieren eine falsche Lage. Die Haftung des Statikers sowie der Rohbaufirma dürfte dem Grunde nach unzweifelhaft sein. Fraglich war, ob auch der Architekt haftete.

Dies wird in der o.g. Entscheidung verneint. Auf die Richtigkeit der statischen Berechnung des vom Auftraggeber eingeschalteten Tragwerksplaners darf sich der Architekt (außer wenn ihm ein Fehler »in die Augen springt«) verlassen. Er braucht die Statik als solche nicht zu überprüfen, sondern nur, ob der Statiker etwaige Soll-Vorgaben des Architekten beachtet hat. Der Architekt hat hierzu gar nicht die entsprechenden Fachkenntnisse, genau deshalb wird der Sonderfachmann ja eingeschaltet.

In Betracht kam allerdings auch ein Überwachungsfehler im Zuge der Leistungsphase 8, weil dem Architekten die falsche Lage der Bewehrung vor dem Betonieren nicht aufgefallen war. Die Entscheidung behandelt einen Grenzfall. Betonierarbeiten einschließlich der Bewehrungsarbeiten gehören ganz sicherlich nicht zu den kaum überwachungsbedürftigen einfachen, gängigen Arbeiten, sondern bedürfen gerade im Fall von Ortbeton-Arbeiten als schwierige bzw. gefahrengeneigte Arbeiten der besonderen Überwachung. Das OLG Stuttgart lässt es genügen, dass gemäß einem Besprechungsprotokoll zwischen den Parteien die Bewehrungsabnahme vom Fachbauleiter der Rohbaufirma selbst durchgeführt werden sollte und dem Architekten die entsprechenden Protokolle auch tatsächlich vorgelegt wurden. Zudem wurde in den Baubesprechungen noch erwogen, dass auch der Architekt eine »stichprobenweise Bewehrungskontrolle« vornehmen sollte, wobei es letztlich zu einer entsprechenden Beauftragung nicht gekommen war. Für diesen Einzelfall ist das Urteil sicherlich richtig.

4 **Verpflichtet sich der vom Veräußerer einer noch zu errichtenden Eigentumswohnung mit der Bauleitung beauftragte Architekt diesem gegenüber zur Erstellung von Bautenstandsberichten, die Grundlage für die von den Erwerbern bei der finanzierenden Bank zu beantragende ratenweise Auszahlung des Erwerbspreises sein sollen, kommt dem Vertrag drittschützende Wirkung zugunsten der Erwerber zu.**

BGH, Urteil vom 25.09.2008, VII ZR 35/07, BauR 2008, 2058 = NZBau 2009, 126

Die klagenden Erwerber hatten eine auszubauende Dachgeschosswohnung gekauft. Die Zahlungsraten wurden aufgrund von Bautenstandsberichten freigegeben, die der vom Verkäufer beauftragte Architekt erstellt hatte. Die Bautenstandsberichte erwiesen sich als falsch, denn die tatsächliche Bauausführung entsprach nicht mal der Baugenehmigung.

Die Erwerber nahmen jetzt allerdings *den Architekten* aufgrund der fehlerhaften Bautenstandsberichte auf Schadensersatz wegen Vertragsverletzung in Anspruch, obwohl sie mit ihm gar keinen Vertrag abgeschlossen hatten.

Der BGH entschied, dass der Architekt aus dem *mit dem Veräußerer* geschlossenen Vertrag jedoch *unmittelbar auch den Erwerbern* auf den entstandenen Schaden hafte, weil diesem Vertrag (ausnahmsweise) sog. drittschützende Wirkung zugunsten der Erwerber zukomme. Damit eine solche Haftung für den Architekten nicht »uferlos« wird, muss u.a. ein besonderes Einbeziehungsinteresse sowie ein erforderliches Schutzbedürfnis der Erwerber bestehen. Dieses bejahte der BGH vorliegend nach den Umständen des Einzelfalles: Denn der bauleitende Architekt hatte sich als solcher gegenüber der finanzierenden Bank ausgewiesen, seinen Bautenstandsberichten kam daher aufgrund des in Anspruch genommenen Vertrauens eine besondere Beweiskraft zu. Sein Tätigwerden hatte gerade dazu gedient, die Erwerber vor Überzahlung und damit letzten Endes vor einem Verlust geleisteter Zahlungen bei Zahlungsunfähigkeit ihres Vertragspartners zu schützen.

5 **1. Die Rechtsprechung des Senats zur Organisationsobliegenheit des arbeitsteilig tätigen Werkunternehmers (zuletzt BGH, Urteil vom 11. Oktober 2007 – VII ZR 99/06, BGHZ 174, 32) ist auch dann anwendbar, wenn Ansprüche gegen ein Architektenbüro geltend gemacht werden, das die Bauüberwachung arbeitsteilig organisiert.**
2. Die Gleichstellung der Verjährung im Falle der Verletzung einer Organisationsobliegenheit mit der Verjährung bei arglistigem Verschweigen eines Mangels ist nur gerechtfertigt, wenn die Verletzung der Organisationsobliegenheit ein dem arglistigen Verschweigen vergleichbares Gewicht hat.
3. Die Schwere eines Baumangels lässt grundsätzlich nicht den Rückschluss auf eine derart schwere Verletzung der Obliegenheit zu, eine arbeitsteilige Bauüberwachung richtig zu organisieren.
4. Den Bauherrn trifft jedenfalls die Obliegenheit, dem bauaufsichtsführenden Architekten mangelfreie Pläne zur Verfügung zu stellen.

BGH, Urteil vom 27.11.2008, VII ZR 206/06, BauR 2009, 515 = NZBau 2009, 185

Die in Leitsatz 1 erwähnte Rechtsprechung des Bundesgerichtshofs zur sogenannten Organisationsobliegenheit des arbeitsteilig tätigen Werkunternehmers beschäftigt sich mit der Frage, ob Gewährleistungsansprüche nach Ablauf von fünf Jahren verjährt sind, oder ob die – alte – Verjährungsfrist von 30 Jahren eingreift, weil der Werkunternehmer den Mangel arglistig verschwiegen hat. Diese verlängerte Verjährungsfrist (heute regelmäßige Verjährungsfrist von 3 Jahren ab Kenntnis der anspruchsbegründenden Tatsachen und des Anspruchsgegners, nicht jedoch vor Ablauf der 5-Jahresfrist) ist nach der Rechtsprechung auch dann eröffnet, wenn sich der Werkunternehmer fehlerhaft organisiert und deshalb eine Arglist vermeidet. Schaltet der Werkunternehmer z.B. keinen Bauleiter ein, so bleibt es bei einem solchen Organisationsmangel; schaltet er einen Bauleiter ein, so hängt die Frage eines Organisationsmangels vor allem davon ab, ob er diesen Bauleiter sorgfältig ausgewählt hat oder nicht.

Diese bislang zu bauausführenden Unternehmen ergangene Rechtsprechung erklärt der Bundesgerichtshof nunmehr ausdrücklich auch auf Architekturbüros anwendbar, die die Bauüberwachung arbeitsteilig organisiert haben. Das Urteil verstärkt allerdings die jüngste Tendenz des Bundesgerichtshofs, die früher sehr großzügige Annahme der Arglisthaftung wegen Organisationsfehlern ganz erheblich einzuschränken (s. die Leitsätze 2 und 3 der Entscheidung). Es dürfte sich daher künftig um absolute Ausnahmefälle handeln.

Gleichzeitig musste der BGH die Frage klären, ob sich der Auftraggeber mangelhafte Ausführungspläne auch gegenüber einem gesondert beauftragten bauaufsichtsführenden Architekten zurechnen lassen muss. Dies war bislang höchst umstritten und wird vom BGH nunmehr bejaht:

Der Auftraggeber müsse dem bauaufsichtsführenden Architekten einwandfreie Pläne zur Verfügung stellen. Hierbei handele es sich mangels anderweitiger vertraglicher Vereinbarungen jedoch nicht um eine Haupt- oder Nebenpflicht, d.h., der bauaufsichtsführende Architekt hat gegen den Auftraggeber weder einen einklagbaren Anspruch auf Zurverfügungstellung einwandfreier Pläne noch eigene Schadensersatzansprüche gegen den Auftraggeber, wenn und soweit die zur Verfügung gestellten Pläne mangelhaft sind. Die erforderliche Mitwirkungshandlung des Auftraggebers, dem bauaufsichtsführenden Architekten mangelfreie Pläne zur Verfügung zu stellen, sei vielmehr als sog. **Obliegenheit**, deren Befolgung allein ein Gebot des eigenen Interesses des Auftraggebers sei, anzusehen. Jedoch müsse sich der Auftraggeber gemäß §§ 254, 278 BGB auch bei Verletzung einer ihn im eigenen Interesse treffenden Obliegenheit das Mitverschulden von ihm eingeschalteter Erfüllungsgehilfen (Ausführungsplaner) zurechnen lassen. Das ist vom Ergebnis her zutreffend, richtigerweise ist jedoch die Übergabe mangelhafter Ausführungspläne an den bauaufsichtsführenden Architekten als »echte«, im Zweifel Schadensersatzansprüche auslösende Nebenpflichtverletzung des Auftraggebers zu qualifizieren.

Am Rande: Übersieht der bauaufsichtsführende Architekt Mängel des Bauhandwerkers, so muss sich der Auftraggeber ein »Überwachungsverschulden« seines Architekten gegenüber dem Bauhandwerker weiterhin **nicht** im Wege des Mitverschuldens zurechnen lassen. Denn bei dieser Bauaufsicht handelt es sich nicht um eine dem Auftraggeber im Verhältnis zum Bauhandwerker obliegende Mitwirkungshandlung. Diese Aufsicht nimmt der Auftraggeber vielmehr **ausschließlich** im eigenen Interesse wahr.

I. Einleitung

2 »Einführung in die HOAI – Basiswissen Architektenrecht« setzt die bau- und vergaberechtliche Einführungsreihe des Werner Verlages[1] fort und orientiert sich in Zielsetzung, Aufbau und Optik an den früheren Titeln.

3 Das Architektenrecht nimmt allein durch das komplexe und sowohl für Architekten und Ingenieure als auch für Juristen schwer verständliche Preisrecht der »Verordnung über die Honorare für Architekten- und Ingenieurleistungen« oder kurz »HOAI« eine Sonderrolle im Baurecht ein. Dieser Komplexität der zu behandelnden Materie versucht unser Buch als Einführung gerecht zu werden. Dabei lassen wir uns von den folgenden Prinzipien leiten:

- Unsere Einführung umfasst die **grundlegenden rechtlichen Fragen**, denen Sie, unser Leser, in der täglichen Praxis begegnen. Sie kann nicht wie ein Kommentar oder Lehrbuch alle Facetten des Architektenrechts beleuchten, spricht aber die **praxisrelevanten** an und gibt zumindest Hinweise zur Vertiefung der jeweiligen Themen in anderen Werken.
- Sie erhebt einen **wissenschaftlichen Anspruch**, aber verliert sich nicht in juristischen Retrospektiven oder langatmigen Darstellungen rechtsdogmatischer Auffassungen. Wir stellen die für den Praktiker relevante **aktuell herrschende Meinung** dar. Sollte diese allerdings nach unserer Auffassung unzutreffend sein, weisen wir begründet auf unsere abweichende Sicht hin.
- Wir legen den Schwerpunkt auf das **Honorarrecht** der Architekten. Da der Verordnungsgeber[2] jedoch in jüngster Zeit die Tendenz zu erkennen gegeben hat, dass der preisrechtlich verbindlich geregelte Bereich zukünftig immer weiter zugunsten der Vertragsfreiheit der Parteien zurückgehen wird, betrachten wir das Honorarrecht auch für die **ungeregelten Bereiche** über die HOAI hinaus.
- Das Honorar des Architekten kann sinnvoll nicht ohne seine schuldrechtlichen Grundlagen und sein Äquivalent, die Leistungspflicht

1 Siehe Kapellmann/Langen, VOB/B, 2009 bereits in der 18. Auflage erschienen, sowie Kus/Verfürth, VOB/A, 2. Auflage 2008.

2 Die HOAI ist kein förmliches Gesetz, sondern eine im Rang darunter stehende Rechtsverordnung, die nicht vom Bundestag, sondern von der Bundesregierung mit Zustimmung des Bundesrates auf Grundlage eines förmlichen Gesetzes erlassen wurde. Diesem Unterschied Rechnung tragend sprechen wir in Bezug auf die HOAI vom »Verordnungsgeber«.

des Architekten, betrachtet werden. Fragen des **Vertragsschlusses** und des **Planungssolls** sowie eine ausführliche Erläuterung der honorarrechtlichen Folgen nachträglicher Änderungen des Planungssolls durch den Auftraggeber (Stichwort »**Planernachträge**«) bilden daher einen weiteren Schwerpunkt dieses Buches, das durch kurze weiterführende Hinweise auf **sonstige wichtige Themen des Architektenrechts** abgerundet wird.

- Die Einführung soll angehende und ausgebildete Architekten und Ingenieure ebenso ansprechen wie Sachverständige und Projektsteuerer, öffentliche und private Auftraggeber, Rechtsabteilungen in der Bauindustrie, Rechtsanwälte, Referendare, Richter und alle sonstigen Beteiligten kleinerer und größerer Bauprojekte, die sich in das Architektenrecht einführen lassen, also mit **überschaubarem Zeitaufwand** einen Überblick über den **neuesten Stand** der Materie erhalten wollen.
- Der begrenzte Umfang der Einführung lässt es auch nicht zu, im Sinne des vom Verordnungsgeber verfolgten »**gender mainstreaming**«[3] durchgängig von »Architekten und Architektinnen und Ingenieure und Ingenieurinnen«[4] zu sprechen. Die Beschränkung auf die maskuline Form der jeweiligen Parteibezeichnung dient daher nur der Übersichtlichkeit des Textes und stellt keine wie auch immer geartete Wertung dar.
- Wegen der hohen praktischen Bedeutung haben wir uns auf das Leistungsbild »**Objektplanung für Gebäude**« konzentriert, aber dennoch auf wichtige Besonderheiten der übrigen Leistungsbilder hingewiesen. Wir nennen den Auftragnehmer eines auf Planungs- oder Überwachungsleistungen gerichteten Vertrages daher durchgängig »**Architekt**«, auch um Verwechselungen mit dem ausführenden Auftragnehmer zu vermeiden. Die übrigen Flächen-, Objekt- und Fachplaner sowie Ingenieure werden jedoch ebenso angesprochen und mit praxisrelevanten Erläuterungen versorgt. Den »Auftraggeber« des Architekten nennen wir im Übrigen bewusst nicht »Bauherr«, da letzterer nicht zwingend Vertragspartner des Architekten sein muss, dies kann bspw. auch ein Generalunternehmer sein, der seinerseits vom Bauherrn beauftragt wurde.

3 BR-Drs. 395/09, S. 150.

4 So § 1 HOAI. Demgegenüber hält der Verordnungsgeber in den sonstigen Vorschriften der HOAI »den Auftragnehmer« und »den Auftraggeber« offensichtlich für geschlechtsneutral.

inführung ist aktuell – daher liegt ihr selbstverständlich be-
am 18.08.2009 in Kraft getretene HOAI 2009 zugrunde. Da zu dieser völligen Neufassung jedoch noch keine Rechtsprechung und nur wenig Literatur existiert, greifen wir soweit möglich auf die Erkenntnisse zu Vorgängerfassungen zurück. Dabei verweisen wir auf die »HOAI a.F.«, wobei »a.F.« für »alte Fassung« steht, und – soweit nicht anders vermerkt – die HOAI 1991[5]. Die **wesentlichen Neuregelungen** der HOAI 2009 sind:

1. Der **Anwendungsbereich** der HOAI wird auf Büros mit Sitz im Inland begrenzt, wenn die Leistung von dort aus erbracht wird.
2. Die sogenannten »**Beratungsleistungen**« werden **dereguliert**, es soll eine Beschränkung auf **preisrechtlich relevante Regelungen** erfolgen.
3. Die Honorare werden durch das **Baukostenberechnungsmodell** und das **Baukostenvereinbarungsmodell** von den tatsächlichen Baukosten abgekoppelt, wodurch das **Nachtragsmanagement** des Architekten noch wichtiger wird.
4. Die **Honorartafeln** der Architekten und Ingenieure werden pauschal um 10 % **angehoben**, auch wenn dies wegen sonstiger Änderungen an Honorarparametern letztlich nicht immer zu mehr Honorar führen muss.

5 Doch bevor wir uns vertieft mit der (neuen) HOAI beschäftigen, legen auch wir unserem Leser **vier elementare Prinzipien**[6] ans Herz, deren Beachtung »die halbe Miete« bei der erfolgreichen Abwicklung von Planungsaufträgen ist:

- **Prinzip 1**: Auf **klare**, **eindeutige** und **schriftlich dokumentierte Verträge** und Vereinbarungen achten!
- **Prinzip 2**: Alle für die spätere Durchsetzung oder Abwehr von Ansprüchen relevanten **Tatsachen** rechtzeitig (also zeitnah!) **beweiskräftig dokumentieren**!
- **Prinzip 3**: Im Zweifel immer den **sichersten Weg** wählen!
- **Prinzip 4: Halbwissen vermeiden** – denn nur wer den Vertragstext sowie seine daraus und aus den Gesetzen folgenden Rechte und Pflichten kennt, kann diese Rechte erfolgreich durchsetzen und diese Pflichten angemessen erfüllen.

5 Vom 04.03.1991 (BGBl. I S. 533) in der Fassung der letzten Änderung vom 10.11.2001 (BGBl. I S. 2992).

6 Siehe dazu bereits Kapellmann/Langen, VOB/B, Rdn. 2.

II. Der Abschluss des Planervertrages

Die **HOAI** regelt gemäß § 1 HOAI »*die Berechnung der Entgelte*« für Architektenleistungen, sie ist – als »Honorarordnung« – mithin **reines Preisrecht**, kein Vertragsrecht. Die HOAI regelt also z.B. **nicht**, welche Planungsleistungen der Architekt überhaupt schuldet, in welchen Fristen die einzelnen Planungsleistungen erbracht werden sollen, welche Kostenobergrenzen gelten usw. Dies alles muss bzw. sollte vielmehr im **Planervertrag** geregelt werden. Der Architektenvertrag bildet die maßgebliche rechtliche Basis der (hoffentlich erfolgreichen) Zusammenarbeit zwischen Architekt und seinem Auftraggeber. Umso erstaunlicher ist der Befund, dass sich in der Praxis selbst bei größeren Projekten nicht selten Architektenverträge antreffen lassen, die sich im Wesentlichen in einer Honorarvereinbarung erschöpfen, bestenfalls um eine Verweisung auf »*die Leistungsphasen der HOAI*« ergänzt. Am Anfang aller weiteren Überlegungen zum Architektenrecht und damit auch dieses Kapitels muss jedoch der Planervertrag selbst stehen, insbesondere die Klärung seiner Rechtsnatur und Wirksamkeitsvoraussetzungen. 6

A. Rechtsnatur des Planervertrages

Die rechtliche Einordnung des Architektenvertrages richtet sich nicht nach der HOAI (Preisrecht), sondern nach dem Bürgerlichen Gesetzbuch (BGB). Das BGB kennt allerdings kein spezielles »Architekten-/Ingenieurvertragsrecht«. Deshalb muss die rechtliche Einordnung des Architektenvertrags unter die durch das BGB vorgegebenen Vertragstypen (z.B. Dienstvertrag gemäß §§ 611 ff. BGB, Werkvertrag gemäß §§ 631 ff. BGB) vorgenommen werden. Für die rechtliche Einordnung des Architektenvertrags ist danach entscheidend, welche Leistungen der Architekt im rechtlichen Sinne schuldet: Schuldet der Architekt (nur) eine Tätigkeit/Bemühen (dann gälte Dienstvertragsrecht gemäß §§ 611 ff. BGB)? Oder schuldet der Architekt dem Auftraggeber weitergehend den Eintritt eines bestimmten **Erfolges** (dann gilt Werkvertragsrecht gemäß §§ 631 ff. BGB)? 7

Der Bundesgerichtshof qualifiziert den Architektenvertrag regelmäßig als **Werkvertrag im Sinne der §§ 631 ff. BGB**. Denn der Architekt schuldet nicht bloß ein Tätigwerden. Vielmehr müssen seine Leistungen »von Erfolg gekrönt« sein. Dieser geschuldete Erfolg (das Werk) ist nicht mit dem körperlichen Bauwerk selbst identisch. Dessen Her- 8 stellung wird von den Bauunternehmern geschuldet, während der Architekt eine geistige Leistung zu erbringen hat. Namentlich der umfassend beauftragte Architekt hat als Werkerfolg vielmehr **die mangelfreie Errichtung des geplanten Bauwerks zu bewirken.**[7]

9 Diese regelmäßige Einordnung des Architektenvertrags als Werkvertrag ist nicht nur akademische Spielerei, sondern hat **weitreichende rechtliche Folgen**. Die Mängelhaftung des Architekten ist grundsätzlich verschuldensunabhängig, § 634 BGB (Ausnahme: Schadensersatz). Die Verjährungsfrist im Rahmen der Mängelhaftung beträgt regelmäßig fünf Jahre, § 634a Abs. 1 Nr. 2 BGB. Die Leistungen des Architekten bedürfen der rechtsgeschäftlichen Abnahme, § 640 BGB (hierzu im Einzelnen bei Rdn. 371). Die Vergütung des Architekten ist mangels anderweitiger Vereinbarung abhängig von der Erreichung des geschuldeten Erfolges, unabhängig vom hierfür erforderlichen bzw. angefallenen tatsächlichen Aufwand. Der Auftraggeber hat das Recht, jederzeit auch grundlos den Architektenvertrag frei zu kündigen, § 649 BGB (allerdings u.U. zu einem »hohen Preis«, siehe § 649 Satz 2 BGB und unten Rdn. 299).

10 Zu beachten ist weiter, dass der vom Architekten geschuldete Erfolg im Regelfall nicht darauf beschränkt ist, den oben genannten »**Gesamterfolg**« zu erreichen (z.B. das »mangelfreie Entstehenlassen des Bauwerks«). Vielmehr lässt sich der vom Architekten geschuldete »Gesamterfolg« entsprechend den einzelnen Leistungsphasen der HOAI und den dort genannten Teilleistungen in vereinbarte Arbeitsschritte, in »**Teilerfolge**« zergliedern. Haben die Parteien beispielsweise vereinbart, dass der Architekt die Leistungen nach § 33 HOAI iVm. Anlage 11 HOAI (Leistungsphasen 1–9) zu erbringen hat (sog. »Vollarchitektur«), so sind die in Anlage 11 HOAI genannten Kostenermittlungen als Teilerfolge geschuldet, die grundsätzlich in den Leistungsphasen erbracht werden müssen, denen sie in der HOAI zugeordnet sind; anderenfalls ist das Architektenwerk mangelhaft.[8]

11 Nach der Rechtsprechung bzw. der herrschenden Auffassung im baurechtlichen Schrifttum liegt ein Werkvertrag insbesondere in folgenden Fällen vor:

7 BGH BauR 2000, 128 = NZBau 2000, 22.
8 BGH BauR 2005, 400 = NZBau 2005, 158 – Einzelheiten unter Rdn. 289.

- Beauftragung mit der Vollarchitektur.[9]
- Ausschließliche Beauftragung mit der Objektüberwachung im Sinne von § 33 Nr. 8 HOAI.[10]
- Baubegleitende (stichprobenartige) Qualitätsüberwachung: Ein Vertrag über die stichprobenartige Kontrolle eines Bauvorhabens und die gutachterliche Erfassung von Mängeln ist ein Werkvertrag. Das gilt auch dann, wenn nur eine begrenzte Anzahl von Baustellenbesuchen bzw. sog. »Audits« – bspw. ein Audit pro Monat, fünf Audits insgesamt – vereinbart ist.[11]
- Ausschließliche Beauftragung mit der Leistungsphase 9 im Sinne von § 33 Nr. 9 HOAI (Objektbetreuung/Dokumentation).[12]

Mit der HOAI 2009 sind bestimmte Leistungsbilder aus dem verbindlichen Teil der HOAI herausgenommen und unter der Rubrik der sog. »**Beratungsleistungen**« in die unverbindliche Anlage 1 zur HOAI 2009 überführt worden (hierzu im Einzelnen bei Rdn. 99). Es handelt sich hierbei um die Leistungsbilder bzw. Leistungen für **12**

- Umweltverträglichkeitsstudie,
- Thermische Bauphysik,
- Schallschutz und Raumakustik,
- Bodenmechanik, Erd- und Grundbau und
- Vermessungstechnische Leistungen.

Die Bezeichnung als »Beratungsleistungen« deutet eher auf einen dienstvertraglichen Charakter der Leistung hin und ist daher in mehrfacher Hinsicht zumindest missverständlich. Es handelt sich in der Sache häufig um »echte« Planungsleistungen (z.B. »Thermische Bauphysik«). Ohnehin kann die bloße Titulierung als »Beratungsleistung« im Zweifel nichts daran ändern, dass es sich bei den diesen »Beratungsleistungen« zugrunde liegenden Verträgen je nach konkreter Vertragsausgestaltung um »echte« Werkverträge handelt. **13**

B. Wirksamkeit des Planervertrages

Die Wirksamkeit des Planervertrages als solchem richtet sich nicht nach der HOAI, sondern nach Rechtsvorschriften außerhalb der HOAI, insbesondere nach dem BGB. **14**

9 BGH NJW 1960, 431.
10 BGH BauR 1982, 79.
11 BGH BauR 2002, 315 = NZBau 2002, 150.
12 Vgl. Locher/Koeble/Frik, HOAI, Einl. Rdn. 6; **a.A.** OLG Hamm BauR 1995, 579.

Werkverträge und damit auch Architektenverträge bedürfen grundsätzlich keiner bestimmten Form. Sie können schriftlich, mündlich oder gar nur »konkludent«, also durch schlüssiges Verhalten, und damit **grundsätzlich formfrei** abgeschlossen werden. § 7 HOAI verlangt lediglich für die Honorarvereinbarung die Schriftform. Ist diese nicht gewahrt, so ist lediglich die Honorarvereinbarung unwirksam (mit der Folge der Geltung der Mindestsätze gemäß § 7 Abs. 6 HOAI), nicht der Architektenvertrag als solcher.[13]

16 Allerdings ist schon aus Gründen der **Rechtsklarheit** und zu **Beweiszwecken** dringend die Einhaltung der **Schriftform zu empfehlen**. Dies zeigt sich besonders eindrücklich am Beispiel der schwimmenden Grenzen zwischen (noch) vergütungsfreier bloß akquisitorischer Tätigkeit und »konkludentem« Vertragsabschluss durch schlüssiges Verhalten der Parteien (dazu sogleich bei Rdn. 21).

17 Ohnehin müssen in einigen **Ausnahmefällen** Architektenverträge, um wirksam zu sein, bestimmte Formerfordernisse einhalten, was dann auch für Nachtragsvereinbarungen gelten kann:

- **Der Architektenvertrag bedarf ausnahmsweise der notariellen Beurkundung** gemäß § 311b BGB, wenn er in rechtlichem Zusammenhang mit einem Grundstücksverkauf abgeschlossen worden ist (z.B. Honorarabrede als Kompensationsgeschäft).
- Schriftform für **Verpflichtungserklärungen von Kommunen** und Kreisen laut Gemeindeordnung bzw. Kreisordnung (oft übersehen und sehr gefährlich, siehe aber BGH BauR 2005, 1918 = NZBau 2006, 171).
- **Schriftformklauseln** (»Vertragsänderungen bedürfen der Schriftform, mündliche Nebenabreden sind ungültig«): Danach müssen z.B. Nachtragsvereinbarungen schriftlich abgeschlossen werden. Auch wenn der Bundesgerichtshof zulässt, dass solche Klauseln von den Parteien mündlich abgeändert werden können[14], so sollte man sich auf solche »mündliche Ausnahmen« von der Schriftform schon wegen ihrer schlechten Beweisbarkeit generell nie verlassen!

---

13 Locher/Koeble/Frik, HOAI, § 4 Rdn. 32.

14 Z.B. BGH BauR 1997, 1036.

2. Koppelungsverbot

Nach § 3 des Gesetzes zur Regelung von Ingenieur- und Architektenleistungen (IngALG) ist eine Vereinbarung nichtig, durch die sich der Erwerber eines Grundstückes im Zusammenhang mit dem Grundstückserwerb verpflichtet, bei der Planung oder Ausführung eines Bauwerkes auf diesem Grundstück die Leistungen eines bestimmten Ingenieurs oder Architekten in Anspruch zu nehmen. Ziel dieser Regelung ist es, den Käufer eines Grundstückes nicht in der freien Wahl des Architekten zu behindern. Dieses Koppelungsverbot umfasst auch Vorverträge[15], gilt (selbstverständlich) auch für den Fall, dass der Architekt selbst Eigentümer des Grundstückes ist[16] und kann nicht dadurch umgangen werden, dass Grundstückskaufvertrag und Architektenvertrag in zwei getrennten Vertragsurkunden niedergelegt werden.[17] 18

Der Verstoß gegen das Koppelungsverbot führt zur Nichtigkeit des Architektenvertrages, der Grunderwerbsvertrag bleibt hingegen nach der ausdrücklichen Regelung des § 3 Satz 2 IngALG in diesen Fällen wirksam. 19

3. Verstoß gegen Höchst- und Mindestsätze

Keinen Einfluss auf die Wirksamkeit des Architektenvertrages selbst haben Verstöße der Honorarvereinbarung gegen die in der HOAI festgesetzten Mindest- und Höchstsätze. So führt namentlich eine unzulässige Mindestsatzunterschreitung »nur« zur Mindestsatzfiktion des § 7 Abs. 6 HOAI (siehe dazu Rdn. 129). 20

C. Honorarfreie Akquisitionstätigkeit

Ein Architektenvertrag kann auch formlos durch schlüssiges Verhalten zustande kommen (»konkludent«, siehe oben Rdn. 15). Deshalb ist in der **Startphase** der Zusammenarbeit zwischen Auftraggeber und Architekt häufig unklar, ob die u.U. bereits bis zur Erbringung von Teilleistungen der Leistungsphase 3 reichende Tätigkeit des Architekten 21

- noch eine honorarfreie bloß akquisitorische Tätigkeit auf dem Weg zu einem erst noch zu schließenden Vertrag darstellt

15 BGH NJW 1975, 1218.
16 BGH BauR 1978, 147.
17 BGH BauR 1975, 288.

- oder ob zwischen den Parteien längst »stillschweigend« ein Architektenvertrag zustande gekommen und damit ein Honoraranspruch entstanden ist.

22 Gerade Leistungen der Leistungsphase 1 (»Was will der Auftraggeber überhaupt«) bzw. der Leistungsphase 2 (»ein paar skizzenhafte Vorentwürfe«) werden vom Auftraggeber häufig als grundsätzlich honorarfreie Akquiseleistungen (fehl-)verstanden.

Arbeitsbeispiel 1: Das freie Grundstück in der Innenstadt

23 *Unser (potentieller) Auftraggeber hat in bester Innenstadtlage ein freies Grundstück erworben und überlegt, wie er dieses möglichst gewinnbringend bebauen und anschließend veräußern kann. Er bittet daher den Architekten um die Anfertigung aussagekräftiger Entwurfsskizzen für eine Büroimmobilie. Möglicherweise soll das Erdgeschoss als Gastronomiebereich genutzt werden können. Der Architekt erbringt daraufhin umfangreiche Tätigkeiten und legt einen fast baureifen Entwurf für ein Bürohaus mit Restaurantbereich im Erdgeschoss vor. Der Auftraggeber überlegt es sich jetzt allerdings anders, er will das Grundstück als Multiplexkino mit Tiefgarage nutzen. Der Architekt plant daraufhin umfangreich neu. Nachdem er dem Auftraggeber die entsprechenden Vorentwurfszeichnungen und Unterlagen vorgelegt hat, nimmt der Auftraggeber von allen Vorhaben ganz Abstand, denn seine Finanzierung ist gescheitert. Der Architekt macht Honoraransprüche geltend. Der Auftraggeber meint jedoch, der Architekt sei ja auf eigenes Risiko tätig geworden, in der Hoffnung mit seinen planerischen Leistungen erst »an den Auftrag zu kommen«.*

Abwandlung:
Wie ist der Fall zu beurteilen, wenn der Architekt dem Auftraggeber nach Abschluss der Planungsleistungen für die Büroimmobilie zunächst ein Honorarangebot über die Planungsleistungen für das Multiplexkino übergeben hätte?

24 Von einer konkludenten Beauftragung des Architekten und damit einem wirksamen Architektenvertrag kann erst dann ausgegangen werden, wenn das Verhalten der Parteien hinsichtlich bereits erbrachter oder noch zu erbringender Planungsleistungen den Schluss auf einen wechselseitigen **rechtsgeschäftlichen Bindungswillen** zulässt. Wie das Arbeitsbeispiel zeigt, ist die Abgrenzung zwischen noch **honorarfreier Akquisetätigkeit** in der Verhandlungsphase oder schon erfolgtem Vertragsabschluss durch schlüssiges Verhalten nahezu flie-

ßend, weil **in jedem Einzelfall** geprüft werden muss, ob (bzw. ab wann) aus dem Gesamtverhalten des Auftraggebers auf dessen rechtlichen Bindungswillen geschlossen werden kann oder nicht. Insbesondere hilft dem Architekten die gesetzliche Vermutung des § 632 BGB, wonach eine Vergütung als stillschweigend vereinbart gilt, wenn die Herstellung des Werkes den Umständen nach nur gegen Vergütung zu erwarten ist, im Regelfall nicht weiter. Denn § 632 Abs. 1 BGB setzt gerade einen Rechtsbindungswillen des Auftraggebers voraus, der bei bloßer Akquisitionstätigkeit des Architekten eben noch nicht gegeben ist.[18] Gerade bei Großprojekten[19], in Zeiten schwieriger Konjunktur der Baubranche, in einem hart umkämpften Markt, wird der Architekt häufig eher zu akquisitorischen Tätigkeiten bereit sein, die lediglich eine »Hoffnungsinvestition« in einen in Aussicht gestellten Vertragsabschluss darstellen. Generell gültige Grundsätze und allgemein verbindliche Regeln existieren nicht, lediglich **grobe Leitlinien:**

So kann nach der Rechtsprechung des Bundesgerichtshofes aus dem **25** **Tätigwerden** eines Architekten **allein noch nicht** der Abschluss eines Architektenvertrages abgeleitet werden.[20] Eine Vermutung dahingehend, dass umfangreiche Architektenleistungen nur im Rahmen eines Vertrages erbracht werden, gibt es ebenfalls nicht.[21] Dies gilt sogar dann, wenn der Architekt nicht eigeninitiativ, sondern auf Aufforderung durch den künftigen Auftraggeber tätig geworden ist. Denn allein der Umstand, dass ein künftiger Auftraggeber eine Leistung will, diese dann erbracht und auch vom Auftraggeber entgegengenommen wird, führt noch nicht ohne Weiteres zu einem Vertragsschluss.[22] **Nicht ausreichend** als Indizien für einen Vertragsschluss sollen danach beispielsweise sein:

- Vorlage eines Entwurfs seitens des Architekten in eigener Initiative.[23]
- Entgegennahme per Telefax übermittelter Architektenleistungen.[24]

Die Grenze zur konkludenten Beauftragung ist im Regelfall allerdings **26** dort überschritten, wo der künftige Auftraggeber die Planungsleistun-

18 BGH BauR 1999, 1319.
19 OLG Düsseldorf NZBau 2009, 457.
20 BGH BauR 1997, 1060.
21 OLG Düsseldorf NZBau 2009, 457.
22 BGH BauR 1997, 644.
23 OLG Oldenburg BauR 1988, 620.
24 BGH BauR 1999, 1319.

…rchitekten **verwertet.**[25] Als Indizien **für** einen konkludenten **…ertragsabschluss** sollen vor allem in Betracht kommen:

- Unterschrift des Auftraggebers auf den Architektenplänen.[26]
- Nach Rücksprache mit dem Auftraggeber vom Architekt gestellte Bauvoranfrage.[27]
- Geleistete Abschlagszahlungen.[28]
- Erbringen von Leistungen bereits aus der Entwurfsplanung, so dass keine lediglich geringfügigen Leistungen mehr vorliegen.[29]

27 Ergibt die Würdigung der Umstände des Einzelfalls, dass ein wirksamer Architektenvertrag durch schlüssiges Verhalten des Auftraggebers zustande gekommen ist, so scheitert der Vergütungsanspruch des Architekten dann (selbstverständlich) nicht mehr daran, dass der Auftraggeber letztlich von der Verwirklichung des Bauvorhabens absieht.

Lösung:

In unserem Arbeitsbeispiel dürfte eine Vergütungspflicht allenfalls deshalb zu bejahen sein, weil die Vorplanungsleistungen für den Auftraggeber erkennbar umfangreich und kostenintensiv waren. Anderes dürfte für die Abwandlung gelten: Denn durch die Übersendung eines Honorarangebotes hat der Architekt schlüssig zum Ausdruck gebracht, dass er für seine Tätigkeit ein Planungshonorar beansprucht. Von honorarfreier Akquise kann der Auftraggeber für die Umplanung zum Multiplexkino also ab jetzt nicht mehr ausgehen.

28 Zwei ergänzende Anmerkungen: Selbst wenn ein wirksamer Vertragsschluss bejaht wird, ist damit noch nicht die Frage beantwortet, **mit welchem Leistungsumfang** nun der Architekt beauftragt worden ist. Im Grundsatz gilt hier, dass eine wie auch immer geartete Vermutung für die Übertragung der Vollarchitektur nicht existiert.[30] Nochmals zu unserem Arbeitsbeispiel: Angesichts der erkennbaren Unsicherheit des Auftraggebers, das Bauvorhaben zu realisieren, muss man annehmen,

25 OLG Stuttgart BauR 2005, 1202 = NZBau 2005, 350.
26 Siehe aber BGH BauR 1997, 1060.
27 Saarländisches OLG BauR 2000, 753; siehe aber BGH BauR 1997, 1060.
28 BGH BauR 1985, 582.
29 Sehr streitig! Vergütungspflicht bejahend OLG Hamm BauR 1990, 636; **a.A.** OLG Dresden BauR 2001, 1769, das einen Vertragsabschluss verneinte, obwohl Leistungen sogar »bis hinein in die Leistungsphase 5« erbracht worden waren.
30 So bereits BGH BauR 1980, 84; siehe näher bei Rdn. 52.

dass lediglich eine stillschweigende Beauftragung bis einsc Leistungsphase 3 des § 33 HOAI gilt.

Tückisch kann für den Architekten schließlich die Behauptung des Auftraggebers werden, der Architektenvertrag sei unter dem Eintritt einer aufschiebenden **Bedingung** (z.B. Finanzierbarkeit) zustande gekommen und diese Bedingung sei nicht eingetreten. Denn in diesen Fällen muss der Architekt, nicht der Auftraggeber, beweisen, dass der Architektenvertrag »unbedingt« geschlossen worden ist.[31] 29

Letztlich – und dies ist zugleich unsere **Empfehlung** – lassen sich die mit diesen Abgrenzungsschwierigkeiten zwangsläufig verbundenen Rechtsunklarheiten nur auf eine Weise lösen: Durch eine frühzeitige, klare und beweisbare, d.h. schriftliche Regelung zwischen Architekt und Auftraggeber. Notfalls empfiehlt sich ein frühzeitiges einseitiges Schreiben (mit Zugangsnachweis!), wonach davon ausgegangen werde, dass die derzeitige (Planungs-)Tätigkeit honorarfrei erfolge (Schreiben des Auftraggebers) oder eben gerade nicht (Schreiben des Architekten)! Plant der Architekt dann trotz des Auftraggeberschreibens weiter bzw. lässt der Auftraggeber trotz des Architektenschreibens weiterplanen, ist das Schreiben »konkludent« beantwortet und eine entsprechende Vereinbarung zustande gekommen. 30

III. Das Planungssoll

Vertragsverhandlungen zwischen Auftraggebern und Architekten reduzieren sich in der Praxis selbst bei Großprojekten oftmals auf reine Honorarverhandlungen. Damit wird regelmäßig die Chance vergeben, die Planungsziele des Auftraggebers, die zur Erreichung dieser Ziele erforderlichen Teilleistungen des Architekten und die erforderlichen Mitwirkungshandlungen des Auftraggebers festzulegen. Daher kommt es während der Bauphase oder nach Vorlage der Schlussrechnung des Architekten häufig zu Auseinandersetzungen über (vermeintlich) geschuldete, aber nicht erbrachte Teilleistungen sowie unstreitig geschuldete, aber (vermeintlich) unvollständig oder (vermeintlich) mangelhaft erbrachte Leistungen, die bei sorgfältiger Vertragsverhandlung und -gestaltung vermeidbar wären. Ohnehin setzt die HOAI 2009, wie wir noch näher darlegen werden, verstärkt auf Vereinbarungen 31

31 BGH NJW 1985, 497.

der Parteien. Im Folgenden soll daher das – in erster Linie zu vereinbarende – »**Planungssoll**« näher betrachtet werden.

Definition:

*Das **Planungssoll** ist die durch den **Planervertrag** nach **Inhalt** (was ist zu planen?) und ggf. nach **Umständen** (wie ist zu planen?) näher bestimmte Leistung des Architekten als **Äquivalent zur vereinbarten Vergütung**.*[32]

32 Das Planungssoll ergibt sich aus der Gesamtheit (»Totalität«) aller die Leistung des Architekten beschreibenden Vertragsbestandteile, also der **Leistungsbeschreibung**. Der **Planungsinhalt** beschreibt, *was* inhaltlich zu planen ist, während die **Planungsumstände** festlegen, *wie* geplant wird, insbesondere den zeitlichen und organisatorischen Ablauf.

33 Die Parteien eines Architektenvertrages unterliegen oftmals zwei weit verbreiteten Irrtümern zum Umfang des vom Architekten geschuldeten Planungssolls. **Ein Irrtum** besteht in der Annahme, der Architekt müsse – unabhängig von vertraglichen Vereinbarungen – (nur) die Grundleistungen abarbeiten, die das seine Leistung betreffende Leistungsbild der HOAI vorgibt. Dem widerspricht der Bundesgerichtshof zutreffend und in ständiger Rechtsprechung (die zwar zur alten HOAI ergangen ist, heute jedoch unverändert Geltung beansprucht):

34 »***Was ein Architekt oder Ingenieur vertraglich schuldet, ergibt sich aus dem geschlossenen Vertrag**, in der Regel also aus dem Recht des Werkvertrages. Der Inhalt dieses Architekten-/Ingenieurvertrages ist nach den allgemeinen Grundsätzen des bürgerlichen Vertragsrechts zu ermitteln. Die HOAI enthält keine normativen Leitbilder für den Inhalt von Architekten- und Ingenieurverträgen. Die in der HOAI geregelten »Leistungsbilder« sind Gebührentatbestände für die Berechnung des Honorars der Höhe nach.*«[33]

35 Dem **anderen Irrtum** unterliegen meist Architekten, wenn sie annehmen, sie hätten dann ihre Leistungen vollständig und mängelfrei erbracht, wenn ihre Planung in ein mängelfreies und funktionierendes Bauwerk umgesetzt wurde, auch wenn – insbesondere bei der vertrag-

32 Diese Definition lehnt sich an die von Kapellmann für das Bausoll des Bauvertrages entwickelte an, vgl. dazu näher Kapellmann/Langen, VOB/B, Rdn. 28 m.w.N.

33 BGH BauR 1997, 154.

lichen Bezugnahme auf Grundleistungen der HOAI – vereinbarte Teilleistungen nicht erbracht wurden. Auch insoweit bezieht der Bundesgerichtshof eine klare Position:

»*Der vom Architekten* ***geschuldete Gesamterfolg*** *ist im Regelfall nicht darauf beschränkt, dass er die Aufgaben wahrnimmt, die für die mangelfreie Errichtung des Bauwerks erforderlich sind. [...] Wenn die Vertragsparteien* ***den geschuldeten Leistungsumfang*** *durch eine Bezugnahme auf [die] HOAI beschreiben, dann vereinbaren sie als* ***selbstständige Teilerfolge*** *auch Arbeitsschritte, die den Auftraggeber in die Lage versetzen, Gewährleistungsansprüche durchzusetzen und Maßnahmen zur Unterhaltung des Bauwerks und dessen Bewirtschaftung zu planen.*«[34]

Das Planungssoll stellt das **Äquivalent zu der vereinbarten Vergütung** 36
dar. Um jedoch mangelfrei zu leisten und den werkvertraglich versprochenen **Erfolg** zu erreichen, muss der Architekt ggf. darüber hinausgehende Leistungen erbringen, die der Auftraggeber gesondert zu vergüten hat. Das Planungssoll ergänzt um die ggf. erforderlichen erfolgssichernden Leistungen nennen wir **Erfolgssoll**, welches also

- die (ggf. durch Verweis auf die Grundleistungen der HOAI) vereinbarten (Teil-)Leistungen (»**Planungssoll**«) und
- **zudem** alle[35] Planungs-, Vergabe- und Überwachungsleistungen sowie Aufklärungs-, Beratungs-, Informations- und Koordinierungspflichten umfasst, die erforderlich sind, um die in technischer, wirtschaftlicher und zeitlicher Hinsicht mängelfreie und funktionstaugliche Entstehung des Bauwerks zu bewirken.

Um diese Differenzierung zwischen der für die vereinbarte Vergütung 37
und der für die Erbringung eines vollständigen und mängelfreien Architektenwerkes zu erbringenden Leistungen zu verstehen, muss man sich kurz allgemeine Grundsätze des Werkvertragsrechts vor Augen führen.

A. Erfolgssoll und Planungssoll

Wir haben oben[36] erläutert, dass der Architektenvertrag im bürgerlich- 38
rechtlichen Sinne ein Werkvertrag ist. Der Architekt übernimmt regelmäßig eine **Erfolgshaftung**, er hat also verschuldensunabhängig dafür

34 BGH BauR 2004, 1640 = NZBau 2004, 509.
35 Abhängig vom vereinbarten Leistungsumfang, dazu sogleich.
36 Rdn. 8.

einzustehen, dass der vereinbarte Erfolg eintritt. Wann das der Fall ist, regelt § 633 Abs. 2 BGB. Danach ist das Architektenwerk (das in Planungs- und Überwachungsleistungen besteht, nicht in der Herstellung des Bauwerks selbst) mangelfrei, wenn es der vereinbarten Beschaffenheit entspricht oder, soweit eine Beschaffenheit nicht vereinbart wurde, wenn es sich für die nach dem Vertrag vorausgesetzte oder gewöhnliche Verwendung eignet. Das Architektenwerk entspricht insbesondere dann nicht der vereinbarten Beschaffenheit, wenn es nicht die vereinbarte **Funktionstauglichkeit** aufweist.[37] Der Architekt schuldet also zur Bewirkung des versprochenen Erfolges (also für eine mangelfreie Gesamtleistung) alle (Teil-)Leistungen, die erforderlich sind, um eine den vereinbarten Beschaffenheiten und der vereinbarten oder üblichen Funktionstauglichkeit entsprechende Planung und Überwachung zu gewährleisten, egal, ob diese (Teil-)Leistungen im Vertrag ausdrücklich vorgesehen sind oder nicht. Diese für die Mängelfreiheit **erforderlichen Leistungen** nennen wir »**Erfolgssoll**«. Hierzu das folgende

Arbeitsbeispiel 2: R(h)einfall mit eingeschränktem Auftrag[38]

39 *Der Auftraggeber beauftragt den Architekten ausschließlich mit der Genehmigungsplanung sowie der Tragwerksplanung zur Errichtung eines Mehrfamilienhauses in Rheinnähe und stellt diesem einige wenige Handskizzen zur Verfügung. Die Planung des Architekten befasst sich nicht mit dem Schutz des Bauwerks gegen drückendes Wasser, ein Bodengutachten holt er nicht ein. Nachdem bei einem Rheinhochwasser Grundwasser in die Keller des errichteten Gebäudes eingedrungen ist, stellt sich heraus, dass die Kellersohle deutlich unter dem höchsten bislang gemessenen Grundwasserstand liegt. Der Auftraggeber nimmt den Architekten auf Schadensersatz in Anspruch, der sich nicht in der Verantwortung sieht, da Baugrunduntersuchungen Gegenstand der nicht beauftragten Grundlagenermittlung seien. Wer hat Recht?*

Lösung:

Der Architekt haftet, da er eine mangelfreie funktionstaugliche Planung zu erstellen hatte, die auch den nach Sachlage erforderlichen Schutz gegen drückendes Grundwasser vorsehen musste. Ihm war die Lage des Grundstücks in der Nähe des Rheins bekannt, er hatte nur Skizzen der gewünschten Bebauung bekommen, denen zu entnehmen war, dass bisher

37 BGH BauR 2008, 344 = NZBau 2008, 109.

38 Nach BGH BauR 2008, 543 = NZBau 2008, 260.

keine Planungsleistungen vorlagen, auf denen er hätte aufbauen können. Unter diesen Umständen hatte die werkvertraglich übernommene Verpflichtung des Architekten nicht nur den Inhalt, eine Vorlage für die Baugenehmigung zu erstellen. Der Architekt, der unstreitig auch mit der statischen Berechnung beauftragt war, die ohne Kenntnis der Bodenverhältnisse nicht ordnungsgemäß erledigt werden kann, schuldete aus dem Gesichtspunkt der Erfolgshaftung vielmehr auch die Planung einer geeigneten Abdichtung. Dass diese ggf. gesondert zu vergüten gewesen wäre, ist für seine Haftung zunächst nicht relevant.

Für das Erreichen des Erfolgs erhält der Architekt nach der Vorstellung **40** des Gesetzgebers das vereinbarte Honorar. Dies ist in den Fällen unproblematisch, die der Gesetzgeber bei Schaffung des Werkvertragsrechts vor Augen hatte: Der Auftraggeber, der dem Schuster seinen Schuh zum Besohlen zur Verfügung stellt, erwartet, dass er diesen Schuh mit einer funktionsfähigen neuen Sohle zurück erhält. Wie der Schuster diesen Erfolg erreicht, bleibt ihm überlassen, solange er sich an die Regeln der Handwerkskunst hält.

Ebenso unproblematisch ist der Fall des Architektenvertrages mit **41** **funktionaler** bzw. globaler **Leistungsbeschreibung** (bspw. »Alle erforderlichen Planungsleistungen zur Errichtung …«, »Planung bis zur Baugenehmigung« oder »Bauleitung«). Solche Klauseln entsprechen jedenfalls dann, wenn ein schriftlicher Architektenvertrag vorliegt, meist nicht der Realität der Vertragsgestaltung, da der Auftraggeber oftmals mehr oder weniger präzise beschreibt, welche Leistungen er vom Architekten im Einzelnen erwartet, um den letztlich geschuldeten Erfolg herbeizuführen. Umso detaillierter der Auftraggeber jedoch die Leistungen nach Inhalt (was wird geplant?) und Umständen (wie wird geplant?) beschreibt, die nach seiner Auffassung zum vereinbarten oder jedenfalls vorausgesetzten Werkerfolg führen, umso mehr trägt die auftraggeberseitig gestellte Leistungsbeschreibung die Vermutung in sich, dass sie die zur Erreichung des Werkerfolges erforderlichen Leistungen richtig und vollständig beschreibt. Das durch diese **Leistungsbeschreibung** vereinbarte **Planungssoll** tritt daher als selbstständiges Element neben das Erfolgssoll. Es kann mit dem Erfolgssoll übereinstimmen, kann aber auch (meist unbeabsichtigt) hinter ihm zurückbleiben. Nur das Planungssoll ist jedoch die Grundlage für die Honorarkalkulation des Architekten, nur das Planungssoll ist demnach das Äquivalent zum vereinbarten Honorar. Der Veranschaulichung dient das folgende

Arbeitsbeispiel 3: Die vergessene Abgeschlossenheitsbescheinigung

42 *Der Auftraggeber beabsichtigt, ein Mehrfamilienwohnhaus nach Errichtung aufzuteilen und die einzelnen Wohnungen als Wohnungseigentum zu veräußern. Er beauftragt den Architekten mit »den Grundleistungen der Leistungsphasen 1–5 des § 33 HOAI iVm. Anlage 11 zur HOAI«, der Nutzungszweck des Objekts wird im Vertrag ebenfalls festgelegt. Während der Durchführung des Planervertrages verlangt der Auftraggeber vom Architekten die Vorbereitung der Abgeschlossenheitsbescheinigungen nach dem Wohnungseigentumsgesetz durch Erstellung von Bauzeichnungen, aus denen die Aufteilung des Gebäudes sowie die Lage und Größe der im Sondereigentum bzw. Gemeinschaftseigentum stehenden Gebäudeteile ersichtlich sind. Der Architekt macht die Erbringung dieser Leistungen davon abhängig, dass der Auftraggeber ein zusätzliches Honorar zahlt.*

Lösung:

Zu Recht! Die für die Abgeschlossenheitsbescheinigung erforderlichen Pläne sind nicht Gegenstand der Leistungsbeschreibung. Zwar dürfte der Architekt diese Leistungen aus dem Gesichtspunkt der Erfolgsverpflichtung schulden, er hat jedoch einen Anspruch auf zusätzliches Honorar, da sie nicht Gegenstand des Planungssolls geworden sind. Bis zu einer Vergütungszusage des Auftraggebers (jedenfalls dem Grunde nach) kann der Architekt daher die Erbringung dieser Leistungen verweigern.

43 Vor diesem Hintergrund lösen sich viele Fragen um die Abgrenzung des Planungssolls von der Erfolgshaftung: Enthält das vom Auftraggeber vorgegebene Planungssoll Fehler oder Unvollständigkeiten, ist es also nicht geeignet, den vereinbarten Werkerfolg zu erreichen, muss der Architekt dem Auftraggeber einen Hinweis erteilen, um nicht für von ihm erkannte Fehler des Auftraggebers zu haften. Dasselbe gilt, wenn sich die allgemein anerkannten Regeln der Technik erst zwischen Vertragsschluss und Abnahme des Architektenwerkes ändern. Deren Beachtung ist Teil des vom Architekten geschuldeten Erfolgs. Hat er insoweit zusätzliche oder wiederholte Leistungen zu erbringen, erhält er dafür nach den Grundsätzen der ergänzenden Vertragsauslegung ein zusätzliches Honorar, da diese Leistungen von der bepreisten Leistungsbeschreibung nicht umfasst waren.[39]

39 Zu solchen erfolgssichernden zusätzlichen oder wiederholten Leistungen vgl. unten Rdn. 239.

Sowohl das Erfolgssoll als auch das Planungssoll (zusammen allgemeiner auch als »**Planungsziele**« bezeichnet) unterliegen allerdings einer dem Planungsablauf entsprechenden **Anpassungsdynamik** durch laufende **Konkretisierung**. Denn der Planungsablauf selbst ist dynamisch und gekennzeichnet durch Klärungen, Weiterentwicklungen und fortlaufende Optimierungen im Dialog mit dem Auftraggeber. Diese Anpassungsdynamik ist jedoch honorarrechtlich nur dann neutral, wenn sich die angepassten Planungsziele innerhalb der zuvor vereinbarten oder vom Auftraggeber vorgegebenen allgemeineren Planungsziele halten, diese also lediglich konkretisieren, nicht aber ändern. Man kann sich dies wie ineinander schachtelbare russische Matroschka-Puppen vorstellen, die nur funktionieren, wenn sich die kleinere in die größere Puppe einfügt. Was im Einzelnen eine honorarrechtlich neutrale Konkretisierung und was eine mehrvergütungspflichtige Änderung der Planungsziele ist, erläutern wir bei der Darstellung der Planernachträge unten unter Rdn. 229. Bedeutung erlangt in diesem Zusammenhang die mit der HOAI 2009 eingeführte Neuregelung in § 3 Abs. 8 HOAI, wonach das **Ergebnis jeder Leistungsphase mit dem Auftraggeber zu erörtern** ist. Zwar hat der Verordnungsgeber nicht mitgeteilt, warum er eine solche schuldrechtliche Regelung in die preisrechtliche HOAI aufgenommen hat, sie zeigt jedoch die entscheidende Zäsur auch für die Konkretisierung der Planungsziele: Wenn die Leistungsphase abgeschlossen wurde und deren Ergebnisse mit dem Auftraggeber erörtert wurden (was der sorgfältige Architekt natürlich nachweisbar dokumentiert), stehen die konkretisierten Planungsziele für die nachfolgenden Leistungsphasen fest. Jede nachträgliche Änderung derselben führt ggf. zu einem Mehrvergütungsanspruch des Architekten. **44**

B. Bezugnahme auf Leistungsbilder und -phasen der HOAI

Wie gerade dargestellt, enthält die HOAI in erster Linie preisrechtliche Regelungen. Vereinfacht gesagt regelt sie nur die Frage, welches Honorar der Architekt verlangen kann, wenn er die Leistungen A, B und C erbracht hat, nicht hingegen die Frage, ob der Architekt die Leistungen A, B und C überhaupt erbringen *musste*. Trotzdem sahen Musterverträge vor Inkrafttreten der neuen HOAI im Jahre 2009 häufig die Beschreibung der vom Architekten geschuldeten Leistungen durch Bezugnahme auf § 15 HOAI a.F. (Leistungsbild Objektplanung, jetzt § 33 iVm. Anlage 11 zur HOAI n.F.) vor. Die Praxis hat diese Empfehlung weitestgehend übernommen, der BGH sie nachträglich ausdrück- **45** lich gebilligt.[40] So wurde der vom Architekten geschuldete Leistungsumfang über Jahrzehnte nicht weiter problematisiert.

46 Ein Umdenken setzte erst ein, als der BGH mit dem vorzitierten Urteil vom 24.06.2004 klargestellt hat, dass mit der Bezugnahme auf § 15 HOAI a.F. fast alle dort aufgeführten Grundleistungen auch als Teilerfolge geschuldet waren. Nicht erbrachte Grundleistungen (insbesondere Kostenermittlungen, aber auch das Führen eines Bautagebuches etc.) nutzten findige Auftraggeber zur Honorarkürzung über den Umweg der Minderung, worauf die Architekten (zu Recht) die pauschale Bezugnahme auf die HOAI bei Vertragsverhandlungen in Frage stellten.

47 Entgegen erster Entwürfe umfasst die HOAI 2009 sowohl Planungs-Leistungsphasen (LP 1–5) als auch Service-Leistungsphasen (LP 6–9). Für den Objektplaner Gebäude sind die Teilleistungen der einzelnen Leistungsphasen in Anlage 11 geregelt.[41] Eine Leistungsbeschreibung durch vertragliche Bezugnahme auf die Anlage 11 ist daher durchaus möglich. Nur wird es oftmals nicht nötig sein, dass der Architekt alle Teilleistungen der beauftragten Leistungsphasen erbringt. Plant der Architekt bspw. ein genehmigungsfreies Objekt, muss er in der Vorplanung natürlich nicht mit Behörden Vorverhandlungen über die Genehmigungsfähigkeit führen. Andererseits erfassen die Teilleistungen der Anlage 11 längst nicht alle regelmäßig erforderlichen Planungsleistungen, insbesondere nicht, wenn der Auftraggeber den Bauleistungen eine funktionale Leistungsbeschreibung zugrunde legen möchte. Wir empfehlen daher, ohne Bezugnahme auf die HOAI im Vertrag selbst zu regeln, was Gegenstand der Leistungspflicht des Architekten sein soll. Anhaltspunkte für eine Vertragsgestaltung können selbstverständlich weiterhin in Anlage 11 zur HOAI gefunden werden. Durch eine Prüfung der dortigen Leistungspflichten vor Übernahme in den Vertrag wird der Auftraggeber jedoch angehalten zu überlegen, ob er wirklich alle dort geregelten Leistungen beauftragen (und vergüten!) möchte. Dem Architekt wird deutlich(er) gemacht, dass er alle übernommenen Teilleistungen auch zu erbringen hat, um mangelfrei zu leisten.

---

40 BGH BauR 2004, 1640 = NZBau 2004, 509.

41 Im Gegensatz zur HOAI a.F. muss der Architekt seit der HOAI 2009 in der Leistungsphase 9 allerdings nur noch 4 Jahre ab Abnahme der Bauleistungen die Beseitigung der Mängel überwachen.

Eines müssen sich jedoch sowohl Architekt als auch Auftraggeber vor Augen führen: Fehlt eine Bezugnahme auf die HOAI und enthält der Architektenvertrag keine Regelung zum Umfang der vom Architekten geschuldeten Planungsleistungen (insbesondere, wenn der Architektenvertrag mündlich geschlossen wurde), muss der Architekt (nur) die Leistungen erbringen, die zur Erreichung des (aus seiner Sicht erkennbaren) vom Auftraggeber gewünschten Erfolges erforderlich sind. Welche dies genau sind, ist im Einzelfall anhand der konkreten Planungsaufgabe zu bestimmen. Eine Verkehrssitte oder ein Handelsbrauch dahingehend, dass der Architekt bestimmte in der HOAI erwähnte Leistungen erbringen muss, ohne dass dies ausdrücklich vereinbart wurde, besteht nicht. **48**

Doch wie definiert man den Leistungsumfang in Anlehnung an Anlage 11 in der Praxis? Eine **Bezugnahme** auf die Leistungsphasen der HOAI kann sehr unterschiedlich ausgestaltet sein. Der BGH spricht von »der Bezugnahme auf das Leistungsbild der HOAI und die darin enthaltenen Leistungsphasen«[42], womit eine ausdrückliche Bezugnahme auf die Anlage 11 zur HOAI im Vertrag gemeint ist. Aber auch wenn die Vertragsparteien nur die Terminologie der HOAI verwenden, kann darin im Einzelfall eine Bezugnahme auf die HOAI gesehen werden. Denn der BGH spricht auch davon, dass eine »an den Leistungsphasen des § 15 HOAI [a.F. = § 33 iVm. Anlage 11 HOAI n.F.] **orientierte** vertragliche Vereinbarung« ausreiche. Dies ist auch zutreffend: Die HOAI stellt das gewonnene Erfahrungswissen dar, was unter einem Planungsprozess im Allgemeinen zu verstehen ist. Dies verdeutlichen wir an dem folgenden **49**

Arbeitsbeispiel 4: Kostenermittlung geschuldet?

Die Parteien eines Objektplanervertrages vereinbaren zum Leistungsumfang des Architekten, er schulde die »Leistungsphasen 1 (Grundlagenermittlung), 2 (Vorplanung) und 3 (Entwurfsplanung)«. Eine ausdrückliche Erwähnung der HOAI erfolgt nicht. Die Parteien streiten nun darüber, ob der Architekt die in Anlage 11 zur HOAI geregelten Kostenermittlungen (Kostenschätzung in LP 2, Kostenberechnung in LP 3) schuldet. **50**

42 BGH BauR 2007, 1761 = NZBau 2007, 653.

Lösung:

Ja, der Architekt schuldet die in der HOAI zu den vereinbarten Leistungsphasen festgelegten Grundleistungen, also auch die Kostenermittlungen. Denn durch die Verwendung der Terminologie der Anlage 11 zur HOAI im Vertrag haben die Parteien deutlich gemacht, sich an dieser Norm zu orientieren.

C. Vertraglich zu regelnde Planungsleistungen

51 Viele Leistungen, die ein Architekt zumindest bei größeren Projekten, sei es typischerweise, sei es ausnahmsweise, erbringen muss, werden von der HOAI 2009 als Besondere (§ 3 Abs. 3) oder Andere (§ 3 Abs. 2 S. 2) Leistungen nicht (mehr) preisrechtlich erfasst, so dass sie von vornherein nicht durch vertraglichen Verweis auf die geregelten Leistungsbilder der HOAI zum Planungssoll werden können. Vielmehr sind insbesondere die folgenden Leistungen (sofern sie erforderlich sind) vertraglich zu vereinbaren, ebenso wie das hierfür geschuldete Honorar, das keinen preisrechtlichen Bindungen unterliegt:

- **Bedarfsplanung** nach DIN 18205 (die zukünftig in der Praxis mehr Bedeutung erlangen wird), wenn sie dem Architekten übertragen werden soll.[43]
- **Ehemalige Besondere Leistungen** – Seit der HOAI-Novelle 2009 nicht mehr preisrechtlich geregelt sind die sog. ergänzenden, ersetzenden und isolierten Besonderen Leistungen. Diese hatten nach der ursprünglichen Konzeption Ausnahmecharakter gegenüber den Grundleistungen. Sie wurden regelmäßig durch aufwandsbezogene Einflussgrößen notwendig, wie bspw. standortbezogene, herstellungsbezogene, zeitbezogene oder umweltbezogene Einflussgrößen. Beispielhaft seien genannt:
  - **Ergänzende Besondere Leistungen**, die zu Grundleistungen hinzutreten: Bestandsaufnahme, Abgeschlossenheitsbescheinigungen, Finanzierungsplan, Bauvoranfrage, Unterstützung des Auftraggebers in Klageverfahren o.Ä.
  - **Ersetzende Besondere Leistungen,** die einzelne Grundleistungen verdrängen: Aufstellen einer detaillierten Objektbeschreibung als Baubuch zur Grundlage der Leistungsbeschreibung mit Leistungsprogramm.

43 Siehe unten Rdn. 64.

In der jüngeren Praxis kam jedoch kaum ein Bauvorhaben ohne die Beauftragung Besonderer Leistungen aus. Noch enthält die HOAI in Anlage 2 zu § 3 Abs. 3 eine Aufzählung dieser Besonderen Leistungen, an denen sich die Vertragsgestaltung orientieren kann.[44]

- **Terminplanung** – Wann der Planer selbst welche Leistungen erbringen muss, sollte anlässlich der Grundlagenermittlung, spätestens aber in der Vorplanung erarbeitet werden. Die Terminplanung für die Bauausführung sollte hingegen spätestens vor Vergabe der Bauleistungen erfolgen.
- **Projektentwicklung** – Die klassische Projektentwicklung ist ebenfalls nicht von der HOAI umfasst. Darunter fällt nach der Rechtsprechung des BGH[45] bspw. eine Verpflichtung des Architekten, sämtliche tatsächlichen, wirtschaftlichen und rechtlichen Voraussetzungen dafür zu schaffen, dass ein Mietobjekt in Wohnungseigentum umgewandelt und als Wohnungseigentum veräußert werden kann. Dann seien die Preisvorschriften der HOAI auf den Architekten nicht anwendbar, weil die vereinbarte Leistung erheblich von dem einen Architektenvertrag prägenden Werkerfolg abweiche.[46]
- **Sicherheits- und Gesundheitskoordinator** – Diese Bauherrenpflicht kann auf den Architekten übertragen werden, er muss sie also nicht unentgeltlich neben der Objektüberwachung erbringen. Da es in der HOAI hierfür kein Leistungsbild gibt, kann das Honorar frei vereinbart werden.
- **Baubegleitende Qualitätskontrolle**[47]
- **Abbruchleistungen** – Da die HOAI nur auf die Errichtung von Gebäuden ausgerichtet ist, ist sie auf isoliert beauftragte Planungs- und Überwachungsleistungen für Abbrucharbeiten nicht anwendbar.

D. Vollauftrag und Begrenzung des Leistungsumfangs

Es gibt ihn sicher noch, den klassischen Vollauftrag mit allen Leistungsphasen des § 33 HOAI. Doch in der Praxis haben sich – insbesondere, aber nicht nur bei Großprojekten – auf einzelne Leistungsphasen oder auch Teile davon begrenzte Aufträge durchgesetzt. Beide Fälle bedürfen der eingehenden vertraglichen Regelung. Denn Zweifel am beauftragten Leistungsumfang entstehen in der Regel dann, wenn die Parteien **52**

44 Zu den Besonderen Leistungen näher unter Rdn. 105.
45 BGH BauR 1998, 193.
46 Zur (Nicht-)Anwendbarkeit der HOAI auf sog. Komplettanbieter siehe näher unter Rdn. 83.
47 BGH BauR 2002, 315 = NZBau 2002, 150; siehe dazu Rdn. 11.

nur einen mündlichen oder einen unvollständigen schriftlichen Architektenvertrag abgeschlossen haben.

1. Klassischer Vollauftrag

53 Zur alten HOAI hörte und las man immer wieder, dass bei Fehlen einer ausdrücklichen Vereinbarung im Vertrag eine **Vermutung** dafür streite, dass der Architekt mit allen Leistungsphasen des § 15 HOAI a.F., also mit den Planungsphasen 1 bis 5, den Vergabephasen 6 und 7 sowie den Bauleitungsphasen 8 und 9, beauftragt sei. Dies war schon unter der Geltung der alten HOAI **falsch**, und ist es heute immer noch.

54 Bereits Ende der 70er Jahre hat der BGH klargestellt, dass ein Vollauftrag zwar in der damaligen Praxis häufig vorkomme. Die Übertragung von Teilaufträgen sei jedoch nicht unüblich, von einem Anscheinsbeweis zugunsten des Vollauftrages könne daher nicht ausgegangen werden.[48] Seitdem hat die Rechtsprechung immer wieder klargestellt, dass der Architekt darlegen und beweisen muss, ob und in welchem Umfang er mit Architektenleistungen beauftragt wurde. Selbst wenn es (mündlich) lediglich heißt, der Architekt habe »die Planung« zu erstellen, spricht dies nicht für einen Vollauftrag, sondern lediglich für die Übertragung der eigentlichen Planungs-Leistungsphasen 1 bis 5.

55 Hintergrund dieser zutreffenden Rechtsprechung ist der Umstand, dass die HOAI nur Preisrecht setzt und keine Regelungen zum geschuldeten Leistungsumfang enthält. Sollen daher alle Leistungsphasen bis zur Objektbetreuung übertragen werden, können wir nur unseren Rat wiederholen: Beide Vertragsparteien müssen darauf bedacht sein, im Vertrag genau (und nur) die Leistungen, also das Planungssoll, zu vereinbaren, die für die Erreichung des Erfolgssolls, also der Bewirkung der Errichtung eines mangelfreien und funktionstauglichen Bauwerks, erforderlich sind.

2. Begrenzter Leistungsumfang

56 Es gibt viele praktische Gründe, warum Architekten nicht mit allen Leistungsphasen oder nicht mit allen Grundleistungen einzelner Leistungsphasen beauftragt werden. Insbesondere wenn neben dem Architekten ein **Generalüber-** oder ein **Generalunternehmer** (GU) beauftragt werden soll, kann der Leistungsumfang des Architekten in vielen

48 BGH BauR 1980, 84.

Varianten ausgestaltet werden. In der Praxis sind die folgenden häufiger anzutreffen:

- Der Architekt wird mit den **Leistungsphasen 1** (Grundlagenermittlung) **und 2** (Vorplanung) beauftragt, die restlichen Planungsaufgaben übernimmt der GU. Dieser hat größeren Spielraum bei der Kosten- und damit Preisoptimierung, dafür werden die Einflussmöglichkeiten des Auftraggebers deutlich eingeschränkt.
- Der Architekt wird bis zur Erteilung der Baugenehmigung beauftragt, also mit den **Leistungsphasen 1 bis 4** (Grundlagenermittlung, Vorplanung, Entwurfsplanung, Genehmigungsplanung). Die Ausführungsplanung sowie die überwachenden Aufgaben werden vom GU übernommen. Insbesondere da der Architekt den Entwurf erstellt hat, auf dem der GU aufzubauen hat, sind gestalterische und bautechnische Vorgaben des Auftraggebers eher durchsetzbar, während dem GU mit der Ausführungsplanung noch Optimierungspotential verbleibt.
- Wie vor, nur erstellt der Architekt zusätzlich noch **Leitdetails** als **Teilleistung der Leistungsphase 5** (Ausführungsplanung). Diese Variante wird gewählt, wenn der Entwurfsverfasser maßgeblichen Einfluss auf die gestalterischen Elemente der Planung behalten soll. Oftmals wird er darüber hinaus mit der **künstlerischen Oberleitung** beauftragt. Die Begriffe »künstlerische Oberleitung« und »Leitdetails« werden allerdings nicht in der HOAI definiert.[49] Hier ist also besonders viel Sorgfalt bei der vertraglichen Festlegung des Planungssolls gefragt.

Aber auch ohne Generalunternehmer gibt es typische Fallgestaltungen, **57**
in denen Teilaufträge erteilt werden. So werden Architekten beispielsweise oftmals nur mit der **Bauüberwachung** beauftragt. Auch dies verlangt sorgfältige Vertragsgestaltung (und Schnittstellenregelungen): Wer soll beispielsweise die Ausführungsplanung während der Objektausführung fortschreiben (Leistung der Leistungsphase 5 – Ausführungsplanung)? Welche Kostenberechnung ist für den bauüberwachenden Architekten maßgeblich, insbesondere auch zur Ermittlung seines Honorars?

Die Bedeutung der Vertragsgestaltung zeigt sich auch in dem ebenfalls **58**
praxisrelevanten Fall der **Nichtbeauftragung vorgehender Leistungsphasen:**

49 Die künstlerische Oberleitung war vor Geltung der HOAI in § 19 Nr. 1e der Gebührenordnung für Architekten (GOA) geregelt.

Arbeitsbeispiel 5: Grundlagenermittlung ohne Auftrag?

59 *Der Architekt A wird ausdrücklich nur mit den Leistungsphasen 2 (Vorplanung) und 3 (Entwurfsplanung) der Anlage 11 zur HOAI beauftragt, ohne dass der Auftraggeber B Leistungen (Ergebnisse) der Phase 1 (Grundlagenermittlung) zur Verfügung stellt. Als es zwischen den Parteien zum Streit kommt, rechnet A die Leistungsphasen 1 bis 3 ab. Zu Recht?*

Lösung:

***Ja**, meinte das Oberlandesgericht.*[50] *Denn die vollständige Erbringung der Leistungsphasen 2 und 3 habe die Leistungsphase 1 mit umfasst, weil diese einen notwendig vorausgehenden Entwicklungsschritt darstelle. B könne sich nicht mit Erfolg darauf berufen, dass nach dem ausdrücklichen Wortlaut des Vertrages die Leistungsphase 1 nicht in Auftrag gegeben worden sei. Denn insoweit handele es sich um eine unwirksame, versteckte Unterschreitung der Mindestsätze.*

***Nein**, entscheidet der Bundesgerichtshof im Revisionsverfahren.*[51] *Allein der Umstand, dass eine Leistung erbracht werde, mache sie noch nicht zum Vertragsgegenstand. Zwar möge die Grundlagenermittlung eine notwendige Voraussetzung der weiteren Planungsschritte sein. Diese Wechselbeziehung bestehe regelmäßig zwischen jeder vorangehenden und nachfolgenden Leistungsphase. Sie allein mache eine Teilleistung nicht zu einer Leistung, die nach dem Vertrag über die jeweils nachfolgenden Leistungen geschuldet sei und deshalb zu vergüten wäre. Daraus ergebe sich keine versteckte Unterschreitung von Mindestsätzen. Denn die preisrechtlichen Bestimmungen über die Mindestsätze gälten nur für die im Vertrag vereinbarten und deshalb geschuldeten Leistungen.*

60 Entgegen der wohl herrschenden Meinung in der Rechtsprechung der Oberlandesgerichte und der juristischen Fachliteratur[52] dürfte diese BGH-Rechtsprechung auch auf die Fälle zu übertragen sein, in denen der Architekt beispielsweise ausdrücklich nur mit der Leistungsphase 4 (Genehmigungsplanung) beauftragt wird, ohne dass die Leistungen der vorgehenden Phasen beigestellt worden wären. Denn das Planungssoll und das dafür vereinbarte Honorar ergeben sich nicht aus der HOAI als reinem Preisrecht, sondern vorrangig aus dem Vertrag. Niemand würde behaupten wollen, dass der Auftrag des Zimmer-

---

50 OLG Naumburg BauR 2005, 1357.

51 BGH BauR 2007, 571 = NZBau 2007, 180.

52 Vgl. Werner/Pastor, Der Bauprozess, Rdn. 783a m.w.N.

manns, einen Dachstuhl zu errichten, die Errichtung des (noch fehlenden) Rohbaus als notwendig vorausgehenden Entwicklungsschritt mit umfasst. Allerdings hat der BGH klargestellt, dass eine Vergütung dieser Leistungen aus den Grundsätzen der **Geschäftsführung ohne Auftrag** oder des **Bereicherungsrechts** infrage komme, wenn sie nicht im Eigeninteresse zwecks Erlangung des Auftrags bzw. in Kenntnis der Nichtschuld erbracht wurden. Hohe Hürden für eine Vergütung dieser Leistungen also, die nur durch sorgfältige Vertragsgestaltung vermeidbar sind!

3. Stufenweise Beauftragung/Abruf der Leistungsphasen

Bei größeren Bauvorhaben oder vorsichtigen Auftraggebern wird häufig die **stufenweise Beauftragung** des Architekten vereinbart. Grund hierfür kann bspw. sein, dass noch nicht abschließend feststeht, ob das Bauvorhaben auch realisiert werden soll, ob es genehmigungsfähig ist oder ob der Planer den Qualitätsanforderungen des Auftraggebers entspricht. Der Ausgangsvertrag bildet in diesen Fällen nur den Rahmen, einzelne oder mehrere Leistungsphasen (Stufen) werden durch **mehrere Einzelverträge** beauftragt. AGB-rechtlich eher unproblematisch sind dabei die Verträge, bei denen sowohl Auftraggeber als auch Architekt an die bereits festgelegten Konditionen gebunden bleiben und dem Architekten unter bestimmten Voraussetzungen (bspw. Erteilung des Bauvorbescheides) ein **Anspruch** auf Beauftragung weiterer Leistungsphasen zusteht (echter **Vorvertrag**). Steht die Beauftragung der nächsten Stufen hingegen gänzlich im Belieben des Auftraggebers, bestehen Bedenken an der Wirksamkeit einer solchen Regelung, wenn sie Allgemeine Geschäftsbedingungen (AGB) des Auftraggebers darstellen. Jedenfalls sollte vereinbart werden, dass der Architekt sich von dem Rahmenvertrag lösen kann, wenn seit der Fertigstellung der letzten Leistungsphase ein längerer Zeitraum (bspw. – je nach Bauvorhaben – zwölf Monate oder im Ausnahmefall bis zu drei Jahre) vergangen ist oder ein wichtiger Kündigungsgrund vorliegt. Zudem ist in allen Fällen stufenweiser Beauftragung ein besonderes Augenmerk auf die Regelung der Mängelhaftung des Architekten zu legen: Denn wird jede Stufe gesondert abgenommen, beginnt damit die Verjährungsfrist für Mängelansprüche mit jeder Abnahme gesondert zu laufen. Zudem haftet der Architekt nur für die Mangelhaftigkeit des beauftragten Planungsstadiums, also bspw. in der Entwurfsplanung nur für die »hinreichende Aussicht« auf eine Genehmigungs- 61 fähigkeit der Planung, nicht für deren tatsächliche dauerhafte Genehmigungsfähigkeit.[53]

62 Von der stufenweisen Beauftragung abzugrenzen ist der **Abruf von fest beauftragten Leistungsphasen**. Oftmals wurden dem Architekten bereits alle Leistungsphasen übertragen, der Auftraggeber behält sich lediglich den Abruf, also die Bestimmung der Fälligkeit der jeweiligen Teilleistung, vor. Ein solcher Vertrag ist grundsätzlich ebenso zu behandeln wie ein klassischer Vollauftrag bzw. ein abschließender Teilauftrag über mehrere Leistungsphasen.

63 Die genaue Unterscheidung dieser Vertragstypen ist auch wichtig für die Beurteilung der Frage, welche **Fassung der HOAI** auf die nachträglich abgerufene Teilleistung anwendbar ist. Beim Abruf fest beauftragter Leistungsphasen kommt es auf den ursprünglichen Vertragsschluss an (§ 55 HOAI: Leistungen, die vor dem Inkrafttreten der HOAI 2009 vereinbart wurden). Bei der stufenweisen Beauftragung ist der Zeitpunkt des Abrufs der jeweiligen Leistungsphase durch den Auftraggeber maßgeblich.[54] So ist also durchaus denkbar, dass eine für eine abzurufende Leistungsphase vereinbarte Honorarpauschale nach der alten HOAI wirksam war, im Zeitpunkt des Abrufs unter Geltung der neuen HOAI jedoch wegen dann eingetretener Mindestsatzunterschreitung nicht mehr!

E. Bedarfsplanung und Planungsziele, Leistungsablauf

64 Wegen der oben erläuterten **Erfolgshaftung** des Architekten sollten die Parteien darauf achten, frühzeitig, also bestenfalls mit Vertragsschluss, neben dem vom Architekten geschuldeten **Leistungsumfang** die **Planungsziele** des Auftraggebers schriftlich zu fixieren. Auch vor Durchführung der Grundlagenermittlung hat der Auftraggeber Planungsziele, bspw. die Deckung des Wohnbedarfs seiner Familie, die Errichtung eines Verwaltungsneubaus für die geschäftliche Eigennutzung durch eine bestimmte Anzahl an Mitarbeitern oder eines Renditeobjekts etc. Diese Planungsziele will der Auftraggeber eingehalten wissen, der Architekt kann aus einer Veränderung dieser Planungsziele ggf. einen Mehrvergütungsanspruch ableiten (vgl. § 3 Abs. 2 S. 2 HOAI).

53 BGH BauR 1997, 1065, 1066.

54 OLG Düsseldorf BauR 1997, 340; **a.A.** Locher/Koeble/Frik, HOAI, § 103 Rdn. 15, die auch bei nur zeitlich abzurufenden, sonst aber unbedingt beauftragten Leistungen ebenfalls von der Anwendung der neuen HOAI für diese Leistungen ausgehen.

Beide Parteien sollten daher ein Interesse an der schriftlichen Festlegung der Planungsziele haben. Diese werden also in der Grundlagenermittlung nicht etwa erst *entwickelt*, sondern *definiert* (die HOAI nennt dies *geklärt*) und ggf. *konkretisiert*.[55] Die Entwicklung erfolgt zuvor in der auftraggeberseitigen Willensbildung, oftmals im Rahmen einer **Bedarfsplanung**.

Offensichtlich ging der Verordnungsgeber bei Schaffung der HOAI **65**
2009 davon aus, dass zukünftig die **Bedarfsplanung**, die für öffentliche Bauvorhaben haushalts- und vergaberechtlich[56] ohnehin vorgesehen ist und sich meist an die **DIN 18205** anlehnt, sich auch in der Praxis immer mehr durchsetzen wird. Denn in der Begründung zu der neu eingeführten Möglichkeit einer Baukostenvereinbarung gemäß § 6 Abs. 2 HOAI wird ausdrücklich auf die DIN 18205 als eine mögliche Grundlage für die Ermittlung nachprüfbarer Baukosten hingewiesen.[57] Doch was ist Bedarfsplanung? Der **Bedarfsplan** ist ein Arbeitsdokument. Er stellt zu jedem beliebigen Zeitpunkt die wesentlichen **Bedürfnisse, Ziele und Mittel des Auftraggebers und Nutzers** dar sowie die **Rahmenbedingungen des Projekts** und alle erforderlichen **Anforderungen an den Entwurf**. In diesem Rahmen können alle späteren Bedarfsplanungsschritte, soweit erforderlich, sowie die Entwurfsplanung stattfinden. Bedarfsplanung ist ein Prozess, gerichtet auf

- die methodische Ermittlung der Bedürfnisse von Bauherren und Nutzern,
- deren zielgerichtete Aufbereitung als »Bedarf« und
- dessen Umsetzung in bauliche Anforderungen.

Die Bedarfsplanung liegt daher zeitlich vor der Grundlagenermittlung **66**
und ist zum einen dazu geeignet, Anhaltspunkte für eine Baukostenvereinbarung zu ermitteln, zum anderen aber auch dazu, die Planungsziele des Auftraggebers zu identifizieren, zu konkretisieren und festzulegen. Mit anderen Worten: Die Bedarfsplanung kann ein gutes Instrument für den Auftraggeber sein, verbindliche Planungsvorgaben für die Grundlagenermittlung und den Entwurf zu entwickeln, die zum Gegenstand der Planerverträge gemacht werden sollten. Beauftragt der Auftraggeber den Architekten mit der Unterstützung bei

55 Pott/Dahlhoff/Kniffka/Rath, HOAI, § 15 Rdn. 7.

56 Vgl. die hohen Anforderungen an die Beschreibung der Aufgabenstellung für den Planer in § 8 Abs. 2 der Verdingungsordnung für freiberufliche Leistungen (VOF) 2006.

57 BR-Drs. 395/09, S. 164.

der Bedarfsplanung, ist sein Honorar frei zu vereinbaren, da es von der HOAI nicht geregelt wird.

67 Auch der geplante **Leistungsablauf** sollte frühzeitig festgelegt werden. Der Auftraggeber hat ein Bedürfnis, die Leistungen des Architekten in zeitlicher Hinsicht zu überwachen und zu steuern, der Architekt wiederum kann, wie § 3 Abs. 2 S. 2 HOAI ausdrücklich anführt, Mehrvergütungsansprüche aus einer Veränderung des Leistungsablaufes oder der Verlängerung des Leistungszeitraumes generieren. Neben Beginn- und Endterminen für die Gesamtleistung oder einzelne Leistungsphasen werden in der Praxis durchaus auch weitere verbindliche Zwischentermine bzw. -fristen definiert, oftmals sogar in einem eigenen Bauablaufplan für den Architekten, in den der Terminplan des ausführenden Unternehmens später zu integrieren ist. Ferner sollten Planprüffristen (z.B. für die Prüfung der Werk- und Montageplanung der ausführenden Unternehmen) festgelegt werden.

F. Teilleistungsbewertungen

68 Schließlich muss den Parteien – auch wenn dies streng genommen nicht zur Festlegung des Planungs-Solls gehört – geraten werden, den vereinbarten Teilleistungen auch **Teilleistungsbewertungen** zuzuordnen. Der Verordnungsgeber hat sich auch bei der HOAI 2009 nicht dazu durchringen können, den einzelnen Leistungen Prozentsätze zuzuordnen. Dabei sind diese Bewertungen bei der vorzeitigen Vertragsbeendigung, dem Entfall von Teilleistungen oder der Ermittlung von Mehrvergütungsansprüchen wegen nachträglich angeordneter zusätzlicher oder wiederholter Teilleistungen unersetzlich.

69 Zwar hat der BGH[58] entschieden, dass der Richter diese Bewertungen unter Rückgriff auf die einschlägigen Bewertungstabellen schätzen kann. Doch wer will sich auf die Schätzkünste eines Zivilrichters auf der Basis von Tabellen verlassen, die untereinander mal mehr und mal weniger voneinander abweichen und zudem meist nur Rahmen (also »von/bis« Prozentsätze) vorgeben?

70 Die Bewertung von vereinbarten Leistungen schmälert im Übrigen nicht den werkvertraglichen Charakter der Architektenleistungen oder dessen Verpflichtung zur Erreichung des geschuldeten Erfolges.

58 BGH BauR 2005, 588, 590 = NZBau 2005, 163; vgl. die Übersichten einschlägiger Tabellen bei Locher/Koeble/Frik, HOAI, Anh. 4 bzw. die Nachweise bei Werner/Pastor, Der Bauprozess, Rdn. 883 mit Fn. 442.

Denn sie betrifft nur die Vergütungsseite des Vertrages, nicht die Leistungsseite. Niemand zweifelt daran, dass bspw. der auf Grundlage eines Einheitspreisvertrages oder von Teilpauschalen arbeitende Bauunternehmer dennoch einen werkvertraglichen Erfolg schuldet.

Damit verlassen wir die »Leistungsseite« und kommen zur »Vergütungsseite«, dem Planerhonorar.

IV. Der Umfang des Honorars

Mit der damit angesprochenen »Vergütungsseite«, dem Honorar für **71** die entfaltete Architektentätigkeit, nähern wir uns nunmehr dem eigentliche Regelungsbereich der HOAI als Preisrecht. Dabei stellen wir nachfolgend im Anschluss an einen kurzen Überblick über wichtige Kalkulations- und Vergütungsmodelle ausführlich das »eigentliche« Preisrecht der HOAI vor, bevor wir schließlich die zentralen Rechtsfragen nach dem Umfang des Planerhonorars »außerhalb der HOAI bzw. ihrer Honorartafeln« erörtern.

A. Kalkulations- und Vergütungsarten

Unabhängig davon, ob wir uns innerhalb des preisrechtlich geregelten **72** Bereichs der HOAI befinden (dazu unten Rdn. 80) oder »außerhalb der HOAI« (dazu unten Rdn. 225), ist zunächst auf die beiden wesentlichen **unterschiedlichen Vergütungsmodelle** – und damit auch Kalkulationsarten – hinzuweisen:

1. Leistungsbezogenes Honorar

Die Vergütungsart kann zum einen leistungsbezogen sein. Hier wird **73** die geschuldete Leistung (z.B. ausführungsreife mangelfreie Ausführungsplanung) vergütet, und zwar unabhängig von dem hierfür erforderlichen zeitlichen Aufwand. Dieses Honorarmodell ist, wegen seiner Erfolgsbezogenheit, grundsätzlich für den Werkvertrag kennzeichnend. Honoriert wird also – typisierend[59] – nicht die Mühe, sondern das (hoffentlich) eintretende versprochene Ergebnis, nicht der Weg, sondern das Ziel. Unterfälle eines solchen leistungsbezogenen Honorarmodells sind insbesondere die Vereinbarung eines

59 Zum Verhältnis von vereinbartem Honorar, Planungssoll, Erfolgssoll und Werkerfolg im Einzelnen siehe oben Rdn. 31 ff.

- **Pauschalhonorars**

bzw. eine

- **»baukostenorientierte« Honorarvereinbarung.**

74 Letztere liegt als »Modell« grundsätzlich § 6 HOAI zugrunde, wonach ein wesentlicher Honorarberechnungsparameter gemäß § 6 Abs. 1 Nr. 1 HOAI die »anrechenbaren Kosten des Objektes auf der Grundlage der Kostenberechnung« sind bzw. gemäß § 6 Abs. 2 Satz 1 HOAI die »anrechenbaren Kosten einer Baukostenvereinbarung«.

75 Nach diesen leistungsbezogenen Honorarmodellen ist für das Planerhonorar unerheblich, wie viele Stunden der Architekt tatsächlich für die Erstellung der Entwurfs- bzw. Genehmigungsplanung aufgewandt oder wie viele Stunden er tatsächlich bauüberwachend auf der Baustelle verbracht hat. Für den Honoraranspruch ist in diesen Beispielsfällen allein entscheidend, dass der Architekt eine »dauerhaft genehmigungsfähige Planung«[60] erbringt bzw. überwachend dafür sorgt, dass die ausführenden Unternehmen die Bauleistung tatsächlich mangelfrei und insbesondere in Übereinstimmung mit der Ausführungsplanung sowie der Baugenehmigung erbringen.

2. Aufwandsbezogenes Honorar

76 Dem o.g. leistungsbezogenen Honorarmodell steht ein aufwandsbezogenes Honorarmodell gegenüber. Klassischer Anwendungsfall ist die Vereinbarung eines **Zeithonorars** (zu den Voraussetzungen siehe im Einzelnen noch unter Rdn. 141). Der Honoraranspruch richtet sich hierbei entscheidend nach den angefallenen Planungs- bzw. Überwachungsstunden, bewertet mit den vertraglich vereinbarten Stundensätzen – und zwar zunächst einmal unabhängig von dem »Erfolg« des angefallenen Aufwands (natürlich muss aber auch in diesen Fällen die Architektenleistung mangelfrei sein!).

77 Die HOAI selbst geht in ihrem Anwendungsbereich vornehmlich von einem leistungsbezogenen Honorarmodell aus. Sie schreibt jedoch kein bestimmtes Honorarmodell vor, sondern lässt u.a. auch Zeithonorarvereinbarungen[61] bzw. Pauschalhonorarvereinbarungen[62] zu (siehe im Einzelnen noch unten bei Rdn. 139).

60 BGH BauR 2001, 666 = NZBau 2001, 202.
61 BGH BauR 2009, 1162 = NZBau 2009, 450.
62 BGH BauR 2009, 523 = NZBau 2009, 255.

3. Kalkulation und Dokumentation

Gerade bei leistungsbezogenen Honorarmodellen ist für den Architekten besonders wichtig, dass er – z.B. aufgrund seiner bisherigen Erfahrungswerte – den voraussichtlich anfallenden Aufwand **sorgfältig kalkuliert** und den tatsächlich angefallenen Aufwand **präzise dokumentiert**, damit das Bauvorhaben für ihn nicht unbedacht zum Verlustprojekt wird. Mit den Mindestsatzvorschriften der HOAI kann er sich vielleicht noch retten, darauf verlassen sollte er sich keinesfalls! 78

Und aus einem weiterem Grund ist eine sorgfältige Honorarkalkulation **vor** vertraglicher Vereinbarung des Architektenhonorars dringend zu empfehlen: Denn die Honorarkalkulation des Architekten wird namentlich bei »Planernachträgen« besondere Bedeutung haben und künftig noch mehr gewinnen (siehe dazu noch Rdn. 266). 79

B. Preisrechtlich geregelter Bereich der HOAI

Mit dem preisrechtlich geregelten Bereich der HOAI kommen wir nun in der Tat zum »traditionellen Kernbereich« des Architektenrechts, was allerdings nicht dazu verleiten darf, die nachfolgend vorgestellten Vorschriften der HOAI mit »dem Architektenrecht« gleichzusetzen. Dies vorausgeschickt, zu den wesentlichen Regelungen vor allem des »Teil 1 – Allgemeine Vorschriften« der HOAI im Einzelnen: 80

1. Anwendungsbereich

Gemäß **§ 1 HOAI** regelt die HOAI »*die Berechnung der Entgelte für die Leistungen der Architekten und Architektinnen und der Ingenieure und Ingenieurinnen (Auftragnehmer oder Auftragnehmerinnen) mit Sitz im Inland, soweit die Leistungen durch diese Verordnung erfasst und vom Inland aus erbracht werden*«. 81

Wir wiederholen: Die HOAI ist danach **Preisrecht,** denn sie gilt erklärtermaßen (nur) »*für die Berechnung der Entgelte*«.

Wegen der insoweit unklaren Formulierung »*für die Leistungen der Architektinnen und Architekten und der Ingenieurinnen und Ingenieure*« war bis zur höchstrichterlichen Klärung durch den Bundesgerichtshof im Jahre 1997 streitig, ob die Bestimmungen der HOAI **leistungsbezogen** oder **berufsstandbezogen** anwendbar sind, sprich: Findet die HOAI nur dann Anwendung, wenn die Entwurfsplanung gerade von 82 einem Architekten erbracht wird? Oder finden die HOAI-Bestimmungen auch dann Anwendung, wenn der Leiter des Bauamtes nebenberuflich entsprechende Planungsleistungen erbringt oder wenn eine deutsche Großbank ein »Baucontrolling« anbietet?[63] In seiner Entscheidung BGH BauR 1997, 677, hat sich der Bundesgerichtshof für eine leistungsbezogene Anwendung der HOAI entschieden. Denn ein solches leistungsbezogenes Verständnis werde ihrem Normzweck besser gerecht, wonach ein ruinöser Preiswettbewerb und damit u.U. die Qualität der Leistungen beeinträchtigende Preisgestaltungen verhindert werden sollen.[64]

83 Die **Grenze** dieser leistungsbezogenen Anwendung der HOAI hat der Bundesgerichtshof jedoch bei sog. **Komplettanbietern** gezogen, so in den Fällen des Bauträgerkaufs[65], weil hier die Planungsleistungen des Bauträgers relativ unbedeutende »Vorleistungen« der eigentlichen Grundstücksübertragung bzw. Bebauung seien. Entsprechendes gilt auch für Totalüber- und -unternehmer sowie Generalüber- und -unternehmer, die neben den »vorauslaufenden« Planungsleistungen komplette Bauleistungen erbringen.[66]

84 Der **räumliche Geltungsbereich** der HOAI ist in § 1 der **HOAI 2009 neu** gefasst worden. Für ausländische Architekturbüros gilt die HOAI danach nur, wenn diese Büros (auch) einen Sitz im Inland haben **und** die betreffenden Leistungen auch vom Inland aus erbracht werden. Ein für die Anwendbarkeit der HOAI zwingend erforderlicher »Sitz im Inland« liegt nur vor, wenn die Leistungen faktisch mittels fester Infrastruktur auf unbestimmte Zeit in Deutschland erbracht werden.[67]

Arbeitsbeispiel 6: Ein New Yorker in Berlin

85 *Der New Yorker Stararchitekt kreiert den Entwurf für ein in Berlin zu errichtendes modernes Bürogebäude von seinem New Yorker Büro aus. Die Ausführungsplanung sowie die Leistungsphasen 6–8 lässt er von seiner Berliner Niederlassung aus erbringen.*

---

63 LG Berlin IBR 2003, 89.
64 Vgl. BT-Drs. 10/1562, S. 5 und BR-Drs. 395/09, S. 147.
65 BGH BauR 1997, 677.
66 Kritisch hierzu Langen/Schiffers, Bauplanung und Bauausführung, Rdn. 503 ff.
67 Averhaus, NZBau 2009, 473, 474.

Lösung:

Nur die Honorarvereinbarung für die Leistungsphasen 5–8 hat sich gemäß § 1 HOAI an den zulässigen Mindest- und Höchstsatzgrenzen der HOAI messen zu lassen. Wenn die Honorarvereinbarung für die Entwurfsplanung also die HOAI-Höchstsätze überschreitet, ist dies rechtlich wirksam.

Mit dieser »**reinen Inländer-HOAI**« wollte der Verordnungsgeber der **86**
neuen HOAI 2009 sicherstellen, dass die HOAI nicht (mehr) wegen Verstoßes gegen die Niederlassungs- und Dienstleistungsfreiheit europarechtswidrig ist.[68] Die Kehrseite der Medaille liegt jetzt u.a.[69] in einer möglichen Benachteiligung deutscher Architekten und Ingenieure gegenüber ausländischen Auftragnehmern, die ihre Leistungen vom Ausland aus anbieten und damit wirksame Honorarvereinbarungen auch unterhalb der HOAI-Mindestsätze anbieten können. Diese sog. »Inländerdiskriminierung« wird vom Verordnungsgeber allerdings als zumutbar hingenommen.[70]

Schließlich ist die HOAI nur auf »**durch diese Verordnung erfasste**« **87**
Leistungen anwendbar. Sie gilt daher beispielsweise nicht für Projektsteuerungsleistungen, die – anders als in § 31 HOAI a.F. – in der neuen HOAI 2009 in Gänze nicht mehr geregelt sind.

Der **zeitliche Anwendungsbereich** der **neuen HOAI 2009** ist in **§ 55** **88**
HOAI geregelt. Danach gilt die neue HOAI 2009 nicht für Leistungen, die vor ihrem Inkrafttreten am 18.08.2009 vertraglich vereinbart wurden. Zu beachten ist, dass bei **stufenweisen Beauftragungen** die »vertragliche Vereinbarung« im Sinne des § 55 HOAI erst mit dem Abruf der jeweiligen Stufe erfolgt. Wird mithin aus einem 2008 geschlossenen Architektenvertrag, der einen stufenweisen Leistungsabruf vorsieht, die Stufe 4 (Objektüberwachung) erst im Oktober 2009 abgerufen, so muss sich das für diese Leistungsphase 8 vereinbarte Honorar an den (erhöhten) Mindestsatzgrenzen der neuen HOAI 2009 messen

68 BR-Drs. 395/09, S. 145 ff.

69 Zu möglichen u.U. »missbräuchlichen« Gestaltungsspielräumen (z.B. Leistungserbringung durch Sub-Planer oder eigene Büros vom Ausland aus) siehe Messerschmidt, NZBau 2009 (im Erscheinen).

70 BR-Drs. 395/09, S. 148; Bedenken hiergegen bestehen mit Blick auf die im Grundgesetz geschützte Berufsfreiheit (Art. 12 GG) und den Gleichheitsgrundsatz (Art. 3 GG), vgl. zum ähnlichen Fall der unzulässigen Inländerdiskriminierung bei der Anwendung des Reinheitsgebotes für Bier BVerwG NJW 2005, 1736.

lassen.[71] Ein bloßer **Abruf bereits beauftragter Leistungen in zeitlicher Hinsicht** ist dagegen keine vertragliche Vereinbarung im Sinne des § 55 HOAI, hier ist auf den Zeitpunkt des Vertragsschlusses abzustellen.[72]

89 **Kein** Thema des Anwendungsbereiches der HOAI ist übrigens die Frage, ob die anrechenbaren Kosten außerhalb der einschlägigen Honorartafeln liegen.[73] Liegen die Voraussetzungen der §§ 1 und 55 HOAI vor, so bestimmt z.B. der diesen Fall gerade regelnde und auf diesen Fall gerade *anwendbare* § 7 Abs. 2 HOAI, dass dann das Honorar frei vereinbart werden darf.[74]

2. Leistungsarten – »Verbindlicher« und »unverbindlicher« Teil der HOAI 2009

90 Unter den Schlagworten der »Transparenz« und »Deregulierung« enthält die **HOAI 2009** erstmals »verbindliche« und »unverbindliche« Teile. Die naheliegende und auch in der Amtlichen Begründung[75] suggerierte Annahme, der eigentliche Text der HOAI sei verbindlich, die zugehörigen Anlagen seien als Kann-Vorschriften unverbindlich, erweist sich bei näherem Hinsehen als falsch und irreführend:

- Erstmals erklärtermaßen »unverbindlich« sind die jetzt in Anlage 1 der HOAI verschobenen Leistungsbilder der sog. »Beratungsleistungen«.
- Weiterhin als »Regelfall« verbindlich sind die nunmehr in Anlage 3 zur HOAI aufgeführten Objektlisten, die »Einzonungen« von bestimmten Objekten für den Regelfall treffen.
- Wirklich »verbindlich«, nämlich gemäß § 3 Abs. 1 HOAI und den entsprechenden Verweisen in den Teilen 2 bis 4 der HOAI, sind hingegen die neuen Anlagen 4 bis 14 der HOAI 2009. Diese Anhänge enthalten also jetzt für bestimmte Leistungsbilder verbindlich die vormaligen »Grundleistungen« (die frühere »linke Spalte«), heute »Leistungen« genannt.

71 Allg. Meinung zur im Wesentlichen gleichlautenden Vorgängervorschrift des § 103 HOAI a.F. – vgl. OLG Düsseldorf BauR 1997, 340; Locher/Koeble/Frik, HOAI, § 103 Rdn. 15.

72 Siehe dazu oben Rdn. 62.

73 **A. A.** Locher/Koeble/Frik, HOAI, § 8 Rdn. 58.

74 Näher unter Rdn. 126.

75 BR-Drs. 395/09, S. 143.

Beispiele:

§ 33 HOAI (Leistungsbild Objektplanung Gebäude und raumbildende Ausbauten) verweist für die einzelnen Leistungen jeder Leistungsphase (z.B. Leistungsphase 3 – Entwurfsplanung) auf die Anlage 11 zur HOAI. In dieser Anlage 11 findet sich unter »Leistungsphase 3« bspw. die (vormalige Grund-)Leistung »Durcharbeiten des Planungskonzeptes ... bis hin zum vollständigen Entwurf«.

- Und dann gibt es noch die bekannten »Besonderen Leistungen«, jetzt in Anlage 2 aufgeführt und »frei vereinbar«,
- sowie – neu – die ebenfalls »frei zu vereinbarenden« nicht im Einzelnen detaillierten »Anderen Leistungen«, für die es jedoch keine Anlage gibt.

Sicherlich hat sich mit der 6. HOAI-Novelle die Anzahl ihrer Paragrafen verringert. Die Beurteilung, ob die HOAI 2009 damit für den Architekten, gar den »Verbraucher«, transparent(er) ist, überlassen wir unseren Lesern. Zu dieser neuen Trennung in verbindliche und unverbindliche Teile sowie den **unterschiedlichen Leistungsarten** im Einzelnen: **91**

a) Leistungen (»verbindlich geregelt«)

§ 3 Abs. 1 Satz 1 HOAI lautet: **92**

*»Die Honorare für **Leistungen** sind in den Teilen 2–4 dieser Verordnung **verbindlich** geregelt.«*

In diesen Teilen 2–4 der HOAI mit den zugehörigen Anlagen 4 bis 14 sind folgende »Leistungen« in entsprechenden Leistungsbildern erfasst: **93**

- Leistungen der Flächenplanung (Bauleitplanung, Landschaftsplanung) gemäß §§ 17 ff. HOAI
- Leistungen der Objektplanung Gebäude und raumbildende Ausbauten gemäß §§ 32 ff. HOAI
- Leistungen der Objektplanung Freianlagen gemäß §§ 37 ff. HOAI
- Leistungen der Objektplanung Ingenieurbauwerke gemäß §§ 40 ff. HOAI
- Leistungen der Objektplanung Verkehrsanlagen gemäß §§ 44 ff. HOAI
- Leistungen der Fachplanung Tragwerksplanung gemäß §§ 48 ff. HOAI
- Leistungen der Fachplanung TGA gemäß §§ 51 ff. HOAI

94 Ein Blick in die zugehörigen Anlagen 4 bis 14 zeigt, dass sich dort die früheren sog. Grundleistungen der jeweiligen Leistungsbilder wiederfinden. Die »linke Spalte« des § 15 Abs. 2 HOAI a.F. befindet sich jetzt bspw. in Anlage 11 der HOAI 2009. § 2 Abs. 2 HOAI a.F. definierte diese Grundleistungen als »Leistungen, die zur ordnungsgemäßen Erfüllung eines Auftrags im allgemeinen erforderlich sind«, wobei »sachlich zusammengehörige Grundleistungen ... zu jeweils in sich abgeschlossenen Leistungsbildern zusammengefasst« waren. Diese **früheren Grundleistungen** werden **heute** als »**Leistungen**« bezeichnet und sind analog dem vormaligen § 2 Abs. 2 HOAI a.F. in § 3 Abs. 2 Satz 1 HOAI 2009 wie folgt geregelt:

»Leistungen, die zur ordnungsgemäßen Erfüllung eines Auftrags im Allgemeinen erforderlich sind, sind in Leistungsbildern erfasst.«

95 Die Formulierung »im Allgemeinen erforderlich« bedeutet anders ausgedrückt: »nicht stets erforderlich«. Der »Gesamterfolg« der Planungstätigkeit kann sich durchaus einstellen, obwohl im konkreten Fall die (Grund-)Leistung »Verhandlungen mit Behörden« überhaupt nicht erforderlich war. Umgekehrt ist dem Auftraggeber ggf. die (Grund-)Leistung »Kostenberechnung« als Arbeitsschritt und »Teilerfolg« so wichtig, dass er auf deren rechtzeitiger Vorlage und Richtigkeit trotz eines ansonsten erfolgreich verlaufenden Projektes besteht. Diese Problematik erörtern wir noch an anderer Stelle, wir verweisen auf Rdn. 35 und Rdn. 295.

96 Hier wollen wir die Frage beantworten: Was meint § 3 Abs. 1 Satz 1 HOAI mit der Formulierung, die »Leistungen« seien »**verbindlich**« geregelt? Dieser (denkbar ungenaue) Passus der HOAI darf nicht falsch verstanden werden. Die HOAI ist Preisrecht. Auch bei der nach wie vor »verbindlich« geregelten Objektplanung Gebäude müssen die Parteien selbst entscheiden und im Planervertrag regeln,

- welche Leistungen/Leistungsphasen der Architekt aus § 33 HOAI in Verbindung mit der Anlage 11 HOAI überhaupt als geschuldetes Planungssoll erbringen soll

  Beispiele:

  »Der AN wird mit diesem Vertrag mit den einzelnen in Anlage 11 aufgeführten Leistungen der Leistungsphase 3 – Entwurfsplanung beauftragt.«

- und welches Honorar ihm hierfür gezahlt werden soll.

  Beispiel:

  »Für die vertragsgemäße Ausführungen der Leistungen gemäß Ziffer 3 dieses Vertrages erhält der AN ein Pauschalhonorar in Höhe von netto 50.000,00 EUR zzgl. MwSt.«

Bis hierhin unterscheiden sich die »Leistungen« in keiner Weise von **97** »Besonderen«, »Anderen« oder »Beratungsleistungen« (siehe noch unten Rdn. 99).

Treffen jedoch die Parteien für diese »Leistungen« eine Honorarverein- **98** barung, so muss diese Honorarvereinbarung **zwingend das verbindliche Preisrecht der HOAI beachten**, insbesondere die Mindest- und Höchstsatzgrenzen sowie bestimmte formale Vorgaben (§ 7 Abs. 1 HOAI; siehe näher Rdn. 127 ff.). Fehlt eine solche Vereinbarung oder ist diese unwirksam, gelten gemäß § 7 Abs. 6 Satz 1 HOAI zwingend die jeweiligen **Mindestsätze** als vereinbart. Darüber hinaus sind die »Leistungen« in den Anlagen 4 bis 14 **abschließend** aufgeführt (Umkehrschluss aus § 3 Abs. 3 Satz 1 HOAI). Es können also keine neuen »Leistungen« erfunden oder beispielsweise zu »Anderen Leistungen« umdeklariert werden.

All dies meint § 3 Abs. 1 Satz 1 HOAI mit »verbindlich geregelt«.

b) Beratungsleistungen (»nicht verbindlich geregelt«)

Die frühere HOAI kannte keine Leistungen (im Sinne eines Oberbe- **99** griffs) bzw. Leistungsbilder, die von vornherein für »unverbindlich« erklärt wurden. Die heutigen »Beratungsleistungen« waren im Text der HOAI selbst geregelt, nämlich in §§ 77 ff. HOAI a.F. – und zwar z.T. mit verbindlichen Mindest- und Höchstsatz-Honorartafeln für die Leistungen (z.B. bei der Bauakustik in § 83 HOAI a.F.), nicht nur in einem unverbindlichen Anhang. Dies hat sich mit der HOAI 2009 geändert. § 3 Abs. 1 Satz 2 HOAI bestimmt nunmehr:

*»Die Honorare für **Beratungsleistungen** sind in der Anlage 1 zu dieser Verordnung enthalten und **nicht verbindlich** geregelt.«*

Diese sog. »Beratungsleistungen«, nämlich

- Umweltverträglichkeitsstudie,
- Thermische Bauphysik,
- Schallschutz und Raumakustik,

- Bodenmechanik, Erd- und Grundbau sowie
- Vermessungstechnische Leistungen

sind in der HOAI 2009 im Wege der »Deregulierung« also aus dem eigentlichen HOAI-Text herausgenommen und in einen erklärtermaßen unverbindlichen Anhang, die **Anlage 1 zur HOAI**, verschoben worden. Allerdings ist dies entgegen dem ersten Anschein (»echte« Planungsleistungen in den Text, Beratungsleistungen in den Anhang) ohne stringente Systematik erfolgt. Wir haben oben unter Rdn. 13 bereits aufgezeigt, dass die Bezeichnung »Beratungsleistungen« in der Sache nicht immer zutreffend ist: So sind z.B. bei den Leistungen der Thermischen Bauphysik sehr wohl »echte« Planungsleistungen zu erbringen. Anderseits sind in den verbindlichen Teilen 2–4 der HOAI nach wie vor sog. »Serviceleistungsphasen« (siehe unten Rdn. 195) enthalten, z.B. die Leistungsphasen 7 (Mitwirkung bei der Vergabe), 8 (Objektüberwachung) und 9 (Objektbetreuung und Dokumentation) der Objektplanung Gebäude und raumbildende Ausbauten gemäß § 33 HOAI.[76] In Anlage 11 Leistungsphase 1 der Objektplanung Gebäude ist als Leistung nach wie vor das »*Beraten* zum gesamten Leistungsbedarf« aufgeführt usw. Terminologie und Systematik der HOAI sind also nach wie vor nicht immer überzeugend.

100 Die Frage liegt auf der Hand, warum der Verordnungsgeber die Beratungsleistungen überhaupt noch in einem erklärtermaßen unverbindlichen Anhang geregelt und nicht einfach gänzlich ungeregelt gelassen hat. Die amtliche Begründung schweigt sich hierzu aus. Immerhin könn(t)en die in Anlage 1 der HOAI geregelten Leistungsbilder Musterleistungskataloge darstellen, an denen man sich bei der (mehr denn je notwendigen) Vertragsgestaltung orientieren kann. Tatsächlich sind jedoch ausgerechnet die Beratungsleistungskataloge in vielen Punkten leider technisch überholt!

101 Dadurch, dass in der Anlage 1 die jeweiligen Teilleistungen bzw. Leistungsbilder weiterhin preislich prozentual bewertet sowie Honorarzonen und Honorartafeln aufgeführt werden, soll nach der Begründung der Empfehlung der Ausschüsse des Bundesrates für die Vertragspraxis zugleich eine Empfehlung für die »übliche Vergütung« im Sinne des § 612 Abs. 2 BGB bzw. § 632 Abs. 2 BGB gegeben werden.[77] Als Ver-

76 Allerdings war im Zuge der jüngsten HOAI-Novellierung zeitweise vorgesehen, auch diese Serviceleistungsphasen in einen unverbindlichen Anhang zu verschieben.

77 Siehe BR-Drs. 395/1/09, S. 4; kritisch hierzu Averhaus, NZBau 2009, 473, 474.

handlungshilfe für den Fachplaner mag dies akzeptabel sein, die »übliche Vergütung« richtet sich jedoch nicht nach (halboffiziellen) »Empfehlungen«, sondern nach der tatsächlich in vielen Einzelfällen jeweils vor Ort gehandhabten Praxis (siehe unten Rdn. 228). Anders ausgedrückt: Die Tafelwerte sind u.U. sogar unüblich.[78]

Nach wie vor nicht enthalten, weder im verbindlichen noch im unver- 102
bindlichen Teil der HOAI 2009, ist beispielsweise ein abgeschlossenes Leistungsbild für Fachingenieurleistungen der »**Fassadenplanung**«. Diese gehört originär zur Objektplanung eines Gebäudes, beinhaltet daneben aber auch Leistungen der Leistungsbilder Tragwerksplanung, Thermische Bauphysik, Schallschutz und Raumakustik; in ihrer Durchführung in der Praxis haben sich hierzu lediglich »inoffizielle« eigene Leistungsbilder entwickelt.[79] Entsprechendes gilt beispielsweise für die **Lichtplanung.**[80]

Was genau meint nun die Formulierung »**nicht verbindlich geregelt**« 103
in § 3 Abs. 1 Satz 2 HOAI? Bei den Beratungsleistungen der Anlage 1 zur HOAI müssen Auftraggeber und Fachingenieur selbst im Vertrag rechtsverbindlich regeln,

- welche Leistungen/Leistungsphasen/Leistungsbilder aus der Anlage 1 (bzw. darüber hinaus) der Fachingenieur überhaupt als geschuldetes Planungssoll erbringen soll
- und welches Honorar er hierfür erhalten soll.

Das ist – wie unser Leser inzwischen weiß – nichts Neues und gilt auch 104
für »Leistungen« gemäß § 3 Abs. 2 Satz 1 HOAI. Die Beratungsleistungen fallen jedoch gänzlich aus dem **Preisrecht** der HOAI heraus. Bei der Honorarvereinbarung sind die Parteien **völlig frei**, nicht an Mindest- bzw. Höchstsätze, nicht an irgendwelche formalen Vorgaben gebunden.

Dies meint § 3 Abs. 1 Satz 2 HOAI mit »nicht verbindlich geregelt«.

c) Besondere Leistungen (»frei vereinbar«)

In der früheren Fassung der HOAI waren Besondere Leistungen in § 2 105
Abs. 3 HOAI a.F. definiert und in § 5 Abs. 4 bis Abs. 5 HOAI a.F. preis-

78 Averhaus, NZBau 2009, 473, 474.

79 Siehe hierzu näher Langen/Schiffers, Bauplanung und Bauausführung, Rdn. 513 ff.

80 Zu diesbzgl. Reformüberlegungen siehe den Statusbericht 2000plus, S. 9–23.

rechtlich geregelt. Danach war grundsätzlich zwischen solchen Besonderen Leistungen zu unterscheiden, die zu den Grundleistungen *hinzutreten* (**Zusätzliche Besondere Leistungen**)

Beispiel:

»Aufstellen eines Finanzierungsplanes« als Zusätzliche Leistung der Leistungsphase 2 Objektplanung

und solchen Besonderen Leistungen, die *an die Stelle* einer Grundleistung treten (**Ersetzende Besondere Leistungen**).

Beispiel:

»Aufstellen von Leistungsbeschreibungen mit Leistungsprogramm unter Bezug auf Baubuch/Raumbuch« als Besondere Leistung der Leistungsphase 6 Objektplanung, die die Grundleistung »Aufstellen von Leistungsbeschreibungen mit Leistungsverzeichnissen nach Leistungsbereichen« ersetzt.

106 Zusätzliche Besondere Leistungen waren gemäß § 5 Abs. 4 HOAI a.F. nur unter strengen Voraussetzungen zu honorieren, wenn nämlich ein Honorar hierfür schriftlich vereinbart wurde **und** diese Zusätzlichen Besonderen Leistungen im Verhältnis zu den Grundleistungen einen nicht unwesentlichen Arbeits- und Zeitaufwand verursachten. Für ersetzende Besondere Leistungen konnte gemäß § 5 Abs. 5 HOAI ein Honorar berechnet werden, welches dem Honorar für die ersetzte Grundleistung entsprach. Die Besonderen Leistungen waren in der früheren HOAI bekanntlich in der »rechten Spalte« der Leistungsbilder bei der jeweiligen Leistungsphase aufgeführt und gemäß § 2 Abs. 3 Satz 2 und Satz 3 HOAI a.F. weder generell, noch in den jeweiligen Leistungsbildern abschließend aufgelistet.

107 Diese Besonderen Leistungen sind in der **HOAI 2009** erheblich **dereguliert** worden. Die früheren »rechten Spalten« der diversen Leistungsbilder Objektplanung, Tragwerksplanung usw. sind in der HOAI 2009 nunmehr in einen unverbindlichen Anhang, die **Anlage 2,** verschoben worden. Im Text der HOAI selbst sind die Besonderen Leistungen nur noch knapp in § 3 Abs. 3 HOAI geregelt. Danach ist die Aufzählung in Anlage 2 **nicht abschließend** und die **Honorare** für Besondere Leistungen können **frei vereinbart** werden. Auftraggeber und Architekt **müssen** also (auch hier) vereinbaren,

- ob eine bestimmte Besondere Leistung zu erbringen ist
- und welches Honorar hierfür als Gegenleistung geschuldet sein soll.

Jedoch ist eine rechtzeitige (früher: bei Auftragserteilung) und schriftliche Vereinbarung nicht mehr erforderlich (wenngleich aus Beweisgründen unbedingt zu empfehlen). Auch hängt der Honoraranspruch nicht mehr davon ab, ob die Besonderen Leistungen einen wesentlichen Arbeits- bzw. Zeitaufwand verursachen. Der Leistungskatalog der Anlage 2 zur HOAI 2009 ist nichts weiter als eine rechtlich unverbindliche, nicht abschließende »**Checkliste**«, eine Orientierungshilfe. Ebenfalls entfallen sind die preisrechtlichen Grenzen des § 5 Abs. 4 und Abs. 5 HOAI a.F. (»*Honorar im angemessenen Verhältnis zu dem Honorar für die Grundleistungen*« bzw. »*Ein Honorar, das dem Honorar für die ersetzten Grundleistungen entspricht*«). Die Parteien sollen gerade in der Vereinbarung der Honorarhöhe von den Vorgaben der HOAI befreit sein. 108

Die HOAI 2009 schafft hier für Auftraggeber und Architekten also **neue Spielräume der (maßgeschneiderten) Vertragsgestaltung** für das anzugehende Projekt. Diese Chance sollten und müssen unsere Leser nutzen! 109

Zu den Besonderen Leistungen ein abschließender Hinweis: In der Anlage 2 der HOAI ist die frühere Besondere Leistung der Objektplanung Gebäude »*Aufstellen der Leistungsbeschreibung mit Leistungsprogramm unter Bezug auf Baubuch/Raumbuch*« nach wie vor mit einer Anmerkung versehen, wonach diese Besondere Leistung bei einer Leistungsbeschreibung mit Leistungsprogramm ganz oder teilweise »Grundleistung« werde und in diesem Fall die entsprechenden Grundleistungen dieser Leistungsphase entfallen, soweit die Leistungsbeschreibung mit Leistungsprogramm angewandt wird. Hierzu ist zu wiederholen, dass die neue HOAI 2009 das Wort »Grundleistungen« nicht mehr kennt. An dessen Stelle ist der Begriff der »Leistungen« getreten. Die vorgenannte Anmerkung in der Anlage 2 zum nach wie vor zutreffenden (teil-)ersetzenden Charakter der entsprechenden Besonderen Leistungen führt jedoch nicht dazu, dass gleichsam »durch die Hintertür« die preisrechtlichen Vorgaben der HOAI für die ersetzte Leistung bei der Honorierung der ersetzenden Besonderen Leistung beachtet werden müssten. Dies hat der Verordnungsgeber durch die bewusste Streichung des alten § 5 Abs. 5 HOAI a.F. als »Folgeänderung«[81] zu § 3 HOAI n.F. klargestellt. Auch in der Vereinbarung der Honorarhöhe für das »Aufstellen einer Leistungsbeschreibung *mit Leistungspro-* 110

81 BR-Drs. 395/09, S. 161.

gramm« (d.h. einer funktionalen Leistungsbeschreibung statt detailliertem Leistungsverzeichnis) sind die Parteien also frei.

d) Andere Leistungen (»frei vereinbar«)

111 Die **HOAI 2009** hat in § 3 Abs. 2 Satz 2 HOAI einen **neuen** Begriff geschaffen, die »Anderen Leistungen«:

»***Andere Leistungen****, die durch eine* ***Änderung*** *des Leistungsziels, des Leistungsumfangs, einer Änderung des Leistungsablaufs oder anderer Anordnungen des Auftraggebers erforderlich werden, sind* ***von den Leistungsbildern nicht erfasst*** *und gesondert* ***frei*** *zu* ***vereinbaren*** *und zu vergüten.«*

112 Diese Terminologie ist in systematischer Hinsicht einigermaßen unklar. Sind die »Anderen Leistungen« ein Gegenbegriff zu den »Leistungen«? Wohl Ja. Was ist jedoch, wenn nachträglich noch weitere, im Vertrag nicht vereinbarte »Leistungen« angeordnet werden? Bleiben diese dann »Leistungen« (mit Preisrechtsbindung) oder »mutieren« sie zu (frei honorierbaren) »Anderen Leistungen«? Wie verhalten sich »Beratungsleistungen«, »Besondere Leistungen« und »Andere Leistungen« zueinander? Sind nachträglich angeordnete »Besondere Leistungen« dann »Andere Leistungen«? Wir versuchen, die Begriffe – soweit überhaupt möglich[82] – zu ordnen:

113 »Andere Leistungen« nach § 3 Abs. 2 Satz 1 HOAI betreffen ausdrücklich immer *Änderungen* (nämlich des Planungssolls[83]), es kann sich also *nie* um bereits nach dem Planervertrag geschuldete Leistungen[84] handeln. »Andere Leistungen« betreffen *nachvertragliche* Sachverhalte.

114 »Besondere Leistungen« hießen im Statusbericht 2000plus noch »Zusätzliche Leistungen« und wurden definiert als über Grundleistungen hinausgehende *»vertragliche* Leistungen«[85]. Besondere Leistungen können (und sollten) je nach Anforderungsbedarf des zu planenden Objekts also bereits im Vertrag als geschuldet vereinbart werden. Sie

82 Die »Entstehungsgeschichte« dieser an sich zentralen und wichtigen Vorschrift zeigt, dass es sich bei § 3 Abs. 2 Satz 2 HOAI um eine (zudem »hektische«) Kompromissformulierung aus unterschiedlichen Vergütungsmodellen handelt, womit die rechtssystematische »Sollbruchstelle« schon angelegt ist. Dies ist auch an den von uns mitzitierten Rechtschreibfehlern zu erkennen.

83 Siehe oben Rdn. 31.

84 Hier verstanden als deskriptiver Oberbegriff.

85 Statusbericht 2000plus, S. 10–7.

gehören dann zum Planungssoll. Wird eine im Vertrag nicht vereinbarte Besondere Leistung während des Planungs- bzw. Baufortschritts erforderlich, so muss sie später angeordnet oder einvernehmlich vereinbart werden. Dies ist dann zugleich eine Änderung des Planungssolls (i.d.R. des Leistungsumfangs, siehe unten Rdn. 240), so dass zugleich ein Fall einer »Anderen Leistung« vorliegt. Da Besondere wie Andere Leistungen gleichermaßen (dem Grunde wie der Höhe nach) frei vereinbar sind, ist im Ergebnis eine nähere Abgrenzung entbehrlich. Der Regelungsgehalt des § 3 Abs. 3 HOAI liegt also (nur) in der ausdrücklichen Klarstellung, dass alle denkbaren Leistungen (verstanden als deskriptiver Oberbegriff), die nicht »Leistungen« (im Sinne des § 3 Abs. 2 Satz 1 HOAI) sind, bereits bei Vertragsschluss ohne Bindung an Mindest- und Höchstsatzgrenzen frei vereinbart werden können. Für die Zeit nach Vertragsschluss ergibt sich dies aus § 3 Abs. 2 Satz 2 HOAI.

Es bleibt das Verhältnis zwischen den »Leistungen« (im Sinne von § 3 **115**
Abs. 2 Satz 1 HOAI) und »Anderen Leistungen« zu klären für diejenigen Fälle, in denen eine im Vertrag vorgesehene »Leistung« nachträglich nochmals erbracht werden muss (früher: »wiederholte Grundleistung«) oder eine solche »Leistung« im Vertrag zunächst bewusst nicht vereinbart wurde, aber nachträglich erforderlich wird.

Arbeitsbeispiel 7: Der unzuverlässige Projektsteuerer

Die Investor AG hat den Architekten mit der Objektplanung für ein Büro- **116**
haus bis einschließlich Leistungsphase 8 (Objektüberwachung) beauftragt. Das ganze »Kostenwesen«, also Kostenermittlungen und Kostenkontrolle in den jeweiligen Leistungsphasen, will die Investor AG durch ein parallel eingeschaltetes Projektsteuerungsbüro erbringen lassen. Deshalb hatte die Investor AG diese Teilleistungen im Planervertrag ausdrücklich ausgenommen, um – gleichwohl Mindestsatzkonform – ein entsprechend niedrigeres Honorar vereinbaren zu können. Der Projektsteuerer erweist sich allerdings nach einiger Zeit als unzuverlässig. Zudem meldet während der Bauausführung die Innenausbau GmbH Insolvenz an, so dass der Architekt neu ausschreiben und erneut bei der Vergabe mitwirken muss. Investor AG und Architekt vereinbaren hierfür eine sehr geringe zusätzliche Pauschale. Nach Abschluss des Projektes will der Architekt auch die nachträglich angeordneten Leistungen nach Mindestsätzen abrechnen. Die Investor AG meint, hierfür könne das Honorar jetzt doch »frei« vereinbart werden. Wer hat Recht?

Lösung:

Durch die nachvertraglichen Anordnungen ändert sich der zu erbringende Leistungsumfang: Der Architekt muss jetzt erstmals das Kostenwesen und (durch die Neuvergabe bedingt) wiederholt Teilleistungen der Leistungsphasen 6 und 7 erbringen. Wegen dieser Änderung des Leistungsumfangs könnte ein Fall des § 3 Abs. 2 Satz 2 HOAI vorliegen mit der Folge, dass das Honorar frei vereinbart werden könnte.[86] *Zu diesem Auslegungsergebnis gelangt, wer das Wort »Andere« im Sinne von »nicht zur Erfüllung des* ***ursprünglichen*** *Auftrags erforderlich« versteht. Allerdings handelt es sich bei den in unserem Beispiel nachträglich angeordneten Leistungen um solche, die im Leistungsbild Objektplanung Gebäude in der Anlage 11 zur HOAI aufgeführt sind und für die gemäß § 3 Abs. 1 HOAI die Mindestsätze gelten. Auch spricht § 3 Abs. 2 Satz 2 HOAI nur von »nicht in Leistungsbildern erfassten« Leistungen. Wir halten daher diejenige Auslegung für überzeugender, wonach Leistungen aus den Leistungsbildern stets nach (mindestens*[87]*) den Mindestsätzen abzurechnen sind, gleich ob bereits vertraglich geschuldet oder erst nachträglich angeordnet, gleich ob bei nachträglicher Anordnung erstmals oder »wiederholt« zu erbringen. Sieht die HOAI dies einmal anders, so sagt sie dies auch (z.B. in § 10 HOAI). Unser Architekt hat also Recht!*

117 Wir verstehen mithin im Ergebnis unter Anderen Leistungen solche Leistungen[88], die **nicht in den Leistungsbildern erfasst** sind **und** nachträglich, d.h. **nach Vertragsschluss**, vom Auftraggeber verlangt werden.

118 Diese Anderen Leistungen werden in § 3 Abs. 2 Satz 2 HOAI weiter unterschieden in solche, die durch

- eine Änderung des Leistungsziels,
- eine Änderung des Leistungsumfangs,
- eine Änderung des Leistungsablaufs
- oder anderer Anordnungen des Auftraggebers

erforderlich werden. Andere Leistungen müssen also nicht (objektiv) »erforderlich« sein, sie können es auch einfach durch Anordnung des Auftraggebers werden.

86 Siehe oben Rdn. 113.
87 Abhängig vom vereinbarten Honorarsatz (siehe Rdn. 146).
88 Begriff wieder deskriptiv verwendet.

Änderung des **Leistungsziels** meint hierbei die Änderung der Sollvorgaben der Planung **betreffend das zu planende Objekt** selbst (z.B. der Auftraggeber wünscht nunmehr goldene statt silberne Wasserhähne oder einen zusätzlichen Kamin). Auch eine »völlige Umplanung« (z.B. Hotel statt Büro) stellt u.E. eine solche Änderung des Leistungsziels da. Eine andere, den Wortlaut einschränkende Sichtweise[89] dürfte zu kaum lösbaren Abgrenzungsproblemen führen, zumal Planung ein dynamischer Prozess ist und eine solch künstlich aufgebaute Grenze konsequenterweise *leistungsphasenabhängig* gezogen werden müsste. Ob solche »Umplanungsanordungen« überhaupt zulässig sind, ist eine ganz andere, von der HOAI nicht geregelte Frage. **119**

Der **Leistungsumfang** betrifft die Frage, **welche Einzelleistungen** der jeweiligen Leistungsphasen bzw. welche Besonderen Leistungen dem Architekten im Planervertrag übertragen worden sind.[90] Eine Änderung des Leistungsumfangs liegt also beispielsweise vor, wenn der Architekt ursprünglich eine »Vergabe durch Aufstellen von Leistungsbeschreibungen mit Leistungsverzeichnissen nach Leistungsbereichen« vorbereiten sollte und nunmehr stattdessen eine »Leistungsbeschreibung mit Leistungsprogramm unter Bezug auf Baubuch/Raumbuch« aufstellen soll. **120**

Eine Änderung des **Leistungsablaufs** betrifft die **Planungsumstände** und meint insbesondere die zeitliche Verschiebung/Umstellung einzelner Teilleistungen oder Leistungsphasen, etwa hinsichtlich einzelner Bauabschnitte. Eine Änderung des Leistungsablaufes liegt also beispielsweise vor, wenn der Architekt entgegen dem vertraglich vereinbarten Detailterminplan jetzt zunächst die Ausführungsplanung für den Südflügel des Bürogebäudes vorzulegen hat, statt wie ursprünglich vorgesehen für den Nordflügel. **121**

Die **anderen Anordnungen** sind ein **Auffangtatbestand** (ähnlich § 2 Nr. 5 VOB/B). Wichtig für den Leser zum Verständnis: Die HOAI ist, wie mehrfach gezeigt, reines Preisrecht. Sie setzt an dieser Stelle Anordnungen bzw. Anordnungsrechte des Auftraggebers voraus, sie regelt diese Anordnungen bzw. Anordnungsrechte jedoch nicht selbst (und dürfte dies auch nicht). Ob der Auftraggeber zu solchen Ände- **122**

89 Siehe Statusbericht 2000plus, S. 9–41, wonach »Änderung des Leistungsziels« analog der »Änderung des Bauentwurfs« in § 1 Nr. 3 VOB/B verstanden werden soll, weshalb »das zu planende Objekt ... nicht vollständig verändert« werden dürfe.

90 Siehe Thode/Wirth/Kuffer, Praxishandbuch Architektenrecht, § 24 Rdn. 3 ff.

rungsanordnungen berechtigt ist, ist eine Frage der vertraglichen Vereinbarung bzw. der Vorschriften des Bürgerlichen Gesetzbuches (dazu näher unter Rdn. 260).

123 **Empfehlung:** Die Parteien sollten also hinsichtlich der Anderen Leistungen bereits **im Vertrag vereinbaren**,

- ob, unter welchen Voraussetzungen und innerhalb welcher Grenzen der Auftraggeber zur Anordnung Anderer Leistungen berechtigt sein soll
- und wie sich das zusätzliche Honorar hierfür berechnen soll (z.B. nach Aufwand und zu welchen Stundensätzen)

124 Bei **Form, Zeitpunkt und Honorarhöhe** sind die Parteien hierbei wie bei Besonderen Leistungen **völlig frei**, § 3 Abs. 2 Satz 2 HOAI. Deshalb hatte sich eine nähere Abgrenzung zwischen Anderen und Besonderen Leistungen erübrigt (siehe oben Rdn. 114).

3. Bindung an Mindest- und Höchstsatzgrenzen

125 Der **Honoraranspruch** des Architekten folgt nicht aus der HOAI, sondern aus **§ 631 BGB.**[91] Auch die **Honorarhöhe** richtet sich zu allererst nach einer etwaigen zwischen den Parteien getroffenen **Honorarvereinbarung**, die zweckmäßigerweise bereits im Architektenvertrag geregelt ist. Jedoch ist eine von den Parteien getroffene Vereinbarung zur Höhe des Architektenhonorars in ihrem Anwendungsbereich an den Vorschriften der HOAI zu messen, die für einzelne Architektenleistungen vor allem Mindest- und Höchstsätze festlegt, aber z.B. auch bestimmte Formerfordernisse aufstellt.

- **Außerhalb der Tafelwerte/der HOAI:**

126 Wir wiederholen: Liegen die ermittelten anrechenbaren Kosten außerhalb der Tafelwerte der HOAI, d.h. bei der Objektplanung Gebäude unter 25.565,00 € bzw. über 25.564.594,00 € (§ 34 Abs. 1 HOAI), oder befinden wir uns gänzlich außerhalb des Anwendungsbereiches der HOAI (siehe oben Rdn. 81), so sind die Honorare frei vereinbar (§ 7 Abs. 2 HOAI), es gelten also **keine Mindest- und Höchstsatzgrenzen**.

91 BGH BauR 2009, 1162 = NZBau 2009, 450.

- **Innerhalb der Tafelwerte:**

Innerhalb der Tafelwerte richtet sich das Honorar gemäß § 7 Abs. 1 HOAI nach der schriftlichen Vereinbarung, die die Vertragsparteien bei Auftragserteilung im Rahmen der durch diese Verordnung festgesetzten Mindest- und Höchstsätze treffen. Das **Mindest- und Höchstsatzsystem des § 7 HOAI** stellt sich **im Überblick** wie folgt dar: 127

- Ist nichts anderes schriftlich, rechtzeitig und wirksam vereinbart, kann der Architekt grundsätzlich **nur die jeweiligen Mindestsätze** der HOAI verlangen (§ 7 Abs. 6 Satz 1 HOAI).
- Macht der Architekt ein Honorar **innerhalb des Mindest- und Höchstsatzrahmens** geltend, so muss er im Streitfall vor Gericht eine entsprechende schriftliche Vereinbarung bei Auftragserteilung nachweisen (§ 7 Abs. 1 HOAI).
- Eine wirksame Honorarvereinbarung **unter den Mindestsätzen** der HOAI setzt einen Ausnahmefall sowie eine schriftliche Honorarvereinbarung voraus, die ebenfalls bei Auftragserteilung erfolgt sein muss (§ 7 Abs. 3 HOAI).
- Wird vom Architekten ein Honorar geltend gemacht, das **über den Höchstsätzen** der HOAI liegt, so muss der Architekt im Streitfall nachweisen, dass der Tatbestand einer »außergewöhnlichen« oder »ungewöhnlich lange dauernden Leistung« vorliegt und das Honorar schriftlich sowie bei Auftragserteilung vereinbart worden ist (§ 7 Abs. 4 Satz 1 HOAI).

Innerhalb der Mindest- und Höchstsatzgrenzen der HOAI sind die Parteien bei der Wahl der Honorarhöhe (völlig) frei.[92] Verstößt die Honorarvereinbarung gegen die preisrechtlichen Vorschriften der HOAI, ist nur die **Honorarvereinbarung (teil-)nichtig**, nicht etwa der Architektenvertrag insgesamt, wie § 7 Abs. 6 Satz 1 HOAI zeigt.[93] Die Nichteinhaltung einzelner Honorarberechnungsparameter (z.B. Wahl der falschen Honorarzone – siehe unten Rdn. 205) führt nicht bereits als solche, sondern nur dann zur (Teil-)Nichtigkeit der Honorarvereinbarung, wenn es dadurch auch tatsächlich im Ergebnis zu einer Überschreitung der Höchstwerte bzw. Unterschreitung der Mindestsätze kommt (was eine Vergleichsberechnung erforderlich macht).[94] 128

92 Locher/Koeble/Frik, HOAI, § 4 Rdn. 59.
93 Locher/Koeble/Frik, HOAI, § 4 Rdn. 32.
94 BGH BauR 2009, 1162 = NZBau 2009, 450; BauR 2005, 735 = NZBau 2005, 285, 287.

a) Unterschreitung der Mindestsätze

129 Eine zulässige Mindestsatzunterschreitung kommt nach § 7 Abs. 1 und Abs. 3 HOAI nur in Betracht, wenn eine entsprechende Honorarvereinbarung

- schriftlich
- sowie »bei Auftragserteilung« abgeschlossen worden ist
- und ein Ausnahmefall im Sinne von § 7 Abs. 3 HOAI vorliegt.

aa) Schriftform

130 Gemäß § 126 Abs. 2 Satz 1 BGB ist hierzu erforderlich, dass alle vertragsrelevanten Erklärungen in **einer** Urkunde enthalten sind und diese Urkunde von allen Parteien unterzeichnet wird. Konsequenz: Der in der Praxis häufig zu beobachtende Fall eines schriftlichen Honorarangebotes des Planers sowic eines nachfolgenden schriftlichen Auftragsschreibens durch den Auftraggeber reicht hierfür nicht aus![95] Es ist nach Mindestsätzen abzurechnen. Auch das **kaufmännische Bestätigungsschreiben** genügt nicht dieser gesetzlichen Schriftform.[96]

bb) »bei Auftragserteilung«

131 Damit ist der Zeitpunkt des **Abschlusses des Architekten- und Ingenieurvertrags** gemeint.[97] Von der herrschenden Meinung wird diese Voraussetzung (»bei«) beim Wort genommen, so dass der **gleichzeitige** Abschluss der Honorarvereinbarung hierfür erforderlich ist.[98] Dadurch soll eine Drucksituation für den Auftraggeber während des Projektablaufes vermieden werden. Aus diesem Grund genügt es nicht, dass die Honorarvereinbarung zwar *»in engem zeitlichen Zusammenhang«*, jedoch erst (wenige Tage) **nach** Auftragserteilung erfolgt.[99] Hingegen ist eine Honorarvereinbarung **vor** Abschluss des Planervertrages

95 Siehe Langen/Schiffers, Bauplanung und Bauausführung, Rdn. 901 f.

96 BGH BauR 1989, 222.

97 BGH BauR 2009, 1162 = NZBau 2009, 450; BauR 735, 737 = NZBau 2005, 285, 286.

98 Locher/Koeble/Frik, HOAI, § 4 Rdn. 37.

99 OLG Düsseldorf BauR 1988, 766: Abrechnung nach Mindestsätzen wegen schriftlicher Honorarvereinbarung sieben Tage nach mündlicher Auftragserteilung; Locher/Koeble/Frik, HOAI, § 4 Rdn. 37; **a.A.** Werner/Pastor, Der Bauprozess, Rdn. 749.

zulässig, weil zu diesem Zeitpunkt noch keine Drucksituation für den Auftraggeber bestehen kann.[100]

Die Praxis lehrt freilich, dass das Kriterium »bei Auftragserteilung« ein schwer überwindliches Hindernis darstellt: Häufig entwickelt der Architekt zunächst eine erhebliche – vertrags- und honorarlose – Akquisitionstätigkeit (siehe oben Rdn. 21), bevor er einen Auftrag erhält. Erfolgt dann zunächst eine stillschweigende und damit formlose Beauftragung (deren exakter Zeitpunkt kaum verlässlich bestimmbar ist) und wird erst später von den (schon längst vertraglich gebundenen) Parteien der schriftliche Architektenvertrag abgeschlossen, ist die schriftliche Honorarvereinbarung nicht mehr »bei«, sondern (u.U. weit) nach Auftragserteilung erfolgt. Der BGH hilft hier allerdings den Parteien (etwas) weiter, indem er in diesem Zusammenhang wiederholt klargestellt hat, dass allein die vorangehende Planungstätigkeit noch nicht zu einem stillschweigenden früheren mündlichen Vertragsschluss führt.[101] Auch dokumentieren die Parteien u.E. durch den Abschluss eines schriftlichen Planervertrags im Zweifel selbst, dass auch sie bis dahin noch von einem vertragslosen Zustand ausgegangen sind. Die letztlich unbefriedigende Rechtslage ist jedoch leider auch durch die neue HOAI 2009 nicht geändert worden.[102] 132

Haben die Parteien einen Planervertrag mit **stufenweiser Beauftragung**, z.B. mit (einseitiger) Abrufoption des Auftraggebers, abgeschlossen, dann genügt es, dass die Honorarvereinbarung bereits in dem früher geschlossenen Planervertrag enthalten ist; sie muss dann bei »Abruf« der weiteren Stufen nicht wiederholt werden.[103] Entsprechendes gilt, wenn die gesamte Vereinbarung zu den Architekten- und Ingenieurleistungen zunächst unter der **Bedingung** steht, dass das Bauvorhaben durchgeführt wird: Tritt die Bedingung ein, muss die Honorarvereinbarung zu ihrer Wirksamkeit nicht nochmals wiederholt werden.[104] 133

100 Locher/Koeble/Frik, HOAI, § 4 Rdn. 37; Kniffka/Koeble, Kompendium des Baurechts, Teil 12 Rdn. 266; offen gelassen von BGH BauR 2009, 264 = NZBau 2009, 257.

101 BGH BauR 2009, 1162 = NZBau 2009, 450; BauR 735, 737 = NZBau 2005, 285, 286.

102 Zu möglichen vertragsgestalterischen Lösungen siehe Langen/Schiffers, Bauplanung und Bauausführung, Rdn. 929 ff.

103 BGH BauR 2009, 264 = NZBau 2009, 257; Locher/Koeble/Frik, HOAI, § 4 Rdn. 45.

104 BGH BauR 2009, 523 = NZBau 2009, 255.

134 Wird das Erfordernis der Honorarvereinbarung »bei Auftragserteilung« missachtet, so gelten die Mindestsätze. Eine **nachträgliche Abänderung** dieser Mindestsatzfiktion ist nach der Rechtsprechung des BGH frühestens »nach **Beendigung** der Architekten- oder Ingenieurtätigkeit« wirksam möglich,[105] d.h. grundsätzlich *nach* vertragsgemäßer Erbringung der beauftragten Leistungen.[106]

cc) Ausnahmefall

135 § 7 Abs. 3 HOAI verlangt für eine zulässige Mindestsatzunterschreitung schließlich das Vorliegen eines »Ausnahmefalls«, schweigt sich hierzu jedoch völlig aus. Während früher lediglich enge persönliche, verwandtschaftliche Beziehungen bzw. besonders geringfügige Leistungen einen solchen Ausnahmefall rechtfertigen sollten, hat der Bundesgerichtshof die denkbaren Ausnahmefälle zwischenzeitlich weiter gefasst: Ein Ausnahmefall liegt danach vor,

»wenn aufgrund der besonderen Umstände des Einzelfalls unter Berücksichtigung des Zwecks der Mindestsatzregelung ein unter den Mindestsätzen liegendes Honorar angemessen ist. ... (Dies kann) beispielsweise bei engen Beziehungen rechtlicher, wirtschaftlicher, sozialer oder persönlicher Art ***oder sonstigen besonderen Umständen*** *gegeben sein«.*[107]

136 Es verwundert nicht, dass diese »präzise« Rechtsprechung zu einer kaum mehr überschaubaren und unsystematischen Kasuistik geführt hat:

- Architekt mit 10 % Geschäftsanteilen an Gesellschaft des Auftraggebers beteiligt: Ausnahmefall bejaht![108]
- Enges freundschaftliches Verhältnis zwischen Auftraggeber und Architekt: Ausnahmefall bejaht![109]
- Freundschaftliche Umgangsformen zwischen Auftraggeber und Architekt im Laufe der geschäftlichen Zusammenarbeit: Reicht nicht für Ausnahmefall![110]

---

105 BGH BauR 1985, 582; BauR 1987, 706; BauR 1988, 364.
106 Locher/Koeble/Frik, HOAI, § 4 Rdn. 48.
107 BGH BauR 1997, 677, 679.
108 OLG Dresden IBR 2003, 423.
109 OLG Celle IBR 2003, 548.
110 BGH BauR 1997, 1062.

- Architekt und Auftraggeber duzen sich, sind Mitglieder desselben Tennisvereins und Architekt befindet sich in Ruhestand: Reicht nicht für Ausnahmefall![111]
- Kleines Architekturbüro ohne Personal: Reicht nicht für Ausnahmefall.[112]
- Mindestsatz unterschreitendes Pauschalhonorar als Kompensationsgeschäft für lukrativen weiteren Auftrag: Ausnahmefall verneint![113]
- Ständige Geschäftsbeziehung, z.B. Rahmenvertrag zwischen einem Unternehmen und einem Architekten: Soll nach der amtlichen Begründung[114] zur HOAI 2009 für einen Ausnahmefall genügen!

Befriedigend ist dies ersichtlich nicht, hierauf verlassen können und sollten sich die Vertragsparteien ganz gewiss nicht.

b) Überschreitung der Höchstsätze

Auch eine wirksame Höchstsatzüberschreitung setzt voraus, dass eine entsprechende schriftliche Vereinbarung gemäß § 7 Abs. 4 HOAI wegen § 7 Abs. 6 Satz 1 HOAI bereits bei Auftragserteilung erfolgt sein muss.[115] Weitere Voraussetzung ist gemäß § 7 Abs. 4 Satz 1 HOAI das Vorliegen von »**außergewöhnlichen**« oder »**ungewöhnlich lange dauernden Leistungen**«, wobei sich Letzteres häufig erst im Rahmen der Abwicklung des Bauvorhabens herausstellt. 137

Rechtsfolge einer unzulässigen Überschreitung der Höchstsätze ist trotz der Vorschrift des § 7 Abs. 6 HOAI nicht etwa ein Zurückfallen auf die Mindestsätze, sondern die **Geltung des zutreffenden Höchstsatzes.**[116] Da nach der neuen HOAI 2009 das Honorar für »Andere« bzw. »Besondere Leistungen« auch »nach oben« frei vereinbart werden kann (siehe Rdn. 105 ff.), dürfte künftig, etwa im Falle von Pauschalhonorarvereinbarungen unter Einbeziehung diverser Besonderer Leistungen, eine unzulässige Höchstsatzüberschreitung ohnehin nur noch schwerlich nachweisbar sein. 138

111 BGH BauR 1999, 1044.
112 OLG Hamm BauR 1988, 366.
113 OLG Köln IBR 2000, 439; siehe aber OLG Köln BauR 2002, 1136 (Ls.) = NZBau 2003, 43.
114 BR-Drs. 395/09, S. 165.
115 H.M., vgl. Werner/Pastor, Der Bauprozess, Rdn. 728 m.w.N.
116 BGH BauR 2007, 2081 = NZBau 2008, 65; BauR 1990, 239.

4. Besondere Honorarvereinbarungen

139 Die neue **HOAI 2009** eröffnet den Parteien bewusst zahlreiche, auch **neue Spielräume** bei der Honorargestaltung, die von den Parteien allerdings auch **genutzt** werden sollten bzw. **müssen**. So können »Andere Leistungen« gemäß § 3 Abs. 2 Satz 2 HOAI sowie »Besondere Leistungen« gemäß § 3 Abs. 3 Satz 2 HOAI wie gezeigt nunmehr generell frei vereinbart werden. Die Vorgaben des § 6 HOAI a.F. zu den Stundensätzen wurden nach der Amtlichen Begründung ersatzlos gestrichen.[117] § 7 Abs. 7 HOAI lässt nicht nur Bonus-Regelungen, sondern jetzt auch Malus-Regelungen zu. Außerhalb der Tafelwerte sind die Honorare gemäß § 7 Abs. 2 HOAI inzwischen vollständig frei vereinbar, insbesondere sind hier die Beschränkungen entfallen, die sich noch aus § 16 Abs. 2 HOAI a.F. ergaben.

140 Die wesentlichen unterschiedlichen Kalkulations- und Vergütungsmodelle haben wir bereits unter Rdn. 86 ff. dargestellt. Nachfolgend erläutern wir die rechtlichen Voraussetzungen dieser »besonderen« Honorarvereinbarungsmodelle.

a) Stundenhonorarvereinbarungen

141 Der BGH hat in seiner jüngsten grundlegenden Entscheidung zu Zeithonorarvereinbarungen in Planerverträgen vom 17.04.2009[118] (noch zur alten HOAI) ausdrücklich klargestellt, dass Stundenhonorarvereinbarungen nicht von der HOAI ausdrücklich zugelassen sein müssen. Vielmehr steht es den Parteien frei, auch abseits solcher Anordnungs- oder Erlaubnistatbestände der HOAI ein Zeithonorar gemäß § 4 Abs. 1 HOAI wirksam zu vereinbaren. Die Zeithonorarvereinbarung muss

- schriftlich
- »bei Auftragserteilung«
- und innerhalb des durch Mindest- und Höchstsätze festgelegten Honorarrahmens

getroffen werden. Sind diese Voraussetzungen eingehalten, so ist die Honorarvereinbarung wirksam, mag sie auch von den einzelnen Honorarbemessungsgrundlagen der HOAI abweichen oder diese ganz au-

117 BR-Drs. 395/09, S. 152.
118 BGH BauR 2009, 1162 = NZBau 2009, 450.

ßer Kraft setzen.[119] Diese Rechtsprechung des BGH gilt unter der HOAI 2009 erst recht, zumal nach der amtlichen Begründung[120] den Parteien durch die Streichung des alten § 6 HOAI a.F. ausdrücklich mehr Flexibilität und Spielraum bei der entsprechenden Vertragsgestaltung gegeben werden soll. Wir betonen bereits an dieser Stelle, dass eine Abrechnung nach Stundenaufwand **stets**, auch »außerhalb« der HOAI, eine Vereinbarung voraussetzt, die regelt,

- **dass** überhaupt (bzw. welche Leistungen) zum Stundenaufwand abgerechnet werden darf
- und welche, ggf. gestaffelten, Stundensätze gelten sollen.

Haben die Parteien eine entsprechende Vereinbarung (im Architektenvertrag) getroffen, so genügt es, wenn der Architekt bei der Honorarabrechnung darlegt (und im Streitfall beweist), wie viele Stunden für die Erbringung der Vertragsleistungen mit welchen Stundensätzen angefallen sind. Eine **schlüssige Abrechnung eines Stundenlohnvertrages** setzt bei den vertraglich beauftragten Leistungen im Regelfall keine Differenzierung der Art voraus, dass die abgerechneten Arbeitsstunden einzelnen Tätigkeiten zugeordnet und/oder nach zeitlichen Abschnitten (Tagen) aufgeschlüsselt werden müssten (anders bei sog. »angehängten Stundenlohnarbeiten« auf Abruf oder u.U. bei Planernachträgen).[121] Auch ist das Stundenhonorar nicht von vornherein auf den erforderlichen Zeitaufwand begrenzt, eine »Honorarkürzung« auf »das erforderliche Maß« also nicht ohne weiteres möglich. Verletzt der Architekt allerdings seine **Pflicht zur wirtschaftlichen Betriebsführung**, so kann seinem Auftraggeber im Einzelfall ein aufrechenbarer Schadensersatzanspruch gegen ihn zustehen, den er, der Auftraggeber, im Streitfall auch der Höhe nach beweisen muss.[122] Insbesondere dem Auftraggeber ist daher anzuraten, zur Erleichterung der Nachprüfbarkeit des vergütungspflichtigen Zeitaufwandes im Planervertrag ausdrücklich eine Verpflichtung des Architekten zu entsprechend detaillierter Abrechnung zu verankern. **142**

Eine Abrechnung nach Zeitaufwand hat (naturgemäß) zur Konsequenz, dass die endgültige summenmäßige Honorarhöhe und damit auch eine etwaige Mindestunter- bzw. Höchstsatzüberschreitung bei **143**

119 BGH BauR 2009, 1162 = NZBau 2009, 450; BauR 2005, 735, 738 f. = NZBau 2005, 285, 287.

120 BR-Drs. 395/09, S. 152.

121 BGH BauR 2009, 1162 = NZBau 2009, 450.

122 BGH BauR 2009, 1162 = NZBau 2009, 450.

Vertragsschluss noch nicht erkennbar ist. Diese Ungewissheit wird vom BGH ausdrücklich hingenommen.[123] Führt die Stundenlohnvereinbarung im Ergebnis zu einer Überschreitung der zulässigen Höchstsätze der HOAI (was erst im Nachhinein feststellbar ist) und beruft sich der Auftraggeber hierauf, so ist u.E. der Architekt auch hier berechtigt, zu den Höchstsätzen der HOAI abzurechnen; er fällt nicht etwa auf die Mindestsätze zurück (siehe oben Rdn. 138).

b) Pauschalhonorar

144 Auch die Vereinbarung eines Pauschalhonorars ist nach der neuen HOAI 2009 weiterhin zulässig. Es gilt das Gleiche wie zur Stundenlohnvereinbarung (siehe oben Rdn. 141). Die Pauschalhonorarvereinbarung muss also zu ihrer Wirksamkeit ebenfalls

- schriftlich
- »bei Auftragserteilung«
- und innerhalb des durch Mindest- und Höchstsätze festgelegten Honorarrahmens

getroffen werden. Sind diese Voraussetzungen erfüllt, so ist auch für die Wirksamkeit einer Pauschalhonorarvereinbarung unschädlich, wenn sich das Pauschalhonorar von den sonstigen Honorarparametern der HOAI völlig loslöst.[124] Es liegt allerdings auf der Hand, dass Pauschalhonorarvereinbarungen besonders »anfällig« im Hinblick auf eine unzulässige Mindestsatzunterschreitung sind.

145 Ohne Änderung des Planungssolls kommt eine **Anpassung einer wirksamen Pauschalhonorarvereinbarung** nur unter den engen Voraussetzungen des Wegfalls der Geschäftsgrundlage in Betracht (§ 313 BGB).[125] Demgegenüber kann **jede** nach Vertragsschluss erfolgende **Änderung des Planungssolls** grundsätzlich auch zu einem entsprechenden Planernachtrag führen, dies ist nicht etwa durch die vereinbarte »Pauschale« ausgeschlossen (dazu näher unten Rdn. 240 ff.).[126]

---

123 BGH BauR 2009, 1162 = NZBau 2009, 450.

124 BGH BauR 2009, 1162 = NZBau 2009, 450; BauR 1988, 364, 365.

125 Vgl. dazu Locher/Koeble/Frik, HOAI, § 4 Rdn. 22.

126 Vgl. Lederer, Honorarmanagement, Rdn. 134; zu VOB-Pauschalverträgen Kapellmann/Schiffers, Vergütung und Nachträge, Band 2, Rdn. 1111 ff.

c) Honorarvereinbarung »nach den Berechnungsgrundsätzen der HOAI«

Unter den mehrfach erläuterten Voraussetzungen des § 7 Abs. 1 HOAI ist den Parteien ebenfalls unbenommen, kein betragsmäßig ausgewiesenes Honorar zu vereinbaren, sondern lediglich eine Klausel, wonach das Honorar »auf Basis der HOAI« berechnet werden soll. Es ist dann eine Honorarberechnung auf Basis der zutreffenden anrechenbaren Kosten, der zutreffenden Honorarzonen, der erbrachten Leistungen usw. vorzunehmen. Eine solche Vereinbarung ist, da das Honorar »berechenbar« ist, hinreichend **bestimmt**.[127] **146**

d) Bonus-/Malus-Honorar

Gemäß § 7 Abs. 7 Satz 1 HOAI können die Parteien für **Kostenunterschreitungen**, die unter Ausschöpfung technisch-wirtschaftlicher oder umweltverträglicher Lösungsmöglichkeiten zu einer wesentlichen Kostensenkung ohne Verminderung des vertraglich festgelegten Standards führen, ein **Erfolgshonorar** schriftlich vereinbaren, das **bis zu 20 % des vereinbarten Honorars** betragen kann. § 7 Abs. 7 Satz 1 HOAI ersetzt damit § 5 Abs. 4a HOAI a.F., der zudem auf »Besondere Leistungen« beschränkt war. Der Anspruch auf ein Erfolgshonorar ergibt sich mithin nicht aus § 7 Abs. 7 Satz 1 HOAI, sondern aus einer (zweckmäßigerweise im Planervertrag) zu treffenden Vereinbarung. Diese Vereinbarung muss nach dem Wortlaut **schriftlich** erfolgen, jedoch nicht »bei Auftragserteilung«.[128] § 29 HOAI a.F. (»Rationalisierungswirksame Besondere Leistungen«), der ohnehin keine große Bedeutung erlangt hatte, ist übrigens ersatzlos gestrichen. Die Bonus-Regelung kann zu einer – zulässigen – Überschreitung der Höchstsätze führen. Der Anwendungsbereich dieser Vorschrift dürfte allerdings weiterhin begrenzt bleiben. Zwar besteht keine generelle Verpflichtung des Architekten, »so kostengünstig wie möglich« zu planen; der Architekt hat jedoch ohnehin bei der Planung die wirtschaftlichen Interessen des Auftraggebers im Auge zu behalten und darauf zu achten, dass kein übermäßiger, nicht erforderlicher Aufwand betrieben wird.[129] **147**

127 Locher/Koeble/Frik, HOAI, § 4 Rdn. 17.
128 So auch Locher/Koeble/Frik, HOAI, § 5 Rdn. 52 (zu § 5 Abs. 4a HOAI a.F.).
129 BGH IBR 2009, 521.

148 **Neu** ist die Einführung einer Malus-Honorar-Regelung in § 7 Abs. 7 Satz 2 HOAI 2009. Danach kann in Fällen des **Überschreitens** der einvernehmlich festgelegten anrechenbaren Kosten ein **Malus-Honorar** in Höhe von **bis zu 5 % des Honorars** vereinbart werden. Auch die Malus-Regelung gilt also nicht etwa »kraft HOAI«, sondern bedarf (natürlich nur, wenn vom Auftraggeber gewollt) der gesonderten Vereinbarung (wiederum zweckmäßigerweise im Planervertrag). Nach dem Wortlaut des § 7 Abs. 7 Satz 2 HOAI (»*einvernehmlich*«) kommt eine Malus-Regelung nur in eng begrenzten **Ausnahmefällen** in Betracht, namentlich im Fall der sog. Baukostenvereinbarung gemäß § 6 Abs. 2 HOAI (siehe dazu Rdn. 181). Die Malus-Regelung kann zu einer – zulässigen – Unterschreitung der Mindestsätze führen. Schriftform wird hierfür in § 7 Abs. 7 Satz 2 HOAI nicht verlangt, ist den Parteien jedoch aus Beweiszwecken anzuraten. Weshalb die Schriftform für die Bonus-Regelung Wirksamkeitsvoraussetzung ist, für die Malus-Regelung hingegen nicht, ist schlechterdings nicht nachvollziehbar.

149 Auch ansonsten wirft diese Malus-Regelung **zahlreiche Zweifelsfragen** auf: Hängt die Honorarkürzung von einem Verschulden des Architekten ab? Konnte nicht schon unter der alten HOAI eine Vertragsstrafe für (schuldhafte) Kostenüberschreitungen vereinbart werden? Und sind solche Vereinbarungen außerhalb des (engen) Rahmens des § 7 Abs. 7 Satz 2 HOAI nunmehr unzulässig?

150 Nach der amtlichen Begründung[130] orientiert sich diese Malus-Regelung an der zulässigen Höhe einer Vertragsstrafe in Allgemeinen Geschäftsbedingungen.[131] Die Vereinbarung eines solchen Malus-Honorars stellt streng juristisch allerdings keine Vertragsstrafenregelung dar,[132] sondern die Vereinbarung einer sog. **Verfallsklausel**: Der Auftraggeber erhält im Falle der Vertragsverletzung des Architekten (Kostenüberschreitung) keinen Anspruch auf Geldzahlung, also eine »echte« Vertragsstrafe, sondern das Honorar des Architekten ist zu kürzen (»Malus-Honorar«). Dem Architekten werden solche dogmatischen Feinheiten egal sein: Er erhält im Ergebnis weniger Geld, gleich ob sein Auftraggeber das Honorar unmittelbar kürzt oder mit Vertragsstrafeansprüchen aufrechnet und deshalb weniger auszahlt. Auf solche

130 BR-Drs. 395/09, S. 166 f.

131 Wobei Änderungen der anrechenbaren Kosten aufgrund der Baupreisindizes hiervon unberührt bleiben sollen.

132 So aber Averhaus, NZBau 2009, 473, 477.

Verfallsklauseln sind daher (zu Recht) die **Vertragsstrafevorschriften** der §§ 339 ff. BGB wegen des ähnlichen wirtschaftlichen Effektes **entsprechend anwendbar.**[133]

Konsequenzen: Die vertragliche Vereinbarung eines Malus-Honorars 151
muss danach insbesondere

- zu ihrer AGB-rechtlichen Wirksamkeit grundsätzlich **verschuldensabhängig** ausgestaltet sein,[134]
- zudem muss sich der Auftraggeber gemäß § 341 BGB mangels anderweitiger vertraglicher Vereinbarung die Geltendmachung des Malus-Honorars bei der Abnahme **vorbehalten.**[135]

Richtigerweise lässt § 7 Abs. 7 Satz 2 HOAI die Vereinbarung einer 152
»echten« Vertragsstrafe für Baukostenüberschreitungen auch über den engen Anwendungsbereich dieser Vorschrift (nur bei Baukostenvereinbarungen gemäß als Honorargrundlage § 6 Abs. 2 HOAI!) hinaus unberührt. Ein gegenteiliges Verständnis des § 7 Abs. 7 Satz 2 HOAI dürfte nicht mehr von der Ermächtigungsgrundlage der HOAI gedeckt sein: Die HOAI kann als Preisrecht nicht die Vereinbarung schuldrechtlicher Gegenansprüche aus Verletzung von Vertragspflichten untersagen. Wegen des wirtschaftlich ähnlichen Ergebnisses (weniger Honorar) wird man bei gleichzeitiger Vereinbarung von Malus-Regelung und Vertragsstrafe für den Fall der Kostenüberschreitung in AGB allerdings das **Kumulationsverbot**[136] beachten müssen.

Beruht die Überschreitung der einvernehmlich festgelegten anrechen- 153
baren Kosten auf nachträglichen Änderungswünschen des Auftraggebers (»goldene statt silberne Wasserhähne«), so greift die Malus-Regel des § 7 Abs. 7 HOAI insoweit von vornherein nicht. Dies ergibt sich bereits aus § 7 Abs. 5 HOAI. Ist die vertragliche Malus-Vereinbarung verschuldensabhängig ausgestaltet, so fehlt es diesen Fällen i.d.R. an einem Verschulden des Architekten für die Baukostenüberschreitung. Dieser sollte allerdings beachten, dass Ansprüche aus Baukostenüber-

133 BGH BauR 1983, 77, 78 (für den Fall der Reduzierung des Hauskaufpreises um 2.000,00 DM je Monat verspäteter Fertigstellung); Palandt, BGB, § 339 Rdn. 4, dort auch zur Abgrenzung zwischen Verfallsklauseln und Vertragsstrafeversprechen.

134 BGH NJW-RR 1991, 1013, 1015; OLG Düsseldorf BauR 2003, 94, 95. Individualvertraglich ist das Verschuldenserfordernis des § 339 BGB abdingbar.

135 BGH BauR 1983, 77.

136 OLG Bremen BauR 1987, 479 (Ls.) = NJW-RR 1987, 468.

schreitungen oftmals **nicht von seiner Haftpflichtversicherung gedeckt** sind![137]

e) Auftrag für mehrere Objekte

154 § 11 HOAI regelt preisrechtlich den Fall, dass ein Planungsauftrag die Planung mehrerer Objekte (definiert in § 2 Nr. 1 HOAI) betrifft und ersetzt mit diversen Abweichungen den vormaligen § 22 HOAI a.F. **§ 11 Abs. 1 Satz 1 HOAI** stellt hierbei weiterhin den **Grundsatz** auf, dass bei mehreren Objekten die **Honorare für jedes Objekt getrennt** zu berechnen sind. Dies ist vor allem deshalb von Bedeutung, weil die Honorartafeln degressiv ausgestaltet sind, das Honorar für fünf Gebäude à 1 Mio. € also höher ist als das Honorar für ein Gebäude à 5 Mio. €. Zudem kann z.B. die Bewertung zweier Bürotürme (je 15 Mio. €) als *ein* Objekt (z.B. aufgrund zahlreicher Verbindungsbrücken?) dazu führen, dass das Objekt wegen Überschreitung der Tafelwerte nicht mehr vom HOAI-Preisrecht erfasst ist (und umgekehrt!).

155 Ob mehrere Objekte vorliegen, hängt *bei Gebäuden* maßgeblich davon ab, ob die Bauteile nach **funktionellen** und **bautechnischen** Kriterien zu einer Einheit zusammengefasst sind.[138] Hierbei ändert sich an dem Vorliegen getrennter Objekte grds. nichts, wenn diese untereinander in gewissem Umfang »verbunden« sind. So sind nach der Rechtsprechung beispielsweise vier Gebäude, die räumlich und konstruktiv getrennt und nur durch Verbindungsgänge miteinander verbunden sind, (vorbehaltlich der nachfolgenden Ausnahmen!) als mehrere Objekte abzurechnen, auch wenn ihre Versorgungs- und Entsorgungsanlagen von einer Zentrale aus gespeist sind.[139]

156 **Ausnahmen** von diesem Grundsatz der getrennten Honorarberechnung sind in § 11 Abs. 1 Satz 2 und Abs. 2 bis 4 HOAI geregelt. In den dort aufgeführten Ausnahmefällen kann jeweils nur ein **gemindertes** Honorar berechnet werden.

157 **§ 11 Abs. 2 HOAI** übernimmt dabei aus § 22 Abs. 2 HOAI a.F. mit gewissen Erweiterungen (vor allem »Objekte« statt »Gebäude«) und stärkeren Spreizungen bei den Honorarabschlägen (bis -90 %) den Honorarminderungsfall der mehreren

137 Siehe dazu unten Rdn. 415 ff.

138 BGH BauR 2005, 735 = NZBau 2005, 285, 287.

139 OLG Düsseldorf BauR 2007, 1270 = NZBau 2007, 109; siehe auch OLG Köln BauR 2007, 132 (Tiefgarage unter mehreren Wohngebäuden).

- »im Wesentlichen gleichartigen Objekte«,
- **wenn** diese im zeitlichen *oder* örtlichen Zusammenhang
- *geplant und errichtet* werden sollen,

bzw. den Honorarminderungsfall der

- Objekte nach Typenplanung
- oder Serienbauten.

Hier dürfen weiterhin für die wiederholten Objekte nur geminderte Prozentsätze der Leistungsphasen berechnet werden. Wann sind Objekte »**im Wesentlichen gleichartig**«? In der Vorgängernorm § 22 Abs. 2 HOAI zu »mehreren Gebäuden« stand diese Formulierung in unmittelbarem Kontext mit »gleichen« bzw. »spiegelgleichen« Gebäuden und wurde dementsprechend **äußerst restriktiv** ausgelegt. Nur bei ganz nebensächlichen und für die Konstruktion und bauliche Gestaltung unerheblichen Änderungen (z.B. unterschiedliche Anordnung von Giebelfenstern; die Anlage einer Fußbodenheizung) wurde dieses Merkmal noch bejaht.[140] § 22 Abs. 2 HOAI a.F. war damit gleichsam eine »Alles-oder-Nichts-Vorschrift«. Ob diese frühere enge Auslegung bei Gebäuden auch generell für Objekte im Rahmen des § 11 Abs. 2 HOAI 2009 noch Fortgeltung beanspruchen kann, ist u.E. zu verneinen. 158

Doch wegen dieser ursprünglich engen Auslegung des § 22 HOAI a.F. wurde mit dem Ziel von »mehr Einzelfallgerechtigkeit« als »Zwischenabstufung«[141] eine **neue Ausnahmeregelung** in die **HOAI 2009** eingefügt, nämlich **§ 11 Abs. 1 Satz 2 HOAI**. Danach ist das Honorar **nach der Summe** der anrechenbaren Kosten der jeweiligen Objekte zu berechnen, wenn diese Objekte 159

- »weitgehend vergleichbare Objektbedingungen« aufweisen
- **und** derselben Honorarzone angehören
- **und** im zeitlichen *und* örtlichen Zusammenhang als Teil einer Gesamtmaßnahme *geplant, betrieben und genutzt* werden.

Arbeitsbeispiel 8: Petronas-Towers in Köln!

160 *Der Vorstand der Kölner Immobilien AG, gerade von seiner jüngsten Fortbildungsreise nach Asien zurückgekehrt, ist immer noch mächtig beein-*

140 Siehe etwa OLG Düsseldorf BauR 1983, 283; Locher/Koeble/Frik, HOAI, § 22 Rdn. 9.

141 Statusbericht 2000plus, S. 10–41.

druckt von den beiden Petronas-Towers in Kuala Lumpur. Umgehend beauftragt er den lokalen Stararchitekten mit der Planung von – allerdings deutlich kleineren – Zwillingstürmen nebst angrenzendem Stadtgarten mit Luxusrestaurant, passenderweise gegenüber dem Dom. Der Dom-zugewandte Zwillingsturm soll sogar eine Penthouse-Wohnung erhalten. Wider Erwarten wird die Gesamtmaßnahme in kurzer Zeit realisiert. Einziger Wermutstropfen: Während für den einen Zwillingsturm schon die Mietzahlungen sprudeln, will sich für den Dom-zugewandten Turm einfach kein Nutzer finden. Unser Architekt fragt sich: Wie die Türme abrechnen?

Lösung:

Tatsächlich dürften bei den Zwillingstürmen mehrere Objekte (Gebäude) vorliegen. Dass diese auf der 4. und 10. Etage durch Brücken verbunden sind, ändert an ihrer räumlich konstruktiven Trennung nichts. Wegen des Penthouses im einen Zwillingsturm dürfte entsprechend der herkömmlichen strengen Auslegung des § 22 Abs. 2 HOAI a.F. kein Fall von »im Wesentlichen gleichartigen Objekten« gemäß § 11 Abs. 2 HOAI vorliegen. Das ist allerdings schon eine Grenzfrage. Weiter sind die Türme Teil einer Gesamtmaßnahme und, bei allen Unterschieden im Einzelnen, wohl auch Objekte derselben Honorarzone. »Vergleichbare Objektbedingungen« dürften bei diesem Grenzfall zu bejahen sein. Denn nach den Vorstellungen des Verordnungsgebers sollen die »vergleichbaren Objektbedingungen« jedenfalls weiter gehen als die »wesentlich gleichartigen Objekte«. Gleichwohl scheidet eine Honorarberechnung nach der Summe der anrechenbaren Kosten gemäß § 11 Abs. 1 Satz 2 HOAI aus: Die Türme werden nicht im zeitlichen Zusammenhang genutzt, für den einen Turm findet sich einfach kein Mieter. Deshalb ist das Honorar für jeden Turm getrennt abzurechnen. Das Ergebnis leuchtet auf Anhieb ein, oder?

161 Die Vorschrift des § 11 HOAI ist in ihrer jetzigen Fassung der Absätze 1 und 2 völlig missglückt! Sie führt (nicht nur in unserem Arbeitsbeispiel) zu willkürlichen Ergebnissen und schafft kaum lösbare und zudem völlig sinnlose neue Abgrenzungsschwierigkeiten – ohne dabei die alten zu beseitigen. Wann liegen »Objekte mit weitgehend vergleichbaren Objektbedingungen« im Sinne des Abs. 1 Satz 2 vor? Wo liegt die Grenze (oder überhaupt der Unterschied) zu den »im Wesentlichen gleichartigen Objekten« des Abs. 2?

Unter »**Objekte**« fallen gemäß der Begriffsbestimmung in § 2 Nr. 1 HOAI 162

- Gebäude,
- raumbildende Ausbauten,
- Freianlagen,
- Ingenieurbauwerke,
- Verkehrsanlagen,
- Tragwerke
- und Anlagen der technischen Ausrüstung.

Es versteht sich von selbst, dass das Problem der mehreren Objekte so- 163
wie ihrer Vergleichbarkeit bei Verkehrsanlagen gänzlich anders als bei Raumbildenden Ausbauten zu beurteilen sein wird. Die gesamten Leistungsbilder aus der Flächenplanung sollen nach § 11 Abs. 4 HOAI ohne- bzw. weiterhin eigenen Regeln folgen. Und auch für die TGA wird in § 52 Abs. 2 HOAI weiterhin eine spezifische Sonderregelung getroffen. Sprich: Da die Frage nach a) den mehreren Objekten sowie b) nach deren Vergleichbarkeit **objekt- und leistungsbildspezifisch** beantwortet werden muss, ist u.E. ein genereller Definitionsansatz mit zumindest gewisser Aussagekraft kaum möglich. Denkbar wäre allenfalls, bei der Abgrenzung beispielsweise auf das jeweilige Stadium der Entwurfsplanung abzustellen, so dass zumindest solche Unterschiede, die sich typischerweise erst aus der Detaillierungstiefe der Ausführungsplanung ergeben, von vornherein unerheblich sind.

Und schließlich: Warum soll es für das Gesamthonorar gemäß § 11 164
Abs. 1 Satz 2 HOAI einen Unterschied machen, ob die Objekte auch im zeitlichen Zusammenhang *betrieben/genutzt* werden? Mit diesem Zeitpunkt der Objektnutzung hat das »richtige« Planungshonorar u.E. schlechterdings nichts zu tun. Die Neuregelung könnte allenfalls dann Sinn ergeben, wenn man auf die *Absicht* des Betreibens/der Nutzung im zeitlichen Zusammenhang abstellt. Ein solches Verständnis widerspricht jedoch dem Wortlaut der Vorschrift (»*werden*«).

5. Grundlagen des Honorars

Die Grundlagen des Honoraranspruchs des Architekten werden in § 6 165
Abs. 1 HOAI definiert. Danach richtet sich das Honorar für die preisrechtlich geregelten Leistungen, soweit die Parteien kein anderes Honorar innerhalb der Mindest- und Höchstsätze wirksam vereinbart haben,

- nach den anrechenbaren Kosten,
- nach dem Leistungsbild,
- nach der Honorarzone,
- nach der Honorartafel
- und ggf. nach den besonderen Vorschriften beim Bauen im Bestand.

Diese Parameter der Honorarermittlung werden wir im Folgenden näher erläutern.

a) Anrechenbare Kosten

166 Für die Honorarermittlung des Architekten ist die zutreffende Bestimmung der anrechenbaren Kosten elementar. Gemäß § 4 Abs. 1 HOAI sind anrechenbare Kosten Teil der Netto-Kosten (also **ohne Umsatzsteuer**) zur Herstellung, zum Umbau, zur Modernisierung, Instandhaltung oder Instandsetzung von Objekten sowie der damit zusammenhängenden Aufwendungen. Sie werden nach den fachlich allgemein anerkannten Regeln der Technik oder nach Verwaltungsvorschriften (Kostenvorschriften) auf der Grundlage ortsüblicher Preise ermittelt. Die Tiefe der erforderlichen Kostenermittlung wird durch die verschiedenen Kostenermittlungsarten bestimmt.

167 Lange Zeit umstritten war die richtige Ermittlung der anrechenbaren Kosten, wenn der Architekt nur mit **Teilleistungen** beauftragt wurde. Umfasst der Auftrag des Architekten bspw. nur die Überwachung einzelner Gewerke, liegt es nahe, dass seine anrechenbaren Kosten nur nach den Kosten dieser Gewerke zu ermitteln sind. Demgegenüber wurde früher vertreten, dass immer die anrechenbaren Kosten des Gesamtobjekts maßgeblich sein sollten und Kürzungen ggf. nach § 8 Abs. 2 HOAI[142] vorzunehmen seien. In mehreren jüngeren Entscheidungen[143] hat der BGH inzwischen entgegen der bis dahin wohl herrschenden Meinung in der Literatur klargestellt, dass die für die anrechenbaren Kosten des Objekts maßgeblichen Kosten durch den **Vertragsgegenstand** bestimmt und begrenzt werden und **nicht** auf die **Kosten des Gesamtobjekts** abgestellt werden kann. Dies trägt dem Grundsatz Rechnung, dass sich der Wert und damit die Honorarwürdigkeit der Architektenleistung in den anrechenbaren Kosten wider-

142 Beauftragung nur einzelner Leistungen einer Leistungsphase, vgl. dazu unten Rdn. 198.

143 BGH BauR 1999, 1045; BauR 2003, 566 = NZBau 2003, 281; BauR 2006, 693 = NZBau 2006, 248; BauR 2009, 521 = NZBau 2009, 259.

spiegelt.[144] Auf diesen Grundsatz werden wir noch mehrfach zurück kommen.

aa) Kostenermittlungsarten

Das Leistungsbild Objektplanung für Gebäude sieht in Anlage 11 zur HOAI in den einzelnen Leistungsphasen verschiedene aufeinander aufbauende **Kostenermittlungen** vor: 168

- Vorab: Der in der DIN 276 Fassung Dezember 2008 vorgesehene **Kostenrahmen,** der auf der Grundlage der Bedarfsplanung[145] zu erstellen ist, findet in Anlage 11 zur HOAI keine Erwähnung. Seine Erstellung muss vom Auftraggeber **gesondert beauftragt und vergütet** werden. In der **ersten Gliederungsebene** der DIN 276 sollen die Bauwerkskosten (KG 300 und 400) gesondert ausgewiesen werden. Der Kostenrahmen stützt sich auf qualitative und quantitative Bedarfsangaben oder Angaben zum Standort. Ihm liegen meist Kostenkennwerte zu den verwendeten Bezugseinheiten zugrunde, also bspw. €/Wohnung, €/Arbeitsplatz, €/Hotelzimmer, €/m² Wohnfläche, €/m² BGF[146] etc. Bezugsbasis kann bspw. ein Raumprogramm mit Nutzeinheiten, Nutzungsarten, Flächenangaben in Abhängigkeit vom gewählten Kostenkennwert (Brutto-Grundfläche, vermietbare Flächen, Anzahl Wohnungen etc.) sein. Der Kostenrahmen ist für die Honorarermittlung nicht relevant.
- In der Leistungsphase 2 (**Vorplanung**) erstellt der Architekt die **Kostenschätzung**. Gemäß § 2 Nr. 13 HOAI ist dies eine überschlägige Ermittlung der Kosten auf der Grundlage der Vorplanung; sie ist die vorläufige Grundlage für Finanzierungsüberlegungen; ihr liegen Vorplanungsergebnisse, Mengenschätzungen, erläuternde Angaben zu den planerischen Zusammenhängen, Vorgängen und Bedingungen sowie Angaben zum Baugrundstück und zur Erschließung zugrunde. Wird die Kostenschätzung auf der Grundlage der DIN 276–1:2008–12 erstellt, müssen die Gesamtkosten nach Kostengruppen mindestens bis zur **ersten Ebene der Kostengliederung** ermittelt werden.
- In der Leistungsphase 3 (**Entwurfsplanung**) erstellt der Architekt die **Kostenberechnung**. Gemäß § 2 Nr. 14 HOAI ist dies eine Ermittlung der Kosten auf der Grundlage der Entwurfsplanung; ihr

144 BGH BauR 2009, 521 = NZBau 2009, 259.
145 Siehe zur Bedarfsplanung bereits oben Rdn. 65.
146 Bruttogeschossfläche.

liegen durchgearbeitete Entwurfszeichnungen oder auch Detailzeichnungen wiederkehrender Raumgruppen, Mengenberechnungen und für die Berechnung und Beurteilung der Kosten relevante Erläuterungen zugrunde. Wird sie auf der Grundlage der DIN 276 erstellt, müssen die Gesamtkosten nach Kostengruppen bis zur **zweiten Ebene der Kostengliederung** ermittelt werden.

- In der Leistungsphase 7 (Mitwirkung **bei der Vergabe**) erstellt der Architekt den **Kostenanschlag**. Dieser dient der genauen Ermittlung der tatsächlich zu erwartenden Kosten unter Berücksichtigung der aktuellen Marktverhältnisse durch die Zusammenstellung von Angebotssummen der ausführenden Unternehmen, Eigenberechnungen, Honorar- und Gebührenberechnungen und anderen, für das Baugrundstück, die Erschließung und die vorausgehende Planung bereits entstandenen Kosten.[147] Wird der Kostenanschlag auf der Grundlage der DIN 276 erstellt, müssen die Gesamtkosten nach Kostengruppen bis zur **dritten Ebene** der **Kostengliederung** ermittelt werden. Der Kostenanschlag ist seit der HOAI 2009 für die Honorarermittlung nicht mehr relevant.
- In der Leistungsphase 8 (**Objektüberwachung**) erstellt der Architekt die **Kostenfeststellung.** Diese dient dem Nachweis der tatsächlich entstandenen Kosten und ist Voraussetzung für Vergleiche und Dokumentationen. Sie ist nach den geprüften Schlussrechnungen unter Berücksichtigung von Eigenleistungen aufzustellen. Wird die Kostenfeststellung auf der Grundlage der DIN 276 erstellt, müssen die Gesamtkosten nach Kostengruppen bis zur **dritten Ebene der Kostengliederung** ermittelt werden. Auch die Kostenfeststellung ist für die Honorarermittlung seit der HOAI 2009 nicht mehr relevant.

169 Seit Inkrafttreten der HOAI 2009 gilt bei der Honorarermittlung das sog. **Baukostenberechnungsmodell**. Gemäß § 6 Abs. 1 Nr. 1 HOAI wird der Abrechnung **aller Leistungsphasen** die im Rahmen der Entwurfsplanung zu erstellende **Kostenberechnung** oder, soweit diese nicht vorliegt, die **Kostenschätzung** zugrunde gelegt. In den Vorgängerfassungen zur HOAI 2009 waren nur die Leistungsphasen 1 bis 4 nach der Kostenberechnung, die Leistungsphasen 5 bis 7 hingegen nach dem Kostenanschlag und die Leistungsphasen 8 und 9 nach der Kostenfeststellung abzurechnen. Die HOAI 2009 führt daher zu einer

147 Werner/Pastor, Der Bauprozess, Rdn. 820.

Abkopplung des Honorars von den tatsächlichen Kosten des Objekts.

Ordnet der Auftraggeber dem ausführenden Unternehmen gegenüber geänderte oder zusätzliche Leistungen an und sind diese derart tiefgreifend, dass der Architekt den Entwurf überarbeiten muss, muss er auch die Kostenberechnung anpassen. Anderenfalls sind auf geänderten oder zusätzlichen Leistungen beruhende **Nachträge des ausführenden Unternehmens** über § 7 Abs. 5 HOAI zu berücksichtigen.[148] 170

Nicht in der HOAI geregelt sind die Fälle des **gekündigten Architektenvertrages.** Liegt im Zeitpunkt der Kündigung weder eine Kostenberechnung noch eine Kostenschätzung vor, muss der Architekt – selbst wenn er noch keine Planungsleistungen erbracht hat – die anrechenbaren Kosten ähnlich einem Kostenrahmen anhand einer nachprüfbaren, überschlägigen Kostenschätzung ermitteln.[149] Liegt im Kündigungszeitpunkt nur eine Kostenschätzung, aber keine Kostenberechnung vor, muss der Architekt Letztere nicht mehr erstellen, nur um sein Honorar abrechnen zu können.[150] Er kann vielmehr auf die Kostenschätzung zurückgreifen. 171

Führt ein zweiter Architekt das Bauvorhaben fort oder werden die Leistungsphasen von Anfang an getrennt an **zwei Architekten** vergeben, stellen sich aus der Sicht beider Architekten **nicht geregelte Abrechnungsfragen**: 172

Endet der Auftrag des **ersten Architekten** (planmäßig oder nach einer Kündigung) mit Abschluss der Vorplanung, kann er sein Honorar nach der von ihm erstellten Kostenschätzung abrechnen oder auf die Kostenberechnung seines Nachfolgers (insoweit steht ihm ein einklagbares Auskunftsrecht gegen den Auftraggeber zu[151]) warten. Der BGH[152] gesteht dem ersten Architekten insoweit ein **Wahlrecht** zu. Fraglich ist, ob der Architekt nach entsprechender Auskunft des Auftraggebers auch nach der Kostenberechnung seines Nachfolgers abrechnen *muss*, wenn diese sich als **objektiv unzutreffend** (also jenseits der von der Rechtsprechung[153] zugelassenen Toleranzen von 20–25 %) herausstellt. Nach unserer Auffassung gibt es keine »**Kostenberech-** 173

148 Siehe unten Rdn. 249.
149 Werner/Pastor, Der Bauprozess, Rdn. 835.
150 BGH BauR 1999, 1467.
151 BGH BauR 1995, 126; BauR 1998, 813.
152 BGH BauR 1999, 1467.
153 OLG Köln BauR 2002, 978.

nung zulasten Dritter«, im Streitfall ist die Kostenberechnung des nachfolgenden Architekten daher voll überprüfbar, wobei der erste Architekt die **Darlegungs- und Beweislast** für deren Fehlerhaftigkeit trägt, da er sich hierauf beruft.

174 Ein anderer Fall: Der **zweite Architekt,** der nach Abschluss der Entwurfsplanung beauftragt wird, muss seiner Abrechnung die Kostenberechnung des ersten Architekten zugrunde legen, auch er kann gegen den Auftraggeber einen Auskunftsanspruch gerichtlich geltend machen. Alternativ kann er die anrechenbaren Kosten auch **plausibel schätzen.**[154] An eine objektiv falsche Kostenberechnung seines Vorgängers dürfte er jedenfalls nicht gebunden sein (s.o. Rdn. 173). Ebenso muss wohl auch der **vom Generalunternehmer**, der vom Auftraggeber einen fertigen Entwurf ohne Kostenberechnung zur Verfügung gestellt bekommen hat, **mit der Ausführungsplanung beauftragte Architekt** vorgehen.

bb) Methode der Kostenermittlung/DIN 276

175 Nach der über § 33 HOAI verbindlichen Anlage 11 zur HOAI und nach § 4 Abs. 1 S. 3 HOAI sind die jeweiligen Kostenermittlungen **schuldrechtlich** (wenn der Leistungskatalog der Anlage 11 als maßgeblich vereinbart wurde) nach der **DIN 276 in der Fassung Dezember 2008** (DIN 276:2008–12) zu erstellen. Denn die Klarstellung der anwendbaren Fassung in § 4 Abs. 1 S. 3 HOAI erfasst sämtliche Verweise der HOAI und ihrer Anlagen auf die DIN 276. **Honorarrechtlich** sind die anrechenbaren Kosten zur Ermittlung des Honorars gemäß § 4 Abs. 1 HOAI jedoch nach den **fachlich allgemein anerkannten Regeln der Technik** zu bestimmen. Weder § 4 Abs. 1 HOAI noch § 2 Nr. 13 und Nr. 14 HOAI stellen klar, dass insoweit auf die DIN 276:2008–12 abzustellen ist. Ob die DIN 276 an sich und bejahendenfalls welche Fassung eine solche Regel der Technik ist, ist unklar, da noch niemand geprüft hat, ob sich diese Regelwerke »in der Praxis allgemein bewährt haben oder deren Bewährung nach herrschender Auffassung in überschaubarer Zeit bevorsteht«, wie es § 2 Nr. 12 HOAI verlangt. Hier kann nur die Rechtsprechung Rechtssicherheit schaffen. Bis dahin werden Streitigkeiten zu dieser Frage und damit zur **Prüffähigkeit der Honorarschlussrechnung** nicht ausbleiben. Ob eine Honorarermittlung auf Basis der DIN 276:1981–4, die sicher

154 Rechtsgedanke des § 162 BGB, vgl. BGH BauR 1995, 126.

irgendwann einmal anerkannte Regel der Technik war, wie zum Teil vorgeschlagen der sichere Weg ist, darf bezweifelt werden.[155] Denn ist sie auch heute noch anerkannte Regel der Technik, oder hat sich nicht vielmehr eine ihrer Nachfolgefassungen durchgesetzt? Wurde sie bis zum Inkrafttreten der HOAI 2009 nicht etwa nur deshalb allgemein angewandt, weil die HOAI dies vorschrieb, und nicht etwa weil sie sich in der Praxis bewährt hat?

Sinnvoller ist es demgegenüber, die schuldrechtlich geschuldeten und die honorarrechtlich erforderlichen Kostenermittlungen gleichlaufend nach der DIN 276:2008–12 zu erstellen. Auch wenn die HOAI 2009 dies nicht ausdrücklich so regelt, so zeigt doch eine Zusammenschau aller Regelungen nach unserer Auffassung den Willen des Gesetzgebers, dass sowohl für die Leistungen des Architekten als auch für seine Honorarermittlung die Fassung 2008 maßgeblich sein soll. Aber wie bereits erwähnt, unangreifbar ist diese Auffassung nicht. 176

Die DIN 276:2008–12 definiert verschiedene Begriffe der **Kostenplanung im Hochbau** und stellt Grundsätze der Kostenplanung dar. Für die Ermittlung der anrechenbaren Kosten ist insbesondere die im 4. Abschnitt geregelte **Kostengliederung** relevant. In der dortigen Tabelle 1 finden sich die folgenden **Kostengruppen (KG) der ersten Ebene**: 177

- Kostengruppe 100: Grundstück
- Kostengruppe 200: Herrichten und Erschließen
- Kostengruppe 300: Bauwerk – Baukonstruktion
- Kostengruppe 400: Bauwerk – Technische Anlagen
- Kostengruppe 500: Außenanlagen
- Kostengruppe 600: Ausstattung und Kunstwerke
- Kostengruppe 700: Baunebenkosten

Diese Kostengruppen gliedern sich in der **zweiten Ebene** wieder jeweils in Kostengruppen, bspw. die KG 300 in 178

- Kostengruppe 310: Baugrube
- Kostengruppe 320: Gründung
- Kostengruppe 330: Außenwände
- Kostengruppe 340: Innenwände
- Kostengruppe 350: Decken
- Kostengruppe 360: Dächer

155 So aber Averhaus, NZBau 2009, 473, 476.

- Kostengruppe 370: Baukonstruktive Einbauten
- Kostengruppe 390: Sonstige Maßnahmen für Baukonstruktionen

179 Diese Kostengruppen der zweiten Ebene werden in der **dritten Ebene** weiter untergliedert, bspw. die KG 310 in:

- Kostengruppe 311: Baugrubenherstellung
- Kostengruppe 312: Baugrubenumschließung
- Kostengruppe 313: Wasserhaltung
- Kostengruppe 319: Baugrube, sonstiges

Die Tabelle 1 der DIN 276 erläutert diese Kostengruppen in allen drei Ebenen, um die Zuordnung einzelner Kostenelemente zu erleichtern.

180 In den jeweiligen Leistungsbildern der HOAI wird verbindlich geregelt, welche Kostengruppe(n) der DIN 276 anrechenbar sind, also bspw. in der Objektplanung für Gebäude gemäß § 32 Abs. 1 HOAI die »Kosten der Baukonstruktion« (KG 300) und gemäß § 32 Abs. 2 HOAI (anteilig) die »Kosten der Technischen Anlagen« (KG 400), die der Architekt fachlich nicht plant oder überwacht.

cc) Baukostenvereinbarung

181 Neu mit der HOAI 2009 eingeführt wurde auch die Möglichkeit der Vereinbarung für die Honorarberechnung verbindlicher Baukosten, § 6 Abs. 2 HOAI.

182 Erste zwingende Voraussetzung für die Wirksamkeit einer solchen Vereinbarung ist, dass **im Zeitpunkt der Beauftragung des Architekten** noch **keine Planungen** als Voraussetzung für eine Kostenschätzung oder Kostenberechnung vorliegen. Über den maßgeblichen Zeitpunkt der Baukostenvereinbarung selbst sagt die Vorschrift hingegen nichts aus, sie kann also auch **nachträglich** getroffen werden. Die Begründung zur HOAI und die Auslegung der Vorschrift legen jedoch nahe, dass die Vereinbarung **nicht mehr zulässig** ist, wenn hinreichende Planungsergebnisse für die Erstellung der Kostenschätzung vorliegen.

183 Ferner müssen die **Baukosten** (rechnerisch) **nachprüfbar** sein. Nach der Begründung zur HOAI soll insoweit bspw. auf vergleichbare Referenzobjekte oder eine Bedarfsplanung auf Basis der DIN 18205 zurückgegriffen werden. Auch eine Orientierung an dem Baukostenindex (BKI) dürfte zulässig sein. Um eine Umgehung des zwingenden Preisrechts zu vermeiden, muss die Ermittlung der Baukosten nach

unserer Auffassung jedoch nicht nur rechnerisch nachprüfbar, sondern auch **richtig** oder jedenfalls **plausibel** sein, was bei nachträglichen Streitigkeiten aus einer *ex ante* Sicht, also aus der Perspektive der Parteien im Zeitpunkt des Abschlusses der Vereinbarung, zu beurteilen ist. Denn es sollen nach dem Willen des Verordnungsgebers ausdrücklich keine »unrealistischen Baukosten und hieraus resultierende Honorare« vereinbart werden. Und was »nachprüfbar« ist muss noch lange nicht richtig, also realistisch sein.

Die Baukostenvereinbarung wirkt ausschließlich zwischen den diese **184**
Vereinbarung abschließenden Parteien, also nur ***inter partes***. Später das Bauvorhaben übernehmende Planer oder parallel arbeitende **Fachplaner** sind weder hieran gebunden, noch können sie sich darauf berufen. Letztere werden ohnehin meist erst zu einem Zeitpunkt beauftragt, wo auch für ihre Leistungen bereits erste Planungen des Objektplaners vorliegen, die zumindest eine Kostenschätzung ermöglichen, so dass eine Baukostenvereinbarung mit dem Fachplaner in der Praxis selten zulässig sein dürfte.

Bei nachträglichen **Änderungen der anrechenbaren Kosten** auf Ver- **185**
anlassung des Auftraggebers können beide Parteien nach § 7 Abs. 5 HOAI einen Anspruch auf **Anpassung der Baukostenvereinbarung** geltend machen, siehe dazu unten Rdn. 249.

dd) Ermittlung anhand ortsüblicher Kosten

Werden Lieferungen und Leistungen der ausführenden Unternehmen **186**
nicht zu ortsüblichen Kosten erbracht, sind Letztere ausnahmsweise nach § 4 Abs. 2 HOAI dennoch maßgeblich. Angesprochen sind die Fälle, dass der Auftraggeber

- selbst Lieferungen und Leistungen übernimmt,
- von bauausführenden Unternehmen oder von Lieferanten sonst **nicht übliche Vergünstigungen** erhält,
- Lieferungen und Leistungen in Gegenrechnung ausführt oder
- vorhandene oder vorbeschaffte Baustoffe oder Bauteile einbauen lässt.

Zu **den Vergünstigungen** gehören Mengenrabatte, Boni, Nachlässe **187**
und Provisionen, nicht jedoch Skonti. Ob Vergünstigungen **unüblich** sind, kann nur im Einzelfall entschieden werden. Nach einer älteren Entscheidung des BGH soll zu den **vorhandenen Baustoffen oder Bauteilen** auch die **mitverarbeitete vorhandene Bausubstanz** gehö-

ren.[156] Diese mit dem Wortlaut des § 4 Abs. 2 HOAI nicht zu vereinbarende Auffassung (die vorhandenen Bauteile werden nicht in etwas eingebaut, sie bilden allenfalls den Bestand, in den eingebaut wird) ist spätestens seit der HOAI 2009 hinfällig, da der Verordnungsgeber die nach dem zitierten Urteil des BGH in § 10 Abs. 3a HOAI a.F. eingeführte Anrechnung vorhandener Bausubstanz ausdrücklich wieder herausgenommen hat, da diese Vorschrift in der Vergangenheit vielfach für Rechtsstreitigkeiten gesorgt habe.[157] Der Wegfall der Anrechnung soll über die Möglichkeit der Vereinbarung eines höheren Umbauzuschlages kompensiert und kann daher nicht über § 4 Abs. 2 HOAI künstlich wieder hergestellt werden.[158]

ee) Besonderheiten der Objektplanung für Gebäude

188 Die verbindlich geregelten Leistungsbilder der HOAI sehen in ihren jeweiligen Vorschriften über **Besondere Grundlagen des Honorars** konkretisierende Regelungen zu anrechenbaren Kosten vor. Für die Objektplanung für Gebäude gilt insoweit § 32 HOAI. Dessen Absatz 1 erklärt zunächst die **Kosten der Baukonstruktion** (Kostengruppe 300 der DIN 276) für anrechenbar. Dazu gehören gemäß Absatz 2 auch die Kosten der **Technischen Anlagen** (Kostengruppe 400 der DIN 276), die der Architekt nicht fachlich plant oder deren Ausführung er nicht fachlich überwacht. Diese Kosten sind allerdings nur anteilig, wie in Absatz 2 beschrieben, zu berücksichtigen. Im Unterschied zu § 10 Abs. 4 HOAI a.F. fallen **betriebliche Einbauten** nunmehr in die Kostengruppe 300 und werden daher voll angerechnet. Die **Beleuchtungsanlagen** waren nach § 10 Abs. 5 Nr. 6 HOAI bedingt honorarfähig, sie gehören seit der HOAI 2009 zur Kostengruppe 400 und sind daher mit den Technischen Anlagen nur anteilig zu berücksichtigen.

189 Nach Absatz 3 sind Kosten für das **Herrichten** und die **nicht öffentliche Erschließung** (Kostengruppe 200) nicht anrechenbar, ebenso wie Leistungen für **Ausstattung und Kunstwerke** (Kostengruppe 600), soweit der Architekt sie nicht plant, bei der Beschaffung mitwirkt oder ihre Ausführung oder ihren Einbau fachlich überwacht. Insoweit gilt ein **enger Planungsbegriff**, eine rein koordinierende oder integrie-

156 BGH BauR 1986, 593.
157 Vgl. Begründung zu § 35 HOAI 2009 in BR-Drs. 395/09, S. 193.
158 Vgl. unten Rdn. 217.

rende Tätigkeit reicht nicht aus.[159] Die Erbringung **einer** dieser Leistungen (bspw. der fachlichen Überwachung des Einbaus) ist allerdings ausreichend, um diese Kosten für alle Leistungsphasen zu anrechenbaren zu machen.[160] In Absatz 4 ist schließlich eine Sonderregelung für **kleinere Objekte**, wie bspw. Einfamilienhäuser, bei denen die anrechenbaren Kosten der Freianlagen weniger als 7.500 € betragen, enthalten. Insoweit wird auf eine getrennte Abrechnung nach § 11 Abs. 1 HOAI und den Abzug nach § 32 Abs. 3 HOAI verzichtet.

b) Leistungsbild (und Leistungsphasen)

Neu in § 6 Abs. 1 Nr. 2 HOAI 2009 ist der Hinweis, dass Grundlage der Honorarermittlung das Leistungsbild ist. Er ist dem Umstand geschuldet, dass mit dem restlichen § 6 Abs. 1 HOAI 2009 vergleichbare Regelungen vor der HOAI 2009 für jedes Leistungsbild gesondert bestanden und diese Regelungen nunmehr »vor die Klammer gezogen« werden sollten. Aber auch zu diesen alten Regelungen galt, dass das **für die Leistung zutreffende Leistungsbild** (oder auch mehrere) zur Honorarermittlung heranzuziehen ist. Ebenso galt und gilt, dass die **erbrachten Leistungen des Leistungsbildes** und die dafür vorgesehenen Prozentsätze zur Honorargrundlage gehören und insbesondere bei der Erbringung von **Teilleistungen** zur Herstellung einer prüffähigen Schlussrechnung zwingend anzugeben sind.[161] 190

aa) Leistungsbilder

Der verbindliche Teil der HOAI unterscheidet die folgenden Leistungsbilder, die in den Teilen 2 bis 4 der HOAI geregelt sind: 191

- **Teil 2 – Flächenplanung**
  Im zweiten Teil regelt die HOAI die nunmehr so genannte Flächenplanung. Diese dürfte in der Praxis weniger bedeutend als die Objektplanung sein, steht jedoch im Projektentwicklungsprozess zeitlich meist an erster Stelle. Diesen Prozess wollte der Verordnungsgeber offensichtlich abbilden. Zur Flächenplanung gehören
  - die Bauleitplanung, bestehend aus Leistungen für einen Bebauungsplan und einen Flächennutzungsplan und

159 BGH BauR 2004, 1963 = NZBau 2004, 680.
160 Locher/Koeble/Frik, HOAI, § 10 Rdn. 126.
161 Pott/Dahlhoff/Kniffka/Rath, HOAI, § 10 Rdn. 2.

- die Landschaftsplanung, bestehend aus Leistungen für einen Landschaftsplan, einen Grünordnungsplan, einen Landschaftsrahmenplan, einen landschaftspflegerischen Begleitplan und einen Pflege- und Entwicklungsplan.

- **Teil 3 – Objektplanung**
  Die verschiedenen Objektplanungsleistungen hat der Verordnungsgeber im dritten Teil der HOAI zusammengefasst. Zur Objektplanung gehören
  - Gebäude und raumbildende Ausbauten,
  - Freianlagen,
  - Ingenieurbauwerke und
  - Verkehrsanlagen.

- **Teil 4 – Fachplanung**
  Schließlich findet sich im vierten Teil der HOAI die Fachplanung, gegliedert in
  - die Tragwerksplanung und
  - die Technische Ausrüstung.

192 Das anzuwendende Leistungsbild richtet sich nach dem dort jeweils definierten **Anwendungsbereich** sowie den jeweils im Leistungsbild beschriebenen Leistungen. Die HOAI geht im Verhältnis der Objekt- zur Fachplanung von einer **Planung im Gleichschritt** aus. Die jeweiligen Leistungsbilder haben ihre Planungstätigkeit im Gleichschritt von der globalen Planungsvorgabe bis zur detaillierten Ausführungsvorgabe nicht individuell, sondern im Rahmen ihrer Fachkompetenz aufeinander abgestimmt zum Planungsganzen und im Hinblick auf das anstehende konkrete Bauvorhaben zu erbringen.[162]

193 Zu beachten ist für die **Objektplanung**, dass § 25 Abs. 1 HOAI a.F., wonach eine parallele Honorarberechnung für **Leistungen bei Gebäuden und raumbildende Ausbauten** nicht zulässig war, ersatzlos entfallen ist mit der Folge, dass eine solche **Parallelberechnung des Honorars** nunmehr uneingeschränkt **zulässig** ist. Die Abgrenzung beider Leistungsbilder wird die Gerichte in Zukunft sicher noch ausführlich beschäftigen. Problematisch sind hier insbesondere die Gewerke Schlosserarbeiten, Windfanganlage, Glas- und sonstige Trennwände, Estricharbeiten (Ergänzungen), Trockenbauarbeiten, Putz- und Malerarbeiten, Bodenbeläge, Tischlerarbeiten, Arbeitsplätze, Beleuchtung, Textile Dekoration, Bestuhlung, Möblierung, Elektroarbeiten,

162 Langen/Schiffers, Bauplanung und Bauausführung, Rdn. 524.

Lüftung etc.[163] Auch hier können **klare vertragliche Regelungen** helfen!

bb) Leistungsphasen

Die einzelnen Leistungsbilder sind wiederum in Leistungsphasen (LP) gegliedert, die kleinste, von der HOAI gemäß § 3 Abs. 7 HOAI der Höhe nach in Prozentzahlen bewertete Planungseinheit, die durch das jeweils angestrebte, erfolgsorientierte Arbeitsziel gekennzeichnet wird, welches der jeweilige Planer erreichen muss. Die Aufteilung in Leistungsphasen soll auch die Planung im Gleichschritt über die Leistungsbilder hinweg gewährleisten, da die einzelnen Leistungsbilder nach den Leistungskatalogen den Abschluss einer Leistungsphase gemeinsam und im Ergebnis aufeinander abgestimmt erreichen müssen. Die für die **Objektplanung Gebäude** früher in § 15 Abs. 2 HOAI a.F. aufgeführten Leistungen der jeweiligen Leistungsphasen finden sich nun in Anlage 11 zur HOAI. Inhaltlich ist fast alles beim Alten geblieben. Nur die **Leistungsphase 9** wurde an die Verjährungsregelungen der aktuellen VOB/B angepasst, der Architekt schuldet die Überwachung der Beseitigung von Mängeln nunmehr längstens **vier Jahre** nach Abnahme der Bauleistungen. **194**

Die Leistungsphasen der Leistungsbilder lassen sich in **Planungsphasen**, die Leistungsphasen 1 bis 5, und **Servicephasen**, die Leistungsphasen 6 bis 9, unterteilen, wobei nicht alle Leistungsbilder alle Leistungsphasen umfassen. **195**

- **Planungsphasen**
  - In **Leistungsphase 1** (Grundlagenermittlung) ist die jeweilige Aufgabenstellung pro Leistungsbild unter Angabe von geometrisch-gestalterischen, nutzungsfunktionalen und finanziellen Randbedingungen des Bauvorhabens zu klären, nicht hingegen das Planungssoll zu erarbeiten, das hier ggf. konkretisiert, im Übrigen jedoch bereits bei Beauftragung des Planers jedenfalls global feststehen sollte, bspw. nach einer entsprechenden **Bedarfsplanung** des Auftraggebers.
  - In **Leistungsphase 2** (Vorplanung) steht die Erarbeitung von Planungskonzepten nach den Vorgaben der LP 1 im Vordergrund. Der Auftraggeber soll an deren Ende das endgültige Planungs-

163 Pott/Dahlhoff/Kniffka/Rath, HOAI, § 25 Rdn. 2.

konzept verabschieden, meist unter Beteiligung des späteren Nutzers.
- In **Leistungsphase 3** (Entwurfsplanung) wird das verabschiedete Planungskonzept zur Genehmigungsreife durchgearbeitet und dargestellt.
- In **Leistungsphase 4** (Genehmigungsplanung) wird keine planerisch-kreative Leistung mehr erbracht, vielmehr eine zusammenstellende und begleitende Tätigkeit zur Erlangung der Baugenehmigung.
- In **Leistungsphase 5** (Ausführungsplanung) werden die genehmigten Entwurfsunterlagen detailliert in ausführungsreife, also mit allen für die Ausführung erforderlichen Angaben versehene Pläne umgesetzt.

- **Servicephasen**
  - In **Leistungsphase 6** (Vorbereitung der Vergabe) wird die nach der Idealvorstellung der HOAI fertig gestellte Ausführungsplanung für die Ausschreibung der Bauleistungen aufbereitet.
  - In **Leistungsphase 7** (Mitwirkung bei der Vergabe) werden die Verdingungsunterlagen zusammengestellt, nach deren Versendung Angebote eingeholt, verhandelt, geprüft und gewertet sowie beauftragt.
  - In **Leistungsphase 8** (Objektüberwachung) wird die Ausführung der Bauleistung bis zum Aufmaß und zur Abnahme auf die Übereinstimmung mit der Planung und den sonstigen Vorgaben, insbesondere den allgemein anerkannten Regeln der Technik und der Baugenehmigung, überwacht sowie eine Termin- und Kostenkontrolle durchgeführt.
  - In **Leistungsphase 9** (Objektbetreuung und Dokumentation) steht schließlich die Feststellung von Mängeln an den Leistungen der ausführenden Unternehmen (und nicht etwa, wie öfter falsch vermutet, der Leistungen des Architekten) und Überwachung ihrer Beseitigung sowie die systematische Zusammenstellung zeichnerischer und rechnerischer Objektunterlagen im Vordergrund.

Jede Leistungsphase besteht aus mehreren **Leistungen**, die im Einzelfall geschuldete **Teilerfolge**[164] darstellen können.

164 S. dazu oben Rdn. 35 ff.

Gemäß **§ 3 Abs. 8 HOAI** ist 196

»das Ergebnis jeder Leistungsphase ... mit dem Auftraggeber zu erörtern.«

Diese abschließende Erörterung und hier insbesondere das »**Ergebnis der Leistungsphase**« sollten zweckmäßigerweise **schriftlich dokumentiert** werden. Hierin liegt mangels anderweitiger vertraglicher Regelung zwar **keine Teilabnahme**. Jedoch kann diesem Leistungsphasenabschluss als ggf. »**fortgeschriebenem Planungssoll**« besondere Relevanz im Rahmen des Themas »Planernachträge« zukommen.[165] Auf die verfassungsrechtlichen Bedenken gegen die Wirksamkeit dieser ersichtlich nicht preis-, sondern rein schuldrechtlichen Regelung sei an dieser Stelle lediglich hingewiesen. Der Praktiker wird die Vorschrift selbstverständlich beachten. 197

cc) Beauftragung von Teilleistungen

§ 8 HOAI regelt den Fall, dass der Architekt bereits mit Auftragserteilung nur mit einzelnen Leistungsphasen oder Teilen davon beauftragt wird. 198

Umfasst der Auftrag nur einen **Teil der** im Leistungsbild vorgesehenen **Leistungsphasen**[166], dürfen nach Absatz 1 nur die für die übertragenen Phasen in der HOAI vorgesehenen Prozentsätze berechnet und vertraglich vereinbart werden. 199

Werden dem Architekten hingegen **unvollständige Leistungsphasen**, also auf bestimmte Leistungen beschränkte, oder sogar **unvollständige Leistungen** einer Leistungsphase beauftragt, gilt Absatz 2. Dann darf für die übertragenen Leistungen nur ein Honorar berechnet und vereinbart werden, das dem Anteil der übertragenen Leistungen an der gesamten Leistungsphase entspricht. Leider hat es der Verordnungsgeber versäumt, die Leistungen innerhalb der Leistungsphasen zu bewerten, so dass die Ermittlung dieses Anteils in der Praxis nicht selten Schwierigkeiten bereitet, wenn die Parteien keine **Teilleistungsbewertung vereinbart** haben.[167] Dann sind die einschlägigen Ermittlungstabellen als Orientierungshilfe heranzuziehen.[168] 200

165 S. dazu unten Rdn. 253 ff.
166 Zu Beispielen für solche Teilbeauftragungen s.o. Rdn. 56 ff.
167 Für deren Zulässigkeit vgl. Pott/Dahlhoff/Kniffka/Rath, HOAI, § 5 Rdn. 7.
168 BGH BauR 2005, 588 = NZBau 2005, 163; vgl. zu diesen Ermittlungstabellen die Nachweise oben unter Rdn. 83.

201 Nach Absatz 2 Satz 2 ist ein zusätzlicher, also durch die Teilbeauftragung entstehender **Koordinierungs- und Einarbeitungsaufwand** zu berücksichtigen. In Betracht kommt eine Erhöhung der Leistungspunkte oder auch die Vereinbarung eines Zeithonorars.[169]

dd) Beauftragung von Einzelleistungen

202 Von der Beauftragung von Teilleistungen ist die Beauftragung von Einzelleistungen nach § 9 HOAI zu unterscheiden.

203 Absatz 1 dieser Vorschrift erfasst den Fall, dass die **Vorplanung oder Entwurfsplanung als Einzelleistung** (also ohne weitere Leistungsphasen, auch nicht gemeinsam) in Auftrag gegeben wird. Diese Vorschrift wird (wie ihre Vorgängernorm § 19 HOAI a.F.) wenig praxisrelevant werden, da ein solches Bedürfnis auftraggeberseitig kaum vorkommen dürfte. Falls doch, regelt Absatz 1 dic Honorarfolgen. Danach können die entsprechenden Leistungsbewertungen der jeweiligen Leistungsphase (also bei Gebäuden Vorplanung 7 % und Entwurfsplanung 11 %) diesen Prozentsatz zuzüglich der Anteile bis zum Höchstsatz des Prozentsatzes der jeweils vorangegangenen Leistungsphase betragen. Mit dieser etwas unklaren Formulierung dürfte gemeint sein, dass der Prozentsatz der Vorplanung um den der Grundlagenermittlung und der der Entwurfsplanung um den der Vorplanung erhöht werden kann (wie es § 19 HOAI a.F. in absoluten Prozentzahlen auch vorsah). Der Hinweis auf den Höchstsatz ist nicht recht verständlich. Da durch diese Vorschrift die Mindestsätze überschritten werden, muss eine darauf zielende Vereinbarung gemäß § 7 Abs. 1 HOAI **schriftlich** und **bei Auftragserteilung** getroffen werden.

204 In Absatz 2 ist die Beauftragung der **Objektüberwachung** als Einzelleistung in den Leistungsbildern Gebäude und TGA geregelt. Dies führt – eine Absatz 1 entsprechende Vereinbarung unterstellt – im Leistungsbild TGA zu einer Anhebung des Prozentsatzes der Leistungsphase 8 von 33 % um die 5 % der Leistungsphase 7 auf 38 % und im Leistungsbild Gebäude zu einer Honorierung unter Rückgriff auf nach Honorarzonen gestaffelte Prozentsätze der anrechenbaren Kosten. Letzterenfalls ist eine schriftliche Vereinbarung bei Auftragserteilung nur dann erforderlich, wenn die Mindestsätze überschritten werden sollen, was angesichts der Degression der Honorartabellen keineswegs sicher ist.

169 Pott/Dahlhoff/Kniffka/Rath, HOAI, § 5 Rdn. 9.

c) Honorarzone

Nächster wichtiger Parameter der Honorarberechnung gemäß § 6 Abs. 1 HOAI ist die Einordnung des zu planenden Objekts in die zutreffende Honorarzone (»**Einzonung**«). Honorarzonen stellen gemäß der Begriffsbestimmung in § 2 Nr. 15 HOAI 205

»den Schwierigkeitsgrad eines Objekts oder einer Flächenplanung«

dar. Am Beispiel der Objektplanung Gebäude: **§ 5 Abs. 1 HOAI** legt hierzu für die Objektplanung Gebäude fünf Honorarzonen zugrunde, die **je nach Schwierigkeitsgrad des Objekts** von sehr geringen Planungsanforderungen (Honorarzone I) über durchschnittliche Planungsanforderungen (Honorarzone III) bis hin zu sehr hohen Planungsanforderungen (Honorarzone III) reichen. § 5 Abs. 4 HOAI verweist sodann für die Objektplanung Gebäude auf § 34 Abs. 2, Abs. 4 und Abs. 5 HOAI sowie insbesondere auf die **Regelbeispiele** in den **Objektlisten** der **Anlage 3 zur HOAI**. Mit dieser Objektliste ist der **typische** Schwierigkeitsgrad der meisten Bauvorhaben bewertet: Je anspruchsvoller das Bauwerk, desto höher die Einordnung.

Praxisempfehlung: Bei der zutreffenden »Einzonung« des konkreten 206
Objektes sollte wie folgt vorgegangen werden:[170] Zunächst sollte die Zuordnung des zu planenden Objekts anhand der Regelbeispiele der Anlage 3 (Objektliste) vorgenommen werden. Passt das zu planende Objekt ausdrücklich in diese Objektliste, so ist damit praktisch die Honorarzone festgelegt, denn diese Anlage 3 (Objektliste) hat insoweit die **Richtigkeitsvermutung** für sich.[171] Ausschlaggebend für die richtige »Einzonung« sind zwar bei der Objektplanung Gebäude letztlich die Bewertungsmerkmale des § 34 Abs. 2, Abs. 3 und Abs. 5 HOAI, so dass insoweit sicherheitshalber nochmals eine »Richtigkeitskontrolle« vorgenommen werden sollte. Gleichwohl muss im Streitfall derjenige, der eine von der Regeleinordnung der Anlage 3 (Objektliste) abweichende Einordnung vornehmen will, dies anhand der Merkmale der vorgenannten Vorschriften darlegen und beweisen.[172]

170 Vgl. Locher/Koeble/Frik, HOAI, § 11 Rdn. 1 ff.

171 H.M., vgl. OLG Köln SFH Nr. 36 zu § 631 BGB; Locher/Koeble/Frik, HOAI, § 11 Rdn. 1; Thode/Wirth/Kuffer, Praxishandbuch Architektenrecht, § 24 Rdn. 35.

172 H.M., vgl. Locher/Koeble/Frik, HOAI, § 11 Rdn. 1; Thode/Wirth/Kuffer, Praxishandbuch Architektenrecht, § 24 Rdn. 35.

207 **Vereinbarungen einer Honorarzone** sind grundsätzlich zulässig. Allerdings können auf diese Weise (natürlich) nicht die Mindest- bzw. Höchstsatzgrenzen umgangen werden. Jedoch macht allein die Vereinbarung einer »falschen« Honorarzone also solche noch nicht die Honorarvereinbarung unwirksam, zumal die Parteien nicht verpflichtet sind, bei Abschluss des Architektenvertrags die Honorarzone festzulegen. Erst wenn eine »Honorarvergleichsberechnung« (mit den richtigen Honorarparametern) zeigt, dass bei der getroffenen Honorarvereinbarung **im Ergebnis** eine unzulässige Mindestsatzunter- bzw. Höchstsatzüberschreitung vorliegt, ist die getroffene Honorarvereinbarung unwirksam.[173]

208 Der Bundesgerichtshof hat übrigens ausdrücklich klargestellt, dass die HOAI den Parteien bei der »Einzonung« durchaus **Beurteilungsspielraum** eröffnet. Eine von den Parteien vorgenommene »**vertretbare**« Festlegung der Honorarzone genügt und muss danach auch von den Gerichten berücksichtigt werden.[174] Es gibt mithin nicht immer »die eine objektiv einzig richtige« Einordnung!

d) Honorartafel, Interpolation und Honorarsatz

209 Nächster Berechnungsfaktor des Honorars ist die **Honorartafel**. Diese legt für jede Honorarzone einen Mindest- und Höchstsatz fest. Durch die **HOAI 2009** sind die Tafelwerte pauschal um 10 % erhöht worden. Weitgehend unverändert sind die Eingangs- und Ausgangswerte der Anrechenbaren Kosten (d.h.: der preisrechtliche Anwendungsbereich der HOAI). Bei Architektenleistungen für Gebäude findet sich die Honorartafel nun in § 34 Abs. 1 HOAI wieder und gibt Werte zwischen 25.565,00 € und 25.564.594,00 € vor. Da in der Honorartafel bei den anrechenbaren Kosten nach oben zunehmend vergröbernde Stufen angegeben werden, sind nicht in dieser Tabelle aufgeführte Zwischenwerte gemäß § 13 HOAI linear zu **interpolieren.** Hierzu folgendes

Arbeitsbeispiel 9: Vorgerechnet

210 *Anrechenbare Kosten* *€ 2.720.500,00*
bei ***Mindestsatz*** *Honorarzone III ist aus der Honorartafel zu § 34 Abs. 1 HOAI ablesbar:*

173 BGH BauR 2004, 354 = NZBau 2004, 159.
174 BGH BauR 2004, 354 = NZBau 2004, 159; OLG Stuttgart BauR 2009, 842.

Honorarstufe	*Honorar nach Tabelle*
€ 2.500.000,00	*€ 202.953,00*
€ 3.000.000,00	*€ 239.295,00*

ausführliche Formel: $h = a + \frac{(c - d) \times (b - a)}{e - d}$

dabei ist
h = zu errechnendes Honorar
a = niedrigeres Honorar nach Tabelle
b = höheres Honorar nach Tabelle
c = anrechenbare Kosten
d = niedrigere Honorarstufe
e = höhere Honorarstufe
somit

$$h = 202.953 + \frac{(2.720.500 - 2.500.000) \times (239.295 - 202.953)}{3.000.000 - 2.500.000} =$$

$$= 202.953 + \frac{220.500 \times 36.342}{500.000} \qquad = 218.979{,}82$$

Honorar somit gerundet *€ 218.980,00*

Im vorstehenden Beispiel wurde der »Mindestsatz« zugrunde gelegt. **211** Damit ist der sog. **Honorarsatz** angesprochen. Nach § 7 Abs. 1 HOAI richtet sich das Honorar nach der schriftlichen Vereinbarung, die die Vertragsparteien bei Auftragserteilung im Rahmen der durch diese Verordnung festgesetzten Mindest- und Höchstsätze treffen. Folglich können die Parteien innerhalb der Spanne der in den Honorartabellen festgelegten Mindest- und Höchstsätze davon abweichende Honorarsätze vereinbaren. Gebräuchlich ist der sog. Mittelsatz, aber auch der Viertel- oder Dreiviertelsatz. Der Honorarsatz lässt sich ggf. prozentual ausdrücken, anderweitige Bezeichnungen sind denkbar, jedoch ungebräuchlich. Es steht den Parteien frei, auch diesen Honorarsatz in der Honorarvereinbarung zu regeln. Anderenfalls gilt insoweit der Mindestsatz als vereinbart.

e) Bauen im Bestand

Obwohl das Leistungsbild Objektplanung für Gebäude in §§ 35 und **212** 36 HOAI Regelungen zum Bauen im Bestand bereithält, wird dieser in der Praxis immer mehr in den Vordergrund rückende Bereich (auch

»Redevelopment« genannt[175]) in der HOAI insgesamt eher vernachlässigt.

213 Bis zum Inkrafttreten der HOAI 2009 ist bspw. der Wert der **vorhandenen mitverarbeiteten Bausubstanz** gemäß § 10 Abs. 3a HOAI a.F. mit in die anrechenbaren Kosten eingeflossen. Weil deren Bewertung in der Praxis jedoch immer wieder zu (Rechts-)Streitigkeiten führte, hat der Verordnungsgeber diese Vorschrift ersatzlos gestrichen und als Kompensation den oberen Rahmen für die Vereinbarung eines **Umbauzuschlages** erhöht. Der ohne Vereinbarung anwendbare untere Satz wurde demgegenüber unverändert gelassen. Die Marktverhältnisse und die darauf beruhende Verhandlungsmacht des Architekten werden daher zeigen, ob dieser bei Honorarverhandlungen mit dem Auftraggeber zu Bestandsprojekten über den Umbauzuschlag tatsächlich eine Honorarerhöhung (wie sie von der HOAI 2009 beabsichtigt war) durchsetzen kann oder er nicht vielmehr eine **Honorarkürzung** im Vergleich zur HOAI a.F. hinnehmen muss.

214 Ob der Verordnungsgeber tatsächlich alle Konsequenzen der Herausnahme der vorhandenen Bausubstanz aus den anrechenbaren Kosten durchdacht hat, ist durchaus zweifelhaft, wie das nachfolgende Beispiel zeigt.

Arbeitsbeispiel 10: Ein Tagwerk Tragwerk

215 *Der Auftraggeber beabsichtigt, ein mehrstöckiges Bürogebäude zukünftig als Produktionsgebäude zu nutzen. Er beauftragt einen Tragwerksplaner mit der Prüfung der vorhandenen Bausubstanz und der Klärung, ob konstruktive Ertüchtigungsmaßnahmen zur Aufnahme der Lasten der einzubringenden Maschinen erforderlich sind. Der Tragwerksplaner kommt zu dem Ergebnis, dass eine Ertüchtigung der vorhandenen Bausubstanz nicht erforderlich ist. Nun möchte er sein Honorar abrechnen. Nur wie?*

Lösung:

Die vom Tragwerksplaner erbrachten Leistungen sind von seinem Leistungsbild erfasst und dürften der Leistungsphase 2 zuzuordnen sein, dort der Untersuchung von Lösungsmöglichkeiten. Denn der Tragwerksplaner hat bereits in dieser frühen Phase der Planung den Bestand gründlich statisch zu prüfen.[176]

175 Vgl. umfassend Lederer, Redevelopment von Bestandsimmobilien.
176 OLG Düsseldorf BauR 1997, 685.

Nach der alten HOAI (§ 62 Abs. 3 iVm. § 10 Abs. 3a HOAI a.F.) hätte der Tragwerksplaner (nur) die vorhandene Bausubstanz bei der Ermittlung seiner anrechenbaren Kosten berücksichtigen dürfen. Diese Möglichkeit ist in § 48 HOAI 2009 nicht mehr vorgesehen. Zwar kann auch der Tragwerksplaner nach § 49 Abs. 3 HOAI einen erhöhten Umbauzuschlag vereinbaren, doch auf welches Honorar soll dieser anzuwenden sein, wenn keine anrechenbaren Kosten zur Ermittlung eines Honorars vorliegen? Man wird diesen Fall wohl so lösen müssen, dass die anrechenbaren Kosten (0,00 €) unterhalb der Tafelwerte liegen und daher ein Honorar gemäß § 7 Abs. 2 HOAI frei vereinbar ist. Fehlt es an einer solchen Vereinbarung, ist gemäß § 632 BGB die übliche Vergütung maßgeblich.

Zum Teil wird bereits jetzt erwogen, die Entscheidung des Verordnungsgebers mit verschiedenen Begründungen zu **umgehen.** So wird bspw. auf die Rechtsprechung des BGH zu der noch älteren HOAI-Fassung abgestellt, die den jetzt aufgehobenen § 10 Abs. 3a HOAI a.F. (ebenfalls) nicht kannte. Danach war die vorhandene Bausubstanz bei der Ermittlung der anrechenbaren Kosten ohnehin über § 10 Abs. 3 Nr. 4 HOAI a.F. (heute § 4 Abs. 2 Nr. 4 HOAI) zu berücksichtigen.[177] Oder man verweist auf Ziff. 3.3.6 der DIN 276:2008/12, wonach der Wert der vorhandenen Bausubstanz bei den jeweiligen Kostengruppen getrennt auszuweisen ist und daher über die Kostenberechnung doch wieder in die anrechenbaren Kosten einfließen kann (was dazu führen würde, dass der Auftraggeber gerade keinen Überblick über die Projektkosten mehr hat, da er die vorhandene Bausubstanz ja nicht mehr bezahlen muss). Beide Argumente überzeugen angesichts des eindeutig in der Begründung zur HOAI 2009 geäußerten Willens des Verordnungsgebers[178] **nicht**, der Wert der vorhandenen Bausubstanz muss **unberücksichtigt** bleiben. 216

aa) Umbauzuschlag

Bei Leistungen des Objektplaners und – über § 49 Abs. 3 HOAI – auch des Tragwerksplaners bei Umbauten und Modernisierungen kann gemäß § 35 HOAI ein Umbauzuschlag vereinbart werden. **Umbauten** sind nach § 2 Nr. 6 HOAI Umgestaltungen eines vorhandenen Objekts mit Eingriffen in Konstruktion oder Bestand, wobei diese Eingriffe seit der HOAI 2009 **nicht mehr »wesentlich«** sein müssen.[179] **Modernisie-** 217

177 BGH BauR 1986, 593.

178 BR-Drs. 395/09, S. 193.

179 So noch § 3 Nr. 5 HOAI a.F.

rungen sind nach § 2 Nr. 7 HOAI bauliche Maßnahmen zur nachhaltigen Erhöhung des Gebrauchswertes eines Objekts, soweit es keine Umbauten, Erweiterungen oder Instandsetzungen sind.

218 Liegen diese Leistungen vor, kann (für alle Honorarzonen) ein Zuschlag von bis zu 80 % **schriftlich**[180] **vereinbart** werden. Diese Vereinbarung ist **jederzeit**, also auch noch nach Auftragserteilung, möglich, der Architekt hat hierauf jedoch **keinen Anspruch** (»kann … vereinbart werden«). Sofern es an einer solchen schriftlichen Vereinbarung fehlt, fällt für Leistungen der Honorarzone I kein und für Leistungen ab der Honorarzone II ein Zuschlag von 20 % an. Der so ermittelte Zuschlag ist auf das im Übrigen wie oben beschrieben ermittelte Honorar (siehe § 35 Abs. 2 HOAI) aufzuschlagen. Der Umbauzuschlag kann allerdings nur für den **Umbauteil** berechnet werden. Wird hierzu parallel bspw. eine Erweiterung des Objekts geplant, muss eine entsprechend **getrennte Honorarabrechnung** erfolgen.[181]

bb) Instandhaltungen und -setzungen

219 Nach § 36 HOAI kann der Objektplaner für Gebäude bei Instandhaltungen und Instandsetzungen eine Erhöhung seines Honorars für die **Objektüberwachung** vereinbaren. **Instandsetzungen** sind gemäß § 2 Nr. 9 HOAI Maßnahmen zur Wiederherstellung des zum bestimmungsgemäßen Gebrauch geeigneten Zustandes (Soll-Zustandes) eines Objekts, soweit sie keine Wiederaufbauten sind oder durch Modernisierungen verursacht wurden.

220 Insoweit kann ein Zuschlag von bis zu 50 % auf das im Übrigen entsprechend den allgemeinen Grundsätzen (vgl. § 36 Abs. 2 HOAI) ermittelte Honorar für die Objektüberwachung **formfrei** und **jederzeit**, also auch noch nach Auftragserteilung, **vereinbart** werden. Ohne Vereinbarung erhält der Architekt diesen Zuschlag nicht.

6. Nebenansprüche nach HOAI

221 Unter den »Nebenansprüchen« verstehen wir nachfolgend die »Nebenkosten« gemäß § 14 HOAI sowie die Frage der Umsatzsteuer gemäß § 16 HOAI.

180 Dies ergibt sich nur indirekt aus Satz 2 dieser Vorschrift.
181 OLG Hamm BauR 2006, 1766 = NZBau 2006, 584.

a) Nebenkosten

§ 14 Abs. 1 HOAI gibt dem Architekten, auch wenn der Planervertrag hierzu keine gesonderte Regelung enthält, einen Anspruch auf Ausgleich der ihm entstandenen erforderlichen Nebenkosten. In diesem Fall gilt gemäß § 14 Abs. 3 HOAI allerdings, dass ohne Einzelnachweise keine Fälligkeit der Nebenkostenforderung eintritt. Einen **Katalog** möglicher Nebenkosten enthält § 14 Abs. 2 HOAI, der allerdings erklärtermaßen **nicht abschließend** ist (»insbesondere«). Die Ersatzfähigkeit von Nebenkosten setzt danach voraus: 222

- Geordnete (Vorschlag: in der Reihenfolge von § 14 Abs. 2 HOAI) Aufstellung
- nebst Belegen als Nachweis
- Entstehung der Nebenkosten **bei der Ausführung** des Auftrages
- **Erforderlichkeit** der Nebenkosten

Wollen sich die Parteien den hiermit verbundenen Nachweis- bzw. den spiegelbildlichen Prüfungsaufwand ersparen, so können sie auch vereinbaren, dass Nebenkosten **pauschal**, z.B. zu einem bestimmten Prozentsatz, abgerechnet werden (§ 14 Abs. 3 HOAI) oder umgekehrt, dass die Abrechnung von Nebenkosten **ganz entfällt**. Denkbar sind auch lediglich punktuelle Regelungen (z.B. die Begrenzung der Kosten für Vervielfältigungen von Zeichnungen). All diese Vereinbarungen müssen allerdings zu ihrer Wirksamkeit **zwingend** bereits **bei Auftragserteilung schriftlich** getroffen werden (§ 14 Abs. 3 Satz 2 HOAI – also im Planervertrag). An Mindest- und Höchstsatzvorschriften sind die Parteien hierbei nicht gebunden, wohl aber kann z.B. eine Pauschale von 10 % des Honorars im Einzelfall unwirksam sein.[182] 223

b) Umsatzsteuer

In den Honorartafeln sind anrechenbare Nettobaukosten ausgewiesen (§ 4 Abs. 1 Satz 4 HOAI). Auch bei den Nebenkosten handelt es sich grundsätzlich um Netto-Beträge. Dementsprechend kann der Architekt gemäß § 16 HOAI sein Nettohonorar einschließlich der Nebenkosten mit der gesetzlich geschuldeten Umsatzsteuer beaufschlagen. Werden Honorarvereinbarungen getroffen, so sollte aus Gründen der Klarstellung stets der Netto-Honorarbetrag zzgl. gesetzlicher Mehrwertsteuer ausgewiesen werden. 224

182 OLG Düsseldorf BauR 1990, 640, 641.

Beispiele:

»Der Architekt erhält für seine Leistungen ein Pauschalhonorar in Höhe von 200.000,00 € netto zzgl. gesetzlicher Mehrwertsteuer.«

C. Honorarberechnung außerhalb des Anwendungsbereiches der HOAI

225 Ist die HOAI auf den Architektenvertrag von vornherein **nicht** anwendbar, oder liegen die anrechenbaren Kosten des Bauvorhabens unterhalb oder oberhalb der einschlägigen HOAI-Tabellen (relativ häufig),[183] dann sind die Parteien in der Vereinbarung des Honorars weitestgehend frei. Die Parteien können das Honorar insbesondere

- jederzeit
- formlos
- und ohne jegliche Bindung an die Mindest- und Höchstsatzvorgaben der HOAI vereinbaren.

226 Es entfallen damit alle preisrechtlichen Beschränkungen der HOAI. Jedwede Form der Honorarpauschalierung ist problemlos möglich, genauso wie lediglich mündliche Honorarabsprachen oder die Vereinbarung eines Honorars nach Stundenaufwand. Die Grenzen werden hier lediglich durch die allgemeinen, für alle schuldrechtlichen Verträge geltenden Vorschriften des BGB gezogen, insbesondere durch die Grenze der Sittenwidrigkeit gemäß § 138 Abs. 1 BGB bzw. das Wucherverbot gemäß § 138 Abs. 2 BGB. Die Vereinbarung eines unter den entstehenden Kosten liegenden Honorars führt (selbstverständlich) allein noch nicht zur Sittenwidrigkeit.[184]

227 Nach zutreffender Auffassung können die Parteien also bei einem Bauvorhaben mit anrechenbaren Kosten von 30 Mio. € das Honorar für die Objektplanung unter den Mindestsätzen vereinbaren, die die HOAI bei einem Objekt mit anrechenbaren Baukosten von nur 25 Mio. € zwingend vorschreibt.[185]

---

183 Siehe dazu Rdn. 89; zum Anwendungsbereich der HOAI gemäß § 1 und § 55 HOAI siehe oben Rdn. 81 ff.

184 Vgl. Langen/Schiffers, Bauplanung und Bauausführung, Rdn. 937.

185 So Locher/Koeble/Frik, HOAI, § 16 Rdn. 11; Thode/Wirth/Kuffer, Praxishandbuch Architektenrecht, § 22 Rdn. 35; Langen/Schiffers, Bauplanung und Bauausführung, Rdn. 936; **a.A.** Korbion/Mantscheff/Vygen, HOAI, § 16 Rdn. 9; Löffelmann/Fleischmann, Architektenrecht, Rdn. 1285.

Haben die Parteien, z.B. bei einem »konkludent« zustande gekommenen Planervertrag, **keine Vergütungsvereinbarung** getroffen, oder kann eine solche nicht bewiesen werden, richtet sich die Vergütung nach **§ 632 Abs. 2 BGB**. Der Architekt kann danach die **übliche Vergütung** verlangen. Die Honorartafeln der HOAI sind in sich abgeschlossen, weshalb eine Fortschreibung über den jeweiligen Honorarrahmen hinaus grundsätzlich nicht in Betracht kommt (keine Extrapolation).[186] Ob den HOAI-Tafeln bzw. den im unverbindlichen Anhang 1 (Beratungsleistungen) enthaltenen Honorartafeln für die Frage der üblichen Vergütung wenigstens indizielle Bedeutung zukommt,[187] erscheint äußerst fraglich. Denn nach der Rechtsprechung des BGH ist bei der üblichen Vergütung im Sinne von § 632 Abs. 2 BGB, im Regelfall mittels sachverständiger Beratung, zu ermitteln, welches Honorar zur Zeit des Vertragsschlusses nach allgemeiner Auffassung der beteiligten Kreise am Ort der Leistungserbringung gewährt zu werden pflegt. Vergleichsmaßstab sind hierbei Leistungen gleicher Art, gleicher Güte und gleichen Umfangs. Die Anerkennung der Üblichkeit setzt hierbei laut BGH ausdrücklich **gleiche Verhältnisse in zahlreichen Einzelfällen** voraus.[188] Die gelebte Praxis ist also entscheidend, nicht Tafelwerte. 228

V. Planernachträge und entfallene Leistungen

Erbringt der Architekt die nach dem Vertrag geschuldeten Leistungen, kann er hierfür die vertraglich vereinbarte Vergütung, wenigstens jedoch die Mindestsätze nach HOAI verlangen. Ohne Änderung der Leistungsbeschreibung als Teil des Planungssolls ändert sich die Vergütung grundsätzlich nicht. Oftmals ergibt sich jedoch im Planungsablauf das Erfordernis, die Planungsvorgaben für den Architekten anzupassen. Finanziell untragbare Behördenauflagen (bspw. im Brandschutz) können zur Änderung des Entwurfs Anlass geben, ebenso wie geänderte Marktverhältnisse die wirtschaftlichen Dispositionen des Auftraggebers verändern können (bspw. Verkauf statt Vermietung des zu errichtenden Objekts). Aber auch noch während der Bauphase können Ereignisse mit Auswirkung auf Planungsleistungen auftreten, 229

186 Vgl. Locher/Koeble/Frik, HOAI, § 1 Rdn. 5; Thode/Wirth/Kuffer, Praxishandbuch Architektenrecht, § 22 Rdn. 35.

187 Vgl. Locher/Koeble/Frik, HOAI, § 1 Rdn. 5; Thode/Wirth/Kuffer, Praxishandbuch Architektenrecht, § 22 Rdn. 35.

188 BGH BauR 2001, 249.

bspw. wenn ausführende Unternehmen wegen Insolvenz oder aus anderen Gründen gekündigt und ersetzt werden müssen, unerwartete Baugrundverhältnisse auftreten oder das Bestandsobjekt andere Eigenschaften aufweist, als bei der Planung angenommen. Solche Ereignisse können Änderungen der Leistungsbeschreibung des Planervertrages erfordern, die zu einer Anpassung des Honorars führen.

230 Dies erinnert stark an **Nachträge für geänderte und zusätzliche Leistungen** in Bauverträgen, wie sie in der VOB/B geregelt sind. Da sowohl Planervertrag als auch Bauvertrag dem Werkvertragsrecht des BGB unterworfen sind, sind diese Parallelen nicht überraschend. Dennoch unterscheidet sich der Planervertrag in wesentlichen Punkten vom Bauvertrag, so dass eine differenzierende Betrachtung geboten ist. So enthalten viele Planerverträge überhaupt kein Recht des Auftraggebers, geänderte oder zusätzliche Leistungen einseitig anzuordnen, wie dies § 1 Nr. 3 und Nr. 4 VOB/B für den Bauvertrag vorsehen. Im BGB-Werkvertragsrecht oder der HOAI findet sich ein Anordnungsrecht des Auftraggebers nicht. Im Gegensatz zu Bauleistungen ist der **Planungsprozess** zudem **dynamisch**, er ist gekennzeichnet durch Klärungen, Weiterentwicklungen und fortlaufende Optimierungen im Dialog mit dem Auftraggeber. Nicht jeder Wunsch des Auftraggebers zur Planungsänderung kann und darf daher zu einer Anpassung des Honorars führen, während der Planer andererseits auch nicht (vergütungsneutral) Spielball sich ständig ändernder Planungsvorgaben des Auftraggebers sein kann. Bei der Gestaltung des Planervertrages ist daher auf eine optimale Risikoverteilung zu achten, die sich an den nachfolgenden Grundsätzen orientieren kann. Fallgruppen bilden insoweit wiederholte und zusätzliche Leistungen, die Verlängerung des Leistungszeitraumes und der nachträgliche Entfall beauftragter Leistungen. Zu differenzieren ist auch zwischen den Leistungsumfang des Architekten betreffenden Anordnungen des Auftraggebers und solchen, die sich lediglich auf die Leistungen des ausführenden Unternehmers auswirken und für den Architekten honorarrechtlich allenfalls über die Anpassung der anrechenbaren Kosten relevant werden.

A. Geänderte, wiederholte und zusätzliche Leistungen

231 Bis zur HOAI 2009 spielten Planernachträge wegen geänderter, wiederholter oder zusätzlicher Leistungen in der Praxis nur eine untergeordnete Rolle. Stiegen die Baukosten aufgrund einer Änderung der Planungsvorgaben durch den Auftraggeber, stieg das Honorar des Archi-

tekten jedenfalls für die Leistungsphasen 8 und 9 »automatisch« dadurch, dass die anrechenbaren Kosten dieser Leistungsphasen nach der Kostenfeststellung und damit den Ist-Kosten des Objektes berechnet wurden. Eine Mehrvergütung wegen Wiederholung vorhergehender Leistungsphasen und die Anpassung vorhergehender Kostenermittlungen, die auch nach der alten HOAI möglich war, machte der Architekt meist nicht mehr geltend. Dies hat sich unter der HOAI 2009 grundlegend geändert. Nicht nur, dass die HOAI jetzt Ansprüche des Architekten in weit größerem Umfang von Vereinbarungen mit dem Auftraggeber abhängig macht, die wiederum ein Angebot des Architekten oder zumindest sein Verlangen nach einer Vergütungsanpassung voraussetzen. Vielmehr fällt die Möglichkeit der Abrechnung auf Grundlage der Kostenfeststellung weg, im Mittelpunkt steht nun die Fortschreibung der Kostenberechnung. Der Architekt wird, wenn er auf Grundlage der HOAI Mehrvergütungsansprüche geltend machen will, zum einen für **klare vertragliche Vereinbarungen** (insbesondere zum Planungssoll, siehe oben Rdn. 31 ff.) sorgen und ein **Nachtrags-** oder **Honorarmanagement** etablieren müssen, das in erster Linie einem Zweck dient: Der **beweiskräftigen Dokumentation** nachtragsrelevanter Umstände, wie insbesondere auftraggeberseitige Anordnungen, erbrachte Leistungen etc. Doch sehen wir uns zunächst die Voraussetzungen eines Mehrvergütungsanspruches wegen wiederholter oder zusätzlicher Leistungen an.

Um vergütungsneutrale planungsimmanente Änderungen der Archi- **232**
tektenleistungen von vergütungsrelevanten (meist vergütungserhöhenden) Änderungsleistungen abzugrenzen, sind zunächst die »unproblematischen« Fälle zu betrachten, in denen der Architekt die Planung vergütungsneutral zu überarbeiten hat.

1. Vergütungsneutrale Überarbeitung der Planung

Ein derart »unproblematischer« Fall liegt vor, wenn die Überarbeitung **233**
der Planung auf einer **Vertragsverletzung** des Architekten beruht. Bessert dieser seine **mangelhafte Planung** im Stadium der Vertragserfüllung nach, ist dies selbstverständlich mit dem vereinbarten Honorar abgegolten und nicht mehrvergütungsfähig. Dasselbe gilt für Nachbesserungsleistungen wegen **mangelhafter Koordination und Überwachung** der ausführenden Unternehmen. Auch der verfrüht leistende (**vorpreschende**) Architekt verhält sich vertragswidrig und trägt das

Risiko der Unbrauchbarkeit der verfrüht erbrachten Planung. Er muss diese nachbessern, bis sie vertragsgemäß verwendbar ist.[189]

234 Schwieriger ist die Abgrenzung vergütungsfreier zu mehrvergütungspflichtiger Überarbeitung dann, wenn sich die Planung des Architekten zwar im Planungssoll bewegt, aber dennoch nicht den Vorstellungen des Auftraggebers entspricht. Da jeder Planungsprozess ein dynamischer Vorgang ist, vereinbaren die Parteien eines Architektenvertrages (meist durch Bezugnahme auf die Anlage 11 zur HOAI) im Regelfall, dass der Architekt für das vereinbarte Honorar jedenfalls in den »frühen« Leistungsphasen **Alternativleistungen** zu erbringen hat.

235 So schuldet der Architekt im Rahmen der **Vorplanung** gemäß Anlage 11 zur HOAI, Leistungsphase 2, Buchst. d), die »Untersuchung der alternativen Lösungsmöglichkeiten nach gleichen Anforderungen«. Solange daher der Auftraggeber die Anforderungen (an die Planung des Architekten) unverändert lässt, muss der Architekt eine Vielzahl von Abwandlungen untersuchen, bis mit dem Auftraggeber Einigkeit über die beste Lösungsmöglichkeit erzielt wurde. Beabsichtigt der Architekt, die Anzahl der geschuldeten Varianten zu begrenzen (bspw. auf drei), muss er diese Begrenzung vertraglich vereinbaren.[190] Allgemeiner und für alle Planungs-Leistungsphasen gesagt kann der Architekt für das Reifen und Wachsen der Planung und damit das Ändern und Verbessern der Planung im Sinne einer **Optimierung** als wesentliche Elemente des Planungsprozesses keine Mehrvergütung fordern, soweit diese Leistungen nicht über das übliche Maß[191] hinausgehen und nicht auf einer Änderung der Planungsvorgaben (grundsätzlich verschiedene Anforderungen) durch den Auftraggeber beruhen. Ihre **Grenze** findet diese Optimierungspflicht allerdings dann, wenn sich die Vertragsparteien einig waren, dass ein von ihnen einvernehmlich festgelegtes **Planungsziel erreicht** war, also den Vorgaben des Auftraggebers entsprach und auf dieser Grundlage der nächste Planungsschritt eingeleitet oder sogar die Ausführung des Bauvorhabens begonnen werden

189 BGH »Lehrter Bahnhof« BauR 2007, 1761 = NZBau 2007, 653.

190 Werner/Pastor, Der Bauprozess, Rdn. 865; **a.A.** Motzke, BauR 1994, 570, 574, wonach sich das Verlangen von mehr als drei Vorentwürfen nach gleichen Anforderungen als zweiter Auftrag erweise.

191 Vgl. zur Abgrenzung die ehemaligen Besonderen Leistungen zur Leistungsphase 3 des § 15 Abs. 2 HOAI a.F. sowie die hierzu veröffentlichte Kommentierung.

sollte.[192] Diese Planungsziele können Leistungsphasen, Grundleistungen oder Teile davon sein.

Arbeitsbeispiel 11: Der wankelmütige Auftraggeber

Der Architekt diskutiert im Rahmen der Leistungsphase 2 (Vorplanung) mit dem Auftraggeber zwei Planungsvarianten. Er erstellt zu beiden Varianten Kostenschätzungen und übergibt dem Auftraggeber die Zusammenstellung der Vorplanungsergebnisse. Bis zu diesem Zeitpunkt kann der Auftraggeber – nach gleichen, im Rahmen der Grundlagenermittlung formulierten Anforderungen – weitere Varianten fordern. Entscheidet sich der Auftraggeber jedoch für eine Vorentwurfsvariante und gibt er auf Grundlage dieser Weichenstellung nach Erörterung des Ergebnisses der Leistungsphase 2 durch den Architekten (§ 3 Abs. 8 HOAI) die Leistungsphase 3 (Entwurfsplanung) zur Weiterplanung frei, ist das Planungsziel der Leistungsphase 2 erreicht. Fordert der Auftraggeber ab diesem Zeitpunkt weitere Vorplanungsvarianten, muss der Architekt diese nicht mehr vergütungsneutral erbringen. **236**

In der bis zur Novellierung der HOAI 2009 veröffentlichten Literatur wurde zum Teil vertreten, dass der Architekt »unwesentliche«, »kleinere« oder »geringfügige« Planungsänderungen ohne größeren Zeit- oder sonstigen Arbeitsaufwand vergütungsneutral zu erbringen hat.[193] Hintergrund dieser Auffassung war, dass nach § 5 Abs. 4 HOAI a.F. zu den Grundleistungen hinzutretende Besondere Leistungen u.a. nur dann vergütungsfähig waren, wenn sie einen »nicht unwesentlichen Arbeits- und Zeitaufwand verursachen«. Da diese Regelung jedoch mit der HOAI-Novelle entfallen ist (wie alle verbindlichen Regelungen zu Besonderen Leistungen), besteht keine Rechtfertigung mehr für eine solche **Wesentlichkeitsgrenze**. Planungsoptimierungen und Alternativplanungen schuldet der Architekt nach Vorgesagtem jedenfalls bei unverändertem Planungssoll ohnehin vergütungsneutral. Greift der Auftraggeber jedoch in das Planungssoll ein, ändert er also einseitig die Planungsvorgaben (also die Anforderungen an die Planung), können nach unserer Auffassung auch unwesentliche Änderungs- oder Überarbeitungsleistungen zu einem Mehrvergütungsanspruch des Architekten führen. Ob sich die Rechtsprechung dem anschließen wird, bleibt allerdings abzuwarten. **237**

192 OLG Düsseldorf BauR 2007, 1270 = NZBau 2007, 109.

193 Vgl. bspw. Werner/Pastor, Der Bauprozess, Rdn. 868; Locher/Koeble/Frik, HOAI, § 20 Rdn. 7.

238 Auch wenn vorstehend von überarbeiteter »Planung« die Rede war, gelten dieselben Grundsätze auch jenseits der Planungsphasen in den sog. »**Service-Leistungsphasen**«, also den Leistungsphasen 6 (Vorbereitung der Vergabe), 7 (Mitwirkung bei der Vergabe), 8 (Objektüberwachung) und 9 (Objektbetreuung und Dokumentation) der HOAI. Wird bspw. im Rahmen der Objektüberwachung auf Veranlassung des Auftraggebers die Bauleistung (teilweise) wiederholt, weil die bereits erbrachte Bauleistung (teilweise) wieder abgerissen worden war, liegt eine vergütungspflichtige Änderungs- bzw. Wiederholungsleistung vor, ohne dass es auf eine **Erheblichkeitsschwelle** ankäme.[194] Lediglich dann, wenn der (Teil-)Abriss auf einen **Bauüberwachungs- oder Koordinierungsfehler** des Architekten selbst zurückzuführen ist, scheidet ein Mehrvergütungsanspruch aus.

2. Vergütungspflichtige Überarbeitung der Planungsziele

239 Liegen die vorstehend beschriebenen Sachverhalte nicht vor, können die wiederholten, geänderten oder zusätzlichen Planungs- oder Serviceleistungen mehrvergütungspflichtig sein. Die Voraussetzungen eines solchen Mehrvergütungsanspruches sind also:

- eine **Abweichung** der tatsächlich erbrachten Planungsleistungen (»**Planungs-Ist**«) von der vereinbarten Leistungsbeschreibung (»**Planungs-Soll**«),
- die vom **Auftraggeber veranlasst** wurde.

a) Abweichung Planungs-Ist vom Planungs-Soll

240 Zur Erinnerung: Eine vergütungsrelevante Soll-/Ist-Abweichung liegt dann *nicht* vor, wenn die tatsächlich erbrachte Leistung

- als Optimierung vertraglich geschuldet wurde *und* das Planungs-(Teil-)Ziel noch nicht erreicht war
- *oder* wenn sie eine Folge einer Vertragsverletzung des Architekten (also von Planungs- oder sonstigen Mängeln der Architektenleistung) war.

241 Ist demgegenüber eine Soll-/Ist-Abweichung feststellbar, knüpft die HOAI an bestimmte Arten der Abweichung verschiedene Vergütungsfolgen. Sie regelt als reines Preisrecht jedoch nicht den Rechtsgrund

194 A. A. Werner/Pastor, Der Bauprozess, Rdn. 869 am Ende.

eines Mehrvergütungsanspruchs, sondern allenfalls dessen Höhe. Mit anderen Worten: Das Recht des Auftraggebers, Änderungen oder zusätzliche Leistungen anzuordnen, und der korrespondierende Mehrvergütungsanspruch des Architekten müssen sich aus dem Werkvertragsrecht des BGB oder – bestenfalls – dem Architektenvertrag ergeben. Die HOAI beschränkt lediglich in einzelnen Fällen die Gestaltungsfreiheit der Parteien bei der Festlegung der Ermittlungsparameter des Mehrvergütungsanspruchs. Diese Fälle sind:

- Planung für ein **anderes Objekt** oder ein **anderes Grundstück**
- Wiederholungsleistungen nach **grundsätzlich verschiedenen Anforderungen**
- Änderungen der **anrechenbaren Kosten, Werte** oder **Verrechnungseinheiten**
- **Besondere** und in der HOAI nicht geregelte **Leistungen**
- Sonstige **preisrechtlich geregelte Leistungen**, insbesondere Wiederholungsleistungen nach gleichen Anforderungen

aa) Planung für mehrere Objekte oder Grundstücke

Eine spezielle Rechtsfolge gibt § 11 HOAI für den Fall vor, dass der Auf- **242**
traggeber einen Auftrag oder mehrere Aufträge für **mehrere Objekte** erteilt. Mehrere Objekte liegen dann vor, wenn die Bauteile nicht nach **funktionalen** oder **technischen** Kriterien zu einer Einheit zusammengefasst sind.[195] Auch wenn diese Vorschrift auf den ersten Blick den Fall regelt, dass mehrere Objekte von Anfang an Gegenstand der vertraglichen Vereinbarung der Parteien waren, bringt sie auch zum Ausdruck, dass der Architekt das neue Objekt völlig gesondert abrechnen kann, wenn der Auftraggeber im Planungsprozess die Planungsvorgaben derart ändert, dass ein neues Objekt (und kein geändertes ursprüngliches Objekt) Planungsgegenstand wird.[196]

Die Rechtsprechung zu Planungsänderungen mit der Folge der An- **243**
nahme eines oder mehrerer Objekte kann anhand der folgenden Beispiele veranschaulicht werden:

195 BGH BauR 2005, 735, 739 = NZBau 2005, 285.

196 So zum alten Recht zutreffend Locher/Koeble/Frik, HOAI, § 20 Rdn. 4.

Mehrere Gebäude bejaht:

- Anstatt des ursprünglich geplanten Bürohauses soll nunmehr ein Hotel errichtet werden.[197]
- Bei einem Einfamilienhaus soll zusätzlich ein ursprünglich nicht vorgesehener Keller errichtet werden.[198]

Dasselbe Gebäude bejaht:

- Nutzungsänderung von einer Arztpraxis in eine Bankfiliale im Erdgeschoss.[199]

244 Betrifft die neue Planungsvorgabe des Auftraggebers ein **neues Grundstück** oder wird ein **zusätzliches Grundstück mit einbezogen**, ist § 11 HOAI ebenfalls anwendbar, da Planung stets **grundstücksbezogen** erbracht wird.[200] Dies ist allerdings nicht grundbuch-, sondern flächenbezogen zu verstehen. Die Aufteilung eines im Grundbuch eingetragenen Baugrundstücks in mehrere Flurstücke allein führt noch nicht zur Abrechnung mehrerer Objekte durch den Architekten. Auch die Erweiterung der Planung auf Arrondierungsgrundstücke dürfte noch nicht zu mehreren Objekten führen. Jedenfalls wenn ein bereits geplantes Gebäude auf einem anderen Grundstück weiter geplant und errichtet werden soll, handelt es sich um mehrere Objekte.[201]

bb) Mehrfachplanung für dasselbe Objekt, aber nach grundsätzlich verschiedenen Anforderungen

245 Betrifft die Änderung der Planungsvorgaben zwar dasselbe Objekt, sind die neuen Anforderungen jedoch grundsätzlich verschieden, regelt § 10 HOAI die Rechtsfolge für die Leistungsphasen Vor- und Entwurfsplanung.

- **Grundsätzlich verschiedene Anforderungen**
  liegen vor, wenn die neuen Pläne wesentliche Unterschiede aufweisen und nicht nur geringe Verschiebungen zum Gegenstand haben. Dies wird bspw. angenommen bei Änderungen des Bauvolumens und des Grundrisses zweier Geschosse eines viergeschossigen Gebäudes, wenn dadurch Schnitt- und Ansichtszeichnungen neu er-

197 OLG Düsseldorf BauR 1994, 534.
198 OLG Koblenz BauR 2000, 933 (Ls.) = NZBau 2000, 256.
199 OLG Düsseldorf BauR 2000, 1889 = NZBau 2000, 575.
200 OLG Düsseldorf BauR 1998, 407 (Ls.) = NJW-RR 1998, 1317.
201 So der Fall des OLG Düsseldorf BauR 1998, 407 (Ls.) = NJW-RR 1998, 1317.

stellt werden müssen.[202] Dasselbe gilt bei der Verringerung des Raumprogramms, indem für ein Sieben- anstatt Achtfamilienhaus sechs statt zwölf Tiefgaragenplätze herzustellen sind[203] oder im Erdgeschoss des Objektes anstatt einer Arztpraxis nunmehr eine Bank- und eine Postfiliale zu planen sind.[204] Grundsätzlich verschiedene Anforderungen liegen auch dann vor, wenn bei einem Umbau im Bestand das zunächst nur rohbaumäßig herzustellende Dachgeschoss später vollständig für die Wohnraumnutzung ausgebaut werden soll, oder auch dann, wenn im Kellergeschoss das zunächst ohne Trockenlegungsmaßnahmen geplante Innenschwimmbad zu Gunsten einer vollständigen Trockenlegung sowie dem Einbau von Büro- und Archivräumen entfällt.[205] Vereinfacht gesagt muss für die Anwendung des § 10 HOAI zum einen dasselbe Objekt, zum anderen jedoch eine grundsätzliche Änderung der in der Grundlagenermittlung (Leistungsphase 1) erarbeiteten Anforderungen vorliegen.

- **Gleiche Anforderungen**
  liegen bspw. vor, wenn der Auftraggeber eine andere Gestaltung des Eingangsbereichs wünscht, eine andere Anordnung der Funktionsräume oder eine Vergrößerung oder Erweiterung des Objekts. Die Abgrenzung im Einzelfall ist schwierig und sollte durch sorgfältige Vertragsgestaltung erleichtert werden.

Während § 20 HOAI a.F. noch vorsah, dass die umfassendsten Planungsleistungen dieser Leistungsphasen voll und die übrigen Leistungen zur Hälfte abgerechnet werden können, lässt § 10 HOAI 2009 Raum für Verhandlungen der Parteien, indem die übrigen Leistungen dieser Leistungsphasen »anteilig« zu bewerten sind und ein entsprechend anteiliges Honorar **zu vereinbaren** ist. Nach dem Wortlaut der Vorschrift besteht ein **Anspruch auf Vereinbarung** der Honorarfolgen. Der Verordnungsgeber teilt leider nicht mit, was ohne entsprechende Vereinbarung gilt, wenn also der Auftraggeber die Wiederholung der Leistungsphasen fordert und der Architekt diese ohne weitere Vereinbarung ausführt. Sollte mit »vertraglich vereinbaren« tatsächlich »schriftlich vereinbaren« gemeint sein, entfiele ohne (formwirksame) Vereinbarung die Honorarkürzung. **246**

202 OLG Düsseldorf BauR 2002, 1282 = NZBau 2003, 45.
203 OLG Düsseldorf BauR 2002, 1282 = NZBau 2003, 45.
204 OLG Düsseldorf BauR 2000, 1889, 1890 = NZBau 2000, 575.
205 OLG Düsseldorf, Urteil vom 19.09.2008 – 22 U 52/08.

247 Wörtlich verstanden ist »vertraglich vereinbaren« jedoch ein Pleonasmus (»weißer Schimmel«). Dass darin kein Schriftformerfordernis gesehen werden kann, zeigt auch der Blick auf Sinn und Zweck der Vorschrift: Hinter § 10 HOAI steht die Überlegung, dass der Architekt bei der vollständigen Wiederholung der Vor- oder Entwurfsplanung für dasselbe Objekt in erheblichem Umfang auf bereits vorhandene Ergebnisse der »Erstplanung« zurückgreifen kann. § 10 HOAI eröffnet daher die Möglichkeit der Vereinbarung (!) einer **Honorarkürzung**. Machen die Parteien hiervon keinen Gebrauch, gelten die allgemeinen Vergütungsregeln bei der Wiederholung von Leistungen auf Veranlassung des Auftraggebers: Aus § 10 HOAI wird der allgemeine Grundsatz herausgelesen, dass dem Architekten jeweils der volle Honoraranspruch zusteht, wenn er mehrfach plant.[206] Es ist daher ureigenstes Interesse des Auftraggebers, vor Anordnung der Mehrfachplanung eine Vereinbarung nach § 10 herbeizuführen.

248 Unscharf ist die Unterscheidung zwischen den in § 10 HOAI geregelten »mehreren Vorentwurfsplanungen nach grundsätzlich verschiedenen Anforderungen« und der Besonderen Leistung »Untersuchung von Lösungsmöglichkeiten nach grundsätzlich verschiedenen Anforderungen« gem. § 3 Abs. 3 HOAI iVm. Ziff. 2.6.2 der Anlage 2, für die (ebenfalls) ein Honorar frei vereinbart werden kann. Fehlt eine solche Vereinbarung für diese Besondere Leistung, gilt auch hier der geschilderte Grundsatz, dass wiederholte Leistungen auch wiederholt vergütet werden müssen.

cc) Änderungen der anrechenbaren Kosten, Werte oder Verrechnungseinheiten

249 Neu in die HOAI 2009 aufgenommen wurde § 7 Abs. 5 HOAI, wonach

- bei einer Änderung des beauftragten Leistungsumfanges
- auf Veranlassung des Auftraggebers während der Vertragslaufzeit
- mit der Folge von Änderungen der
  - anrechenbaren Kosten,
  - Werte[207]
  - oder Verrechnungseinheiten

206 Lederer, Honorarmanagement, Rdn. 135; Locher/Koeble/Frik, HOAI, § 20 Rdn. 2; **a.A.** J. Schmidt, BauR 2000, 51, 53, für eine analoge Anwendung des § 20 HOAI a.F. auf alle betroffenen Leistungsphasen.

207 Damit dürften insbesondere Flächengrößen gem. § 6 Abs. 1 Nr. 1 HOAI und der Neuwert gem. § 48 Abs. 5 HOAI gemeint sein.

die ursprüngliche Honorarvereinbarung durch schriftliche Vereinbarung anzupassen ist. Doch wie soll eine Änderung des Leistungsumfangs des Architekten (also bspw. Beauftragung weiterer Leistungsphasen, Besonderer Leistungen etc.) eine Änderung der anrechenbaren Kosten bewirken? Auch hier dürfte der Verordnungsgeber ungenau gearbeitet haben. Gemeint ist eine **Änderung der Leistungsziele**, also des vom Architekten geschuldeten Erfolges, oder der **Leistungsbeschreibung**, die zu einer Steigerung oder Verringerung der Baukosten führt. 250

Damit durchbricht der Verordnungsgeber das **Baukostenberechnungsmodell** des § 6 Abs. 1 HOAI, indem er jedenfalls für nachträgliche, durch den Auftraggeber veranlasste Änderungen der Planungsvorgaben eine zu vereinbarende Anpassung an die **Ist-Kosten** (die Kostenfeststellung) ermöglicht. Wiederholte Leistungen ohne Einfluss auf die anrechenbaren Kosten, Werte oder Verrechnungseinheiten werden von dieser Regelung jedoch nicht erfasst. 251

Nach dem Wortlaut der Vorschrift (*»ist… anzupassen«*) können **beide Parteien** einen **einklagbaren Anspruch auf Vereinbarung** einer Honoraranpassung geltend machen. Bei Kostensteigerungen wird dies im Regelfall der Architekt sein, bei Kostensenkungen der Auftraggeber. Ähnlich wie bei § 10 HOAI muss der die Anpassung Begehrende jedoch nicht erst auf Vereinbarung klagen, sondern kann die neue Vergütung unmittelbar zum Gegenstand eines Rechtsstreits machen. 252

dd) Besondere und Andere Leistungen

Nach Entfall der restriktiven Regelungen des § 5 Abs. 4 HOAI a.F., wonach **Besondere Leistungen** nur dann gesondert honoriert werden durften, wenn sie einen nicht unwesentlichen Arbeits- und Zeitaufwand verursachten und das Honorar schriftlich vereinbart wurde, verzichtet § 3 Abs. 3 HOAI nunmehr auf das Wesentlichkeitskriterium sowie die Schriftform und verweist auf die nicht abschließende Aufzählung der Besonderen Leistungen in Anlage 2. Letztlich sind Besondere Leistungen daher preislich nicht mehr geregelt, ihre Honorierung kann der Höhe nach frei und ohne Beachtung einer bestimmten Form vereinbart werden, unabhängig davon, ob der Auftraggeber sie bereits bei Auftragserteilung oder nachträglich gefordert hat. Bei der Vertragsgestaltung oder der nachträglichen Anordnung solcher Leistungen kann jedoch auf die in Anlage 2 aufgezählten Leistungsbeschreibungen zurückgegriffen werden. 253

254 Unklar ist die Regelung der sog. **Anderen Leistungen** in § 3 Abs. 2 HOAI, deren Honorar frei vereinbart werden kann. Wir verstehen hierunter alle nachträglich angefallenen, nicht bereits im ursprünglichen Vertrag vereinbarten Leistungen, die **nicht** von Leistungsbildern erfasst sind. Damit sind u.E. alle preisrechtlich geregelten Leistungen, die von Leistungsbildern erfasst werden, auch bei nachträglicher Anordnung durch den Auftraggeber nach den preisrechtlichen Vorgaben der HOAI abzurechnen (siehe im Einzelnen oben Rdn. 115 ff.).

255 Wir halten an dieser Stelle fest: Das Honorar für alle Leistungen, die nicht in Leistungsbildern der HOAI geregelt sind, kann frei vereinbart werden, gleich, ob diese Leistungen Besondere oder Andere Leistungen sind und ob sie direkt mit Vertragsschluss übertragen oder nachträglich angeordnet werden.

ee) Wiederholungsleistungen nach gleichen Anforderungen

256 Wie bereits oben gesehen, muss der Architekt, wenn es die ihm übertragenen (Grund-)Leistungen ausdrücklich vorsehen, zum Zwecke der Willensbildung des Auftraggebers oder der Planungsoptimierung bestimmte Planungsschritte vergütungsneutral wiederholen. Doch oftmals müssen auch andere (Grund-)Leistungen wiederholt werden, ohne dass dies von der Vergütung der (Grund-)Leistungen abgedeckt wäre.

Arbeitsbeispiel 12: Der insolvente Bauunternehmer

257 *Der Architekt ist mit allen Leistungsphasen zur Errichtung eines Geschäftshauses beauftragt. Kurz vor Fertigstellung seiner Leistungen stellt ein ausführendes Unternehmen insolvenzbedingt die Arbeiten ein und verlässt nach Kündigung durch den Auftraggeber die Baustelle. Auf Anordnung des Auftraggebers muss der Architekt für die Fertigstellung dieser Leistungen neue Angebote einholen, diese prüfen und werten sowie dem Auftraggeber zur Beauftragung vorlegen. Zudem muss er die bis zur Insolvenz erbrachten Leistungen aufmessen und dokumentieren sowie die weitere Ausführung durch das neu beauftragte Unternehmen überwachen. Der Architekt verlangt eine Mehrvergütung wegen Wiederholung von Teilen der LP 7 und 8. Der Auftraggeber lehnt dies unter Hinweis auf den Pauschalcharakter der HOAI ab. Zu Recht?*

Lösung:

Nein! Die betroffenen (Grund-)Leistungen der LP 7 und 8 sehen keine Mehrfachausführung vor. Allerdings dürften nicht alle der aufgeführten

»Extra« Leistungen mehrhonorarfähig sein. Bspw. hätte der Architekt auch das insolvente Unternehmen bis zur Abnahme überwachen müssen, insoweit wiederholt er daher keine Leistungen.

ff) Keine Planernachträge im Rahmen der Grundlagenermittlung?

In der Praxis ist die Auffassung weit verbreitet, dass Planernachträge **258**
im Rahmen der Leistungsphase 1 (Grundlagenermittlung) bereits deshalb a priori ausscheiden, da in dieser Phase die Vorgaben für die Planung erst gemeinsam mit dem Auftraggeber definiert werden und die eigentlichen Planungsleistungen erst mit der Leistungsphase 2 beginnen.[208] Dabei wird jedoch übersehen, dass die Grundlagenermittlung der Klärung der Voraussetzungen für eine sachgerechte Lösung der Bauaufgabe in planerischer Hinsicht dient. Der vom Architekten geschuldete Planungserfolg steht bereits vor der Grundlagenermittlung fest, denn der Auftraggeber weiß bereits zu diesem Zeitpunkt, was er will. Dass der Auftraggeber nicht weiß, *wie* sein Haus aussehen wird, ändert nichts daran, dass er weiß, *was* er will, nämlich den Platzbedarf seiner Familie für einen bestimmten Zeitraum in einem bestimmten Kostenrahmen decken oder ein Renditeobjekt realisieren, dessen Ertrag sein Auskommen sichert u.v.m.[209] Der Architekt muss diesen Erfolg in Planungsvorgaben umsetzen, wobei nicht ausgeschlossen ist, dass sich der Wille des Auftraggebers in der Diskussion mit dem Architekten anpasst oder ändert. Dies ist jeweils vom Honorar des Architekten für die Leistungsphase 1 abgedeckt, da deren Wesensmerkmal gerade die Unterstützung der Willensbildung des Auftraggebers ist. Hat sich dieser Wille jedoch abschließend gebildet und ist die Leistungsphase 1 abgeschlossen, besteht kein Grund dafür, dem Architekten eine Mehrvergütung zu verweigern, wenn der Auftraggeber dann seinen Willen, auf dem die Planungsvorgaben beruhen, nochmals ändert und der Architekt die Grundlagenermittlung oder Teile davon wiederholen muss.

208 Vgl. bspw. Jochem, Festschrift für Heiermann, S. 169, 178.
209 So zutreffend Pott/Dahlhoff/Kniffka/Rath, HOAI, § 15 Rdn. 6.

gg) Planernachträge nur bei abgeschlossenen Leistungsphasen?

259 Zum Teil wird vertreten, dass der Abschluss der betroffenen Leistungsphase a priori Voraussetzung für einen Planernachtrag sei.[210] Dass dies nicht richtig sein kann, zeigt die Kontrollüberlegung, dass der Auftraggeber ansonsten während einer Leistungsphase beliebig Planungsleistungen wiederholen lassen oder ändern könnte, ohne dass der Architekt hierfür eine Mehrvergütung erhält. Richtigerweise ist darauf abzustellen, ob dem Architekten eine Optimierungspflicht hinsichtlich der betroffenen Teilleistung obliegt. Falls nicht, erhält er bei entsprechenden Eingriffen des Auftraggebers in die Planungsvorgaben selbstverständlich eine Mehrvergütung.

b) Anordnungsrecht des Auftraggebers

260 Im Gegensatz zum Bauvertrag mit dem ausführenden Unternehmen, in den die VOB/B einbezogen wurde, enthalten viele Architektenverträge, die letztlich auf dem BGB-Werkvertragsrecht aufsetzen, kein Recht des Auftraggebers zur Anordnung von geänderten bzw. zu wiederholenden oder zusätzlichen Planungsleistungen und dementsprechend auch keine Pflicht des Architekten, diese Anordnungen zu befolgen. Doch auch wenn mit dem Bauunternehmen nicht die VOB/B vereinbart wurde, geht die Rechtsprechung in Ausnahmefällen von einem Anordnungsrecht des Auftraggebers aus Treu und Glauben aus.[211] Bei Planerverträgen nimmt die Rechtsprechung ein entsprechendes **Anordnungsrecht** an, ohne dass dessen Rechtsgrundlage oder Voraussetzungen und Grenzen allerdings näher konturiert wären.[212] Die HOAI setzt seit der Neufassung 2009 in § 3 Abs. 2 Satz 2 (Andere Leistungen), § 7 Abs. 5 (Änderung der anrechenbaren Kosten) und § 10 (wiederholte LP 2 und 3) ein Änderungsrecht des Auftraggebers voraus, regelt aber (zutreffend, da es sich um Preisrecht handelt) nur dessen Folgen, nicht dessen schuldrechtliche Grundlage. Da demnach die HOAI 2009 zum Anordnungsrecht keine Klarstellung gebracht hat und sich der vernünftige Auftraggeber oder Planer nicht auf Treu und Glauben verlassen sollte, ist auch insoweit dringend zu einer ausführlichen ver-

210 Vgl. bspw. OLG Düsseldorf BauR 2007, 1270 = NZBau 2007, 109; Werner/Pastor, Der Bauprozess, Rdn. 868.

211 BGH BauR 1996, 378.

212 OLG Oldenburg BauR 2004, 1350 (Ls.); ein Anordnungsrecht unterstellt wohl auch BGH BauR 1998, 354; **a.A.** Locher/Koeble/Frik, HOAI, § 20 Rdn. 17.

traglichen Regelung des Anordnungsrechts und dessen Folgen zu raten. Unerheblich ist jedenfalls, ob die Leistungsmodifikation einseitig durch den Auftraggeber oder **einvernehmlich** herbeigeführt wurde.[213]

c) Ankündigungspflicht des Architekten

Offen ist, ob der Architekt ohne besondere vertragliche Vereinbarung **261**
verpflichtet ist, seinen Mehrvergütungsanspruch anzukündigen, und welche Rechtsfolge die Verletzung einer solchen Ankündigungspflicht auslöst. Größtenteils wird eine Ankündigungspflicht allerdings abgelehnt.[214] Etwas anderes kann sich nach unserer Auffassung aus der vom BGH[215] postulierten Kooperationspflicht der Bauvertragsparteien, die auch für Architektenverträge gilt,[216] ergeben, wonach aus Treu und Glauben im Einzelfall auch Informations- und damit Ankündigungspflichten folgen können. Dem vorsichtigen Architekten können wir daher nur empfehlen, einen Mehrvergütungsanspruch **immer vorsorglich schriftlich anzukündigen**.

d) Schriftliche (vertragliche) Vereinbarung

Zur HOAI in der vor der Novelle 2009 geltenden Fassung wurde disku- **262**
tiert, ob die Parteien eines Architektenvertrages nach Auftragserteilung eine **bindende ergänzende Honorarvereinbarung** wegen geänderter oder zusätzlicher Leistungen schließen konnten. Begründet wurden Zweifel daran unter Hinweis auf § 4 HOAI a.F., wonach eine Honorarvereinbarung »bei Auftragserteilung« getroffen werden musste, und auf die Rechtsprechung des BGH, der eine nachträgliche Vereinbarung über das Honorar nur dann zuließ, »wenn sie nach Beendigung der Architekten- oder Ingenieurleistung getroffen wird«.[217] In der HOAI 2009 hat sich der Verordnungsgeber zum Teil für ein **Vereinbarungsmodell** entschieden, ohne jedoch alle relevanten Fälle zu regeln.

Gemäß § 3 Abs. 2 HOAI sind »**Andere Leistungen**« frei zu vereinbaren **263**
und zu vergüten. Das Erfordernis der Schriftform stellt diese Vorschrift

213 OLG Düsseldorf BauR 2002, 1281 = NZBau 2003, 45.
214 Werner/Pastor, Der Bauprozess, Rdn. 871 m.w.N.
215 Für den VOB/B-Vertrag BGH BauR 1996, 542.
216 Für den Ingenieurvertrag OLG Oldenburg IBR 1998, 444; für den Architektenvertrag OLG Düsseldorf BauR 2001, 290/435.
217 BGH BauR 2003, 748 = NZBau 2003, 386.

ebenso wenig auf wie § 3 Abs. 3 HOAI für die »**Besonderen Leistungen**«. Vereinbarungen zur Honorierung dieser Leistungen sind daher **formfrei**, also auch mündlich oder durch schlüssiges Verhalten, **jederzeit** zulässig und möglich. Nach § 7 Abs. 5 HOAI können **Änderungen des Leistungsumfanges** mit Auswirkung auf die anrechenbaren Kosten **auch nachträglich** auf der Grundlage einer **schriftlichen Vereinbarung** honoriert werden. Erforderlich ist gem. § 126 Abs. 2 BGB die Erstellung **einer Urkunde**, die von **beiden Parteien unterzeichnet** wurde. **Jeweils gesondert unterzeichnete Bestätigungsschreiben**, also Angebotsschreiben der einen und Annahmeschreiben der anderen Partei, **genügen nicht.** Das Schriftformerfordernis führt dazu, dass bei **Fehlen einer (formwirksamen) Vereinbarung** ein **Mehrvergütungsanspruch nicht besteht.**

264 § 10 HOAI sieht vor, dass bei auf Veranlassung des Auftraggebers **wiederholten Vorentwurfs- und Entwurfsplanungsleistungen nach grundsätzlich verschiedenen Anforderungen** ein neues Honorar auf Basis der (anteiligen) Prozentsätze »vertraglich zu vereinbaren« ist. Da »vertraglich« nun mal nicht »schriftlich« bedeutet (vertragliche Vereinbarungen können auch mündlich geschlossen werden), ist Schriftform nicht erforderlich. Im Zweifel sollte sie allerdings gewahrt werden.

265 Für sämtliche sonstige mehrvergütungspflichtige geänderte bzw. wiederholte oder zusätzliche Leistungen des Architekten sehen weder die HOAI noch das BGB-Werkvertragsrecht das Erfordernis einer schriftlichen Vereinbarung vor. Ändert der Auftraggeber daher die Planungsziele oder ordnet er Leistungen an, die zur Erreichung der ursprünglichen Planungsziele erforderlich werden, aber von der vertraglichen Vereinbarung nicht umfasst waren, und vereinbaren die Parteien nicht sogleich die Honorarfolgen, ist im Wege der **ergänzenden Vertragsauslegung** zu fragen, was die Parteien preisrechtlich vereinbaren durften und bei angemessener Abwägung ihrer Interessen nach Treu und Glauben vereinbart hätten, wenn sie den im Vertrag nicht geregelten Fall bedacht hätten.[218] Einer (schriftlichen oder formfreien) Vereinbarung bedarf die Honoraranpassung daher in diesen Fällen nicht.

218 Fuchs, BauR 2009, 404, 411.

e) Honorarfolgen

Ist ein Honoraranpassungsanspruch dem Grunde nach gegeben, stellt sich die Frage nach der Höhe des anzupassenden, also zu erhöhenden oder zu kürzenden Honorars. **266**

Bestehen **verbindliche Sonderregelungen** der HOAI, gehen diese (nach unserer Auslegung des § 3 Abs. 2 Satz 2 HOAI) natürlich vor. Dies gilt insbesondere für reine **Wiederholungsleistungen** oder die nachträgliche erstmalige Beauftragung von in der HOAI geregelten Leistungen, für die jedenfalls die **Honorarermittlungsparameter der HOAI** verbindlich sind. Das zusätzliche Honorar ist **nach dem Prozentsatz der** zusätzlich erbrachten **Leistungsphase** oder **Teilleistung** zu bewerten.[219] Nicht geklärt ist, ob die **anrechenbaren Kosten für die Gesamtmaßnahme** (und nicht nur die für die von der Änderungsleistung betroffenen Bauteile) maßgeblich sind.[220] Da sich nach der neueren Rechtsprechung des BGH die **anrechenbaren Kosten** und die **Honorarzone** nach dem **Vertragsgegenstand** richten,[221] spricht einiges dafür, diesen Grundsatz auch auf wiederholte oder zusätzliche Leistungen anzuwenden. Den Architekten würde es freuen, da er wegen der Degression der Honorartabellen (umso mehr die anrechenbaren Kosten steigen, desto weniger steigt das Honorar) für viele kleine Änderungen eine überproportional höhere Mehrvergütung erhalten würde. Wir erläutern den Unterschied beider Berechnungsmodelle an **267**

Arbeitsbeispiel 13: Das neue Bauteil

Die anrechenbaren Kosten eines Bauvorhabens betragen 5 Mio. €. Wegen geänderter Nutzeranforderungen bittet der Auftraggeber den Architekten um Überarbeitung des gerade fertiggestellten Entwurfs hinsichtlich eines Bauteils, das einen Kostenanteil von 0,5 Mio. € umfasst. Wie ist der Mehrvergütungsanspruch des Architekten zu berechnen? **268**

Lösung:

Variante 1 – Gesamtkostenbetrachtung: *Der Anteil der betroffenen anrechenbaren Kosten an den Gesamtkosten beträgt 10 %. Hat der Architekt*

219 OLG Düsseldorf BauR 2007, 1270 = NZBau 2007, 109.
220 So Locher/Koeble/Frik, HOAI, § 20 Rdn. 14.
221 BGH BauR 1999, 1045; BauR 2003, 566 = NZBau 2003, 281; BauR 2006, 693 = NZBau 2006, 248 (zu anrechenbaren Kosten bei eingeschränktem Leistungsumfang); BauR 2009, 521 = NZBau 2009, 259 (zur Honorarzone bei eingeschränktem Leistungsumfang); siehe dazu auch oben Rdn. 167.

nur Teile der Leistungsphase 3 wiederholt, muss er diese ggf. mit Hilfe einschlägiger Bewertungstabellen bewerten und kann diese Teilleistungen auf Grundlage der ***gesamten*** *anrechenbaren Kosten des Objekts in Höhe von 5 Mio. € mit 110 % (Faktor gebildet aus anrechenbaren Kosten des ersten Entwurfs in Höhe von 100 % und des zweiten Entwurfs in Höhe von 10 %) der so bewerteten Teilleistung abrechnen. Hat er also bspw. ausschließlich den Entwurf neu erstellt (eine Überarbeitung der Kostenberechnung war nicht erforderlich) und bewertet er diesen im Vergleich zum vollen Satz für die vollständige Leistungsphase 3 (15 %) mit 6 %, so kann er für den ursprünglichen* ***und*** *den geänderten Entwurf zusammen 110 % von 6 % geltend machen, also 6,6 %, so dass die Leistungsphase 3 letztlich mit 15,6 % zu dem ursprünglich vereinbarten Satz (bspw. Mittelsatz) abzurechnen wäre. Zu prüfen wäre auch, ob das vom Architekten geplante Objekt durch die Änderungen nicht in eine andere Honorarzone übergegangen ist.*

Variante 2 – Vertragsgegenstand: *Anrechenbare Kosten sind 0,5 Mio. €, da sich die Anordnung des Auftraggebers nur auf dieses Bauteil bezieht. Aus diesem Wert kann der Architekt ein Honorar von 6 % für den wiederholten Entwurf geltend machen. Er hat auch zu prüfen, in welche Honorarzone das betroffene Bauteil bei isolierter Betrachtung fällt. Aus diesen Parametern und dem für die ursprüngliche Leistung vereinbarten Honorarsatz ist sodann sein Mehrvergütungsanspruch zu ermitteln, den er neben der Vergütung für die erste Leistung geltend machen kann.*

269 Es empfiehlt sich daher eine **klare vertragliche Regelung**, nach welcher Variante abzurechnen ist. Auftraggeber werden wegen der Degression der Honorartabellen Variante 1 bevorzugen, Architekten dementsprechend Variante 2. Ohne Vereinbarung oder bei der Bestimmung der Mindestsätze muss die Rechtsprechung abgewartet werden. Wir halten die Gesamtkostenlösung für praxisnäher, da so größere Honorarvolumen des Gesamtauftrages, welche nicht zwingend auch mehr Aufwand beim Architekten nach sich ziehen, zumindest auch berücksichtigt werden.

270 Betreffen die Planungsänderungen hingegen nicht in der HOAI verbindlich geregelte Leistungen, wie Besondere oder Andere Leistungen, ist wiederum nach dem Grundsatz der **ergänzenden Vertragsauslegung**[222] zu fragen, was die Parteien bei angemessener Abwägung ihrer Interessen nach Treu und Glauben vereinbart hätten, wenn sie den im

222 Fuchs, BauR 2009, 404, 411.

Vertrag nicht geregelten Fall bedacht hätten. Nach den im Werk- und insbesondere Bauvertragsrecht entwickelten Grundsätzen ist in diesen Fällen das **Vertragspreisniveau fortzuschreiben**. Es gilt der Grundsatz

»*Guter Preis bleibt guter Preis und schlechter Preis bleibt schlechter Preis.*«

Hat der Architekt daher nach fortgeschriebenen Honorartabellen kal- **271**
kuliert, bleiben diese und die übrigen Honorarermittlungsparameter, die der Architekt seiner Kalkulation zugrunde gelegt hat, maßgeblich. Hat er nach konkretem geschätztem Aufwand kalkuliert, muss er diesen ins Verhältnis zum tatsächlich erforderlichen Aufwand setzen. Schließlich können auch Honorarkosten-Kennwerte fortgeschrieben werden.[223]

B. Verlängerung des Leistungszeitraums

Der Bedarf für einen Mehrvergütungsanspruch des Architekten kann **272**
sich nicht nur bei anderen Leistungs*inhalten*, sondern auch bei anderen Leistungs*umständen* als bei Vertragsschluss vorausgesetzt ergeben. Ändert sich also insbesondere der vertraglich vorgesehene Leistungszeitraum (wohlgemerkt: der vom Architekten übernommenen Leistung, welche die Bauzeit umfassen kann, aber, bspw. bei einem reinen Planungsauftrag, nicht umfassen muss), ohne dass der Leistungsinhalt des Architekten erweitert wird, können sich dadurch Mehrvergütungs-, Entschädigungs- und Schadensersatzansprüche des Architekten ergeben. Zur Abgrenzung von inhaltlichen Änderungen dient das folgende

Arbeitsbeispiel 14: Der gestreckte Bauablauf

Der Architekt ist mit den Leistungsphasen 1 bis 8 der Anlage 11 zu § 33 **273**
HOAI beauftragt, die Bauzeit für die Objektüberwachung wird im Vertrag mit 15 Monaten vereinbart. Während der Rohbauerrichtung stellt der Rohbauer Insolvenzantrag und wird vom Auftraggeber gekündigt. Letzterer fordert nunmehr den Architekten zur Einholung, Prüfung und Bewertung neuer Angebote für die restlichen Rohbauleistungen auf. Bis der neue Rohbauunternehmer seine Leistungen aufnehmen kann, vergehen 3 Monate, in denen der Architekt seinen Bauleiter nicht anderweitig beschäftigen kann.

223 Vgl. Lederer, Honorarmanagement, Rdn. 374.

Lösung:

Die erneute Ausschreibung der restlichen Rohbauleistungen ist nach den Grundsätzen leistungsinhaltlicher Wiederholungsleistungen abzurechnen, hier als wiederholte (Grund-)Leistungen der LP 7 (nach gleichen Anforderungen). Die Verzögerung im Bauablauf führt zu Ansprüchen des Architekten wegen Änderung der Leistungsumstände, die wir nachfolgend erörtern wollen.

274 Ebenso wie bei inhaltlichen Leistungsänderungen regelt die HOAI als reines Preisrecht nicht den Grund, sondern allenfalls die Höhe von Ansprüchen wegen Verlängerung des Leistungszeitraums. Die Vorschrift des § 21 HOAI a.F., die sich zwar mit der unterbrochenen Leistungserbringung befasst, in der Praxis wegen ihres unklaren Wortlautes jedoch nie richtig durchgesetzt hat, wurde vom Verordnungsgeber unter Hinweis auf die Möglichkeit, vertragliche Regelungen zu treffen, in der HOAI 2009 gestrichen. Da die verbliebenen Regelungen der HOAI jedoch auch zu einem Anspruchsausschluss führen können, ist zu unterscheiden, ob die **Verlängerung preisrechtlich geregelt** ist oder nicht.

1. Preisrechtlich geregelter Bereich

275 Nach § 7 Abs. 1 HOAI richtet sich das Honorar des Architekten nach der **schriftlichen Vereinbarung**, die die Vertragsparteien **bei Auftragserteilung** im Rahmen der Mindest- und Höchstsätze treffen. Nach Abs. 4 Satz 1 dieser Vorschrift können die Höchstsätze bei **ungewöhnlich lang dauernden Leistungen** durch schriftliche Vereinbarung, die ebenfalls bei Auftragserteilung zu treffen ist,[224] überschritten werden. Dementsprechend sind die Parteien gemäß § 7 Abs. 6 Satz 1 HOAI preisrechtlich gehindert, das bei Auftragserteilung zu vereinbarende Honorar offen zu lassen.

276 Für die Bauzeit als Faktor bei der Entgeltbestimmung bedeutet dies, dass **bei Vertragsabschluss** die Bauzeit in die Preiskalkulation einzubeziehen ist, soweit sie von den Parteien **realistisch eingeschätzt** werden kann. Bereits bei Vertragsschluss absehbare Überschreitungen durchschnittlicher Bauzeiten können die Parteien durch eine angemessene Anhebung des Honorars, erforderlichenfalls auch über die Höchstsätze hinaus, berücksichtigen. Anders liegt es bei Verlängerungen der Bauzeit, die die Vertragsschließenden bei Auftragserteilung

224 So zum wortgleichen § 4 Abs. 3 Satz 1 HOAI a.F. BGH BauR 2005, 118 = NZBau 2005, 46.

auch bei Berücksichtigung üblicher Verzögerungen nicht vorhersehen konnten. Den Parteien kann nicht zugemutet werden, insoweit eine spekulative Vergütung zu vereinbaren. Vielmehr empfiehlt der Bundesgerichtshof in solchen Fällen, eine bestimmte Bauzeit als Geschäftsgrundlage festzulegen und bei deren Wegfall einen vertraglichen Preisanpassungsanspruch zu begründen.[225]

Mit anderen Worten: Was im Zeitpunkt der Auftragserteilung an Bau- **277**
zeitverzögerungen vorhersehbar war, wird durch die vereinbarte Vergütung abgedeckt (preisrechtlich geregelter Bereich). Unübliche und daher nicht vorhersehbare Verzögerungen sind dagegen preisrechtlich nicht geregelt.

2. Preisrechtlich nicht geregelter Bereich

Im so definierten preisrechtlich nicht geregelten Bereich können Ver- **278**
zögerungen im Planungs- und Bauablauf (in § 3 Abs. 2 Satz 2 HOAI »Änderung des Leistungsablaufs« genannt) zu Ansprüchen des Architekten aus vertraglichen Vereinbarungen führen, bei deren Fehlen aus allgemeinen Grundsätzen wie Störung der Geschäftsgrundlage oder der ergänzenden Vertragsauslegung und wegen verletzten Mitwirkungsobliegenheiten oder -pflichten des Auftraggebers. Sämtliche Ansprüche des Architekten sind natürlich **ausgeschlossen**, soweit der Architekt die eingetretene Verzögerung selbst **zu vertreten** hat.

a) Vertragliche Vereinbarungen

Vorrangig sollten die Parteien den Empfehlungen des Bundesgerichts- **279**
hofes folgen und Anspruchsgrund und -höhe (in Form von Honorarermittlungsparametern) bei Verzögerungen vertraglich vereinbaren. Insbesondere eine Vereinbarung zu dem für den Architekten maßgeblichen Leistungszeitraum ist dringend zu empfehlen. Derartige Vereinbarungen sind preisrechtlich (wie § 3 Abs. 2 Satz 2 HOAI zeigt, auch nachträglich) ohne weiteres zulässig, solange die Parteien nicht eine **unrealistische Bauzeit** zugrunde legen, um zwingendes Preisrecht zu umgehen.[226]

Dem Grunde nach kann ein gewisser, nicht zu vergütender **Toleranz-** **280**
rahmen (bspw. 20 % der vorgesehenen Leistungszeit) vereinbart wer-

225 BGH BauR 2005, 118 = NZBau 2005, 46.
226 Vgl. BGH BauR 2005, 118 = NZBau 2005, 46.

den. Der Höhe nach kann die Mehrvergütung an einen **konkreten Mehraufwand** des Architekten oder **aufwandsunabhängig** an das Honorar für die vertraglich vereinbarte Leistungszeit (Honorarerhöhung der betroffenen Leistungsphase im Verhältnis Soll- zur Ist-Leistungszeit) angebunden werden.[227] Insoweit sind auch **Verhandlungsklauseln** üblich, die im Streitfall ohne Einigung zu einem Anspruch auf Zahlung der angemessenen Vergütung führen.[228]

b) Störung der Geschäftsgrundlage/Ergänzende Vertragsauslegung

281 Fehlt es an einer vertraglichen Vereinbarung, legt die Rechtsprechung des Bundesgerichtshofes nahe, dass der Architekt einen Anspruch auf Vergütungsanpassung aus dem in § 313 BGB geregelten Grundsatz der **Störung der Geschäftsgrundlage** hat.[229] Dieser greift jedoch nur dann, wenn die Verzögerung so **erheblich** ist, dass dem Architekten das Festhalten an der vereinbarten Vergütung **unzumutbar** ist, was nur angenommen wird, wenn das Festhalten am Vertrag zu untragbaren, mit Recht und Gerechtigkeit nicht zu vereinbarenden Ergebnissen führen würde, wenn also ein krasses Missverhältnis von Leistung und Gegenleistung anzunehmen ist.[230] Diese Hürde wird der Architekt wohl nur in wenigen Ausnahmefällen nehmen können.

282 Richtigerweise ergibt sich der Anspruch des Architekten aus den Grundsätzen der **ergänzenden Vertragsauslegung**,[231] die ohne Erheblichkeitsschwelle auskommt. Bei beiden Anspruchsgrundlagen ist zur Bestimmung der angepassten Vergütung zu fragen, was die Parteien im Rahmen der sich aus der HOAI ergebenden Beschränkungen vereinbart hätten, wenn sie bei Abschluss des ursprünglichen Vertrages die tatsächliche Verlängerung der Leistungszeit vorausgesehen hätten.[232] Wurde kein **Leistungszeitraum vereinbart**, kann sich die dem Vertrag zugrunde gelegte Planungs- und Bauzeit auch aus **ande-**

227 Vgl. die Klauselvorschläge bei Werner/Pastor, Der Bauprozess, Rdn. 876 ff.
228 BGH BauR 2007, 1592 = NZBau 2007, 587.
229 BGH BauR 2005, 118 = NZBau 2005, 46; BauR 2007, 1592 = NZBau 2007, 587.
230 Fuchs, BauR 2009, 404, 412 m.w.N.
231 Fuchs, BauR 2009, 404, 411.
232 Vgl. zur Störung der Geschäftsgrundlage BGH BauR 2005, 118, 122 = NZBau 2005, 46; zur ergänzenden Vertragsauslegung Fuchs, BauR 2009, 404, 411.

ren Umständen ergeben, bspw. aus einem Bauzeitenplan, Schriftwechsel etc.

c) Unterlassene oder verspätete Mitwirkung des Auftraggebers

Beruht die Verzögerung auf einer unterlassenen oder verspätet erbrachten Mitwirkungshandlung des Auftraggebers, kann dies **vorrangig** zu Ansprüchen des Architekten aus § 642 BGB (soweit es sich nicht um **Vertragspflichten** des Auftraggebers handelt) oder bei schuldhafter Pflichtverletzung des Auftraggebers aus § 280 BGB führen. **283**

Voraussetzung des Anspruchs aus § 642 BGB ist, dass **284**

- der **Auftraggeber** eine ihm obliegende **Mitwirkungshandlung** nicht oder nicht rechtzeitig erbringt,
- der **Architekt** seinerseits leisten darf und zur Leistung bereit und im Stande ist,
- seine Leistung dem Auftraggeber **anbietet** oder den Auftraggeber **auffordert**, die erforderlichen Handlungen vorzunehmen
- und eine **Behinderung anzeigt.**[233]

Zu erforderlichen Mitwirkungshandlungen des Auftraggebers gehören bspw.: **285**

- Rechtzeitige **Planungsentscheidungen** und -freigaben.
- Rechtzeitige **Beauftragung** der Bauunternehmen und Fachplaner.
- Rechtzeitige und mangelfreie **Zurverfügungstellung** von Leistungen anderer an der Planung fachlich Beteiligter, soweit deren Koordination nicht dem Architekten obliegt.

Der Höhe nach ist der Anspruch aus § 642 BGB auf eine **angemessene Entschädigung** gerichtet. Diese ist ein Ausgleich, berechnet nach dem **kausal** auf der unterlassenen Mitwirkungshandlung beruhenden **Behinderungszeitraum** und der Höhe der **vereinbarten Vergütung**, gekürzt um eventuell ersparte Aufwendungen oder um das, was der Architekt durch anderweitige Verwendung seiner Arbeitskraft erspart hat. Ein Anspruch auf **kalkulierten Gewinn** soll nach dem Bundesgerichtshof[234] hingegen **nicht** bestehen. **286**

233 BGH BauR 2000, 722 = NZBau 2000, 187.
234 BGH BauR 2000, 722 = NZBau 2000, 187; **a.A.** zutreffend Kapellmann/Langen, VOB/B, Rdn. 126.

287 Handelt es sich bei der **schuldhaft** unterlassenen Mitwirkungshandlung des Auftraggebers hingegen um eine **Vertragspflicht**,[235] kann sich ein Anspruch des Architekten auf **Schadensersatz**, also auf Ausgleich der Differenz zwischen hypothetischer ursprünglicher (ungestörter) Vermögenslage des Architekten und der tatsächlichen störungsbedingten Vermögenslage, aus § 280 Abs. 1 BGB ergeben.

C. Entfallene Leistungen

288 Eine nachträgliche Anpassung des Honoraranspruchs des Architekten kann auch daraus folgen, dass ursprünglich beauftragte (Teil-)Leistungen nachträglich entfallen, und zwar ohne Anordnung des Auftraggebers oder mit einer solchen, die regelmäßig als (Teil-)Kündigung zu verstehen ist.

1. Ohne Kündigung

289 Ohne Eingriff des Auftraggebers in das Planungs-Soll können geschuldete Teilleistungen insbesondere dann entfallen, wenn sie zur Erreichung des Werkerfolges nicht erforderlich werden oder wenn der Architekt sie – trotz ihrer Erforderlichkeit – nicht erbringt.

a) Nicht (mehr) erforderliche Leistungen

290 Erbringt der Architekt ursprünglich geschuldete Teilleistungen nicht, weil sie zur Erreichung des von ihm versprochenen Werkerfolges (der weit mehr als ein mangelfreies Bauwerk sein kann!) nicht (mehr) erforderlich sind, kommt eine Herabsetzung seines Honorars in Betracht.

Arbeitsbeispiel 15: Vereinfacht genehmigt!

291 *Auf Grundlage eines schriftlichen Vertrages beauftragt der Auftraggeber den Architekten mit »den Leistungen der Leistungsphasen 1–4 der Anlage 11 zur HOAI« zur Planung und Überwachung der Sanierung eines Wohngebäudes in Nordrhein-Westfalen, die dort ohne Fachplanungsleistungen, insbesondere die Vorlage eines Standsicherheitsnachweises, im vereinfachten Verfahren genehmigt werden kann. Nach Abschluss der Vorplanung rechnet der Architekt in einer Abschlagsrechnung die volle*

235 Zur Abgrenzung vgl. Kapellmann/Langen, VOB/B, Rdn. 115.

LP 2 mit 7 % des Gesamthonorars ab. Der Auftraggeber ist der Auffassung, dem Architekten stünde nur ein gemindertes Honorar zu, da er keine Vorverhandlungen mit Behörden oder anderen an der Planung fachlich Beteiligten geführt und die Leistungen Letzterer (da sie noch nicht erbracht wurden) auch nicht in sein Plankonzept integriert habe. Sein Honorar sei daher mindest um 1,4 Prozentpunkte niedriger anzusetzen.

Wie oben[236] gezeigt, schuldet der Architekt durch die vertragliche Inbezugnahme der Anlage 11 zur HOAI grundsätzlich die vom Auftraggeber angesprochenen Leistungen der Leistungsphase 2. Sie haben jedoch nicht – vergleichbar mit einem Einheitspreisvertrag – Teilvergütungen für diese Leistungen vereinbart, sondern (vorgegeben durch die zwingenden Regelungen der HOAI) eine **Pauschale** für die gesamte Leistungsphase in Höhe von 7 % des Gesamthonorars (vgl. § 33 Nr. 2 HOAI). Welche Honorarfolgen hat es nun, dass einzelne der unter diese Pauschale gefassten Leistungen zwar beauftragt, aber **nicht erforderlich** sind? **292**

Vorab: Bei **sorgfältiger Vertragsgestaltung** wäre es gar nicht so weit gekommen, da die Parteien eben nicht den vermeintlich bequemen Weg über den Verweis auf die Anlage 11 zur HOAI beschritten, sondern wirklich nur das als vom Planer zu erbringende Leistungen vereinbart hätten, was der Auftraggeber auch tatsächlich benötigt. Nach § 8 Abs. 2 HOAI wären die Parteien preisrechtlich nicht gehindert gewesen, für den **eingeschränkten Leistungsumfang** auch nur ein entsprechend **eingeschränktes Honorar** zu vereinbaren. **293**

Eine verbindliche Lösung unseres Arbeitsbeispiels können wir leider nicht darstellen, da die Rechtsprechung und die Literatur dieses Problem nur am Rande streifen. Zum Teil wird in der Literatur vertreten, dass der Architekt bei nicht erforderlichen Leistungen, die der Auftraggeber während der Vertragsdurchführung nicht als fehlend rügt, jedenfalls der Höhe nach keine Honorarminderung hinnehmen muss.[237] Die Rechtsprechung kürzt demgegenüber zum Teil ohne nähere Begründung den Honoraranteil der jeweiligen Leistungsphase um den Wert der nicht erbrachten, da nicht erforderlichen Leistungen.[238] Nach unserer Auffassung liegt die Lösung in der Mitte: Der Auftraggeber hat den Architekten mit der nicht erforderlichen Teilleistung be- **294**

236 S.o. Rdn. 45 ff.

237 Werner/Pastor, Der Bauprozess, Rdn. 789b.

238 OLG Köln BauR 2007, 132, 135.

auftragt und dieser hat sie aus Gründen, die jedenfalls nicht in seiner Sphäre liegen, nicht ausgeführt. Somit liegt es nahe, die entfallenen Leistungen (analog) § 649 BGB oder § 326 Abs. 2 BGB abzurechnen, also dem Architekten die **volle Vergütung abzüglich ersparter Aufwendungen** und anderweitigem Erwerb zu gewähren.[239]

b) Erforderliche Leistungen

295 Einigermaßen geklärt ist demgegenüber der Fall, dass der Architekt für den von ihm versprochenen Werkerfolg erforderliche Leistungen nicht erbringt. Dabei ist zu beachten, dass der **Werkerfolg** nicht etwa nur im Entstehenlassen eines mangelfreien Bauwerks, sondern auch in darüber hinausgehenden **Teilerfolgen** bestehen kann. Dabei ist nach der Rechtsprechung des BGH[240] eine Betrachtung der **Interessen des Auftraggebers** vorzunehmen. Danach zählen zu solchen Teilerfolgen, also zu den **erforderlichen Leistungen,** solche,

- die als Vorgaben aufgrund der Planung des Architekten für die Bauunternehmer erforderlich sind, damit diese die **Planung vertragsgerecht umsetzen** können (bspw. »Aufstellen und Überwachen eines Zeitplanes«),
- die es dem Auftraggeber ermöglichen zu überprüfen, ob der **Architekt den geschuldeten Erfolg vertragsgerecht bewirkt** hat (bspw. »Zusammenstellen aller Vorplanungsergebnisse«),
- die ihn in die Lage versetzen, etwaige **Gewährleistungsansprüche gegen Bauunternehmer durchzusetzen** (bspw. »Führen eines Bautagebuches«) und
- die erforderlich sind, die **Maßnahmen zur Unterhaltung des Bauwerks** und dessen **Bewirtschaftung** zu planen (bspw. »Zusammenstellung und Übergabe der erforderlichen Unterlagen«).

296 Dies gilt allerdings nur, wenn die Erbringung dieser Leistungen ausdrücklich (auch durch die Inbezugnahme der Leistungsbilder der HOAI) vereinbart wurde! Schuldet der Architekt demgegenüber – globaler – bspw. nur die »Erstellung einer genehmigungsfähigen Planung«, muss er – nach unserer Auffassung – darüber hinausgehende Teilerfolge, auch wenn sie preisrechtlich in der HOAI geregelt sein mögen, nicht erbringen.

239 Ähnlich zum Bauwerkvertrag BGH BauR 2008, 344, 351 = NZBau 2008, 109; zur Berechnung vgl. unten Rdn. 304 ff.

240 BGH BauR 2004, 1640 = NZBau 2004, 509.

Früher waren erforderliche Leistungen als **zentrale Leistungen** bekannt, deren Fehlen dazu führte, dass der entsprechende Honoraranteil erst gar nicht entstanden ist.[241] In der soeben zitierten Grundsatzentscheidung hat der BGH jedoch klargestellt, dass die Lösung über das **Gewährleistungsrecht** zu suchen ist: Die fehlende Leistung führt zu einem **Sachmangel** der Planungsleistung, der zu einem Nacherfüllungsanspruch des Auftraggebers, aber auch zur **Vergütungsminderung** und bei Verschulden zum **Schadensersatz** führen kann. Eine **Fristsetzung**, also die **Gelegenheit zur Nacherfüllung**, ist nur dann erforderlich, wenn die geschuldete Teilleistung noch **nachholbar** ist, was vielfach entweder nicht möglich oder nicht mehr im Interesse des Auftraggebers sein dürfte (bspw. nicht erbrachte Kostenermittlungen).[242] Der Höhe nach muss für die Minderung der **anteilige Wert** der Teilleistung an der für die Leistungsphase vorgesehenen Teilpauschale bestimmt werden, was der Richter im Rechtsstreit mit der Hilfe einschlägiger **Bewertungstabellen** schätzen kann.[243] 297

2. Mit Kündigung

Vielfach beruht eine nicht erbrachte (Teil-)Leistung auf einer Kündigung des Auftraggebers. Dabei ist zwischen der **freien Kündigung** aus § 642 BGB und der **Kündigung aus wichtigem Grund** zu unterscheiden. 298

a) Freie Kündigung

Nach § 649 BGB ist der Auftraggeber berechtigt, den Planervertrag jederzeit ohne Grund vollständig oder teilweise schriftlich oder formlos zu kündigen. Kehrseite dieser Dispositionsfreiheit des Auftraggebers ist der Anspruch des Architekten auf die volle vereinbarte Vergütung für den gesamten Auftrag abzüglich ersparter Aufwendungen und anderweitigem Erwerb. 299

Von einer freien Kündigung ist immer dann auszugehen, wenn der erklärte Wille des Auftraggebers, den Vertrag zu beenden, festgestellt werden kann, ohne dass ein wichtiger Grund für die Kündigung vorliegt. Eine freie Kündigung liegt auch vor, wenn der Auftraggeber auf 300

241 Vgl. hierzu ausführlich Werner/Pastor, Der Bauprozess, Rdn. 786 ff.

242 Werner/Pastor, Der Bauprozess, Rdn. 789c.

243 BGH BauR 2005, 588, 590 = NZBau 2005, 163.

die Erbringung einzelner **Teilleistungen** durch den Architekten verzichtet.

Arbeitsbeispiel 16: Es geht auch ohne

301 *Teilt der Auftraggeber bspw. dem mit der LP 8 gemäß Anlage 11 zur HOAI beauftragten Architekten nach Vertragsschluss mündlich auf der Baustelle mit, er benötige kein Bautagebuch, so liegt darin eine freie Teilkündigung, so dass der Architekt trotzdem die volle Vergütung für die LP 8 abrechnen kann, abzüglich der durch die entfallene Leistung ersparten Aufwendung (und ggf. anderweitigem Erwerb).*

302 Der Architekt muss nach einer freien Kündigung grundsätzlich eine **zweigeteilte Abrechnung** vorlegen. Der erste Teil umfasst alle beauftragten und bis zur Kündigung erbrachten (ggf. auch mangelhaften) Leistungen, der zweite Teil die zwar beauftragten, kündigungsbedingt jedoch nicht mehr ausgeführten Leistungen, wobei der Architekt von sich aus und in nachprüfbarer Form die ersparten Kosten einerseits und einen aufgrund der Kündigung erfolgten anderweitigen Erwerb andererseits offen legen und abziehen muss.[244]

303 **Ausnahmen** vom Grundsatz der zweigeteilten Abrechnung hat der BGH in den Fällen zugelassen, in denen die Leistung entweder fast vollständig erbracht oder fast vollständig nicht erbracht war. Im ersten Fall kann der Architekt die volle vereinbarte Vergütung abrechnen und die nicht erbrachten Restleistungen – nach der Kalkulation bzw. der HOAI bewertet – abziehen, im zweiten Fall kann der Architekt die gesamte Leistung als nicht erbracht bewerten und von der vereinbarten bzw. sich aus der HOAI ergebenden Vergütung die insgesamt ersparten Aufwendungen absetzen.[245]

304 In allen anderen Fällen hat der Architekt in einem ersten Schritt die **erbrachten Leistungen** zu bewerten. Er muss die Leistungen im Einzelnen aufgliedern und voneinander abgrenzen und die Honorarteile zuordnen.[246] Zum Teil wird vertreten, der Architekt brauche – im Gegensatz zum gekündigten Bauvertrag – seine Angebotskalkulation nicht darzulegen, da er sich auf die Parameter der HOAI stützen könne.[247] Dies gilt allerdings nur für **preisrechtlich verbindlich geregelte Leis-**

244 BGH BauR 2000, 126 = NZBau 2000, 141.
245 BGH BauR 2005, 385 = NZBau 2005, 147.
246 BGH BauR 1998, 357.
247 OLG Celle BauR 1999, 1052; Werner/Pastor, Der Bauprozess, Rdn. 938.

tungen. Hier kann er zur prozentualen Bewertung der erbrachten Teilleistungen einer Leistungsphase auf die auch vom BGH inzwischen anerkannten **Bewertungstabellen**[248] zurückgreifen oder auf die »behandelten« anrechenbaren Kosten abstellen (insbesondere in den LP 6–8)[249]. Im Übrigen muss der Architekt auf Basis der **Angebotskalkulation** (die aufwandsbezogen, insbesondere nach Stundenaufwand, oder auf Grundlage der unverbindlichen aufwandsunabhängigen Vorgaben der HOAI erstellt werden kann) einen Vergütungsanteil für die erbrachten Leistungen abrechnen, der dem Verhältnis der erbrachten Leistung zur Gesamtleistung entspricht. Fehlt es (wie leider so oft) an einer (brauchbaren) Angebotskalkulation, muss der Architekt diese **nachträglich** plausibel und nachprüfbar aufstellen und seiner Abrechnung zugrunde legen.[250]

Für die kündigungsbedingt nicht erbrachten Leistungen stellt § 649 **305**
Satz 2 BGB eine (beiderseitig) **widerlegbare Vermutung** auf, dass dem Architekten 5 % der auf den noch nicht erbrachten Teil der Werkleistung entfallenden vereinbarten Vergütung zustehen, 95 % dieser Vergütung also als erspart gelten. Will der Architekt diese Vermutung widerlegen und durchsetzen, dass ihm weniger ersparte Aufwendungen angerechnet werden, muss er diese **konkret fallbezogen** abrechnen und abziehen. Nach der Rechtsprechung des BGH kommt es insoweit auf die **tatsächlich ersparten Aufwendungen** an, nicht auf die kalkulierten Kosten.[251] Zu den regelmäßig **ersparten Aufwendungen** des Architekten gehören:

- Projektbezogene **Personalkosten**, soweit sie kurzfristig abbaubar sind.
- Projektbezogene **Sachkosten**, wie Schreib- und Zeichenmittel, Kommunikations- und Vervielfältigungskosten, Projektversicherungen, Fahrtkosten. Der BGH lässt insoweit auch eine prozentuale **Schätzung** zu.[252]
- **Nachunternehmerleistungen**, soweit der Architekt diesen gegenüber nicht mehr zur Vergütung verpflichtet ist.

248 BGH BauR 2005, 588, 590 = NZBau 2005, 163; vgl. die Übersichten einschlägiger Tabellen bei Locher/Koeble/Frik, HOAI, Anh. 4 bzw. die Nachweise bei Werner/Pastor, Der Bauprozess, Rdn. 883 mit Fn. 442.

249 Werner/Pastor, Der Bauprozess, Rdn. 943.

250 BGH BauR 2006, 1753 = NZBau 2006, 637.

251 BGH BauR 1999, 1294, 1297; BauR 2005, 1916 = NZBau 2005, 683.

252 BGH BauR 1988, 82, 85; BauR 1988, 739.

306 Regelmäßig **nicht erspart** werden:

- **Allgemeine Geschäftskosten**, also nicht projektbezogene Kosten, wie Büromiete, projektunabhängige Versicherungen, allgemeine Sachkosten des Bürobetriebs, nicht projektbezogene Personalkosten etc.
- Der kalkulierte **Gewinn** einschließlich etwaiger allgemeiner unternehmerischer Risikozuschläge.

307 Häufig werden im Architektenvertrag **Pauschalierungsklauseln** vereinbart, wonach ein bestimmter Anteil der Vergütung für kündigungsbedingt nicht erbrachte Leistungen (bspw. 40 %) als ersparte Aufwendungen anzusetzen ist. Individualvertraglich ist dies sicher möglich, problematischer ist deren Aufnahme in **Allgemeine Geschäftsbedingungen** (AGB). Hier fordert der BGH für deren Wirksamkeit die in der Klausel zum Ausdruck zu bringende Möglichkeit des Nachweises höherer oder geringerer ersparter Aufwendungen sowie der Anrechnung anderweitigen Erwerbs.[253] Allerdings kann sich der **Verwender** der AGB nicht auf deren Unwirksamkeit berufen.[254]

308 Fälligkeitsvoraussetzung für den Vergütungsanspruch des Architekten ist nach dem auch auf gekündigte Verträge anwendbaren § 15 Abs. 1 HOAI die **vertragsgemäße Erbringung** der bis zur Kündigung zu erbringenden Leistungen, es sei denn, der Vertrag ist vom Erfüllungsstadium in ein reines **Abrechnungsverhältnis** übergegangen, bspw. weil der Auftraggeber die Entgegennahme weiterer (Nachbesserungs-) Leistungen des Architekten verweigert, sowie die **Übergabe einer prüffähigen Schlussrechnung**. Einer rechtsgeschäftlichen Abnahme der bis zur Kündigung erbrachten Leistungen bedarf es – im Gegensatz zu Bauwerkverträgen, die keine dem § 15 HOAI entsprechende Vorschrift kennen – nicht.[255]

309 Grundsätzlich muss der Architekt den Anteil der Vergütung für erbrachte Leistungen in vollem Umfang **darlegen und beweisen**,[256] ebenso wie die Mangelfreiheit seiner bis zur Abnahme erbrachten Leistungen.[257] Die ersparten Aufwendungen und den anderweitigen Erwerb hat der Architekt **substantiiert vorzutragen**, wobei es ausrei-

253 BGH BauR 1997, 156; BauR 1998, 866; BauR 1999, 167.
254 BGH BauR 1994, 617; BauR 1998, 866.
255 BGH BauR 1986, 596; BauR 1994, 655; anders für den gekündigten Vertrag des ausführenden Unternehmens BGH BauR 2006, 1294 = NZBau 2006, 569.
256 BGH BauR 1994, 655.
257 BGH BauR 1993, 469.

chend sein kann, nachvollziehbare Grundlagen für eine **gerichtliche Schätzung** darzulegen.[258] Behauptet der Auftraggeber **höhere Ersparnisse** oder anderweitigen Erwerb, trägt er hierfür auch die Beweislast.

Nach Auffassung des BGH[259] unterliegt nur der Vergütungsanteil für erbrachte Leistungen der **Umsatzsteuer**, während im Übrigen mangels Leistungsaustausch keine Umsatzsteuer zu beaufschlagen ist.[260] **310**

b) Kündigung aus wichtigem Grund

Sowohl der Auftraggeber als auch der Architekt können den Vertrag aus wichtigem Grund unter Berufung auf Treu und Glauben (§ 242 BGB) kündigen. Voraussetzung ist jeweils, dass eine schwerwiegende schuldhafte Verletzung einer Vertragspflicht oder eine sonstige schuldhafte Zerstörung des vertraglichen Vertrauensverhältnisses besteht, die eine Fortsetzung des Vertrages für die andere Vertragspartei unmöglich macht.[261] Ob eine **Fristsetzung** oder **Abmahnung** des zu Kündigenden erforderlich ist, richtet sich nach dem Einzelfall. Um dem Gedanken der **Kooperationspflicht**[262] zu genügen, sollte eine Abmahnung mit Fristsetzung jedoch im Zweifel immer einer Kündigung vorangestellt werden, es sei denn, dies ist im Einzelfall unzumutbar. Eine **kommentarlose Duldung** des den wichtigen Grund darstellenden Tuns oder Unterlassens des Vertragspartners über einen längeren Zeitraum schließt die Kündung aus wichtigem Grund aus.[263] **311**

Kündigt der Auftraggeber aus wichtigem Grund, ohne dass ein solcher wichtiger Grund objektiv vorlag (nach überwiegender Auffassung[264] dürfen Kündigungsgründe auch nachgeschoben werden, was mit dem Kooperationsprinzip nicht in Übereinstimmung zu bringen sein dürfte), ist die Kündigung im Regelfall dahingehend **auszulegen**, dass auch eine **freie Kündigung gewollt** ist.[265] Dieses **Risiko** muss der **312**

258 BGH BauR 1988, 82, 85; BauR 1988, 739; BauR 1999, 642.

259 BGH BauR 1996, 846; BauR 2008, 506 = NZBau 2008, 247.

260 **A. A.** Kapellmann, Jahrbuch BauR 1998, 35, 55 ff.; kritisch zur jüngsten Rechtsprechung des BGH zu Recht auch Kapellmann/Langen, VOB/B, Rdn. 143.

261 BGH BauR 2000, 409 = NZBau 2000, 130; BauR 2000, 1182, 1185 = NZBau 2000, 375; BauR 1996, 704.

262 Für den VOB/B-Vertrag BGH BauR 1996, 542; für den Ingenieurvertrag OLG Oldenburg IBR 1998, 444; für den Architektenvertrag OLG Düsseldorf BauR 2001, 290/434.

263 OLG Düsseldorf BauR 2002, 649.

264 BGH BauR 1975, 625.

265 BGH BauR 2003, 1889 = NZBau 2003, 665.

Auftraggeber vor der Kündigung bewerten: Kündigt er zu Recht aus wichtigem Grund, kann er seinen Schaden beim Architekten geltend machen, der seinerseits nur die erbrachten Leistungen vergütet bekommt. Stellt sich hingegen später (schlimmstenfalls erst nach mehreren Instanzen vor Gericht) heraus, dass wichtige Gründe nicht vorlagen, erhält der Architekt die volle Vergütung abzüglich ersparter Aufwendungen, während der Auftraggeber auf seinem Schaden sitzen bleibt.

313 Zum Teil wird vertreten, dass die Kündigung aus wichtigem Grund **kein Verschulden** des Gekündigten voraussetzt. So soll der Auftraggeber bspw. den Vertrag kündigen können,

- wenn eine nicht vorhersehbare **Bebauungsplanänderung** die Durchführung des Bauvorhabens unmöglich macht,[266]
- wenn eine **schwere Erkrankung des Architekten** die Weiterbearbeitung des Bauvorhabens ausschließt[267] oder
- wenn das Bauvorhaben durch **Wegfall des vorgesehenen Nutzers** nicht realisiert wird.[268]

314 Diese Auffassung stützt sich auf eine Entscheidung des BGH[269], wonach bei Auslegung einer AGB-Klausel zur Kündigung das Vertretenmüssen nicht im Sinne von Verschulden, sondern vielmehr im Sinne von Risikosphären verstanden werden müsse. Die vom BGH behandelte Klausel schränkte allerdings den Anspruch des Architekten auf volle Vergütung abzüglich ersparter Aufwendungen auf den Fall ein, dass ein Vertretenmüssen des Auftraggebers vorliegt und nicht lediglich, wie es das Gesetz in § 649 BGB vorsieht, kein wichtiger Grund für eine Kündigung durch den Auftraggeber. Aus dieser Entscheidung kann daher nicht der Schluss gezogen werden, für die Annahme eines wichtigen Grundes sei Verschulden nicht erforderlich. Auch eine Parallele zu § 314 BGB, der für die Kündigung von Dauerschuldverhältnissen (zu denen der Architektenvertrag nicht gehört) ebenfalls kein Verschulden des Gekündigten voraussetzt,[270] kann nicht gezogen werden, da das Werkvertragsrecht mit der freien Kündigung aus § 649 BGB für den Auftraggeber und mit §§ 642, 643 BGB im Fall der unterlassenen

266 Locher/Koeble/Frik, HOAI, Einl. Rdn. 128.

267 Werner/Pastor, Der Bauprozess, Rdn. 953; Locher/Koeble/Frik, HOAI, Einl. Rdn. 128.

268 OLG Düsseldorf BauR 2002, 660.

269 BGH BauR 1999, 167.

270 Palandt, BGB, § 314 Rdn. 7.

Mitwirkung des Auftraggebers für den Auftragnehmer Möglichkeiten der Lösung vom Vertrag auch bei fehlendem Verschulden des anderen Vertragspartners vorsieht.

Die Vertreter dieser Ansicht übersehen, dass der BGH in anderen Entscheidungen bereits klargestellt hat, dass für die Kündigung aus wichtigem Grund stets ein **Verschulden des Gekündigten erforderlich** ist.[271] So heißt es in seinem Urteil vom 13.02.2003[272] wörtlich: **315**

»*Ein Auftraggeber kann den Architektenvertrag aus wichtigem Grund kündigen, wenn der Architekt* ***schuldhaft*** *die Fortsetzung des Vertrages für den Auftraggeber unzumutbar gemacht hat.*«

Verhindert der Architekt die Durchführung des Vertrages schuldlos (bspw. wegen schwerer Erkrankung), kann der Auftraggeber den Vertrag allenfalls frei kündigen. Ist es hingegen der Auftraggeber an der Vertragsdurchführung ohne Verschulden verhindert (bspw. weil der Bebauungsplan geändert wird), kann er sich ebenfalls nur im Wege der freien Kündigung lösen. Unternimmt er nichts, kann der Architekt nach §§ 642, 643, 645 BGB den Vertrag auflösen und Vergütung für erbrachte Leistungen und darin nicht inbegriffene Auslagen verlangen, wodurch er etwas schlechter gestellt wird, da er nicht die volle Vergütung abzüglich ersparter Aufwendungen und anderweitigem Erwerb erhält. Allerdings wird das **Verschulden vermutet**, der Gekündigte muss sich also insoweit entlasten. **316**

Wir sind allerdings der Auffassung, dass die Parteien vertraglich, auch in **Allgemeinen Geschäftsbedingungen,** bestimmte Gründe, die zwar aus der **Sphäre einer Partei** stammen, von dieser aber **nicht zu vertreten** sind, zu wichtigen Kündigungsgründen erklären können. Denn wenn der Honoraranspruch des Architekten laut BGH[273] an eine aufschiebende Bedingung wie bspw. die Erteilung einer Finanzierungszusage geknüpft werden kann, muss es auch möglich sein, die einer auflösenden Bedingung näher stehende Kündigungsmöglichkeit für solche Fälle, also insbesondere die Erteilung der Baugenehmigung, eine Finanzierungszusage oder den Grundstückserwerb, zu vereinbaren. Aber wie gesagt: Dies ist unsere Auffassung, längst (noch) nicht gesicherte Rechtsprechung! **317**

271 BGH BauR 1999, 1319; BauR 2003, 1061 = NZBau 2003, 388; so auch Pott/Dahlhoff/Kniffka/Rath, HOAI, § 5 Rdn. 17 sowie Kniffka/Koeble, Kompendium des Baurechts, Teil 12 Rdn. 108.

272 BGH BauR 2003, 1061 = NZBau 2003, 388.

273 BGH BauR 1985, 467.

aa) Kündigung durch Auftraggeber

318 Wichtige Gründe, die den Auftraggeber zur außerordentlichen Kündigung berechtigen und von diesem darzulegen und zu beweisen sind, sind insbesondere:

- Der Architekt nimmt »**Provisionen**« von Bauhandwerkern für die Vermittlung von Aufträgen an.[274]
- Der Architekt **überschreitet** schuldhaft einen vereinbarten **Kostenrahmen.**[275]
- Der Architekt hat **sonstige erhebliche Mängel** der Planung (bspw. fehlende Genehmigungsfähigkeit) oder der Bauüberwachung (bspw. keine Anwesenheit auf der Baustelle) zu vertreten, wobei grundsätzlich eine **Fristsetzung** des Auftraggebers erforderlich und nur im Ausnahmefall entbehrlich ist.
- Der Architekt erbringt seine **Leistungen** trotz Fristsetzungen des Auftraggebers schuldhaft nur **schleppend** und **unzureichend.**[276]
- Der Architekt macht weitere Leistungen von der Bezahlung **einer nicht fälligen und überhöhten Abschlagsrechnung**[277] oder von der **Zusage eines höheren als des vereinbarten Honorars**[278] abhängig.

319 **Folge** einer Kündigung des Auftraggebers aus wichtigem Grund ist, dass dem Architekten nur die **Vergütung** für den bis zur Kündigung **erbrachten Teil der Leistung** zusteht. Der Auftraggeber kann gem. §§ 280, 281 BGB **Schadensersatz** verlangen, der bspw. auf Erstattung der **Mehrkosten** gerichtet sein kann, die dem Auftraggeber durch Beauftragung eines dritten Architekten entstanden sind, oder die Folgen der (kündigungsbedingten) **Verzögerung** des Bauvorhabens (Mietausfälle, Finanzierungskosten etc.) umfassen kann.

bb) Kündigung durch Architekten

320 Anerkannte wichtige Gründe für eine außerordentliche Kündigung durch den Architekten sind bspw.:

---

274 BGH BauR 1977, 363.

275 BGH BauR 2003, 1061 = NZBau 2003, 388.

276 OLG Oldenburg BauR 2002, 502 = NZBau 2003, 40.

277 LG Darmstadt BauR 1997, 162.

278 OLG Nürnberg BauR 1998, 1273.

- Der Auftraggeber gerät in **Verzug mit Abschlagszahlungen** oder weigert sich, solche überhaupt zu gewähren.[279]
- Der Auftraggeber äußert sich in **ehrverletzender Form** über den Architekten,[280] er **kritisiert die Planung** in der Öffentlichkeit **in herabwürdigender Art und Weise**[281] oder er fordert Leistungen, die dem Ansehen des Architekten schaden.[282]
- Der Auftraggeber **veräußert das zu bebauende Grundstück**.[283]
- Der Auftraggeber fordert den Architekten auf, **ohne Baugenehmigung** zu bauen.[284]
- Der Auftraggeber verlangt **zusätzliche Leistungen**, weigert sich aber, den Anspruch des Architekten auf Mehrvergütung dem Grunde nach zu bestätigen.[285]

Kündigt der Architekt aus wichtigem Grund, hat er **Anspruch auf Vergütung der erbrachten Leistungen.**[286] Im Übrigen steht ihm ein **Schadensersatzanspruch** gem. §§ 280, 281 BGB zu, der für kündigungsbedingt nicht erbrachte Leistungen u.a. in der vollen Vergütung abzüglich ersparter Aufwendungen und anderweitigem Erwerb besteht, die wie der Anspruch aus § 649 BGB bei freier Kündigung des Auftraggebers ermittelt wird.[287] **321**

3. Einvernehmliche Vertragsaufhebung

Wird der Architektenvertrag einvernehmlich beendet, ohne dass die Vergütungsfolgen geklärt werden, richten sich diese danach, welche Kündigungsmöglichkeiten die Parteien im Aufhebungszeitpunkt hatten.[288] Grundsätzlich steht dem Architekten daher die volle Vergütung abzüglich ersparter Aufwendungen zu, es sei denn, dem Auftraggeber hätte ein wichtiger Kündigungsgrund, der nach der herrschenden Meinung auch nachgeschoben werden kann, zugestanden.[289] **322**

279 BGH BauR 2000, 592 = NZBau 2000, 139; BauR 1989, 626, 628.
280 Locher/Koeble/Frik, HOAI, Einl. Rdn. 128.
281 OLG Düsseldorf BauR 2002, 660.
282 Locher/Koeble/Frik, HOAI, Einl. Rdn. 128.
283 Werner/Pastor, Der Bauprozess, Rdn. 951.
284 Werner/Pastor, Der Bauprozess, Rdn. 951.
285 KG Berlin BauR 2006, 1359 (Ls.).
286 Zur Ermittlung und Bewertung der erbrachten Leistungen s.o. Rdn. 304.
287 BGH BauR 1989, 626; zur Ermittlung und Darlegung dieses Anspruchs s.o. Rdn. 305 ff.
288 BGH BauR 2005, 735 = NZBau 2005, 285; BauR 1974, 213.
289 BGH BauR 1976, 139.

VI. Fälligkeit des Honoraranspruchs

323 Da der Architektenvertrag ein **Werkvertrag** nach den Grundsätzen des BGB ist und die HOAI nach ihrer Ermächtigungsgrundlage und ihrer Begründung[290] nur Preisrecht und kein Schuldrecht regeln soll, müsste sich die Fälligkeit des Honoraranspruchs eigentlich nach den Vorschriften des BGB richten. Gemäß § 641 Abs. 1 Satz 1 BGB wird der Anspruch auf Vergütung »bei der Abnahme des Werkes« fällig. Nach § 632a Abs. 1 BGB kann der Architekt von dem Auftraggeber für eine vertragsgemäß erbrachte Leistung eine Abschlagszahlung in der Höhe verlangen, in der der Auftraggeber durch die Leistung einen Wertzuwachs erlangt hat.

324 Der Verordnungsgeber wollte es auch im Rahmen der HOAI 2009 nicht bei diesen Regeln belassen und hat in § 15 HOAI eigene Fälligkeitsregeln für den Honoraranspruch des Architekten aufgestellt, die dem früheren § 8 HOAI a.F. entsprechen. Dass die HOAI sich damit vom Preisrecht in das Schuldrecht vorwagt, hat der BGH – durchaus umstritten – als von der Ermächtigungsgrundlage gedeckt für wirksam gehalten.[291]

A. Fälligkeit des Gesamthonorars

325 Nach § 15 Abs. 1 HOAI wird der Anspruch des Architekten auf Zahlung des gesamten vereinbarten Honorars (erst) dann fällig, wenn

- die **Leistung vertragsgemäß erbracht** wurde und
- der Architekt eine **prüffähige Schlussrechnung überreicht** hat.

326 Diese Abweichung vom gesetzlichen Werkvertragsrecht, das eine Abnahme, aber keine Schlussrechnung voraussetzt, gilt auch nach einer **Kündigung** des Architektenvertrages.[292] **Weitere** oder **geringere Anforderungen** an die Fälligkeit können gemäß § 15 Abs. 1 HOAI »vertraglich vereinbart« werden, wobei der Wortlaut der Neufassung zeigt, dass nicht an dem Schriftformerfordernis des § 8 Abs. 4 HOAI a.F. festgehalten werden sollte. Demgegenüber heißt es in der Begründung[293]

290 BR-Drs. 395/09, S. 149.

291 BGH BauR 1981, 582; BauR 1986, 231; BauR 1988, 624; **a.A.** Korbion/Mantscheff/Vygen, HOAI, § 8 Rdn. 4.

292 BGH BauR 1986, 596; BauR 1994, 655.

293 BR-Drs. 395/09, S. 173.

zur Neufassung, dass § 8 Abs. 4 HOAI a.F., wonach andere Zahlungsweisen **schriftlich vereinbart** werden können, »beibehalten« werde. Da der Wortlaut der neuen Norm jedoch eindeutig ist, müssen Vereinbarungen zur Fälligkeit nach § 15 Abs. 1 HOAI nicht der Schriftform genügen, zumal sie auch nach Vertragsschluss noch getroffen werden können.

1. Vertragsgemäße Leistungserbringung

Nach allgemeiner Auffassung ist für die vertragsgemäße Leistungser- **327**
bringung **keine Abnahme** der Leistungen durch den Auftraggeber, sondern lediglich die **Abnahmereife** der Architektenleistungen erforderlich.[294] Abnahmereife bedeutet in Anlehnung an § 640 Abs. 1 BGB, dass die Leistung **im Wesentlichen fertig gestellt**[295] **und frei von wesentlichen Mängeln**[296] sein muss.

Ausgangspunkt der Prüfung, ob die Leistung im Wesentlichen fertig **328**
gestellt wurde, ist die dem Architekten übertragene **Gesamtleistung.**[297] Auf die Abnahme oder Abnahmefähigkeit des Bauwerks kommt es nicht an.[298] Bei einem **Vollauftrag**, also der Beauftragung aller Leistungsphasen der Anlage 11 zur HOAI, kann dies zu einer empfindlichen Verschiebung des Fälligkeitszeitpunktes führen, da der Architekt sowohl die mit dem ausführenden Unternehmen vereinbarte Gewährleistungsfrist (jedoch, wenn für die Leistungen des Architekten auf Anlage 11 zur HOAI Bezug genommen wird, beschränkt auf **vier**[299] **Jahre** nach Abnahme der Bauleistungen) als auch die Mängelbeseitigung der innerhalb dieser Frist aufgetretenen Mängel abwarten muss, bevor er **alle Leistungen der Leistungsphase 9 erbracht** hat.[300] Für die bis dahin erbrachten Leistungen kann der Architekt nach § 15 Abs. 2 HOAI allerdings Abschlagszahlungen verlangen, sinnvoll ist auch die zulässige **Vereinbarung** einer **Teilabnahme** und damit Teilfälligkeit der Vergütung nach Abschluss der Leistungsphase 8.[301]

294 BGH BauR 1986, 596, 597; 1991, 489.
295 BGH BauR 1972, 251, 253.
296 Dies ergibt sich bereits aus dem Wortlaut des § 640 Abs.1 Satz 2 BGB.
297 BGH BauR 1986, 596.
298 Werner/Pastor, Der Bauprozess, Rdn. 963.
299 HOAI a.F.: 5 Jahre.
300 OLG Köln BauR 1992, 803; OLG Frankfurt a.M. BauR 1985, 469.
301 BGH BauR 1994, 392.

329 Generell wird man die Vereinbarung einer **Abnahme als Fälligkeitsvoraussetzung** empfehlen müssen. Für den Auftraggeber hat dies den Vorteil, dass er die vertragsgemäße Leistungserbringung durch einseitige Erklärung unstreitig stellen und zugleich ein nachprüfbares Datum für den Beginn der Verjährungsfrist von Mängelansprüchen bestimmen kann. Der Architekt hingegen kann die Abnahmewirkungen bei unberechtigter Abnahmeverweigerung durch den Auftraggeber nach § 640 Abs. 1 Satz 3 BGB durch das Setzen einer angemessenen Frist herbeiführen. Lehnt der Auftraggeber ohnehin sämtliche (Nach-) Erfüllungsleistungen des Architekten ab, geht der Vertrag in ein **Abrechnungsverhältnis** über, in dem der Honoraranspruch auch **ohne Abnahme fällig** wird.[302]

330 An der vertragsgemäßen Erbringung der Leistung fehlt es auch, wenn der Architekt zwar alle geschuldeten Leistungen im Wesentlichen erbracht hat, diese jedoch **wesentliche Mängel** aufweisen. Diese liegen vor, wenn es dem Auftraggeber nicht zumutbar ist, die Leistungen des Architekten als im Wesentlichen vertragsgemäße Erfüllung anzunehmen und sich mit den Mängelrechten (also insbesondere Nacherfüllung, Selbstvornahme, Minderung etc.) zu begnügen. Wann ein Mangel der Planungs- oder Überwachungsleistungen wesentlich ist, ist im Einzelfall unter Berücksichtigung der Interessen des Auftraggebers (bspw. Beeinträchtigung der Gebrauchstauglichkeit der Architektenleistung) und des Architekten (bspw. Aufwand für die Mängelbeseitigung und Verschulden) zu bestimmen.

2. Prüffähige Schlussrechnung

331 Weitere Fälligkeitsvoraussetzung des Honoraranspruchs ist die Übergabe einer prüffähigen Schlussrechnung. Diese muss nicht als solche gekennzeichnet sein, vielmehr reicht es aus, dass erkennbar ist, dass der Architekt seine Leistungen **abschließend abrechnen** will.[303] Damit hat der Architekt die Herbeiführung der Fälligkeit seines Honoraranspruchs und damit auch des Beginns der Verjährung desselben in der Hand.[304]

332 Der BGH hat in den letzten Jahren die Hürden für die Annahme der Prüffähigkeit erheblich gesenkt. Danach ist eine Schlussrechnung

302 BGH BauR 2002, 1399.
303 OLG Düsseldorf BauR 1997, 163.
304 Werner/Pastor, Der Bauprozess, Rdn. 967.

prüffähig, wenn sie zusammen mit den übrigen vom Architekten vorgelegten Unterlagen alle Angaben enthält, die der Auftraggeber zur Beurteilung der Frage benötigt, ob das geltend gemachte Honorar den vertraglichen Vereinbarungen entsprechend abgerechnet worden ist.[305] Die Anforderungen an die Prüffähigkeit der Schlussrechnung ergeben sich also aus den **Informations- und Kontrollinteressen** des Auftraggebers. Die Prüfbarkeit ist somit kein **Selbstzweck.**[306] Vielmehr muss sie im Einzelfall bestimmt werden, wobei der beiderseitige Kenntnisstand über die tatsächlichen und rechtlichen Umstände, auf denen die Berechnung des Honorars beruht, maßgeblich ist. Insbesondere wenn der Auftraggeber selbst Architekt oder ein im Baugewerbe Tätiger ist, sind die Anforderungen an die Prüfbarkeit geringer als bei einem insoweit unkundigen Auftraggeber.[307]

Bei einer Abrechnung des Honorars auf Basis der HOAI sind die folgenden **Mindestangaben** erforderlich:[308] **333**

- Das/die Leistungsbild(er)
- Die Honorarzone
- Der Gebührensatz (bspw. gem. § 34 Abs. 1 HOAI)
- Die anrechenbaren Kosten nach DIN 276 in der Fassung von Dezember 2008
- Ggf. Abgrenzung erbrachter zu nicht erbrachten Leistungen
- Vomhundertsätze
- Ggf. Honorarzuschläge
- Umsatzsteuer
- Ausweis der erhaltenen Abschlagszahlungen

Bei einem vereinbarten **Pauschalhonorar** reicht die Angabe dieses Honorars demgegenüber aus.[309] Die Frage der Prüffähigkeit der Schlussrechnung ist zwingend von der Beurteilung ihrer **inhaltlichen Richtigkeit** zu unterscheiden. Ohnehin kann sich der Auftraggeber auf die fehlende Prüffähigkeit dann nicht berufen, wenn er diesen **Einwand verspätet** erhebt. Nach der Rechtsprechung des BGH muss die Rüge **334**

305 BGH BauR 2000, 1216.
306 BGH BauR 2000, 1511 = NZBau 2000, 388.
307 BGH BauR 2000, 1511 = NZBau 2000, 388.
308 BGH BauR 2004, 316 = NZBau 2004, 216; Werner/Pastor, Der Bauprozess, Rdn. 969; zum Ausweis der Abschlagszahlungen vgl. BGH BauR 1994, 655.
309 OLG Oldenburg BauR 2002, 502 = NZBau 2003, 40.

spätestens **zwei Monate nach Zugang** der Schlussrechnung erhoben werden.[310]

B. Abschlagsforderungen

335 Da dem Architekten jedoch nicht zugemutet werden soll, bis zur Fertigstellung seiner Gesamtleistung in **Vorleistung** zu gehen, eröffnet § 15 Abs. 2 HOAI die Möglichkeit, dass der Architekt

- zu den **vereinbarten Zeitpunkten** oder
- in **angemessenen zeitlichen Abständen**

für nachgewiesene Leistungen **Abschlagszahlungen** fordert. Diese Vorschrift gilt selbstverständlich nur im Anwendungsbereich der HOAI (vgl. §§ 1 und 55 HOAI)[311], allerdings auch dann, wenn die anrechenbaren Kosten außerhalb der Tafelwerte liegen und die Parteien gemäß § 7 Abs. 2 HOAI das Honorar frei vereinbaren können, da die HOAI an sich in diesem Fall anwendbar bleibt und die Parteien lediglich nicht an die preisrechtlichen Vorgaben gebunden sind, sehr wohl jedoch an die – eigentlich in der HOAI nicht zulässigen – schuldrechtlichen.[312]

336 Mit der ersten Alternative eröffnet der Verordnungsgeber den Vertragsparteien die Möglichkeit, abweichende Vereinbarungen zu treffen, bspw. in der Form eines **Zahlungsplanes**. Ob dieser allerdings Zahlungen ohne Bezug zu den nachgewiesenen Leistungen des Architekten vorsehen kann,[313] darf bezweifelt werden, da nach der Begründung[314] zu § 15 Abs. 2 HOAI Zahlungen zu vereinbarten Zeitpunkten auch nur für **nachgewiesene Leistungen** des Architekten zulässig sein sollen.

337 Haben die Parteien keine Vereinbarung getroffen, können Abschlagsforderungen in angemessenen **zeitlichen Abständen** verlangt werden. Damit soll verhindert werden, dass der Architekt Vergütungsraten in für den Auftraggeber unzumutbar kleinen zeitlichen Abständen fordert.[315] § 15 Abs. 2 HOAI bezieht sich allerdings nur auf die zeitliche

310 BGH BauR 2004, 316 = NZBau 2004, 216.

311 Außerhalb des Anwendungsbereichs ist § 632a BGB maßgeblich.

312 **A. A.** Locher/Koeble/Frik, HOAI, § 8 Rdn. 58.

313 Bspw. durch Bezugnahme auf den Bautenstand, der mit dem Stand der Leistungen des Architekten nicht übereinstimmen muss, vgl. bspw. LG Darmstadt BauR 2005, 1499.

314 BR-Drs. 395/09, S. 173.

315 Locher/Koeble/Frik, HOAI, § 8 Rdn. 62.

Komponente. Es ist daher nicht erforderlich, dass der Architekt **gewichtige Teilleistungen** erbracht hat.[316] Welche zeitlichen Abstände angemessen sind, richtet sich nach dem konkreten Vertragsverhältnis oder Projekt, so dass nur auf den **Einzelfall** abgestellt werden kann (was die vertragliche Klärung dieser Frage im Vorfeld nahe legt).

Fälligkeitsvoraussetzung für eine Abschlagszahlung ist – auch wenn es **338**
der Wortlaut des § 15 Abs. 2 HOAI nicht zwingend erfordert – die Vorlage einer **prüffähigen Honorarrechnung,**[317] welche die erbrachten Teilleistungen konkret aufschlüsselt und nach den vereinbarten Parametern (bspw. vereinbarte Pauschalen nach Zahlungsplan) oder, im preisrechtlich geregelten Bereich, nach den Parametern der HOAI (anrechenbare Kosten nach der derzeit vorliegenden Kostenermittlung, Honorarzone, Anteil der erbrachten Leistungen etc.) bewertet.[318] Die **fehlende Prüffähigkeit** der Abschlagsrechnung muss der Auftraggeber – ebenso wie bei der Schlussrechnung – binnen zwei Monaten nach deren Zugang rügen, will er diesen Einwand nicht verlieren.[319]

Das mit und ohne Vereinbarung der Parteien zu Abschlagszahlungen **339**
erforderliche Merkmal der **nachgewiesenen Leistungen** ist wie bei der Fälligkeit des Gesamthonorars zu beurteilen, so dass wir auf unsere dortigen Ausführungen verweisen können.[320] Eine (Teil-)Abnahme dieser Leistungen ist nicht erforderlich.[321] Im Übrigen begründen **Zahlungen des Auftraggebers** auf Abschlagsrechnungen **keine Anerkenntniswirkungen** für Einwendungen bei der Prüfung der Schlussrechnung.[322] Abschlagsforderungen **verjähren** auch **selbstständig,** verjährte Abschlagsforderungen können nicht mehr selbstständig durchgesetzt, aber durchaus noch in die Schlussrechnung eingestellt werden.[323]

316 **A. A.** Korbion/Mantscheff/Vygen, HOAI, § 8 Rdn. 56; Werner/Pastor, Der Bauprozess, Rdn. 980.
317 BGH BauR 2005, 1951.
318 BGH BauR 1999, 276.
319 BGH BauR 2005, 1951.
320 Vgl. oben Rdn. 328.
321 BGH BauR 1974, 215.
322 Werner/Pastor, Der Bauprozess, Rdn. 985.
323 BGH BauR 1999, 267; **a.A.** Locher/Koeble/Frik, HOAI, § 8 Rdn. 64.

C. Bindung an die Schlussrechnung?

Arbeitsbeispiel 17: Enttäuschte Erwartungen

340 *Die Immobilien GmbH plant die Revitalisierung eines verfallenden Stadtviertels. Für einen ersten Bauabschnitt beauftragt sie den Architekten mit der Planung bis zur Bauantragsreife für ein neues Bürogebäude. Weil die Immobilien GmbH dem Architekten in Aussicht stellt, im Zuge der anstehenden weiteren Bauabschnitte größere Folgeaufträge zu erteilen, bietet der Architekt seine Planungsleistungen für das Bürogebäude zu einem Pauschalhonorar (weit) unter den Mindestsätzen der HOAI an. Nach Erteilung der Baugenehmigung rechnet der Architekt das vereinbarte Honorar mit Schlussrechnung ab. Die Immobilien GmbH bezahlt die Schlussrechnung, sieht jedoch entgegen ihren Ankündigungen von einer weiteren Beauftragung des Architekten ab. Daraufhin zieht der Architekt seine Schlussrechnung zurück und rechnet sein Honorar mit neuer – jetzt »richtiger« – Schlussrechnung ab, diesmal nämlich zu den Mindestsätzen der HOAI und einschließlich bislang »vergessener« Nachträge. Die Immobilien GmbH meint, der Architekt sei mit solchen Nachforderungen ausgeschlossen, er sei an seine erste Schlussrechnung gebunden, die sie beanstandungslos ausgeglichen habe. Sie habe auch lediglich Rückstellungen für den gemäß dem vertraglich vereinbarten Pauschalhonorar noch offenen Betrag gebildet.*

341 In der Tat hätte der Bundesgerichtshof in unserem Arbeitsbeispiel früher regelmäßig dem Auftraggeber Recht gegeben: Wer »Schluss«-Rechnung erstelle, erkläre damit, er rechne **abschließend** ab.[324] Damit war der Architekt regelmäßig mit Nachforderungen ausgeschlossen. Dies steht so allerdings weder im BGB, noch in der HOAI. Auch eine Bindung von Steuerberatern, Wirtschaftsprüfern, Ärzten und Rechtsanwälten an deren Honorarschlussrechnungen wurde von der höchstrichterlichen Rechtsprechung bislang nicht angenommen. Wer sich vertan hatte, konnte dies (selbstverständlich) noch korrigieren, jedenfalls solange noch keine Verjährung eingetreten war. Und auch bei Bauausführungsverträgen kennt der Bundesgerichtshof eine solche Bindungswirkung der Schlussrechnung nicht.[325]

342 Konsequenterweise hat der Bundesgerichtshof seine Rechtsprechung inzwischen zugunsten der Architekten ganz erheblich gelockert[326]

324 So noch BGH BauR 1985, 582.
325 BGH BauR 1988, 217.
326 Seit BGH BauR 1993, 236.

und bejaht eine **Bindungswirkung der Schlussrechnung** nur noch in **Ausnahmefällen**. Es könne nämlich gute Gründe für eine Änderung oder Korrektur der Schlussrechnung geben, ohne dass dem Architekten hieraus der Vorwurf gemacht werden könne, er verhalte sich durch Erstellen einer neuen (regelmäßig höheren) Schlussrechnung widersprüchlich. Diese Grundsätze hat der Bundesgerichtshof in einer aktuellen Entscheidung vom 23.10.2008[327] nochmals zusammengefasst. Danach liegt in einer Honorarschlussrechnung grundsätzlich kein Verzicht auf die weitergehende Forderung. Ausnahmsweise jedoch kann der Architekt nach Treu und Glauben (§ 242 BGB) gehindert sein, seine in der Schlussrechnung zunächst nicht berechnete Forderung später noch durchzusetzen. Ein solcher Nachforderungsausschluss kann sogar in Betracht kommen, obwohl der Architekt an sich »rechtskonform« die Differenz zwischen dem ihm nach HOAI preisrechtlich zustehenden und dem vertraglich vereinbarten Honorar nachfordert. Allerdings stellt der BGH an einen solchen ausnahmsweise greifenden Nachforderungsausschluss nach Treu und Glauben (§ 242 BGB) sehr **hohe Hürden**. Die Bindungswirkung einer Schlussrechnung setzt laut Bundesgerichtshof voraus:

- **Einen Vertrauenstatbestand**, der grundsätzlich im »abschließenden« Charakter der »Schluss«-Rechnung zum Ausdruck kommt (aber nicht muss, siehe noch unten)
- **und** ein **schutzwürdiges Vertrauen** des Auftraggebers auf die Endgültigkeit der Schlussrechnung
- **und** ein tatsächliches »**sich Einrichten**« des Auftraggebers auf die Endgültigkeit der Schlussrechnung,
- **so dass der Ausgleich** der Nachforderung eine **besondere Härte** darstellt, die dem Auftraggeber **nicht zugemutet** werden kann.[328]

Die bloße Vorlage einer Schlussrechnung genügt also nicht mehr, um **343**
mit Nachforderungen ausgeschlossen zu sein. Dementsprechend wird heute **in den meisten praxisrelevanten Fällen** eine **Bindungswirkung** an die Schlussrechnung **zu verneinen** sein. Beispiele:

- Die Schlussrechnung enthält einen offensichtlichen Fehler (z.B. **Schreibfehler, Additionsfehler**, ...):[329] In diesen Fällen fehlt es bereits an einem Vertrauenstatbestand.

327 BGH BauR 2009, 262 = NZBau 2009, 33.
328 BGH BauR 2009, 262 = NZBau 2009, 33.
329 BGH BauR 1986, 593.

- Der Auftraggeber rügt die fehlende Prüffähigkeit[330] oder/und kürzt[331] die Schlussrechnung: Hier gibt der Auftraggeber zu erkennen, dass er gerade kein Vertrauen in die abschließende Berechnung setzt.
- Für das erforderliche »**sich Einrichten**« auf die Schlussrechnung **genügt nicht**, dass die Schlussrechnung **beanstandungslos bezahlt** wird,[332] dass ein **langer Zeitraum** zwischen Schlussrechnungserteilung und -ausgleich sowie erstmaliger Geltendmachung eines weitergehenden Honorars auf Basis der Mindestsätze verstrichen ist,[333] oder dass der Auftraggeber lediglich **Rückstellungen** für den nach der ursprünglichen vertraglichen Vereinbarung noch offenen Betrag gebildet hat.[334] In all diesen Fällen fehlt es jedenfalls an der erforderlichen für den Auftraggeber **besonderen Härte**, die in der Unzumutbarkeit der zusätzlichen Belastung durch die Nachforderung liegen muss.[335] Und deshalb ist auch unser Architekt im Arbeitsbeispiel nicht mit seinen Nachforderungen ausgeschlossen!

344 Auch einem im Architektenhonorarrecht erfahrenen bzw. sonst sachkundigen Auftraggeber (z.B. durch Projektsteuer oder Anwalt beraten) ist übrigens richtigerweise nicht von vornherein die Berufung auf sein Vertrauen in die »erste« Schlussrechnung und die Wirksamkeit einer getroffenen Pauschalhonorarvereinbarung unterhalb der Mindestsätze verwehrt.[336] Denn es geht nicht um ein Vertrauen in die *Richtigkeit* der Schlussrechnung – hier stehen sich in diesen Fällen übrigens auf *beiden* Seiten Profis gegenüber! –, sondern um ein Vertrauen in die *Endgültigkeit* der Schlussrechnung.

VII. Basiswissen sonstiges Architektenrecht

345 Auf den nachfolgenden Seiten dieses Buches geben wir dem Leser abschließend zu einigen ausgewählten zentralen Themen des Architek-

330 BGH BauR 1993, 236.

331 Vgl. BGH BauR 2009, 262 = NZBau 2009, 33, wonach selbst der anstandslose Ausgleich der Schlussrechnungsforderung nicht zu einer Schlussrechnungsbindung führt.

332 BGH BauR 2009, 262 = NZBau 2009, 33.

333 BGH BauR 2009, 262 = NZBau 2009, 33.

334 BGH BauR 2009, 262 = NZBau 2009, 33.

335 BGH BauR 2009, 262 = NZBau 2009, 33.

336 OLG Stuttgart BauR 2003, 1424; **a.A.** OLG Frankfurt a.M. BauR 2007, 1906; Kniffka/Koeble, Kompendium des Baurechts, Teil 12 Rdn. 278.

tenrechts ein kleines **Kompendium** an die Hand. Hiermit kann sich unser Leser knapp über die wichtigsten Grundsätze beispielsweise des Urheberrechtes der Architekten oder der Kostenverantwortung des Planers informieren.

A. Vollmacht des Architekten

Häufig heißt es, der Architekt habe eine sog. »originäre Vollmacht«. **346**
Wir halten diesen Begriff für unklar, missverständlich und irreführend und sehen von seiner Verwendung bewusst ab. Vollmacht ist die rechtsgeschäftlich **eingeräumte** Befugnis, einen Anderen rechtswirksam zu vertreten. Eine solche Befugnis steht niemandem »originär« zu, auch dem Architekten nicht. Vielmehr steht dem Architekten grundsätzlich nur diejenige Befugnis zu, die ihm von seinem Auftraggeber verschafft worden ist.

Ohne spezielle Regelung, z.B. im Architektenvertrag, hat der Architekt **347**
nur eine **äußerst begrenzte Vertretungsmacht**, die ihm insbesondere mit der Übertragung bestimmter Leistungsbilder wie der Objektüberwachung stillschweigend und zwangsläufig mitübertragen wird. Faustformel: Der Architekt kann danach allenfalls »technische« Handlungen bzw. Erklärungen vornehmen, nie rechtsgeschäftliche! Dabei hängt der Umfang seiner ohnehin sehr eingeschränkten Vollmacht auch davon ab, welche Leistungsbilder ihm übertragen worden sind.[337]

Der mit der sog. Vollarchitektur beauftragte Architekt **ist** z.B. **bevoll-** **348**
mächtigt,

- Ausführungsunterlagen von Bauhandwerkern in technischer Hinsicht zu genehmigen,
- **kleinere** Zusatzaufträge zu erteilen (äußerst vage, auf eine solche Bevollmächtigung zu vertrauen ist **äußerst riskant!**),
- ein gemeinsames, den Auftraggeber (technisch) bindendes Aufmaß aufzunehmen,
- die »technische Abnahme« zu vollziehen,
- Weisungen auf der Baustelle zu erteilen,
- Angebote und Schlussrechnungen (nicht aber Mahnungen) entgegenzunehmen,
- Stundenlohnzettel entgegenzunehmen (aber nicht: Stundenlohnleistungen anzuerkennen!),

337 Vgl. näher Langen/Schiffers, Bauplanung und Bauausführung, Rdn. 483 ff.

- vom Bauhandwerker vorgelegte Mengenermittlungen für die Abrechnung zu prüfen,
- Bedenkenanzeigen gemäß § 4 Abs. 3 VOB/B entgegenzunehmen (aber nur, soweit der Architekt von den gerügten Bedenken nicht selbst betroffen ist),
- Mängelrügen auszusprechen und den Bauhandwerker unter Fristsetzung zur Mängelbeseitigung aufzufordern (hinsichtlich der Fristsetzung äußerst bedenklich!).[338]

349 Auch der mit der Vollarchitektur beauftragte Architekt ist ohne spezielle Regelung **z.B. nicht** bevollmächtigt,

- eine Nachfrist mit Kündigungsandrohung zu setzen,
- die rechtsgeschäftliche Abnahme vorzunehmen,
- die Vertragsstrafe bei der Abnahme vorzubehalten,
- Änderungen und Zusatzleistungen anzuordnen (bzw. die Vergabe von Zusatz- oder Änderungsaufträgen), soweit die oben angesprochene Geringfügigkeit überschritten wird,
- Stundenlohnzettel anzuerkennen,
- Rechnungen anzuerkennen,
- Aufträge an Fachingenieure, Tragwerksplaner usw. zu erteilen.

350 **Äußerst streitig** ist, ob der Architekt

- Mehrvergütungsanzeigen gemäß § 2 Abs. 6 VOB/B entgegennehmen darf,
- Behinderungsanzeigen gemäß § 6 Abs. 1 VOB/B entgegennehmen darf,
- den Vorbehalt nach § 16 Abs. 3 VOB/B entgegennehmen darf.

351 Selbst dann, wenn der Architekt eine umfassende Vollmacht hat, kann er den Auftraggeber (selbstverständlich) nicht rechtswirksam verpflichten, wenn er mit den Bauhandwerkern unkorrekt zusammenarbeitet, z.B. bei »frisierten« Zusatzaufträgen oder Verschieben von Leistungen in unzutreffende Positionen.[339] Aber dies kommt in der Praxis unserer Leser natürlich nicht vor.

352 Unsere **Empfehlung**: Die Parteien sollten den Umfang der Bevollmächtigung des Architekten durch klare und eindeutige Formulierungen im **Planervertrag** schriftlich und beweisbar regeln. Selbstverständlich steht es dem Auftraggeber hierbei auch frei (und ist oftmals zu

338 So in einer älteren Entscheidung BGH NJW 1973, 1457.
339 BGH BauR 1991, 331.

empfehlen), im Planervertrag ausdrücklich klarzustellen, dass sein Architekt gerade *nicht* berechtigt sein soll, ihn rechtsgeschäftlich zu vertreten, insbesondere finanzielle Verpflichtungen für ihn einzugehen. Dem Auftraggeber ist ferner zu empfehlen, dies auch gegenüber den Bauhandwerkern zu kommunizieren, und zwar am besten ebenfalls eindeutig, schriftlich und beweisbar in den **Bauausführungsverträgen**.

Beiden Parteien, Auftraggeber wie Architekt, ist natürlich dringend an- **353**
zuraten, sich sodann an die im Vertrag getroffenen Vereinbarungen auch zu halten. **Duldet** der Auftraggeber, dass sein Architekt die ihm eingeräumten Kompetenzen fortwährend überschreitet, so läuft er Gefahr, bei den Bauhandwerkern den berechtigten **Anschein** einer in Wahrheit nicht bestehenden Vollmacht zu erwecken. In diesen Fällen droht dem Auftraggeber nach den Grundsätzen der sog. Rechtsschein- bzw. Duldungsvollmacht eine ungewollte rechtliche Bindung und unter Umständen auch finanzielle Verpflichtung.

Aber auch der Architekt sollte stets überprüfen, ob sein Handeln noch **354**
von seiner Vertretungsmacht gedeckt ist. Anderenfalls **haftet** der Architekt nämlich als sog. **vollmachtloser Vertreter** gemäß § 179 BGB selbst (z.B. für vollmachtlos erteilte Zusatzaufträge). Dieser Anspruch scheitert nur, wenn der Bauhandwerker die fehlende Vollmacht des Architekten kannte (§ 179 Abs. 3 BGB). Ist sich der Architekt während der Durchführung des Bauvorhabens unsicher, ob sein Handeln noch von seiner Vertretungsmacht gedeckt ist, sollte er sich im Zweifel (vorher) vom Auftraggeber nochmals schriftlich bestätigen lassen, dass er zu der entsprechenden Handlung wirklich befugt ist.

B. Verzug mit Architektenleistungen

Arbeitsbeispiel 18: Der pünktliche Rohbauer

Der Auftraggeber hat mit dem von ihm beauftragten Rohbauunterneh- **355**
mer vertraglich im Terminplan vereinbart, dass der Rohbauer mit den Rohbauarbeiten im Erdgeschoss am 01.06.2009 beginnen soll. Ab diesem Tag meldet der Rohbauer berechtigt Stillstandskosten an, weil ihm die erforderlichen Ausführungspläne des vom Auftraggeber beauftragten Architekten noch nicht vorliegen. Mit seinem Architekten hat der Auftraggeber im Planervertrag vereinbart, dass das Bauvorhaben spätestens am 30.10.2009 fertiggestellt sein muss. Der Auftraggeber möchte nunmehr seinen Architekten für die beim Rohbauunternehmer entstandenen Still-

standskosten »wegen der zu spät vorgelegten Ausführungsplanung« in Haftung nehmen. Zu Recht?

356 Eine Haftung des Architekten auf Ersatz der im obigen Arbeitsbeispiel entstandenen Stillstandskosten kommt nur unter dem Gesichtspunkt des Verzugs in Betracht. **Schuldnerverzug** setzt nach § 286 BGB voraus:

- Fälligkeit der jeweiligen Leistung,
- Mahnung nach Fälligkeit (entbehrlich insbesondere bei kalendermäßig bestimmter Leistungszeit),
- Verschulden (wird vermutet).

357 Problematisch ist in derartigen Fällen schon die Frage nach der **Fälligkeit** der jeweiligen Architektenleistung. In früheren Entscheidungen hatte der BGH sich noch auf den (unzutreffenden) Standpunkt gestellt, die Leistung des Architekten werde grundsätzlich erst mit dem für die Ablieferung des *Gesamt*werks maßgeblichen Zeitpunkt fällig, sofern nicht eine Vereinbarung über eine frühere Fälligkeit von Teilleistungen getroffen worden sei.[340] Inzwischen hat der BGH diese Rechtsprechung ausdrücklich korrigiert und zunächst zu den sogenannten Kostenermittlungen festgestellt, dass diese grundsätzlich bereits in denjenigen Leistungsphasen erbracht werden müssen, denen sie in der HOAI zugeordnet sind; andernfalls würden sie ihren Zweck regelmäßig nicht mehr erfüllen können.[341] Damit steht allerdings nur fest, dass beispielsweise die Kostenberechnung nach DIN 276 bereits in der Leistungsphase 3 erbracht werden muss. *Wann* der Architekt allerdings die Leistungsphase 3 abgeschlossen haben muss (und wann die Teilleistung der Kostenberechnung damit spätestens fällig ist), ist auch damit noch nicht geklärt. Mangels anderweitiger Regelung im Planervertrag ist daher auf die Grundsätze des **§ 271 BGB** zur Leistungszeit zurückzugreifen.[342] Danach kann der Gläubiger (Auftraggeber) die Leistung sofort verlangen, wenn die Leistungszeit weder im Vertrag bestimmt, noch aus den Umständen zu entnehmen ist. Nach allgemeiner Auffassung hat jedoch der Auftragnehmer bei einem Werkvertrag – und damit auch der Architekt bei einem Planungsvertrag – »nach den Umständen« eine angemessene, zum Erbringen der jeweiligen Leistung erforderliche Leistungszeit.[343] Dass diese gesetzliche Regelung bei der

340 So noch BGH BauR 1997, 1067, 1068.
341 BGH BauR 2005, 400 = NZBau 2005, 158, 161.
342 BGH BauR 2007, 571 = NZBau 2007, 180, 181.
343 Vgl. BGH BauR 1978, 139; BauR 2001, 946 = NZBau 2001, 389; BauR 2007, 571 = NZBau 2007, 180, 181.

Frage, wann denn nun genau die jeweilige Planungsleistung fällig ist, nicht weiterhilft, liegt auf der Hand.

Unsere **Empfehlung** ist bereits in § 271 BGB angesprochen: Der Auftraggeber sollte mit dem Architekten im Planervertrag unbedingt Zwischen- und Fertigstellungstermine als **verbindliche Vertragstermine** für die Erreichung bestimmter Leistungsstufen bzw. Teilleistungen **vertraglich vereinbaren**. 358

Beispiel:

»Fertigstellung vollständige Leistungsphase 3: Spätestens 15.03.2009.«

Nur auf diese Weise ist der Auftraggeber im Falle von unzumutbaren Verzögerungen in der Lage, rechtliche Schritte gegen seinen Planer zu ergreifen, um einen eventuell entstehenden Schaden geltend machen zu können bzw. (noch besser) von vornherein zu unterbinden. Da oftmals die Terminsteuerung abhängig ist von nicht bzw. kaum beeinflussbaren externen Gesichtspunkten, empfiehlt es sich gegebenenfalls, keinen **Termin**, sondern eine **Frist** festzulegen. 359

Beispiel:

»Vorlage vollständige Ausführungsplanung binnen 2 Monaten nach erteilter Baugenehmigung.«

Auch durch solche Vereinbarungen kann der Architekt gem. § 286 Abs. 2 Nr. 2 BGB im kritischen Fall effektiv in Verzug gesetzt werden.

Lösung Arbeitsbeispiel 18:

Zurück zu unserem Ausgangsfall: Der Auftraggeber hat es versäumt, mit seinem Architekten verbindliche Vertragsfristen zur Vorlage der Ausführungsplanung zu vereinbaren. Aus der allgemeinen Vorschrift des § 271 BGB zur Leistungszeit lässt sich nicht ansatzweise sicher nachweisen, dass der Architekt die Ausführungsplanung binnen »den Umständen angemessener Zeit« spätestens zum 30.05.2009 hätte vorlegen müssen. Damit fehlt es bereits an der Fälligkeit der (vermeintlich) verspäteten Vorlage der Ausführungsplanung, sodass der Auftraggeber den beim Rohbauer entstandenen Behinderungsschaden nicht an seinen Architekten durchstellen kann.

C. Kostenverantwortung des Planers

360 Wir haben unter Rdn. 168 bereits die einzelnen Kostenermittlungsarten vorgestellt und erläutert. Die entsprechenden Kostenermittlungs- und Fortschreibungspflichten sind zwar in den einzelnen Leistungsphasen des § 33 HOAI (Objektplanung Gebäude) in Verbindung mit der Anlage 11 HOAI als (Grund-)Leistung des Objektplaners aufgeführt. Ob der Architekt diese Leistungen zu erbringen hat, richtet sich jedoch allein nach dem Architektenvertrag. Die Kostenermittlungs- bzw. Fortschreibungspflichten können dort ausdrücklich geregelt sein. Doch auch wenn der Planungsvertrag, wie bislang (leider) noch häufig, zur Leistungsbestimmung lediglich auf die Regelungen der HOAI und die dortigen Leistungsphasen Bezug nimmt, führt dies in aller Regel dazu, dass der Architekt wegen der besonderen Wichtigkeit der planungsbegleitenden Kostenermittlung und -fortschreibung zur Kostenschätzung, Kostenberechnung, zum Kostenanschlag und zur Kostenfeststellung verpflichtet ist.[344] Hierbei handelt es sich nicht um bloße Nebenpflichten, sondern um eine vertragliche **Hauptleistungspflicht**. Wird sie verletzt, sind die Planungsleistungen des Architekten mangelhaft.[345]

1. Kostenermittlungen und Genauigkeitstoleranzen

361 Naturgemäß müssen die vom Architekten planungs- und baubegleitend vorgenommenen Kostenermittlungen einen immer größeren Genauigkeitsgrad aufweisen, je weiter Planung und Bauausführung vorangeschritten sind. Haben die Parteien **keine besondere Vereinbarung** getroffen, so kommt dem Architekten bei Abweichungen zwischen den Ist-Kosten gemäß der Kostenfeststellung und den Soll-Kosten gemäß der jeweiligen vorangegangenen Kostenermittlungsstufe ein **Toleranzrahmen** zugute. Die »zulässigen« Genauigkeitsgrenzen liegen im Regelfall[346]

- bei der Anfertigung der Kostenschätzung bei ca. 30 %,
- bei der Kostenberechnung, der bei Gebäuden in der Regel bereits Entwurfszeichnungen im Maßstab 1 : 100 zugrunde liegen, bei 20–25 %,

344 BGH BauR 2004, 1640 = NZBau 2004, 509.
345 BGH BauR 2004, 1640 = NZBau 2004, 509.
346 Vgl. hierzu Langen/Schiffers, Bauplanung und Bauausführung, Rdn. 638 ff.

- beim Kostenanschlag (hier liegen überwiegend schon die Unternehmerangebote vor) bei 10 %, maximal 15 %.

Bei der Kostenfeststellung besteht naturgemäß keinerlei Toleranzrahmen mehr.

Wichtig: Diese dem Planer zugebilligten Toleranzen betreffen nur sein **Bewertungsermessen**, *nachdem* er zuvor die Grundlagen der jeweiligen Kostenermittlung zutreffend ermittelt hat. Hat der Architekt bereits die Grundlagen fehlerhaft ermittelt (z.B. fehlerhafte Mengenermittlung, nicht alle durchzuführenden Leistungen erfasst, Kostenermittlung geht von falschen Qualitätsvorgaben des Auftraggebers aus usw.), so helfen dem Architekten die o.g. Toleranzen **nicht** weiter, seine Kostenermittlung ist (wegen fehlerhafter Ermittlung ihrer Grundlagen) mangelhaft.[347] **362**

2. Vereinbarung einer Kostenobergrenze

Die vorgenannten zugebilligten Toleranzen betreffen (nur) diejenigen Fälle, in denen Auftraggeber und Architekt im Planervertrag keine verbindliche Vereinbarung über einen bestimmten Kostenrahmen geschlossen haben. Die Parteien können jedoch eine bestimmte **Bausumme als Höchstgrenze** vertraglich vereinbaren. **363**

Beispiel:

»Die Parteien vereinbaren eine verbindliche maximale Baukostenobergrenze in Höhe von 3 Mio. €.«

Nach der Rechtsprechung des BGH handelt es sich bei einer solchermaßen vereinbarten Bausumme um eine **vereinbarte Beschaffenheit** des geschuldeten Werks.[348] Erstellt der Architekt sodann eine Entwurfsplanung, deren (zutreffende) Kostenbewertung gemäß DIN 276 die vereinbarte Bausumme überschreitet, dann sind Planung wie Kostenermittlung gemäß § 633 Abs. 2 Nr. 2 BGB mangelhaft. Insbesondere steht dem Architekten in diesem Fall kein Spielraum unter Toleranzaspekten zu.[349] **364**

347 Vgl. Langen/Schiffers, Bauplanung und Bauausführung, Rdn. 637.
348 BGH BauR 2003, 566 = NZBau 2003, 281.
349 BGH BauR 1997, 496.

3. Rechtsfolgen bei Kostenüberschreitungen

365 Ist die Kostenermittlung nach den oben dargestellten Grundsätzen mangelhaft, so hat der Auftraggeber gemäß § 635 BGB grundsätzlich einen **Nacherfüllungsanspruch.** Stellt sich allerdings erst während der Innenausbauarbeiten (also weit in der Leistungsphase 8) heraus, dass schon die Kostenberechnung nach DIN 276 aus der Leistungsphase 3 (Entwurfsplanung) mangelhaft war, so ergibt eine »Nachbesserung« jetzt keinen Sinn mehr. Denn diese Kostenberechnung sollte dem Auftraggeber ja Gelegenheit geben, bereits im Anschluss an die Leistungsphase 3 seine Entscheidung über Ob und Wie der weiteren Projektdurchführung unter Kostengesichtspunkten noch einmal zu überdenken. Deshalb ist der Auftraggeber in solchen Fällen auch ohne Aufforderung zur Nachbesserung mit Nachfristsetzung berechtigt, das **Honorar** des Architekten zu **mindern.**[350]

366 Hält der Architekt bei seiner Planung bzw. Kostenermittlung den vertraglich vereinbarten Kostenrahmen nicht ein, so ist damit nach der Rechtsprechung des BGH nicht nur die Planerleistung mangelhaft im Sinne von § 633 Abs. 2 BGB. Vielmehr stellt die vereinbarte Bausumme als Beschaffenheit des geschuldeten Architektenwerks nach der (bisherigen) Rechtsprechung des BGH zugleich die **Obergrenze der anrechenbaren Kosten für die Honorarabrechnung** dar.[351] Da dem (fortgeschrieben) Kostenanschlag bzw. der (fortgeschriebenen) Kostenfeststellung inzwischen für die Höhe des Planerhonorars ohnehin keine Bedeutung mehr zukommt, dürfte sich mit der HOAI 2009 der Anwendungsbereich dieser Rechtsprechung sehr eingeschränkt haben.

367 Eine fehlerhafte Kostenermittlung kann darüber hinaus im Einzelfall einen **Schadensersatzanspruch** des Auftraggebers gegen den Architekten gemäß § 634 Nr. 4 BGB begründen, wenn

- diese Pflichtverletzung des Planers (fehlerhafte Kostenermittlung)
- vom Planer zu vertreten ist
- und zu einem Schaden beim Auftraggeber geführt hat.

368 Das Vertretenmüssen, also das **Verschulden** des Architekten, wird hierbei gemäß § 280 Abs. 1 Satz 2 BGB **vermutet**. Dieser Entlastungsbeweis wird dem Architekten in aller Regel nicht gelingen. Zu beachten ist aber: Ordnet der Auftraggeber seinerseits Änderungs- oder Zusatz-

350 BGH BauR 2005, 400 = NZBau 2005, 158.
351 BGH BauR 2003, 566 = NZBau 2003, 281.

leistungen an, z.B. goldene statt silberne Wasserhähne, so sind die damit verbundenen Kostensteigerungen für die Einhaltung des vereinbarten Kostenlimits nicht von Bedeutung.[352] Es fehlt also trotz Nichteinhaltung des Kostenlimits bereits an einer Verletzung der Pflicht zur ordnungsgemäßen Kostenermittlung. Ist für den Architekten andererseits erkennbar, dass diese Änderungswünsche des Auftraggebers zu einer Überschreitung des vereinbarten Kostenlimits führen werden, so kann der Architekt zu einem entsprechenden Hinweis an den Auftraggeber verpflichtet sein. Wird diese **Hinweispflicht** verletzt, so liegt hierin zugleich eine schadensersatzbegründende Nebenpflichtverletzung.[353]

Der erforderliche **Schaden** kann z.B. darin liegen, dass das Bauvorha- **369**
ben mangels Finanzierbarkeit nicht vollendet und damit zur »Bauruine« wird. Häufig scheitert ein Schadensersatzanspruch (zumindest teilweise) daran, dass sich der Auftraggeber im Wege des sog. **Vorteilsausgleichs** (z.B. infolge der goldenen Wasserhähne) einen u.U. höheren Wert des Objekts anrechnen lassen muss.

Der Vollständigkeit halber: Die Parteien können theoretisch auch eine **370**
sog. »**Kostengarantie**« vereinbaren. Dann haftet der Planer bei eintretenden Kostenüberschreitungen verschuldensunabhängig darauf, sämtliche diesen Betrag übersteigenden Kosten selbst zu übernehmen. Diese Fälle sind in der Praxis äußerst selten, dem Architekten ist hiervon auch abzuraten. Zumal Ansprüche des Auftraggebers aus Baukostenüberschreitungen (also nicht nur im Fall einer Garantie, dort aber erst recht) oftmals **von der Deckung der Haftpflichtversicherung** des Architekten **ausgeschlossen** sind!

D. Die Abnahme des Architektenwerkes

Die **Abnahme** *des Architektenwerks*, rechtlich zu unterscheiden von der **371**
Abnahme *des Bauwerks* (genauer: der Bauausführungsleistungen), wird in der Praxis eher »stiefmütterlich« gehandhabt, obwohl mit ihr erhebliche Rechtsfolgen (Verjährungsbeginn für Gewährleistungsansprüche gegen den Architekten usw.) verbunden sind.

352 BGH BauR 1997, 494, 495.
353 Vgl. Langen/Schiffers, Bauplanung und Bauausführung, Rdn. 634.

1. Voraussetzungen und Formen der Abnahme

372 Als werkvertragliche Leistungen (siehe oben Rdn. 7 ff.) bedürfen die Architektenleistungen der Abnahme, § 640 BGB. Die Abnahme ist die körperliche Entgegennahme des Werkes verbunden mit der rechtsgeschäftlichen Erklärung des Auftraggebers, er erkenne das Werk als im Wesentlichen vertragsgemäß an (»**Billigung**«).[354] Da eine körperliche Abnahme (Entgegennahme) des Architektenwerks namentlich bei der Vollarchitektur nicht in Betracht kommt, setzt die Abnahme jedenfalls die **Vollendung der Architektenleistungen** voraus,[355] was vom Umfang der Beauftragung abhängig ist. Weil die Abnahme keiner besonderen Form bedarf, kann sie ausdrücklich (schriftlich oder mündlich), aber auch stillschweigend erfolgen. Förmliche Abnahmen der Architektenleistungen sind in der Praxis selten. Eine **stillschweigende** Abnahme setzt zwingend die **Abnahmefähigkeit** des Architektenwerkes voraus, d.h., die Architektenleistungen dürfen nicht mit wesentlichen Mängeln behaftet sein (§ 640 Abs. 1 Satz 2 BGB). Hinzu kommen muss ferner eine Handlung des Auftraggebers, aus der auf die o.g. **Billigung** der Architektenleistungen geschlossen werden kann. Beispiele:

- Tatsächliche Nutzung des Objekts nach Ablauf angemessener Prüfungsfrist.[356] Dies gilt nicht, wenn der Auftraggeber nur unter Zeitdruck (z.B. gekündigter Mietvertrag) in das Einfamilienhaus einzieht.[357]
- Beanstandungslose Bezahlung der Schlussrechnung nach Prüfung und Vollendung des Bauvorhabens.[358]
- Bei Beauftragung bis zur Genehmigungsplanung: Genehmigung des Bauantrags und anschließende Verwertung der Genehmigungsplanung durch den Auftraggeber.[359]

373 Im Zweifel sollte der Architekt dem Auftraggeber gemäß **§ 640 Abs. 1 Satz 3 BGB** eine angemessene **Frist** (maximal zwei Wochen) **zur Abnahme** setzen. Sind die Architektenleistungen abnahmefähig und verstreicht die gesetzte Frist zur Abnahme fruchtlos, treten die Abnahmewirkungen (siehe unten Rdn. 375) kraft Gesetzes ein.

---

354 BGH BauR 1974, 67.
355 BGH BauR 1999, 934.
356 BGH NJW-RR 1992, 1078 = ZfBR 1992, 264.
357 BGH BauR 1975, 344.
358 BGH BauR 1972, 251.
359 Werner/Pastor, Der Bauprozess, Rdn. 2399 f.

Ohne besondere vertragliche Vereinbarung hat der Architekt keinen Rechtsanspruch auf **Teilabnahme.**[360] Auch die Besprechung zum Abschluss jeder Leistungsphase gemäß § 3 Abs. 8 HOAI stellt (natürlich) keine Teilabnahme dar (siehe dazu schon oben Rdn. 197). Gerade dem mit der Vollarchitektur (alle Leistungsphasen 1–9) beauftragten Architekten ist daher dringend zu empfehlen, einen Teilabnahmeanspruch nach Abschluss der Leistungsphase 8 vertraglich zu vereinbaren. Andernfalls droht dem Architekten nach Abschluss des Bauvorhabens eine generelle Gewährleistungshaftung von »vier plus fünf Jahren«, weil er in der Leistungsphase 9 verpflichtet ist, (längstens) 4 Jahre ab Abnahme der Bauleistungen die Beseitigung innerhalb der Verjährungsfrist für die Bauunternehmer auftretender Mängel zu überwachen. **374**

2. Rechtsfolgen der Abnahme

Die Abnahme als »Dreh- und Angelpunkt des Werkvertrages«[361] hat folgende wesentliche **Rechtswirkungen:** **375**

- **Beschränkung des Erfüllungsanspruches**:
Nach der Abnahme beschränkt sich der ursprüngliche Erfüllungsanspruch des Auftraggebers auf Mängelansprüche.

- **Gefahrübergang**:
Mit der Abnahme gehen Leistungs- und Vergütungsgefahr auf den Auftraggeber über. Dabei meint **Leistungsgefahr**: Wird das Werk vor der Abnahme unverschuldet beschädigt bzw. zerstört, muss der Architekt seine Leistung notfalls auf eigene Kosten wiederholen (z.B. doppelte Bauüberwachung). Dies ist nach der Abnahme anders, jetzt trägt der Auftraggeber die sog. **Vergütungsgefahr.**

- **Beweislastumkehr bei Mängeln**:
Vor der Abnahme muss der Architekt die Mangelfreiheit seiner Leistungen nachweisen. **Nach** der Abnahme muss der Auftraggeber das Vorhandensein von Mängeln beweisen. Hat sich der Auftraggeber allerdings bei der Abnahme der Architektenleistungen bestimmte Mängel vorbehalten, bleibt hinsichtlich dieser vorbehaltenen Mängel die Beweislast für die Mängelfreiheit beim Architekten.[362] Diese Beweislastverteilung kommt vor allem dann zum Tragen, wenn sich der Mangel nicht mehr aufklären lässt (z.B. durch Baufortschritt).

360 BGH BauR 1994, 392; BauR 1987, 113.
361 Locher/Koeble/Frik, HOAI, Einl. Rdn. 69.
362 BGH BauR 1997, 129.

- **Verlust nicht vorbehaltener Ansprüche**:

Der Auftraggeber muss sich **bekannte Mängel** bei Abnahme vorbehalten, ansonsten verliert er hinsichtlich dieser Mängel seine Mängelansprüche, § 640 Abs. 2 BGB. Allerdings ist hierfür erforderlich, dass der Auftraggeber tatsächlich genau weiß, welcher Mangel konkret vorliegt. Die bloße Erkennbarkeit eines Mangels reicht nicht, selbst dann nicht, wenn der Mangel offenkundig ist. Und selbst wenn sich der Auftraggeber einen ihm nachweislich bekannten Mangel nicht vorbehalten hat, verliert er nicht seinen (gerade gegenüber dem Architekten wichtigen) Schadensersatzanspruch gemäß § 634 Nr. 4 BGB.[363]

Auch **Vertragsstrafenansprüche** muss sich der Auftraggeber bei der Abnahme ausdrücklich vorbehalten, weil sie ansonsten verfallen. Es sei denn, er hat mit dem Architekten im Planervertrag anderes rechtswirksam vereinbart.

- **Verjährungsbeginn**:

Mit der Abnahme beginnt der Lauf der Gewährleistungsfrist für Mängelansprüche des Auftraggebers. Der Architekt ist daher gut beraten, schon deshalb rechtssicher und nachweisbar eine Abnahme seines Werkes herbeizuführen, notfalls über den oben beschriebenen Weg des § 640 Abs. 1 Satz 3 BGB.

Nochmals zur Wiederholung: Für die Fälligkeit des Architektenhonoraranspruches ist die Abnahme – anders als bei Bauausführungsverträgen – keine Voraussetzung (siehe bereits oben Rdn. 327).

E. Mängelhaftung

376 Die Mängelhaftung richtet sich beim Planervertrag nach den §§ 633 ff. BGB.

1. Grundzüge

377 Nach dem **Mangelbegriff** in § 633 BGB ist die Leistung frei von Sachmängeln, wenn sie die **vereinbarte Beschaffenheit** hat. Ist eine solche Beschaffenheit nicht vereinbart, so ist die Leistung frei von Sachmängeln, wenn sie sich für die nach dem Vertrag vorausgesetzte, ansonsten für die gewöhnliche Verwendung eignet und eine Beschaffenheit auf-

363 OLG Köln NJW-RR 1993, 211.

weist, die bei Werken der gleichen Art üblich ist und die der Auftraggeber nach der Art des Werkes erwarten kann.

378 Besondere Bedeutung für die Frage, welche Beschaffenheit vereinbart ist, hat naturgemäß die **Leistungsbeschreibung**, in der die vertraglichen Leistungspflichten des Architekten definiert sind. Weicht der Ist-Zustand hiervon ab, so liegt ohne Weiteres ein Mangel vor. Auch wenn ihre Beachtung in § 633 BGB nicht explizit benannt ist, ist allgemein anerkannt, dass die Beachtung der **anerkannten Regeln der Technik** jedenfalls zur üblichen und vom Auftraggeber nach der Art des Werkes zu erwartenden Eignung der Leistung gehört; ein Mangel besteht also bereits bei Nichteinhaltung der anerkannten Regeln der Technik als solcher.[364] Die Leistung ist allerdings auch mangelhaft, wenn sie zwar der vereinbarten Beschaffenheit entspricht und auch die anerkannten Regeln der Technik als »Mindeststandard« einhält, jedoch nicht die nach dem Vertrag vorausgesetzte bzw. die gewöhnliche Verwendungstauglichkeit aufweist (sog. **funktionaler Mangelbegriff**).[365] Beispiele für Mängel des Architektenwerks:

379 **Nicht dauerhaft genehmigungsfähige Planung**:[366] Die Parteien können aber ausdrücklich vereinbaren, dass der Auftraggeber das Risiko der Genehmigungsfähigkeit übernimmt. Allein die Kenntnis des Auftraggebers von einer »risikoreichen« Planung genügt hierfür regelmäßig nicht.[367]

380 Die **Ausführungsplanung** weist **nicht** die erforderliche Planungstiefe und Planungsdichte auf: Erforderlich ist eine **»ausführungsreife«** zeichnerische Darstellung, wozu auch die erforderlichen textlichen Ausführungen gehören.[368] Namentlich in der Technischen Gebäudeausrüstung (**TGA**) entstehen oftmals Abgrenzungsstreitigkeiten, welche Planungsdetails bereits in der »ausführungsreifen« TGA-Ausführungsplanung gemäß § 53 Abs. 1 Nr. 5 HOAI (vom TGA-Fachplaner zu erbringen) enthalten sein müssen und was (erst) in der darauf aufbauenden, vom ausführenden TGA-Unternehmen zu erstellenden Montage- und Werkstattplanung (siehe z.B. Ziffer 3.1.2 der VOB/C-DIN 18379) planerisch ausgewiesen sein muss. Diese **Schnittstel-**

364 BGH BauR 2006, 375 = NZBau 2006, 112; Palandt, BGB, § 633 Rdn. 6.
365 BGH BauR 2008, 344 = NZBau 2008, 109.
366 BGH BauR 2001, 785, 787 = NZBau 2001, 261.
367 BGH BauR 2002, 1872 = NZBau 2003, 38.
368 BGH BauR 2000, 1217, 1219 = NZBau 2000, 386.

lenproblematik zur **M+W-Planung** ist inzwischen teilweise in der »VDI 6026: Mai 2008 – Dokumentationen in der Technischen Gebäudeausrüstung« geregelt.

381 **Mangelhafte Bauüberwachung:** Lediglich **einfache, gängige Arbeiten** (z.B. Malerarbeiten) braucht der Architekt nicht regelmäßig zu überwachen. Eine erhöhte Aufmerksamkeit und besonders intensive Überwachungstätigkeit ist jedoch bei typischen »gefahranfälligen« Bauausführungsleistungen erforderlich (Abdichtungsarbeiten, Sanierungsarbeiten, Teil- und Wärmedämmung, Ausschachtungs- und Unterfangungsarbeiten usw.) sowie besonders dann, wenn sich (bei einem Handwerker) bereits Mängel gezeigt haben.[369]

382 Die werkvertragliche Erfolgshaftung des Architekten ist grundsätzlich **verschuldensunabhängig**. Ein Verschulden des Architekten wird lediglich bei der Geltendmachung von Schadensersatzansprüchen verlangt, jedoch auch hier kraft Gesetzes zu Lasten des Architekten widerleglich vermutet (§ 280 Abs. 1 Satz 2 BGB). Solange sich die Planungsleistungen noch nicht im Bauwerk verwirklicht haben (z.B.: Nach dem fehlerhaften Ausführungsplan wurde noch nicht gebaut), hat der Auftraggeber gegen seinen Architekten einen **Nacherfüllungsanspruch**. Damit korrespondiert ein entsprechendes **Nacherfüllungsrecht** des Architekten, welches er erst verliert, wenn er die ihm von seinem Auftraggeber gesetzte angemessene Nacherfüllungsfrist fruchtlos verstreichen lässt.[370] Sein Ersatzvornahmerecht gemäß § 637 BGB, das Honorarminderungsrecht nach § 638 BGB usw. kann der Auftraggeber in diesen Fällen also erst nach fruchtlosem Ablauf einer gesetzten Frist zur Mängelbeseitigung durchsetzen.[371]

383 Anders, wenn sich der **Mangel** der Architektenleistungen **bereits im Bauwerk verwirklicht** hat (z.B.: Das Dach ist undicht). In diesen Fällen scheidet eine Nacherfüllung aus, denn die Neuplanung oder wiederholte Objektüberwachung beseitigen nicht den Mangel am Bauwerk selbst, das körperliche Bauwerk ist jedoch nicht Sache des Planers und damit auch nicht Gegenstand seiner Nacherfüllungspflicht.[372] Der Auftraggeber kann in diesen Fällen **hinsichtlich der Mängel am Bau-**

369 BGH BauR 2000, 1523 = NZBau 2000, 525; BauR 2001, 273 = NZBau 2001, 213; BauR 2000, 1217 = NZBau 2000, 386; BauR 2000, 1330 = NZBau 2000, 433.

370 BGH BauR 2003, 693 = NZBau 2003, 267.

371 OLG Hamm BauR 2009, 862 (Ls.) = IBR 2009, 216.

372 BGH BauR 1978, 498.

werk[373] grundsätzlich **unmittelbar**, d.h. ohne Mängelbeseitigungsaufforderung mit Nachfristsetzung, seine Rechte auf **Minderung, Schadensersatz** usw. geltend machen.[374] Im Einzelfall hat der Auftraggeber allerdings gegebenenfalls aus Gründen der Schadensminderungspflicht den Architekten zur Koordination und Beaufsichtigung der Mangelbeseitigung durch den Handwerker zuzulassen.[375]

Schadensersatzansprüche gegen den Architekten sind übrigens der **384**
Höhe nach (natürlich) nicht auf ein angemessenes Verhältnis zur Höhe des vereinbarten Architektenhonorars begrenzt; auch deshalb ist dringend anzuraten, bei der Haftpflichtversicherung für **ausreichend hohe Deckungssummen** zu sorgen.

2. Mehrere Haftende

Sind mehrere vom Auftraggeber beauftragte Baubeteiligte für einen **385**
aufgetretenen Bauwerksmangel mitverantwortlich (z.B. fehlerhafte Abdichtungsarbeiten des Bauhandwerkers, die bei der Objektüberwachung übersehen wurden), so haften die Beteiligten dem Auftraggeber grundsätzlich **gesamtschuldnerisch** gemäß § 421 BGB. Der Auftraggeber kann im Beispiel also von seinem Objektüberwacher die *gesamten* Schadensbeseitigungskosten ersetzt verlangen; der Regress entsprechend der jeweiligen Verantwortungsquote findet allein im Innenverhältnis zwischen Objektüberwacher und Bauhandwerker statt. Der Objektüberwacher trägt also das Risiko der Insolvenz des Bauhandwerkers.

Zu beachten ist, dass sich der Auftraggeber gegenüber seinem Bau- **386**
handwerker nicht etwaige **Überwachungsfehler** seines Architekten im Wege des **Mitverschuldens** gemäß § 254 BGB anrechnen lassen muss. Denn der Architekt ist im Rahmen der örtlichen Bauaufsicht nicht Erfüllungsgehilfe des Auftraggebers, weil der Auftraggeber dem Bauhandwerker keine Überwachung »schuldet«, und zwar weder als Haupt- bzw. Nebenpflicht, noch als Obliegenheit (sondern diese lediglich im eigenen Interesse durchführt).[376]

373 Hiervon zu unterscheiden ist der Fall, wenn (daneben) Kosten der Selbstvornahme der Bauüberwachung geltend gemacht werden sollen: dazu OLG Düsseldorf, Urteil vom 19.09.2008 – 22 U 52/08.

374 OLG Hamm BauR 2009, 862 (Ls.) = IBR 2009, 216.

375 BGH BauR 1972, 62, 63; OLG Hamm BauR 1992, 800, 801.

376 BGH BauR 1997, 1022; NJW 1972, 447.

387 Hingegen muss sich der Auftraggeber **Planungsfehler** seines Architekten gegenüber seinem Bauhandwerker im Wege des Mitverschuldens gemäß § 254 BGB anrechnen lassen. Denn der Auftraggeber schuldet dem Bauhandwerker regelmäßig eine mangelfreie Planung (siehe § 3 Abs. 1 VOB/B), insoweit ist also der Planer sein Erfüllungsgehilfe.[377]

388 Ferner gehört zu den Pflichten des Auftraggebers gegenüber den Bauhandwerkern, diejenigen Entscheidungen zu treffen, die für die reibungslose Ausführung des Baus unentbehrlich sind, wozu auch die Abstimmung der Leistungen der einzelnen Unternehmer während der Bauausführung gehört (»Koordinierungspflicht«). Übernimmt der Architekt mithin im Auftrag des Auftraggebers diese Koordinierung, so muss sich der Auftraggeber etwaige **Koordinierungsfehler** seines Architekten im Wege des Mitverschuldens anrechnen lassen.[378]

389 Mit Urteil vom 27.11.2008 hat der BGH entschieden, dass sich der Auftraggeber, nimmt er seinen bauüberwachenden Architekten auf Schadensersatz in Anspruch, die mangelhafte Planung eines mit den Leistungsphasen 1–5 beauftragten Architekturbüros im Wege des »Mitverschuldens« zurechnen lassen muss. Denn den Auftraggeber treffe jedenfalls die »**Obliegenheit**«, dem bauaufsichtsführenden Architekten mangelfreie Pläne zur Verfügung zu stellen, was für eine »Mitverschuldenszurechnung« genüge.[379] Dies ist im Ergebnis zutreffend, jedoch handelt es sich hierbei nicht bloß um eine Obliegenheit, sondern um eine »echte« (ggf. Schadensersatz auslösende) Nebenpflicht.

390 Die vorgenannten Grundzüge gelten grundsätzlich analog im Verhältnis zwischen Auftraggeber, Architekt, Bauhandwerker und vom Auftraggeber beauftragten **Fachplanern** (z.B. Statiker). Sehr streitanfällig und vom Einzelfall abhängig ist namentlich die **Haftungsabgrenzung zwischen Statiker und Architekt**. So haftet der Architekt seinem Auftraggeber in der Regel nicht für die Richtigkeit der statischen Berechnung, sondern kann sich grundsätzlich auf deren Richtigkeit verlassen.[380] Jedoch muss der Architekt die statische Berechnung auf die Einhaltung der von ihm vorgegebenen Soll-Vorgaben überprüfen (ob z.B. der Statiker den aktuellen Stand der Architektenpläne seinen Berechnungen tatsächlich zugrunde gelegt hat). Umgekehrt darf der Tragwerksplaner grundsätzlich auf die Richtigkeit der Architektenpläne

377 BGH NJW 1972, 447 f.
378 BGH NJW 1972, 447 f.
379 BGH BauR 2009, 515 = NZBau 2009, 185.
380 BGH BauR 2003, 1247 = NZBau 2003, 501.

vertrauen; dies gilt allerdings nicht bei handgreiflichen Fehlern, die sich dem Tragwerksplaner aufdrängen müssen.[381]

F. Sicherheiten

Die Parteien können im Planervertrag die einseitige oder wechselseitige Gestellung von Sicherheiten vereinbaren (z.B. Vertragserfüllungsbürgschaft, Gewährleistungsbürgschaft). Insbesondere der Auftraggeber ist, will er Sicherheitseinbehalte vornehmen, auf eine solche vertragliche Vereinbarung zwingend angewiesen.[382] Denn in der HOAI sind Sicherheiten nicht geregelt. Und das Bürgerliche Gesetzbuch (BGB) kennt nur Sicherheiten zugunsten des Werkunternehmers. Es handelt sich hierbei um die sog. Bauhandwerkersicherungshypothek (§ 648 BGB) sowie die Bauhandwerkersicherung gemäß § 648a BGB. 391

1. Bauhandwerkersicherungshypothek (§ 648 BGB)

Gemäß § 648 BGB kann der Unternehmer eines Bauwerkes für seine Forderungen aus dem Vertrag die Einräumung einer Sicherungshypothek an dem Baugrundstück des Bestellers verlangen. Dies kann kurzfristig über die in einem einstweiligen Verfügungsverfahren erwirkte Eintragung einer Vormerkung in das Grundbuch gesichert werden (§ 885 BGB). 392

Inzwischen ist anerkannt, dass auch der Architekt »Unternehmer eines Bauwerkes« sein kann, obgleich er nur ein »geistiges Werk« erbringt. Jedoch müssen sich seine Architektenleistungen bereits in dem Bauwerk selbst »verkörpert« haben, so dass die Absicherung über eine Bauhandwerkersicherungshypothek frühestens mit **Beginn** der Ausschachtungsarbeiten in Betracht kommt.[383] Nach Maßgabe dieser Ausführungen kommt als **Sicherungsberechtigter** in Betracht, 393

- wer mit der **Vollarchitektur** beauftragt ist,
- wer mit der **Objektüberwachung** beauftragt ist,

381 BGH BauR 2003, 1247 = NZBau 2003, 501; BauR 1997, 488.

382 Zu AGB-rechtlichen Grenzen siehe beispielsweise BGH BauR 2006, 674 = NZBau 2006, 245 – Unwirksame Abschlagszahlungsbeschränkung eines HOAI-Honorars auf 95 %.

383 OLG Düsseldorf BauR 1999, 1482 = NZBau 2000, 577; das Abtragen von Mutterboden reicht nicht, vgl. OLG Hamm BauR 2000, 1087 = NZBau 2000, 338.

- wer mit der **Entwurfsplanung** beauftragt ist (gerade er jedoch erst, wenn mit dem Bauwerk begonnen wird, also faktisch erst nach Abschluss seiner Leistungen),
- der Sonderfachmann, dessen Vertrag als Werkvertrag zu qualifizieren ist (z.B. Tragwerksplaner),

nicht aber der reine **Freianlagenplaner**[384].

394 Der Auftraggeber des Architekten muss nach dem Gesetzeswortlaut des § 648 BGB **Eigentümer** des zu bebauenden Grundstückes sein. Eine Absicherung nach dieser Vorschrift scheidet also aus, wenn der Architekt für einen potenziellen Investor plant, solange dieser das Grundstück noch nicht erworben hat.

395 Der **Höhe** nach kann der Architekt Sicherheit für erbrachte, aber noch nicht bezahlte Leistungen verlangen. Bei **Mängeln** der Werkleistung ist von diesem sicherungsfähigen Betrag im Regelfall der (einfache) Betrag der voraussichtlichen Mängelbeseitigungskosten abzuziehen.[385]

2. Die Bauhandwerkersicherung (§ 648a BGB)

396 Gemäß § 648a BGB kann der Unternehmer eines Bauwerks oder einer Außenanlage von seinem Auftraggeber Sicherheit in Höhe der **vollen Auftragssumme einschließlich Nachträgen und Nebenforderungen** verlangen, soweit noch keine Zahlungen oder anderweitige Sicherheiten (z.B. aufgrund vertraglicher Vereinbarung) geleistet worden sind. Dies gilt auch nach der Abnahme, § 648a Abs. 1 Satz 3 BGB. § 648a BGB ist durch das neue **Forderungssicherungsgesetz 2009** verschärft worden. Der Auftragnehmer hat nunmehr das **Wahlrecht**, ob er

- **seinen Anspruch** auf Gestellung der Sicherheit gemäß § 648a Abs. 1 BGB gerichtlich **einklagt**[386] oder
- die **Arbeiten einstellt,** nachdem eine seinem Auftraggeber gesetzte, angemessene Frist zur Stellung der Sicherheit abgelaufen ist oder
- **den Vertrag gemäß** § 648a Abs. 5 BGB **kündigt**.

---

384 Er ist jedoch nach § 648a BGB als »Unternehmer einer Außenanlage« sicherungsberechtigt.

385 Brandenburgisches OLG BauR 2003, 578, 580; Werner/Pastor, Der Bauprozess, Rdn. 234.

386 Nach zutreffender Auffassung ist dies wegen der Voraussetzungen des § 592 ZPO allerdings **nicht** im Wege der Urkundenklage möglich, vgl. Kaiser, Das neue Forderungssicherungsgesetz, Rdn. 145.

Ebenso wie bei § 648 BGB gehören auch bei § 648a BGB die Architekten und Ingenieure zu dem Kreis der **sicherungsberechtigten** »Unternehmer eines Bauwerks«. Neben den oben unter Rd. 393 Genannten gehört bei § 648a BGB hierzu auch der Freianlagenplaner wegen der ausdrücklichen Erwähnung der »Außenanlagen« in § 648a Abs. 1 Satz 1 BGB. **397**

Sehr umstritten ist, ob der Architekt wie bei § 648 BGB erst dann Sicherheit nach § 648a BGB beanspruchen kann, wenn sich seine »geistige« planerische Leistung im Bauwerk realisiert.[387] Nach zutreffender Ansicht kann der Architekt **bereits unmittelbar nach Abschluss des Planervertrages** Sicherheit gemäß § 648a BGB von seinem Auftraggeber verlangen.[388] **398**

Der Anspruch des Architekten auf Abschlagszahlungen nach § 15 Abs. 2 HOAI bzw. § 632a BGB steht dem Verlangen nach Sicherheit nicht entgegen. Mängeleinbehalte des Auftraggebers bleiben bei der **Höhe** der zu stellenden Sicherheit unberücksichtigt. Ebenso kann der Auftraggeber nur mit unbestrittenen oder rechtskräftig festgestellten Forderungen aufrechnen. Verlangt der Architekt eine **überhöhte Sicherheit,** so ist sein Sicherungsverlangen nicht unwirksam, sondern verpflichtet seinen Auftraggeber, fristgerecht eine Sicherheit in der gerechtfertigten Höhe anzubieten.[389] Ob der Architekt von seinem Recht zur Einstellung der Arbeiten bzw. gar zur Kündigung des Vertrages Gebrauch machen sollte, stellt insbesondere bei **streitigen Planernachträgen** ein beträchtliches Risiko dar, da häufig tatsächlich und rechtlich schwierige Fragen zu klären sind.[390] Die unberechtigte Arbeitseinstellung kann u.U. eine schwerwiegende Vertragsverletzung darstellen, die ihrerseits den Auftraggeber zur Kündigung des Architektenvertrages aus wichtigem Grund berechtigt.[391] **399**

Vereinbarungen, auch Individualvereinbarungen, die zu seinem Nachteil den Sicherungsanspruch des Architekten aus § 648a BGB einschränken sollen, sind unwirksam, § 648a Abs. 7 BGB. Private Bauher- **400**

387 So beispielsweise Thode/Wirth/Kuffer, Praxishandbuch Architektenrecht, § 25 Rdn. 51.

388 OLG Düsseldorf BauR 2005, 585 = NZBau 2005, 164; Kniffka/Koeble, Kompendium des Baurechts, Teil 10 Rdn. 45.

389 BGH BauR 2001, 386 = NZBau 2001, 129, 132; OLG Düsseldorf BauR 1999, 47; OLG Dresden BauR 2006, 1318.

390 BGH BauR 2001, 386 = NZBau 2001, 129.

391 Siehe Kapellmann/Langen, VOB/B, Rdn. 367.

ren von Einfamilienhäusern sind jedoch ebenso wie öffentliche Auftraggeber von der Pflicht zur Sicherheitsleistung von vornherein befreit, § 648a Abs. 6 BGB.

G. Versicherungsschutz

401 Bauvorlageberechtigte Ingenieure und Architekten müssen einer **Berufskammer angehören** und sind in einigen Bundesländern aufgrund ihrer Kammerzugehörigkeit gesetzlich (berufsrechtlich) **verpflichtet**, sich ausreichend gegen **Haftpflichtansprüche** zu **versichern**. Der Auftraggeber ist dann oftmals gesetzlich berechtigt, vom Planer bei Vertragsabschluss Auskunft über die Haftpflichtversicherung zu erlangen.[392] Ohne **Kammerzugehörigkeit** oder in anderen Bundesländern besteht eine Versicherungspflicht nicht. Der kammerzugehörige Architekt kann sich auch für jedes Objekt einzeln, auch beschränkt auf einzelne Leistungsphasen, versichern. Die Versicherungspflicht besteht jedoch schon bei **Einreichung eines Bauantrags** bei der Bauaufsichtsbehörde und nicht erst ab Genehmigung des Bauantrags. Denn der Bauantrag kann im Einzelfall bereits zu einer Haftung führen.[393]

402 Die Haftungsverpflichtung des Architekten umfasst diejenigen Haftpflichtgefahren, die auf den Architekten als Versicherungsnehmer in seiner individuellen, beruflichen, gewerblichen oder sonstigen gefahrträchtigen Sphäre zukommen können. Dieser Schutz besteht jedoch nur im Umfang der sich aus dem **Versicherungsschein** und seinen **Nachträgen** ergebenden Eigenschaften, Rechtsverhältnissen und Tätigkeiten des Versicherungsnehmers (»**versichertes Risiko**«). Das versicherte Risiko wird meist in vorgefertigten **Risikobeschreibungen** der Versicherungen festgelegt. Durch Verweis im Versicherungsvertrag gelten für den Architekten daneben zumeist die »Allgemeinen Versicherungsbedingungen für die Haftpflichtversicherung« **(AHB)** aus dem Jahr 2008, durch die **weitgehende Leistungsausschluss-Tatbestände** geschaffen worden sind, die allerdings **eng auszulegen** sind.[394] Hinzuweisen ist jedoch darauf, dass **Ansprüche aus Baukostenüberschreitungen** oftmals **nicht gedeckt** sind. Daneben werden meist noch die »Besonderen Bedingungen und Risikobeschreibungen für die Berufs-

392 Bspw. in NRW auf Grundlage des § 19 Abs. 3 der Durchführungsverordnung zum Baukammergesetz (DVO).

393 VG Düsseldorf BauR 2009, 1189 (Ls.) = IBR 2009, 286, mit Anmerkung Hunger.

394 BGH VersR 2003, 454 = NJW-RR 2003, 672.

haftpflichtversicherung von Architekten, Bauingenieuren und beratenden Ingenieuren« (**BBR/AB**) zum Vertragsbestandteil erklärt. Rechte und Pflichten aus dem Versicherungsvertrag können wegen der unterschiedlichen Regelwerke der einzelnen Versicherer nur im Einzelfall bestimmt werden.

Wichtigste **Obliegenheit des Architekten** im Schadensfall ist die **403**
rechtzeitige Anzeige des möglichen Schadens an den Versicherer gemäß § 104 des Versicherungsvertragsgesetzes (VVG). Wird ein Anspruch gegen den Architekten **außergerichtlich** geltend gemacht, muss die Anzeige nach § 104 Abs. 1 Satz 2 VVG binnen **einer Woche** erfolgen, bei **gerichtlicher** Geltendmachung (auch durch Streitverkündung, selbstständiges Beweisverfahren etc.) hingegen **unverzüglich**, § 104 Abs. 2 VVG. Der Versicherer ist dann verpflichtet, nicht nur die **Haftpflichtfrage** zu **prüfen**, sondern auch die **Abwehr** von unberechtigten Ansprüchen zu ermöglichen, insbesondere auch dadurch, dass der Versicherer einen Rechtsstreit im Namen des Versicherungsnehmers auf eigene Kosten zu führen hat. Der Versicherer ist dabei verpflichtet, das Interesse des Versicherten (= Architekt) so zu wahren, wie das ein von diesem beauftragter Rechtsanwalt tun würde. Wegen des umfassend versprochenen Rechtsschutzes gilt das sogar dann, wenn eine **Kollision** zwischen den Interessenten des Versicherten und denen des Versicherers einmal nicht zu vermeiden ist. In diesem Fall muss der Versicherer seine Interessen hinten anstellen.[395] Entschließt sich der Versicherer zur Abwehr des Anspruchs, hat der den Haftpflichtprozess selbst zu führen. Überträgt er diese eigene Aufgabe auf den Versicherungsnehmer, kann er die hierdurch entstehenden Risiken nicht auf diesen abwälzen.[396] Gemäß § 5 Nr. 7 AHB ist ein **Anerkenntnis** des Versicherers dem Geschädigten gegenüber allerdings für den Architekten bindend.

H. Urheberrecht

Das Urheberrecht des Architekten rückt nicht erst seit den Prozessen **404**
um den Lehrter Bahnhof in Berlin[397] oder die Großmarkthalle in Frankfurt am Main in den Vordergrund. Dadurch, dass **Bauen im Bestand** zunehmend an Bedeutung gewinnt, wird vermehrt in urheberrechtlich geschützte Bausubstanz eingegriffen. Vielfach zwingen

395 BGH VersR 1992, 1504, 1505 = NJW 1993, 68.
396 BGH BauR 2007, 1078 = NZBau 2007, 377.
397 Vgl. LG Berlin NZBau 2007, 324 (nicht rechtskräftig).

auch konjunkturelle Rahmenbedingungen Auftraggeber zum »Abspecken« ihrer zuvor aufwändig angelegten Planung – oftmals nicht zur Freude des Entwurfsverfassers. Dennoch wird das **Projektrisiko Urheberrecht** bei Bestandsprojekten oft unterbewertet oder gar nicht erst gesehen.

1. Urheberrechtsschutz des Architekten

405 Das vom Architekten geschaffene urheberrechtlich geschützte Werk ist zunächst einmal nicht das Bauwerk, sondern der **Entwurf des Bauwerkes**, der sich in den Plänen und sodann auch im Bauwerk verkörpert. Ob dieser Entwurf überhaupt urheberschutzfähig ist, richtet sich nach § 2 Abs. 1 Nr. 4 und 7 des Urheberrechtsgesetzes (UrhG). Danach können »Werke der Baukunst« (Bauwerke) und deren Entwürfe sowie Zeichnungen, Pläne, Skizzen und plastische Darstellungen Urheberrechtsschutz genießen, wenn die ihnen zugrunde liegende Leistung des Architekten gemäß § 2 Abs. 2 UrhG eine »**persönliche geistige Schöpfung**« darstellt, die, so der BGH[398], »mit Darlegungsmitteln der Kunst durch formgebende Tätigkeit hervorgebracht ist und deren ästhetischer Gehalt einen solchen Grad erreicht hat, dass nach den im Leben herrschenden Anschauungen noch von Kunst gesprochen werden kann, und zwar ohne Rücksicht auf den höheren oder geringeren Kunstwert und ohne Rücksicht darauf, ob das Werk neben dem ästhetischen Zweck noch einem praktischen Zweck dient«. Urheberrechtsschutz wird angenommen, wenn das Werk eine gewisse **Gestaltungshöhe** erreicht und sich so von der Masse des durchschnittlichen, üblichen und alltäglichen Bauschaffens abhebt und nicht nur das Ergebnis eines rein handwerklichen routinemäßigen Schaffens darstellt.[399] Auch reine **Zweckbauten** können urheberrechtlich geschützt sein, ebenso wie **Gebäudeensembles** durch die Anordnung der Gebäude im Verhältnis zueinander.[400] Auch **Einzeldetails**, wie etwa die Fassadengestaltung[401] oder ein Treppenhaus[402], sind schutzfähig.

406 Letztlich ist es immer eine **Einzelfallentscheidung**, ob ein Bauwerk Urheberrechtsschutz genießt oder nicht. Genau das macht das Urheberrecht für Projektentwickler und Auftraggeber bei Bestandsprojek-

398 BGHZ 24, 55, 63.
399 OLG Stuttgart IBR 1996, 470.
400 BGHZ 24, 55.
401 BGH BauR 1989, 348.
402 BGH BauR 1999, 272.

ten oder bei der Umplanung so gefährlich: Wie soll man ein Projektrisiko bewerten, dass sich ggf. erst nach einem jahrelangen Instanzenzug vor Gericht verwirklicht, wenn dem klagenden Architekten endgültig ein Unterlassungs- oder Beseitigungsanspruch zugesprochen wird? Denn der gut beratene Architekt wird keinen einstweiligen Rechtsschutz suchen mit der Folge, dass er sich bei einem Unterliegen schadensersatzpflichtig (§ 945 ZPO) wegen des zwischenzeitlich erwirkten Baustopps macht, sondern den Auftraggeber gemäß § 97 UrhG mit einer Leistungsklage auf **Unterlassung** oder (ggf. auch nachträglich) auf **Beseitigung** der Rechtsverletzung, also regelmäßig den Rückbau, in Anspruch nehmen, und so im Unterliegensfalle allenfalls das Kostenrisiko tragen. Daneben kann der Architekt auch **Schadensersatz** und **Herausgabe** des durch die Urheberrechtsverletzung **erzielten Gewinns** verlangen.

2. Rechte des Auftraggebers

407 Da Bauwerke jedoch immer auch einer Funktion dienen und nur selten reine Kunstwerke darstellen, müssen auch die Interessen des Auftraggebers berücksichtigt werden. Weit verbreitet ist insoweit der Irrtum, der Architekt könne oder müsse dem Auftraggeber das **Urheberrecht übertragen**. Dies ist gesetzlich ausgeschlossen, § 29 S. 2 UrhG. Vielmehr kann der Architekt dem Auftraggeber **urheberrechtliche Nutzungsbefugnisse** einräumen. Dies geschieht meist **konkludent**, also durch schlüssiges Handeln, mit Abschluss des Architektenvertrages, soweit diese Nutzungsrechte zur Errichtung oder zum späteren Betrieb des Bauwerkes erforderlich sind.[403]

408 Erlaubt ist dem Auftraggeber – wenn nichts anderes vereinbart wurde – meist nur die **einmalige Realisierung** der Planung, es sei denn, das Bauwerk wird nach Zerstörung oder Beschädigung **wiederaufgebaut**.[404] Der **Architekt** behält demgegenüber das **Recht zum Nachbau** (§ 16 UrhG), über die **Veröffentlichung seiner Planung** zu befinden (§ 12 UrhG), eine **Urheberbezeichnung** an dem Bauwerk anzubringen[405] oder – eingeschränkt – auch nach Fertigstellung des Bauwerks **Zugang** hierzu zu erhalten (§ 13 Satz 2 UrhG).

403 BGH BauR 1984, 416.
404 Werner/Pastor, Der Bauprozess, Rdn. 1955.
405 BGH BauR 1996, 784.

409 Das urheberrechtsfähige Werk ist grundsätzlich gemäß § 14 UrhG gegen **Entstellung** und gemäß § 39 Abs. 1 UrhG gegen **Änderungen** geschützt. Letztere sind allerdings gemäß § 39 Abs. 2 UrhG **erlaubt**, wenn der Architekt als Urheber seine Einwilligung nach **Treu und Glauben** nicht versagen kann. Daraus folgt zunächst, dass der Architekt auf sein Recht, Änderungen zu verbieten, konkret auf eine Änderung bezogen oder auch generell **verzichten** kann, insbesondere also auch in seinem mit dem Auftraggeber geschlossenen Planervertrag. Den vollständigen **Abriss des Bauwerks** kann der Architekt ohnehin nicht verhindern.[406] Ob der Architekt verpflichtet ist, einer Änderung zuzustimmen, ergibt eine im Einzelfall vorzunehmende **Abwägung der Interessen** des Architekten an der Erhaltung des von ihm geschaffenen Werkes und der des Auftraggebers an der freien und wirtschaftlichen Nutzung seines Eigentums. Zu berücksichtigen sind dabei regelmäßig[407]

- der künstlerische Rang des Bauwerks,
- der qualitative und quantitative **Umfang des Eingriffs** in das Bauwerk,
- die **technische Notwendigkeit** des Eingriffs, bspw. zur Instandsetzung oder Modernisierung,
- die **Art des Bauwerks** und
- die **Dringlichkeit** der Änderung.

410 Insbesondere bei **Nutzungsänderungen** (bspw. Büro- statt Wohnnutzung) wiegen die Interessen des Auftraggebers oft schwerer. Änderungsrechte des Auftraggebers enden jedoch jedenfalls bei der **Entstellung** Bauwerks, also einer Verzerrung oder Verfälschung der Wesenszüge des Werkes. Im Übrigen kann auch der **eine Planung übernehmende Architekt** (bspw. nach einer Kündigung des Entwurfsverfassers) urheberrechtlich Verletzer und damit auch **Anspruchsgegner** sein, abgesehen davon, dass er auch **standesrechtlich** zur Beachtung des Urheberrechts seiner Kollegen angehalten ist.

I. Rechtsdienstleistung durch Architekten

411 Der Architekt ist im Rahmen der Planung und Objektüberwachung mit einer Vielzahl von rechtlich überlagerten bzw. geprägten Aufgaben konfrontiert, die er für seinen Auftraggeber einer Lösung zuführen soll.

406 RGZ 79, 397, 401.
407 Werner/Pastor, Der Bauprozess, Rdn. 1958.

So schuldet der mit der Vollarchitektur beauftragte Planer beispielsweise eine dauerhaft genehmigungsfähige Planung, wofür er das Bauplanungs- und Bauordnungsrecht beherrschen muss[408]; er muss bei Vertragsverhandlungen und der Auftragsvergabe mitwirken; bei der späteren Rechnungsprüfung hat er Nachträge auf ihre Berechtigung hin zu prüfen[409]; er muss Mängel und Terminverzüge rügen, bei der Abnahme mitwirken, Gewährleistungsfristen auflisten und überwachen usw. Je nach vertraglicher Vereinbarung mit seinem Auftraggeber soll er unter Umständen sogar »gängige« Vertragsmuster überprüfen und für das konkrete Bauvorhaben anpassen.

Nichtjuristen ist jedoch die Rechtsberatung gemäß § 3 des sog. **Rechtsdienstleistungsgesetzes** (RDG), welches 2008 das frühere Rechtsberatungsgesetz abgelöst hat, grundsätzlich untersagt und nur ausnahmsweise erlaubt. Die Folgen von Verstößen gegen das RDG können erheblich sein: Verträge, die nach RDG verbotene Rechtsdienstleistungen enthalten, sind im Zweifel nach §§ 134, 139 BGB insgesamt unwirksam. Damit entfällt der Honoraranspruch[410] – nicht jedoch umgekehrt die Haftung für eine fehlerhafte Rechtsberatung. 412

Der Architekt sollte also im Zweifel sicherheitshalber sorgfältig prüfen (lassen), ob bzw. welche Tätigkeiten im Grenzbereich der (un)zulässigen Rechtsberatung ausnahmsweise (noch) erlaubt sind. Zentrale Erlaubnisnorm ist hierbei § 5 Abs. 1 RDG, der da lautet: 413

»Erlaubt sind Rechtsdienstleistungen im Zusammenhang mit einer anderen Tätigkeit, wenn sie ***als Nebenleistung zum Berufs- oder Tätigkeitsbild gehören****. Ob eine Nebenleistung vorliegt, ist nach ihrem Inhalt, Umfang und sachlichen Zusammenhang mit der Haupttätigkeit unter Berücksichtigung der Rechtskenntnisse zu beurteilen, die für die Haupttätigkeit erforderlich sind.«*

Nach der damit angesprochenen sog. **Annexrechtsberatung** ist eine Rechtsdienstleistung also erlaubt, wenn sie 414

- als Nebenleistung im Zusammenhang mit einer anderen Tätigkeit (der Hauptleistung) erbracht wird
- und zum Berufs- oder Tätigkeitsbild des Erbringers gehört.

408 BGH BauR 2002, 114 = NZBau 2002, 41.
409 BGH BauR 1982, 185, 186.
410 Auch Ansprüche aus sog. ungerechtfertigter Bereicherung können je nach Umständen des Einzelfalls an § 817 BGB scheitern.

415 Der **Schwerpunkt** des Hauptgeschäftes darf also nicht auf rechtlichem, sondern nur auf sonstigen (wirtschaftlichen, technischen usw.) Gebieten liegen, also z.B. auf dem Gebiet der fachtechnischen Planung. Zum **Berufs- oder Tätigkeitsbild** des Architekten gehören auf jeden Fall diejenigen Leistungen, die in den jeweiligen Leistungsbildern der HOAI aufgelistet sind. Gerade diese Berufs- bzw. Tätigkeitsbilder können sich übrigens zukünftig verändern – und damit auch die (entwicklungsoffene) Grenze zur unerlaubten Rechtsdienstleistung.

416 Im Rahmen der **Leistungsbilder der HOAI**, z.B. bei der Erstellung einer dauerhaft genehmigungsfähigen Planung, befindet sich der Architekt mithin auf »sicherem« Terrain: Diese Tätigkeiten prägen geradezu klassisch sein Berufsbild, und der Schwerpunkt seiner Tätigkeit liegt hier regelmäßig in der fachtechnischen Planung, während die rechtliche Überprüfung hierzu nur eine Nebenleistung darstellt, mag sie auch zeitaufwendig (und haftungsträchtig!) sein.

417 Im Übrigen hängt die Beurteilung der einem Architekten übertragenen Aufgaben (weiterhin) stark vom **Einzelfall** ab:

- Fachtechnische Überprüfung von Architektenleistungen und Berechnung von Rückforderungsansprüchen: mangels Rechtsdienstleistung zulässig![411]
- Prüfung und Beratung, auf welchem Weg der Auftragsgeber Vertragsänderungen herbeiführen kann: unzulässig![412]
- Beauftragung nicht nur mit der sachverständigen Ermittlung von Mängeln und deren Ursachen, sondern zugleich Betreuung und Beaufsichtigung von Mängelbeseitigungsarbeiten einschließlich Nachfristsetzungsschreiben mit Ersatzvornahmeandrohung: zulässig![413]
- Abfassung von Verträgen mit Erwerbern zur Veräußerung des Objekts: unzulässig![414]
- Individuelle Konzeption bzw. Anpassung von komplexeren (Bauplanungs- bzw. Bauausführungs-)Verträgen: unzulässig![415]
- Übernahme der Analyse vorhandener Planer- und Beraterverträge im Hinblick auf Vollständigkeit der Leistungsbilder und Notwendigkeit von Vertragsergänzungen sowie Anti-Claim-Management

411 BGH BauR 2007, 576 = NZBau 2007, 182.
412 BGH BauR 1995, 727.
413 OLG Düsseldorf NZBau 2006, 517.
414 BGH BauR 1978, 60.
415 BGH NJW 2000, 69; ausführlich Eschenbruch, Projektmanagement und Projektsteuerung, Rdn. 985 ff.

gestörter Bauabläufe mit Prüfung von Nachträgen: Im Einzelfall im Rahmen eines umfassenden Projektsteuerungsvertrages noch zulässig, da der Schwerpunkt auch bei den vorgenannten Tätigkeiten im bautechnischen und baufachlichen Controlling liegt.[416]

416 OLG Naumburg BauR 2009, 1171 = NZBau 2009, 318 mit Anm. Eschenbruch.

Anhang

Verordnung über die Honorare für Architekten- und Ingenieurleistungen (Honorarordnung für Architekten und Ingenieure – HOAI)

vom 11. August 2009 verkündet am 17. August 2009 (BGBl. I S. 2732)

Auf Grund der §§ 1 und 2 des Gesetzes zur Regelung von Ingenieur- und Architektenleistungen vom 4. November 1971, die durch Artikel 1 des Gesetzes vom 12. November 1984 (BGBl. I S. 1337) geändert worden sind, verordnet die Bundesregierung:

Inhaltsübersicht

Teil 3 Objektplanung

Abschnitt 1 Gebäude und raumbildende Ausbauten

Abschnitt 2 Freianlagen

Abschnitt 3 Ingenieurbauwerke

Abschnitt 4 Verkehrsanlagen

Teil 4 Fachplanung

Abschnitt 1 Tragwerksplanung

Abschnitt 2 Technische Ausrüstung

Teil 5 Überleitungs- und Schlussvorschriften

Anlagen 1 bis 14:

Teil 1 Allgemeine Vorschriften

§ 1 Anwendungsbereich

Diese Verordnung regelt die Berechnung der Entgelte für die Leistungen der Architekten und Architektinnen und der Ingenieure und Ingenieurinnen (Auftragnehmer oder Auftragnehmerinnen) mit Sitz im Inland, soweit die Leistungen durch diese Verordnung erfasst und vom Inland aus erbracht werden.

§ 2 Begriffsbestimmungen

Für diese Verordnung gelten folgende Begriffsbestimmungen:

1. »Objekte« sind Gebäude, raumbildende Ausbauten, Freianlagen, Ingenieurbauwerke, Verkehrsanlagen, Tragwerke und Anlagen der Technischen Ausrüstung;
2. »Gebäude« sind selbstständig benutzbare, überdeckte bauliche Anlagen, die von Menschen betreten werden können und geeignet oder bestimmt sind, dem Schutz von Menschen, Tieren oder Sachen zu dienen;
3. »Neubauten und Neuanlagen« sind Objekte, die neu errichtet oder neu hergestellt werden;
4. »Wiederaufbauten« sind vormals zerstörte Objekte, die auf vorhandenen Bau- oder Anlageteilen wiederhergestellt werden; sie gelten als Neubauten, sofern eine neue Planung erforderlich ist;
5. »Erweiterungsbauten« sind Ergänzungen eines vorhandenen Objekts;
6. »Umbauten« sind Umgestaltungen eines vorhandenen Objekts mit Eingriffen in Konstruktion oder Bestand;
7. »Modernisierungen« sind bauliche Maßnahmen zur nachhaltigen Erhöhung des Gebrauchswertes eines Objekts, soweit sie nicht unter die Nummern 5, 6 oder Nummer 9 fallen;
8. »raumbildende Ausbauten« sind die innere Gestaltung oder Erstellung von Innenräumen ohne wesentliche Eingriffe in Bestand oder Konstruktion; sie können im Zusammenhang mit Leistungen nach den Nummern 3 bis 7 anfallen;
9. »Instandsetzungen« sind Maßnahmen zur Wiederherstellung des zum bestimmungsgemäßen Gebrauch geeigneten Zustandes (Soll-Zustandes) eines Objekts, soweit sie nicht unter Nummer 4 fallen oder durch Maßnahmen nach Nummer 7 verursacht sind;
10. »Instandhaltungen« sind Maßnahmen zur Erhaltung des Soll-Zustandes eines Objekts;
11. »Freianlagen« sind planerisch gestaltete Freiflächen und Freiräume sowie entsprechend gestaltete Anlagen in Verbindung mit Bauwerken oder in Bauwerken;
12. »fachlich allgemein anerkannte Regeln der Technik« sind schriftlich fixierte technische Festlegungen für Verfahren, die nach herrschender Auf-

fassung der beteiligten Fachleute, Verbraucher und der öffentlichen Hand geeignet sind, die Ermittlung der anrechenbaren Kosten nach dieser Verordnung zu ermöglichen, und die sich in der Praxis allgemein bewährt haben oder deren Bewährung nach herrschender Auffassung in überschaubarer Zeit bevorsteht;

13. »Kostenschätzung« ist eine überschlägige Ermittlung der Kosten auf der Grundlage der Vorplanung; sie ist die vorläufige Grundlage für Finanzierungsüberlegungen; ihr liegen Vorplanungsergebnisse, Mengenschätzungen, erläuternde Angaben zu den planerischen Zusammenhängen, Vorgängen und Bedingungen sowie Angaben zum Baugrundstück und zur Erschließung zugrunde; wird die Kostenschätzung nach § 4 Absatz 1 Satz 3 auf der Grundlage der DIN 276, in der Fassung vom Dezember 2008 (DIN 276–1: 200812)[1] erstellt, müssen die Gesamtkosten nach Kostengruppen bis zur ersten Ebene der Kostengliederung ermittelt werden;
14. »Kostenberechnung« ist eine Ermittlung der Kosten auf der Grundlage der Entwurfsplanung; ihr liegen durchgearbeitete Entwurfszeichnungen oder auch Detailzeichnungen wiederkehrender Raumgruppen, Mengenberechnungen und für die Berechnung und Beurteilung der Kosten relevante Erläuterungen zugrunde; wird sie nach § 4 Absatz 1 Satz 3 auf der Grundlage der DIN 276 erstellt, müssen die Gesamtkosten nach Kostengruppen bis zur zweiten Ebene der Kostengliederung ermittelt werden;
15. »Honorarzonen« stellen den Schwierigkeitsgrad eines Objektes oder einer Flächenplanung dar.

§ 3 Leistungen und Leistungsbilder

(1) Die Honorare für Leistungen sind in den Teilen 2 bis 4 dieser Verordnung verbindlich geregelt. Die Honorare für Beratungsleistungen sind in der Anlage 1 zu dieser Verordnung enthalten und nicht verbindlich geregelt.

(2) Leistungen, die zur ordnungsgemäßen Erfüllung eines Auftrags im Allgemeinen erforderlich sind, sind in Leistungsbildern erfasst. Andere Leistungen, die durch eine Änderung des Leistungsziels, des Leistungsumfangs, einer Änderung des Leistungsablaufs oder anderer Anordnungen des Auftraggebers erforderlich werden, sind von den Leistungsbildern nicht erfasst und gesondert frei zu vereinbaren und zu vergüten.

(3) Besondere Leistungen sind in der Anlage 2 aufgeführt, die Aufzählung ist nicht abschließend. Die Honorare für Besondere Leistungen können frei vereinbart werden.

(4) Die Leistungsbilder nach dieser Verordnung gliedern sich in die folgenden Leistungsphasen 1 bis 9:

1 Zu beziehen über das Deutsche Institut für Normung e.V. unter www.din.de

1. Grundlagenermittlung,
2. Vorplanung,
3. Entwurfsplanung,
4. Genehmigungsplanung,
5. Ausführungsplanung,
6. Vorbereitung der Vergabe,
7. Mitwirkung bei der Vergabe,
8. Objektüberwachung (Bauüberwachung oder Bauoberleitung),
9. Objektbetreuung und Dokumentation.

(5) Die Tragwerksplanung umfasst nur die Leistungsphasen 1 bis 6.

(6) Abweichend von Absatz 4 Satz 1 sind die Leistungsbilder des Teils 2 in bis zu fünf dort angegebenen Leistungsphasen zusammengefasst. Die Wirtschaftlichkeit der Leistung ist stets zu beachten.

(7) Die Leistungsphasen in den Teilen 2 bis 4 dieser Verordnung werden in Prozentsätzen der Honorare bewertet.

(8) Das Ergebnis jeder Leistungsphase ist mit dem Auftraggeber zu erörtern.

§ 4 Anrechenbare Kosten

(1) Anrechenbare Kosten sind Teil der Kosten zur Herstellung, zum Umbau, zur Modernisierung, Instandhaltung oder Instandsetzung von Objekten sowie den damit zusammenhängenden Aufwendungen. Sie sind nach fachlich allgemein anerkannten Regeln der Technik oder nach Verwaltungsvorschriften (Kostenvorschriften) auf der Grundlage ortsüblicher Preise zu ermitteln. Wird in dieser Verordnung die DIN 276 in Bezug genommen, so ist diese in der Fassung vom Dezember 2008 (DIN 276–1:2008–12) bei der Ermittlung der anrechenbaren Kosten zugrunde zu legen. Die auf die Kosten von Objekten entfallende Umsatzsteuer ist nicht Bestandteil der anrechenbaren Kosten.

(2) Als anrechenbare Kosten gelten ortsübliche Preise, wenn der Auftraggeber

1. selbst Lieferungen oder Leistungen übernimmt,
2. von bauausführenden Unternehmen oder von Lieferanten sonst nicht übliche Vergünstigungen erhält,
3. Lieferungen oder Leistungen in Gegenrechnung ausführt oder
4. vorhandene oder vorbeschaffte Baustoffe oder Bauteile einbauen lässt.

§ 5 Honorarzonen

(1) Die Objekt-, Bauleit- und Tragwerksplanung wird den folgenden Honorarzonen zugeordnet:

1. Honorarzone I: sehr geringe Planungsanforderungen,
2. Honorarzone II: geringe Planungsanforderungen,

3. Honorarzone III: durchschnittliche Planungsanforderungen,
4. Honorarzone IV: überdurchschnittliche Planungsanforderungen,
5. Honorarzone V: sehr hohe Planungsanforderungen.

(2) Abweichend von Absatz 1 werden Landschaftspläne und die Planung der technischen Ausrüstung den folgenden Honorarzonen zugeordnet:

1. Honorarzone I: geringe Planungsanforderungen,
2. Honorarzone II: durchschnittliche Planungsanforderungen,
3. Honorarzone III: hohe Planungsanforderungen.

(3) Abweichend von den Absätzen 1 und 2 werden Grünordnungspläne und Landschaftsrahmenpläne den folgenden Honorarzonen zugeordnet:

1. Honorarzone I: durchschnittliche Planungsanforderungen,
2. Honorarzone II: hohe Planungsanforderungen.

(4) Die Honorarzonen sind anhand der Bewertungsmerkmale in den Honorarregelungen der jeweiligen Leistungsbilder der Teile 2 bis 4 zu ermitteln. Die Zurechnung zu den einzelnen Honorarzonen ist nach Maßgabe der Bewertungsmerkmale, gegebenenfalls der Bewertungspunkte und anhand der Regelbeispiele in den Objektlisten der Anlage 3 vorzunehmen.

§ 6 Grundlagen des Honorars

(1) Das Honorar für Leistungen nach dieser Verordnung richtet sich

1. für die Leistungsbilder der Teile 3 und 4 nach den anrechenbaren Kosten des Objektes auf der Grundlage der Kostenberechnung oder, soweit diese nicht vorliegt, auf der Grundlage der Kostenschätzung und für die Leistungsbilder des Teils 2, nach Flächengrößen oder Verrechnungseinheiten,
2. nach dem Leistungsbild,
3. nach der Honorarzone,
4. nach der dazugehörigen Honorartafel,
5. bei Leistungen im Bestand zusätzlich nach den §§ 35 und 36.

(2) Wenn zum Zeitpunkt der Beauftragung noch keine Planungen als Voraussetzung für eine Kostenschätzung oder Kostenberechnung vorliegen, können die Vertragsparteien abweichend von Absatz 1 schriftlich vereinbaren, dass das Honorar auf der Grundlage der anrechenbaren Kosten einer Baukostenvereinbarung nach den Vorschriften dieser Verordnung berechnet wird. Dabei werden nachprüfbare Baukosten einvernehmlich festgelegt.

§ 7 Honorarvereinbarung

(1) Das Honorar richtet sich nach der schriftlichen Vereinbarung, die die Vertragsparteien bei Auftragserteilung im Rahmen der durch diese Verordnung festgesetzten Mindest- und Höchstsätze treffen.

(2) Liegen die ermittelten anrechenbaren Kosten, Werte oder Verrechnungseinheiten außerhalb der Tafelwerte dieser Verordnung, sind die Honorare frei vereinbar.

(3) Die in dieser Verordnung festgesetzten Mindestsätze können durch schriftliche Vereinbarung in Ausnahmefällen unterschritten werden.

(4) Die in dieser Verordnung festgesetzten Höchstsätze dürfen nur bei außergewöhnlichen oder ungewöhnlich lange dauernden Leistungen durch schriftliche Vereinbarung überschritten werden. Dabei bleiben Umstände, soweit sie bereits für die Einordnung in Honorarzonen oder für die Einordnung in den Rahmen der Mindest- und Höchstsätze mitbestimmend gewesen sind, außer Betracht.

(5) Ändert sich der beauftragte Leistungsumfang auf Veranlassung des Auftraggebers während der Laufzeit des Vertrages mit der Folge von Änderungen der anrechenbaren Kosten, Werten oder Verrechnungseinheiten, ist die dem Honorar zugrunde liegende Vereinbarung durch schriftliche Vereinbarung anzupassen.

(6) Sofern nicht bei Auftragserteilung etwas anderes schriftlich vereinbart worden ist, gelten die jeweiligen Mindestsätze gemäß Absatz 1 als vereinbart. Sofern keine Honorarvereinbarung nach Absatz 1 getroffen worden ist, sind die Leistungsphasen 1 und 2 bei der Flächenplanung mit den Mindestsätzen in Prozent des jeweiligen Honorars zu bewerten.

(7) Für Kostenunterschreitungen, die unter Ausschöpfung technisch-wirtschaftlicher oder umweltverträglicher Lösungsmöglichkeiten zu einer wesentlichen Kostensenkung ohne Verminderung des vertraglich festgelegten Standards führen, kann ein Erfolgshonorar schriftlich vereinbart werden, das bis zu 20 Prozent des vereinbarten Honorars betragen kann. In Fällen des Überschreitens der einvernehmlich festgelegten anrechenbaren Kosten kann ein Malus-Honorar in Höhe von bis zu 5 Prozent des Honorars vereinbart werden.

§ 8 Berechnung des Honorars in besonderen Fällen

(1) Werden nicht alle Leistungsphasen eines Leistungsbildes übertragen, so dürfen nur die für die übertragenen Phasen vorgesehenen Prozentsätze berechnet und vertraglich vereinbart werden.

(2) Werden nicht alle Leistungen einer Leistungsphase übertragen, so darf für die übertragenen Leistungen nur ein Honorar berechnet und vereinbart werden, das dem Anteil der übertragenen Leistungen an der gesamten Leistungsphase entspricht. Das Gleiche gilt, wenn wesentliche Teile von Leistungen dem Auftragnehmer nicht übertragen werden. Ein zusätzlicher Koordinierungs- und Einarbeitungsaufwand ist zu berücksichtigen.

§ 9 Berechnung des Honorars bei Beauftragung von Einzelleistungen

(1) Wird bei Bauleitplänen, Gebäuden und raumbildenden Ausbauten, Freianlagen, Ingenieurbauwerken, Verkehrsanlagen und Technischer Ausrüstung die Vorplanung oder Entwurfsplanung als Einzelleistung in Auftrag gegeben, können die entsprechenden Leistungsbewertungen der jeweiligen Leistungsphase

1. für die Vorplanung den Prozentsatz der Vorplanung zuzüglich der Anteile bis zum Höchstsatz des Prozentsatzes der vorangegangenen Leistungsphase und
2. für die Entwurfsplanung den Prozentsatz der Entwurfsplanung zuzüglich der Anteile bis zum Höchstsatz des Prozentsatzes der vorangegangenen Leistungsphase

betragen.

(2) Wird bei Gebäuden oder der Technischen Ausrüstung die Objektüberwachung als Einzelleistung in Auftrag gegeben, können die entsprechenden Leistungsbewertungen der Objektüberwachung

1. für die Technische Ausrüstung den Prozentsatz der Objektüberwachung zuzüglich Anteile bis zum Höchstsatz des Prozentsatzes der vorangegangenen Leistungsphase betragen und
2. für Gebäude anstelle der Mindestsätze nach den §§ 33 und 34 folgende Prozentsätze der anrechenbaren Kosten nach § 32 berechnet werden:
   a) 2,3 Prozent bei Gebäuden der Honorarzone II,
   b) 2,5 Prozent bei Gebäuden der Honorarzone III,
   c) 2,7 Prozent bei Gebäuden der Honorarzone IV,
   d) 3,0 Prozent bei Gebäuden der Honorarzone V.

(3) Wird die Vorläufige Planfassung bei Landschaftsplänen oder Grünordnungsplänen als Einzelleistung in Auftrag gegeben, können abweichend von den Leistungsbewertungen in Teil 2 Abschnitt 2 bis zu 60 Prozent für die Vorplanung vereinbart werden.

§ 10 Mehrere Vorentwurfs- oder Entwurfsplanungen

Werden auf Veranlassung des Auftraggebers mehrere Vorentwurfs- oder Entwurfsplanungen für dasselbe Objekt nach grundsätzlich verschiedenen Anforderungen gefertigt, so sind für die vollständige Vorentwurfs- oder Entwurfsplanung die vollen Prozentsätze dieser Leistungsphasen nach § 3 Absatz 4 vertraglich zu vereinbaren. Bei der Berechnung des Honorars für jede weitere Vorentwurfs-oder Entwurfsplanung sind die anteiligen Prozentsätze der entsprechenden Leistungen vertraglich zu vereinbaren.

§ 11 Auftrag für mehrere Objekte

(1) Umfasst ein Auftrag mehrere Objekte, so sind die Honorare vorbehaltlich der folgenden Absätze für jedes Objekt getrennt zu berechnen. Dies gilt nicht für Objekte mit weitgehend vergleichbaren Objektbedingungen derselben Honorarzone, die im zeitlichen und örtlichen Zusammenhang als Teil einer Gesamtmaßnahme geplant, betrieben und genutzt werden. Das Honorar ist dann nach der Summe der anrechenbaren Kosten zu berechnen.

(2) Umfasst ein Auftrag mehrere im Wesentlichen gleichartige Objekte, die im zeitlichen oder örtlichen Zusammenhang unter gleichen baulichen Verhältnissen geplant und errichtet werden sollen, oder Objekte nach Typenplanung oder Serienbauten, so sind für die erste bis vierte Wiederholung die Prozentsätze der Leistungsphase 1 bis 7 um 50 Prozent, von der fünften bis siebten Wiederholung um 60 Prozent und ab der achten Wiederholung um 90 Prozent zu mindern.

(3) Umfasst ein Auftrag Leistungen, die bereits Gegenstand eines anderen Auftrags zwischen den Vertragsparteien waren, so findet Absatz 2 für die Prozentsätze der beauftragten Leistungsphasen in Bezug auf den neuen Auftrag auch dann Anwendung, wenn die Leistungen nicht im zeitlichen oder örtlichen Zusammenhang erbracht werden sollen.

(4) Die Absätze 1 bis 3 gelten nicht bei der Flächenplanung. Soweit bei bauleitplanerischen Leistungen im Sinne der §§ 17 bis 21 die Festlegungen, Ergebnisse oder Erkenntnisse anderer Pläne, insbesondere die Bestandsaufnahme und Bewertungen von Landschaftsplänen und sonstigen Plänen herangezogen werden, ist das Honorar angemessen zu reduzieren; dies gilt auch, wenn mit der Aufstellung dieser Pläne andere Auftragnehmer betraut waren.

§ 12 Planausschnitte

Werden Teilflächen bereits aufgestellter Bauleitpläne (Planausschnitte) geändert oder überarbeitet, so sind bei der Berechnung des Honorars nur die Ansätze des zu bearbeitenden Planausschnitts anzusetzen.

§ 13 Interpolation

Die Mindest- und Höchstsätze für Zwischenstufen der in den Honorartafeln angegebenen anrechenbaren Kosten, Werte und Verrechnungseinheiten sind durch lineare Interpolation zu ermitteln.

§ 14 Nebenkosten

(1) Die bei der Ausführung des Auftrags entstehenden Nebenkosten des Auftragnehmers können, soweit sie erforderlich sind, abzüglich der nach § 15 Absatz 1 des Umsatzsteuergesetzes abziehbaren Vorsteuern neben den Honoraren

dieser Verordnung berechnet werden. Die Vertragsparteien können bei Auftragserteilung schriftlich vereinbaren, dass abweichend von Satz 1 eine Erstattung ganz oder teilweise ausgeschlossen ist.

(2) Zu den Nebenkosten gehören insbesondere:

1. Versandkosten, Kosten für Datenübertragungen,
2. Kosten für Vervielfältigungen von Zeichnungen und schriftlichen Unterlagen sowie Anfertigung von Filmen und Fotos,
3. Kosten für ein Baustellenbüro einschließlich der Einrichtung, Beleuchtung und Beheizung,
4. Fahrtkosten für Reisen, die über einen Umkreis von 15 Kilometern um den Geschäftssitz des Auftragnehmers hinausgehen, in Höhe der steuerlich zulässigen Pauschalsätze, sofern nicht höhere Aufwendungen nachgewiesen werden,
5. Trennungsentschädigungen und Kosten für Familienheimfahrten nach den steuerlich zulässigen Pauschalsätzen, sofern nicht höhere Aufwendungen an Mitarbeiter oder Mitarbeiterinnen des Auftragnehmers auf Grund von tariflichen Vereinbarungen bezahlt werden,
6. Entschädigungen für den sonstigen Aufwand bei längeren Reisen nach Nummer 4, sofern die Entschädigungen vor der Geschäftsreise schriftlich vereinbart worden sind,
7. Entgelte für nicht dem Auftragnehmer obliegende Leistungen, die von ihm im Einvernehmen mit dem Auftraggeber Dritten übertragen worden sind.

(3) Nebenkosten können pauschal oder nach Einzelnachweis abgerechnet werden. Sie sind nach Einzelnachweis abzurechnen, sofern bei Auftragserteilung keine pauschale Abrechnung schriftlich vereinbart worden ist.

§ 15 Zahlungen

(1) Das Honorar wird fällig, soweit nichts anderes vertraglich vereinbart ist, wenn die Leistung vertragsgemäß erbracht und eine prüffähige Honorarschlussrechnung überreicht worden ist.

(2) Abschlagszahlungen können zu den vereinbarten Zeitpunkten oder in angemessenen zeitlichen Abständen für nachgewiesene Leistungen gefordert werden.

(3) Die Nebenkosten sind auf Nachweis fällig, sofern bei Auftragserteilung nicht etwas anderes vereinbart worden ist.

(4) Andere Zahlungsweisen können schriftlich vereinbart werden.

§ 16 Umsatzsteuer

(1) Der Auftragnehmer hat Anspruch auf Ersatz der gesetzlich geschuldeten Umsatzsteuer für nach dieser Verordnung abrechenbare Leistungen, sofern

nicht die Kleinunternehmerregelung nach § 19 des Umsatzsteuergesetzes angewendet wird. Satz 1 gilt auch hinsichtlich der um die nach § 15 des Umsatzsteuergesetzes abziehbare Vorsteuer gekürzten Nebenkosten, die nach § 14 dieser Verordnung weiterberechenbar sind.

(2) Auslagen gehören nicht zum Entgelt für die Leistung des Auftragnehmers. Sie sind als durchlaufende Posten im umsatzsteuerrechtlichen Sinn einschließlich einer gegebenenfalls enthaltenen Umsatzsteuer weiter zu berechnen.

Teil 2 Flächenplanung

Abschnitt 1 Bauleitplanung

§ 17 Anwendungsbereich

(1) Bauleitplanerische Leistungen umfassen die Vorbereitung und die Erstellung der für die Planarten nach Absatz 2 erforderlichen Ausarbeitungen und Planfassungen sowie die Mitwirkung beim Verfahren.

(2) Die Bestimmungen dieses Abschnitts gelten für Bauleitpläne nach § 1 Absatz 2 des Baugesetzbuchs.

§ 18 Leistungsbild Flächennutzungsplan

(1) Die Leistungen bei Flächennutzungsplänen sind in fünf Leistungsphasen zusammengefasst und werden wie folgt in Prozentsätzen der Honorare des § 20 bewertet:

1. für die Leistungsphase 1 (Klären der Aufgabenstellung und Ermitteln des Leistungsumfangs) mit 1 bis 3 Prozent,
2. für die Leistungsphase 2 (Ermitteln der Planungsvorgaben) mit 10 bis 20 Prozent,
3. für die Leistungsphase 3 (Vorentwurf) mit 40 Prozent,
4. für die Leistungsphase 4 (Entwurf) mit 30 Prozent und
5. für die Leistungsphase 5 (Genehmigungsfähige Planfassung) mit 7 Prozent.

Die einzelnen Leistungen jeder Leistungsphase sind in Anlage 4 geregelt.

(2) Die Teilnahme an bis zu fünf Sitzungen von politischen Gremien des Auftraggebers oder Sitzungen im Rahmen der Öffentlichkeitsbeteiligung, die bei Leistungen nach Absatz 1 anfallen, ist mit dem Honorar nach § 20 abgegolten. Bei Neuaufstellungen von Flächennutzungsplänen sind die Sitzungsteilnahmen abweichend von Satz 1 frei zu vereinbaren.

§ 19 Leistungsbild Bebauungsplan

(1) Die Leistungen bei Bebauungsplänen sind in fünf Leistungsphasen zusammengefasst. Sie werden nach § 18 Absatz 1 in Prozentsätzen der Honorare des

§ 21 bewertet. Die einzelnen Leistungen jeder Leistungsphase sind in Anlage 5 geregelt.

(2) Die Teilnahme an bis zu fünf Sitzungen von politischen Gremien des Auftraggebers oder Sitzungen im Rahmen der Öffentlichkeitsbeteiligung, die bei Leistungen nach Absatz 1 anfallen, ist mit dem Honorar nach § 21 abgegolten. Bei Neuaufstellungen von Bebauungsplänen sind die Sitzungsteilnahmen abweichend von Satz 1 frei zu vereinbaren.

§ 20 Honorare für Leistungen bei Flächennutzungsplänen

(1) Die Mindest- und Höchstsätze der Honorare für die in § 18 und Anlage 4 aufgeführten Leistungen bei Flächennutzungsplänen sind in der folgenden Honorartafel festgesetzt:

Honorartafel zu § 20 Absatz 1 – Flächennutzungsplan

Ansätze Verrechnungs-einheiten	Honorarzone I		Honorarzone II		Honorarzone III		Honorarzone IV		Honorarzone V	
	von	bis	von	bis	von	bis	von	bis	von	bis
	Euro		Euro		Euro		Euro		Euro	
5.000	1.041	1.169	1.169	1.305	1.305	1.434	1.434	1.570	1.570	1.698
10.000	2.087	2.345	2.345	2.604	2.604	2.869	2.869	3.127	3.127	3.386
20.000	3.335	3.751	3.751	4.168	4.168	4.589	4.589	5.005	5.005	5.422
40.000	5.838	6.569	6.569	7.301	7.301	8.026	8.026	8.757	8.757	9.488
60.000	7.924	8.914	8.914	9.904	9.904	10.889	10.889	11.878	11.878	12.868
80.000	9.786	11.012	11.012	12.233	12.233	13.459	13.459	14.680	14.680	15.905
100.000	11.389	12.812	12.812	14.241	14.241	15.663	15.663	17.092	17.092	18.515
150.000	15.005	16.884	16.884	18.757	18.757	20.635	20.635	22.508	22.508	24.387
200.000	18.065	20.326	20.326	22.581	22.581	24.842	24.842	27.097	27.097	29.358
250.000	20.843	23.448	23.448	26.057	26.057	28.661	28.661	31.271	31.271	33.875
300.000	23.762	26.732	26.732	29.701	29.701	32.671	32.671	35.641	35.641	38.610
350.000	26.749	30.095	30.095	33.436	33.436	36.782	36.782	40.124	40.124	43.470
400.000	28.903	32.514	32.514	36.124	36.124	39.741	39.741	43.351	43.351	46.962
450.000	30.635	34.465	34.465	38.295	38.295	42.131	42.131	45.961	45.961	49.792
500.000	32.648	36.731	36.731	40.814	40.814	44.892	44.892	48.975	48.975	53.059
600.000	35.849	40.332	40.332	44.814	44.814	49.291	49.291	53.774	53.774	58.256
700.000	37.936	42.677	42.677	47.418	47.418	52.164	52.164	56.906	56.906	61.647
800.000	40.022	45.022	45.022	50.021	50.021	55.028	55.028	60.027	60.027	65.028

Ansätze Verrechnungs-einheiten	Honorarzone I		Honorarzone II		Honorarzone III		Honorarzone IV		Honorarzone V	
	von	bis	von	bis	von	bis	von	bis	von	bis
	Euro		Euro		Euro		Euro		Euro	
900.000	41.264	46.422	46.422	51.586	51.586	56.742	56.742	61.906	61.906	67.063
1.000.000	43.076	48.458	48.458	53.846	53.846	59.228	59.228	64.616	64.616	69.999
1.500.000	47.935	53.925	53.925	59.920	59.920	65.910	65.910	71.906	71.906	77.895
2.000.000	50.021	56.276	56.276	62.530	62.530	68.779	68.779	75.032	75.032	81.287
3.000.000	54.189	60.961	60.961	67.738	67.738	74.510	74.510	81.287	81.287	88.058

(2) Die Honorare sind nach Maßgabe der Ansätze nach Absatz 3 zu berechnen. Sie sind für die Einzelansätze der Nummer 1 bis 4 gemäß der Honorartafel des Absatzes 1 getrennt zu berechnen und zur Ermittlung des Gesamthonorars zu addieren. Dabei sind die Ansätze nach den Nummern 1 bis 3 gemeinsam einer Honorarzone nach Absatz 7 zuzuordnen. Der Ansatz nach Nummer 4 ist gesondert einer Honorarzone zuzuordnen.

(3) Für die Ermittlung des Honorars ist von folgenden Ansätzen auszugehen:

1. nach der für den Planungszeitraum anzusetzenden Zahl der Einwohner je Einwohner zehn Verrechnungseinheiten,
2. für die darzustellenden Bauflächen und Baugebiete je Hektar Fläche 1.800 Verrechnungseinheiten,
3. für die darzustellenden Flächen nach § 5 Absatz 2 Nummer 4, 5, 8 und 10 des Baugesetzbuchs, die nicht nach § 5 Absatz 4 Satz 1 des Baugesetzbuchs nur nachrichtlich übernommen werden sollen, je Hektar Fläche 1.400 Verrechnungseinheiten,
4. für darzustellende Flächen, die nicht unter die Nummer 2 oder Nummer 3 oder Absatz 4 fallen, je Hektar Fläche 35 Verrechnungseinheiten.

(4) Gemeindebedarfsflächen und Sonderbauflächen ohne nähere Darstellung der Art der Nutzung sind mit dem Hektaransatz nach Absatz 3 Nummer 2 anzusetzen.

(5) Liegt ein gültiger Landschaftsplan vor, der unverändert zu übernehmen ist, so ist ein Ansatz nach Absatz 3 Nummer 3 für Flächen mit Darstellungen nach § 5 Absatz 2 Nummer 10 des Baugesetzbuchs nicht zu berücksichtigen; diese Flächen sind den Flächen nach Absatz 3 Nummer 4 zuzuordnen.

(6) Das Gesamthonorar für Grundleistungen nach den Leistungsphasen 1 bis 5 beträgt mindestens 2.300 Euro.

(7) Die Zuordnung zu den Honorarzonen wird anhand folgender Bewertungsmerkmale für die planerischen Anforderungen ermittelt:

1. topographische Verhältnisse und geologische Gegebenheiten,
2. bauliche und landschaftliche Umgebung, Denkmalpflege,
3. Nutzungen und Dichte,
4. Gestaltung,
5. Erschließung,
6. Umweltvorsorge und ökologische Bedingungen.

(8) Sind für einen Flächennutzungsplan Bewertungsmerkmale aus mehreren Honorarzonen anwendbar und bestehen deswegen Zweifel, welcher Honorarzone der Flächennutzungsplan zugeordnet werden kann, so ist die Anzahl der Bewertungspunkte nach Absatz 9 zu ermitteln; der Flächennutzungsplan ist nach der Summe der Bewertungspunkte folgenden Honorarzonen zuzuordnen:

1. Honorarzone I: Ansätze mit bis zu 9 Punkten,
2. Honorarzone II: Ansätze mit 10 bis 14 Punkten,
3. Honorarzone III: Ansätze mit 15 bis 19 Punkten,
4. Honorarzone IV: Ansätze mit 20 bis 24 Punkten,
5. Honorarzone V: Ansätze mit 25 bis 30 Punkten.

(9) Bei der Zurechnung eines Flächennutzungsplans in die Honorarzonen sind entsprechend dem Schwierigkeitsgrad der Planungsanforderungen die in Absatz 7 genannten Bewertungsmerkmale mit je bis zu 5 Punkten zu bewerten.

§ 21 Honorare für Leistungen bei Bebauungsplänen

(1) Die Mindest- und Höchstsätze der Honorare für die in § 19 aufgeführten Leistungen bei Bebauungsplänen sind nach der Fläche des Planbereichs in Hektar in der folgenden Honorartafel festgesetzt:

Honorartafel zu § 21 Absatz 1 – Bebauungsplan

Fläche in ha	Honorarzone I		Honorarzone II		Honorarzone III		Honorarzone IV		Honorarzone V	
	von	bis	von	bis	von	bis	von	bis	von	bis
	Euro		Euro		Euro		Euro		Euro	
0,5	472	1.592	1.592	3.516	3.516	5.438	5.438	7.362	7.362	8.481
1	954	2.907	2.907	6.266	6.266	9.628	9.628	12.987	12.987	14.944
2	1.895	5.068	5.068	10.512	10.512	15.950	15.950	21.395	21.395	24.566
3	2.840	7.036	7.036	14.230	14.230	21.428	21.428	28.622	28.622	32.817
4	3.791	8.813	8.813	17.419	17.419	26.023	26.023	34.628	34.628	39.651
5	4.736	10.579	10.579	20.602	20.602	30.624	30.624	40.646	40.646	46.489
6	5.686	12.120	12.120	23.155	23.155	34.189	34.189	45.224	45.224	51.658
7	6.524	13.464	13.464	25.359	25.359	37.260	37.260	49.156	49.156	56.096
8	7.149	14.645	14.645	27.502	27.502	40.359	40.359	53.216	53.216	60.713
9	7.778	15.787	15.787	29.516	29.516	43.239	43.239	56.968	56.968	64.977
10	8.403	16.918	16.918	31.518	31.518	46.124	46.124	60.724	60.724	69.240
11	9.021	18.009	18.009	33.414	33.414	48.818	48.818	64.222	64.222	73.211
12	9.651	19.021	19.021	35.083	35.083	51.152	51.152	67.214	67.214	76.585
13	10.281	20.033	20.033	36.754	36.754	53.481	53.481	70.201	70.201	79.954
14	10.832	21.108	21.108	38.722	38.722	56.338	56.338	73.953	73.953	84.228
15	11.350	22.210	22.210	40.832	40.832	59.459	59.459	78.081	78.081	88.942
16	11.872	23.323	23.323	42.952	42.952	62.575	62.575	82.203	82.203	93.654
17	12.396	24.432	24.432	45.062	45.062	65.685	65.685	86.315	86.315	98.351

Fläche in ha	Honorarzone I		Honorarzone II		Honorarzone III		Honorarzone IV		Honorarzone V	
	von	bis	von	bis	von	bis	von	bis	von	bis
	Euro		Euro		Euro		Euro		Euro	
18	12.918	25.540	25.540	47.176	47.176	68.813	68.813	90.449	90.449	103.069
19	13.442	26.648	26.648	49.286	49.286	71.928	71.928	94.566	94.566	107.771
20	13.959	27.755	27.755	51.400	51.400	75.044	75.044	98.688	98.688	112.484
21	14.483	28.807	28.807	53.368	53.368	77.935	77.935	102.496	102.496	116.820
22	15.005	29.871	29.871	55.353	55.353	80.831	80.831	106.315	106.315	121.179
23	15.511	30.917	30.917	57.322	57.322	83.733	83.733	110.139	110.139	125.544
24	16.035	31.974	31.974	59.302	59.302	86.624	86.624	113.952	113.952	129.891
25	16.569	33.042	33.042	61.287	61.287	89.526	89.526	117.772	117.772	134.244
30	18.796	38.133	38.133	71.287	71.287	104.436	104.436	137.590	137.590	156.927
35	20.821	43.031	43.031	81.106	81.106	119.188	119.188	157.264	157.264	179.474
40	22.862	47.777	47.777	90.494	90.494	133.216	133.216	175.931	175.931	200.846
45	24.899	52.271	52.271	99.195	99.195	146.112	146.112	193.035	193.035	220.407
50	26.940	56.602	56.602	107.450	107.450	158.293	158.293	209.142	209.142	238.805
60	30.124	64.099	64.099	122.343	122.343	180.583	180.583	238.827	238.827	272.802
70	32.896	70.634	70.634	135.324	135.324	200.014	200.014	264.704	264.704	302.442
80	35.618	77.131	77.131	148.288	148.288	219.446	219.446	290.604	290.604	332.115
90	38.200	83.648	83.648	161.561	161.561	239.468	239.468	317.380	317.380	362.830
100	40.736	90.454	90.454	175.689	175.689	260.924	260.924	346.159	346.159	395.877

(2) Das Honorar ist nach der Größe des Planbereichs zu berechnen, die dem Aufstellungsbeschluss zugrunde liegt. Wird die Größe des Planbereichs im förmlichen Verfahren geändert, so ist das Honorar für die Leistungsphasen, die bis zur Änderung der Größe des Planbereichs noch nicht erbracht sind, nach der geänderten Größe des Planbereichs zu berechnen.

(3) Für die Ermittlung der Honorarzone bei Bebauungsplänen gilt § 20 Absatz 7 bis 9 entsprechend mit der Maßgabe, dass der Bebauungsplan insgesamt einer Honorarzone zuzuordnen ist.

(4) Das Gesamthonorar für Grundleistungen nach den Leistungsphasen 1 bis 5 beträgt mindestens 2.300 Euro.

Abschnitt 2 Landschaftsplanung

§ 22 Anwendungsbereich

(1) Landschaftsplanerische Leistungen umfassen das Vorbereiten, das Erstellen der für die Pläne nach Absatz 2 erforderlichen Ausarbeitungen und das Mitwirken beim Verfahren.

(2) Die Bestimmungen dieses Abschnitts gelten für folgende Pläne:

1. Landschafts- und Grünordnungspläne,
2. Landschaftsrahmenpläne,
3. Landschaftspflegerische Begleitpläne zu Vorhaben, die den Naturhaushalt, das Landschaftsbild oder den Zugang zur freien Natur beeinträchtigen können, Pflege- und Entwicklungspläne, sowie sonstige landschaftsplanerische Leistungen.

§ 23 Leistungsbild Landschaftsplan

(1) Die Leistungen bei Landschaftsplänen sind in vier Leistungsphasen zusammengefasst und werden wie folgt in Prozentsätzen der Honorare des § 28 bewertet:

1. für die Leistungsphase 1 (Klären der Aufgabenstellung und Ermitteln des Leistungsumfangs) mit 1 bis 3 Prozent,
2. für die Leistungsphase 2 (Ermittlung der Planungsgrundlagen) mit 20 bis 37 Prozent,
3. für die Leistungsphase 3 (Vorläufige Planfassung – Vorentwurf –) 50 Prozent und
4. für die Leistungsphase 4 (Entwurf) 10 Prozent.

Die einzelnen Leistungen jeder Leistungsphase werden in Anlage 6 geregelt.

(2) Die Teilnahme an bis zu sechs Sitzungen von politischen Gremien des Auftraggebers oder Sitzungen im Rahmen der Bürgerbeteiligungen, die bei Leistungen nach Anlage 6 anfallen, ist mit dem Honorar nach § 28 abgegolten.

§ 24 Leistungsbild Grünordnungsplan

(1) Die Leistungen bei Grünordnungsplänen sind in vier Leistungsphasen zusammengefasst. Sie werden zu den in § 23 Absatz 1 Satz 1 genannten in Prozentsätzen der Honorare des § 29 bewertet. Die einzelnen Leistungen jeder Leistungsphase werden in Anlage 7 geregelt.

(2) § 23 Absatz 2 gilt entsprechend.

§ 25 Leistungsbild Landschaftsrahmenplan

(1) Die Leistungen bei Landschaftsrahmenplänen sind in vier Leistungsphasen zusammengefasst und werden wie folgt in Prozentsätzen der Honorare des § 30 bewertet:

1. für die Leistungsphase 1 (Landschaftsanalyse) 20 Prozent,
2. für die Leistungsphase 2 (Landschaftsdiagnose) 20 Prozent,
3. für die Leistungsphase 3 (Entwurf) 50 Prozent und
4. für die Leistungsphase 4 (Endgültige Planfassung) 10 Prozent.

Die einzelnen Leistungen jeder Leistungsphase sind in Anlage 8 geregelt.

(2) Bei einer Fortschreibung des Landschaftsrahmenplans ermäßigt sich die Bewertung der Leistungsphase 1 auf 5 Prozent der Honorare nach § 30.

§ 26 Leistungsbild Landschaftspflegerischer Begleitplan

(1) Die Leistungen bei Landschaftspflegerischen Begleitplänen sind in fünf Leistungsphasen zusammengefasst und werden wie folgt in Prozentsätzen der Honorare des Absatzes 2 bewertet:

1. für die Leistungsphase 1 (Klären der Aufgabenstellung und Ermitteln des Leistungsumfangs) mit 1 bis 3 Prozent,
2. für die Leistungsphase 2 (Ermitteln und Bewerten der Planungsgrundlagen) mit 15 bis 22 Prozent,
3. für die Leistungsphase 3 (Ermitteln und Bewerten des Eingriffs) mit 25 Prozent,
4. für die Leistungsphase 4 (Vorläufige Planfassung) mit 40 Prozent und
5. für die Leistungsphase 5 (Endgültige Planfassung) mit 10 Prozent.

Die einzelnen Leistungen jeder Leistungsphase sind in Anlage 9 geregelt.

(2) Die Honorare sind bei einer Planung im Maßstab des Flächennutzungsplans entsprechend § 28, bei einer Planung im Maßstab des Bebauungsplans entsprechend § 29 zu berechnen. Anstelle eines Honorars nach Satz 1 kann das Honorar frei vereinbart werden.

§ 27 Leistungsbild Pflege- und Entwicklungsplan

Die Leistungen bei Pflege- und Entwicklungsplänen sind in vier Leistungsphasen zusammengefasst und werden wie folgt in Prozentsätzen der Honorare des § 31 bewertet:

1. für die Leistungsphase 1 (Zusammenstellen der Ausgangsbedingungen) mit 1 bis 5 Prozent,
2. für die Leistungsphase 2 (Ermitteln der Planungsgrundlagen) mit 20 bis 50 Prozent,
3. für die Leistungsphase 3 (Konzept der Pflege und Entwicklungsmaßnahmen) mit 20 bis 40 Prozent und
4. für die Leistungsphase 4 (Endgültige Planfassung) mit 5 Prozent.

Die einzelnen Leistungen jeder Leistungsphase sind in Anlage 10 geregelt.

§ 28 Honorare für Leistungen bei Landschaftsplänen

(1) Die Mindest- und Höchstsätze der Honorare für die in § 23 aufgeführten Leistungen bei Landschaftsplänen sind in der folgenden Honorartafel festgesetzt:

Honorartafel zu § 28 Absatz 1 – Landschaftsplan

Fläche in ha	Honorarzone I		Honorarzone II		Honorarzone III	
	von	bis	von	bis	von	bis
	Euro		Euro		Euro	
1.000	12.632	15.157	15.157	17.688	17.688	20.214
1.300	15.321	18.385	18.385	21.451	21.451	24.516
1.600	18.257	21.907	21.907	25.551	25.551	29.201
1.900	20.765	24.921	24.921	29.072	29.072	33.228
2.200	23.104	27.728	27.728	32.344	32.344	36.968
2.500	25.264	30.315	30.315	35.371	35.371	40.422
3.000	28.593	34.313	34.313	40.028	40.028	45.747
3.500	31.782	38.138	38.138	44.493	44.493	50.849
4.000	34.836	41.804	41.804	48.773	48.773	55.741
4.500	37.761	45.315	45.315	52.862	52.862	60.415
5.000	40.550	48.661	48.661	56.766	56.766	64.876
5.500	43.194	51.833	51.833	60.471	60.471	69.111
6.000	45.714	54.858	54.858	63.998	63.998	73.143
6.500	48.099	57.721	57.721	67.339	67.339	76.962
7.000	50.354	60.421	60.421	70.488	70.488	80.555
7.500	52.507	63.008	63.008	73.509	73.509	84.009

Fläche in ha	Honorarzone I		Honorarzone II		Honorarzone III	
	von	bis	von	bis	von	bis
	Euro		Euro		Euro	
8.000	54.572	65.489	65.489	76.399	76.399	87.316
8.500	56.551	67.861	67.861	79.173	79.173	90.483
9.000	58.441	70.128	70.128	81.810	81.810	93.497
9.500	60.235	72.282	72.282	84.329	84.329	96.377
10.000	61.945	74.335	74.335	86.720	86.720	99.110
11.000	65.179	78.216	78.216	91.253	91.253	104.290
12.000	68.334	81.995	81.995	95.663	95.663	109.324
13.000	71.382	85.663	85.663	99.936	99.936	114.216
14.000	74.352	89.222	89.222	104.093	104.093	118.963
15.000	77.226	92.671	92.671	108.120	108.120	123.564

(2) Die Honorare sind nach der Gesamtfläche des Plangebiets in Hektar zu berechnen.

(3) Die Zuordnung zu den Honorarzonen wird anhand folgender Bewertungsmerkmale ermittelt:

1. topographische Verhältnisse,
2. Flächennutzung,
3. Landschaftsbild,
4. Anforderungen an Umweltsicherung und Umweltschutz,
5. ökologische Verhältnisse,
6. Bevölkerungsdichte.

(4) Sind für einen Landschaftsplan Bewertungsmerkmale aus mehreren Honorarzonen anwendbar und bestehen deswegen Zweifel, welcher Honorarzone der Landschaftsplan zugeordnet werden kann, so ist die Anzahl der Bewertungspunkte nach Absatz 5 zu ermitteln; der Landschaftsplan ist nach der Summe der Bewertungspunkte folgenden Honorarzonen zuzuordnen:

1. Honorarzone I: Landschaftspläne mit bis zu 16 Punkten,
2. Honorarzone II: Landschaftspläne mit 17 bis 30 Punkten,
3. Honorarzone III: Landschaftspläne mit 31 bis 42 Punkten.

(5) Bei der Zuordnung eines Landschaftsplans zu den Honorarzonen sind entsprechend dem Schwierigkeitsgrad der Planungsanforderungen die Bewertungsmerkmale gemäß Absatz 3 Nummern 1, 2, 3 und 6 mit je bis zu 6 Punkten, die Bewertungsmerkmale gemäß Absatz 3 Nummern 4 und 5 und mit je bis zu 9 Punkten zu bewerten.

§ 29 Honorare für Leistungen bei Grünordnungsplänen

(1) Die Mindest- und Höchstsätze der Honorare für die in § 24 aufgeführten Leistungen bei Grünordnungsplänen sind in der folgenden Honorartafel festgesetzt:

Honorartafel zu § 29 Absatz 1 – Grünordnungsplan

Ansätze Verrechnungs-einheiten	Honorarzone I		Honorarzone II	
	von	bis	von	bis
	Euro		Euro	
1.500	1.895	2.368	2.368	2.840
5.000	6.316	7.897	7.897	9.477
10.000	10.483	13.110	13.110	15.731
20.000	17.435	21.794	21.794	26.147
40.000	28.295	35.371	35.371	42.440
60.000	35.618	44.527	44.527	53.430
80.000	42.440	53.053	53.053	63.666
100.000	48.003	60.005	60.005	72.002
150.000	66.321	82.900	82.900	99.475
200.000	83.368	104.211	104.211	125.055
250.000	101.056	126.320	126.320	151.578
300.000	117.473	146.848	146.848	176.218
350.000	132.630	165.791	165.791	198.950
400.000	146.528	183.163	183.163	219.794
450.000	159.159	198.950	198.950	238.736
500.000	170.526	213.164	213.164	255.795
600.000	193.265	241.582	241.582	289.900
700.000	216.640	270.795	270.795	324.950
800.000	242.527	303.162	303.162	363.791
900.000	267.161	333.955	333.955	400.742
1.000.000	290.530	363.161	363.161	435.793

(2) Die Honorare sind für die Summe der Einzelansätze des Absatzes 3 gemäß der Honorartafel des Absatzes 1 zu berechnen.

(3) Für die Ermittlung des Honorars ist von folgenden Ansätzen auszugehen:

1. für Flächen nach § 9 des Baugesetzbuchs mit Festsetzungen einer Geschossflächenzahl oder Baumassenzahl je Hektar Fläche 400 Verrechnungseinheiten,

2. für Flächen nach § 9 des Baugesetzbuchs mit Festsetzungen einer Geschossflächenzahl oder Baumassenzahl und Pflanzbindungen oder Pflanzpflichten je Hektar Fläche 1.150 Verrechnungseinheiten,
3. für Grünflächen nach § 9 Absatz 1 Nummer 15 des Baugesetzbuchs, soweit nicht Bestand, je Hektar Fläche 1.000 Verrechnungseinheiten,
4. für sonstige Grünflächen je Hektar Fläche 400 Verrechnungseinheiten,
5. für Flächen mit besonderen Maßnahmen des Naturschutzes und der Landschaftspflege, die nicht bereits unter Nummer 2 angesetzt sind, je Hektar Fläche 1.200 Verrechnungseinheiten,
6. für Flächen für Aufschüttungen, Abgrabungen oder für die Gewinnung von Steinen, Erden und anderen Bodenschätzen je Hektar Fläche 400 Verrechnungseinheiten,
7. für Flächen für Landwirtschaft und Wald mit mäßigem Anteil an Maßnahmen für Naturschutz und Landschaftspflege je Hektar Fläche 400 Verrechnungseinheiten,
8. für Flächen für Landwirtschaft und Wald ohne Maßnahmen für Naturschutz und Landschaftspflege oder flurbereinigte Flächen von Landwirtschaft und Wald je Hektar Fläche 100 Verrechnungseinheiten,
9. für Wasserflächen mit Maßnahmen für Naturschutz und Landschaftspflege je Hektar Fläche 400 Verrechnungseinheiten,
10. für Wasserflächen ohne Maßnahmen für Naturschutz und Landschaftspflege je Hektar Fläche 100 Verrechnungseinheiten,
11. sonstige Flächen je Hektar Fläche 100 Verrechnungseinheiten.

(4) Grünordnungspläne können nach Anzahl und Gewicht der Bewertungsmerkmale der Honorarzone II zugeordnet werden, wenn es bei Auftragserteilung schriftlich vereinbart worden ist. Bewertungsmerkmale sind insbesondere:

1. schwierige ökologische oder topographische Verhältnisse,
2. sehr differenzierte Flächennutzungen,
3. erschwerte Planung durch besondere Maßnahmen auf den Gebieten Umweltschutz, Denkmalschutz, Naturschutz, Spielflächenleitplanung oder Sportstättenplanung,
4. Änderungen oder Überarbeitungen von Teilgebieten vorliegender Grünordnungspläne mit einem erhöhten Arbeitsaufwand sowie
5. Grünordnungspläne in einem Entwicklungsbereich oder in einem Sanierungsgebiet.

(5) Die Honorare sind nach Darstellungen der endgültigen Planfassung nach Leistungsphase 4 von § 24 zu berechnen. Kommt es nicht zur endgültigen Planfassung, so sind die Honorare nach den Festsetzungen der mit dem Auftraggeber abgestimmten Planfassung zu berechnen.

§ 30 Honorare für Leistungen bei Landschaftsrahmenplänen

(1) Die Mindest- und Höchstsätze der Honorare für die in § 25 aufgeführten Leistungen bei Landschaftsrahmenplänen sind in der folgenden Honorartafel festgesetzt:

Honorartafel zu § 30 Absatz 1 – Landschaftsrahmenplan

Fläche in ha	Honorarzone I		Honorarzone II	
	von	bis	von	bis
	Euro		Euro	
5.000	32.402	40.500	40.500	48.599
6.000	37.249	46.563	46.563	55.877
7.000	41.822	52.278	52.278	62.732
8.000	46.130	57.665	57.665	69.194
9.000	50.021	62.530	62.530	75.032
10.000	53.526	66.911	66.911	80.297
12.000	60.005	75.005	75.005	89.999
14.000	65.696	82.125	82.125	98.548
16.000	71.140	88.930	88.930	106.714
18.000	76.168	95.213	95.213	114.256
20.000	81.534	101.922	101.922	122.305
25.000	94.897	118.626	118.626	142.349
30.000	106.106	132.636	132.636	159.159
35.000	115.611	144.520	144.520	173.423
40.000	123.789	154.739	154.739	185.683
45.000	130.419	163.029	163.029	195.633
50.000	138.002	172.505	172.505	207.005
60.000	151.894	189.868	189.868	227.842
70.000	164.463	205.582	205.582	246.695
80.000	174.317	217.899	217.899	261.476
90.000	184.171	230.216	230.216	276.255
100.000	194.531	243.163	243.163	291.789

(2) § 28 Absatz 2 gilt entsprechend.

(3) Landschaftsrahmenpläne können nach Anzahl und Gewicht der Bewertungsmerkmale der Honorarzone II zugeordnet werden, wenn es bei Auftragserteilung schriftlich vereinbart worden ist. Bewertungsmerkmale sind insbesondere:

1. schwierige ökologische Verhältnisse,

2. Verdichtungsräume,
3. Erholungsgebiete,
4. tiefgreifende Nutzungsansprüche wie großflächiger Abbau von Bodenbestandteilen,
5. erschwerte Planung durch besondere Maßnahmen der Umweltsicherung und des Umweltschutzes.

§ 31 Honorare für Leistungen bei Pflege- und Entwicklungsplänen

(1) Die Mindest- und Höchstsätze der Honorare für die in § 27 aufgeführten Leistungen bei Pflege- und Entwicklungsplänen sind in der folgenden Honorartafel festgesetzt:

Honorartafel zu § 31 Absatz 1 – Pflege- und Entwicklungsplan

Fläche in ha	Honorarzone I		Honorarzone II		Honorarzone III	
	von	bis	von	bis	von	bis
	Euro		Euro		Euro	
5	2.576	5.146	5.146	7.722	7.722	10.293
10	3.240	6.474	6.474	9.702	9.702	12.936
15	3.713	7.424	7.424	11.136	11.136	14.848
20	4.083	8.161	8.161	12.239	12.239	16.316
30	4.736	9.477	9.477	14.224	14.224	18.965
40	5.326	10.658	10.658	15.984	15.984	21.316
50	5.843	11.688	11.688	17.525	17.525	23.368
75	6.940	13.886	13.886	20.837	20.837	27.784
100	7.868	15.731	15.731	23.599	23.599	31.462
150	9.342	18.673	18.673	28.008	28.008	37.340
200	10.432	20.871	20.871	31.310	31.310	41.748
300	11.906	23.813	23.813	35.719	35.719	47.626
400	13.009	26.017	26.017	39.032	39.032	52.041
500	13.897	27.789	27.789	41.676	41.676	55.568
1.000	17.570	35.134	35.134	52.704	52.704	70.269
2.500	26.389	52.773	52.773	79.160	79.160	105.544
5.000	37.412	74.824	74.824	112.231	112.231	149.643
10.000	52.114	104.222	104.222	156.336	156.336	208.445

(2) Die Honorare sind nach der Grundfläche des Planungsbereichs in Hektar zu berechnen.

(3) Die Zuordnung zu den Honorarzonen wird anhand folgender Bewertungsmerkmale für die planerischen Anforderungen ermittelt:

1. fachliche Vorgaben,
2. Differenziertheit des floristischen Inventars oder der Pflanzengesellschaften,
3. Differenziertheit des faunistischen Inventars,
4. Beeinträchtigungen oder Schädigungen von Naturhaushalt und Landschaftsbild sowie
5. Aufwand für die Festlegung von Zielaussagen sowie Pflege- und Entwicklungsmaßnahmen.

(4) Sind für einen Pflege- und Entwicklungsplan Bewertungsmerkmale aus mehreren Honorarzonen anwendbar und bestehen deswegen Zweifel, welcher Honorarzone der Pflege- und Entwicklungsplan zugeordnet werden kann, so ist die Anzahl der Bewertungspunkte nach Absatz 5 zu ermitteln; der Pflege- und Entwicklungsplan ist nach der Summe der Bewertungspunkte folgenden Honorarzonen zuzuordnen:

1. Honorarzone I: Pflege- und Entwicklungspläne bis zu 13 Punkten,
2. Honorarzone II: Pflege- und Entwicklungspläne mit 14 bis 24 Punkten,
3. Honorarzone III: Pflege- und Entwicklungspläne mit 25 bis 34 Punkten.

(5) Bei der Zuordnung eines Pflege- und Entwicklungsplans zu den Honorarzonen ist entsprechend dem Schwierigkeitsgrad der Planungsanforderungen das Bewertungsmerkmal gemäß Absatz 3 Nummer 1 mit bis zu 4 Punkten, die Bewertungsmerkmale gemäß Absatz 3 Nummern 4 und 5 mit je bis zu 6 Punkten und die Bewertungsmerkmale gemäß Absatz 3 Nummern 2 und 3 mit je bis zu 9 Punkten zu bewerten.

Teil 3 Objektplanung

Abschnitt 1 Gebäude und raumbildende Ausbauten

§ 32 Besondere Grundlagen des Honorars

(1) Anrechenbar sind für Leistungen bei Gebäuden und raumbildenden Ausbauten die Kosten der Baukonstruktion.

(2) Anrechenbar für Leistungen bei Gebäuden und raumbildenden Ausbauten sind auch die Kosten für Technische Anlagen, die der Auftragnehmer nicht fachlich plant oder deren Ausführung er nicht fachlich überwacht,

1. vollständig bis zu 25 Prozent der sonstigen anrechenbaren Kosten und
2. zur Hälfte mit dem 25 Prozent der sonstigen anrechenbaren Kosten übersteigenden Betrag.

(3) Nicht anrechenbar sind insbesondere die Kosten für das Herrichten, die nicht öffentliche Erschließung, sowie Leistungen für Ausstattung und Kunstwerke, soweit der Auftragnehmer sie nicht plant, bei der Beschaffung mitwirkt oder ihre Ausführung oder ihren Einbau fachlich überwacht.

(4) § 11 Absatz 1 gilt nicht, wenn die getrennte Berechnung weniger als 7.500 Euro anrechenbare Kosten der Freianlagen zum Gegenstand hätte. Absatz 3 ist insoweit nicht anzuwenden.

§ 33 Leistungsbild Gebäude und raumbildende Ausbauten

Das Leistungsbild Gebäude und raumbildende Ausbauten umfasst Leistungen für Neubauten, Neuanlagen, Wiederaufbauten, Erweiterungsbauten, Umbauten, Modernisierungen, raumbildende Ausbauten, Instandhaltungen und Instandsetzungen. Die Leistungen sind in neun Leistungsphasen zusammengefasst und werden wie folgt in Prozentsätzen der Honorare des § 34 bewertet:

1. für die Leistungsphase 1 (Grundlagenermittlung) mit je 3 Prozent bei Gebäuden und raumbildenden Ausbauten,
2. für die Leistungsphase 2 (Vorplanung) mit je 7 Prozent bei Gebäuden und raumbildenden Ausbauten,
3. für die Leistungsphase 3 (Entwurfsplanung) mit 11 Prozent bei Gebäuden und 14 Prozent bei raumbildenden Ausbauten,
4. für die Leistungsphase 4 (Genehmigungsplanung) mit 6 Prozent bei Gebäuden und 2 Prozent bei raumbildenden Ausbauten,
5. für die Leistungsphase 5 (Ausführungsplanung) mit 25 Prozent bei Gebäuden und 30 Prozent bei raumbildenden Ausbauten,
6. für die Leistungsphase 6 (Vorbereitung der Vergabe) mit 10 Prozent bei Gebäuden und 7 Prozent bei raumbildenden Ausbauten,
7. für die Leistungsphase 7 (Mitwirkung bei der Vergabe) mit 4 Prozent bei Gebäuden und 3 Prozent bei raumbildende Ausbauten,
8. für die Leistungsphase 8 (Objektüberwachung – Bauüberwachung –) mit je 31 Prozent bei Gebäuden und raumbildenden Ausbauten,
9. für die Leistungsphase 9 (Objektbetreuung und Dokumentation) mit je 3 Prozent bei Gebäuden und raumbildenden Ausbauten.

Die einzelnen Leistungen jeder Leistungsphase sind in Anlage 11 geregelt.

§ 34 Honorare für Leistungen bei Gebäuden und raumbildenden Ausbauten

(1) Die Mindest- und Höchstsätze der Honorare für die in § 33 aufgeführten Leistungen bei Gebäuden und raumbildenden Ausbauten sind in der folgenden Honorartafel festgesetzt:

Honorartafel zu § 34 Absatz 1 – Gebäude und raumbildende Ausbauten

Anrechen-bare Kosten Euro	Honorarzone I		Honorarzone II		Honorarzone III		Honorarzone IV		Honorarzone V	
	von	bis	von	bis	von	bis	von	bis	von	bis
	Euro		Euro		Euro		Euro		Euro	
25.565	2.182	2.654	2.654	3.290	3.290	4.241	4.241	4.876	4.876	5.348
30.000	2.558	3.109	3.109	3.847	3.847	4.948	4.948	5.686	5.686	6.237
35.000	2.991	3.629	3.629	4.483	4.483	5.760	5.760	6.613	6.613	7.252
40.000	3.411	4.138	4.138	5.112	5.112	6.565	6.565	7.538	7.538	8.264
45.000	3.843	4.657	4.657	5.743	5.743	7.372	7.372	8.458	8.458	9.272
50.000	4.269	5.167	5.167	6.358	6.358	8.154	8.154	9.346	9.346	10.243
100.000	8.531	10.206	10.206	12.442	12.442	15.796	15.796	18.032	18.032	19.708
150.000	12.799	15.128	15.128	18.236	18.236	22.900	22.900	26.008	26.008	28.337
200.000	17.061	19.927	19.927	23.745	23.745	29.471	29.471	33.289	33.289	36.155
250.000	21.324	24.622	24.622	29.018	29.018	35.610	35.610	40.006	40.006	43.305
300.000	24.732	28.581	28.581	33.715	33.715	41.407	41.407	46.540	46.540	50.389
350.000	27.566	32.044	32.044	38.017	38.017	46.970	46.970	52.944	52.944	57.421
400.000	29.999	35.114	35.114	41.940	41.940	52.175	52.175	59.001	59.001	64.116
450.000	32.058	37.820	37.820	45.498	45.498	57.024	57.024	64.702	64.702	70.465
500.000	33.738	40.137	40.137	48.667	48.667	61.464	61.464	69.994	69.994	[illegible]
1.000.000	60.822	72.089	72.089	87.112	87.112	109.650	109.650	124.674	124.67[illegible]	[illegible]
1.500.000	88.184	104.284	104.284	125.749	125.749	157.951	157.951	179.416	179.416	[illegible]
2.000.000	115.506	136.436	136.436	164.341	164.341	206.201	206.201	234.105	234.105	[illegible]

Anrechen-bare Kosten Euro	Honorarzone I		Honorarzone II		Honorarzone III		Honorarzone IV		Honorarzone V	
	von	bis	von	bis	von	bis	von	bis	von	bis
	Euro		Euro		Euro		Euro		Euro	
2.500.000	142.830	168.598	168.598	202.953	202.953	254.487	254.487	288.842	288.842	314.607
3.000.000	171.226	200.401	200.401	239.295	239.295	297.639	297.639	336.534	336.534	365.708
3.500.000	199.766	232.158	232.158	275.353	275.353	340.143	340.143	383.337	383.337	415.731
4.000.000	228.305	263.920	263.920	311.411	311.411	382.642	382.642	430.133	430.133	465.748
4.500.000	256.840	295.678	295.678	347.465	347.465	425.145	425.145	476.931	476.931	515.769
5.000.000	285.379	327.439	327.439	383.522	383.522	467.649	467.649	523.731	523.731	565.792
10.000.000	570.757	648.805	648.805	752.869	752.869	908.967	908.967	1.013.031	1.013.031	1.091.079
15.000.000	856.136	964.745	964.745	1.109.559	1.109.559	1.326.782	1.326.782	1.471.595	1.471.595	1.580.205
20.000.000	1.141.514	1.275.044	1.275.044	1.453.088	1.453.088	1.720.148	1.720.148	1.898.192	1.898.192	2.031.722
25.000.000	1.426.893	1.586.268	1.586.268	1.798.766	1.798.766	2.117.513	2.117.513	2.330.011	2.330.011	2.489.383
25.564.594	1.459.117	1.621.426	1.621.426	1.837.835	1.837.835	2.162.447	2.162.447	2.378.856	2.378.856	2.541.160

(2) Die Zuordnung zu den Honorarzonen für Leistungen bei Gebäuden wird anhand folgender Bewertungsmerkmale ermittelt:

1. Anforderungen an die Einbindung in die Umgebung,
2. Anzahl der Funktionsbereiche,
3. gestalterische Anforderungen,
4. konstruktive Anforderungen,
5. technische Ausrüstung,
6. Ausbau.

(3) Die Zuordnung zu den Honorarzonen für Leistungen bei raumbildenden Ausbauten wird anhand folgender Bewertungsmerkmale ermittelt:

1. Funktionsbereich,
2. Anforderungen an die Lichtgestaltung,
3. Anforderungen an die Raum-Zuordnung und Raum-Proportion,
4. technische Ausrüstung,
5. Farb- und Materialgestaltung,
6. konstruktive Detailgestaltung.

(4) Sind für ein Gebäude oder einen raumbildenden Ausbau Bewertungsmerkmale aus mehreren Honorarzonen anwendbar und bestehen deswegen Zweifel, welcher Honorarzone das Gebäude oder der raumbildende Ausbau zugeordnet werden kann, so ist die Anzahl der Bewertungspunkte nach Absatz 5 zu ermitteln; das Gebäude oder der raumbildende Ausbau ist nach der Summe der Bewertungspunkte folgenden Honorarzonen zuzuordnen:

1. Honorarzone I: Gebäude bzw. der raumbildende Ausbau mit bis zu 10 Punkten
2. Honorarzone II: Gebäude bzw. der raumbildende Ausbau mit 11 bis 18 Punkten
3. Honorarzone III: Gebäude bzw. der raumbildende Ausbau mit 19 bis 26 Punkten
4. Honorarzone IV: Gebäude bzw. der raumbildende Ausbau mit 27 bis 34 Punkten
5. Honorarzone V: Gebäude bzw. der raumbildende Ausbau mit 35 bis 42 Punkten

(5) Bei der Zuordnung zu den Honorarzonen sind entsprechend dem Schwierigkeitsgrad der Planungsanforderungen die Bewertungsmerkmale für Gebäude nach Absatz 2 Nummern 1, 4 bis 6 mit je bis zu 6 Punkten, die Bewertungsmerkmale nach Absatz 2 Nummern 2 und 3 mit je bis zu 9 Punkten, für raumbildende Ausbauten nach Absatz 3 Nummern 1 bis 4 mit je bis zu 6 Punkten, die Bewertungsmerkmale nach Absatz 3 Nummern 5 und 6 mit je bis zu 9 Punkten zu bewerten.

§ 35 Leistungen im Bestand

(1) Für Leistungen bei Umbauten und Modernisierungen kann für Objekte ein Zuschlag bis zu 80 Prozent vereinbart werden. Sofern kein Zuschlag schriftlich vereinbart ist, fällt für Leistungen ab der Honorarzone II ein Zuschlag von 20 Prozent an.

(2) Honorare für Leistungen bei Umbauten und Modernisierungen von Objekten im Sinne des § 2 Nummer 6 und 7 sind nach den anrechenbaren Kosten, der Honorarzone, den Leistungsphasen und der Honorartafel, die dem Umbau oder der Modernisierung sinngemäß zuzuordnen ist, zu ermitteln.

§ 36 Instandhaltungen und Instandsetzungen

(1) Für Leistungen bei Instandhaltungen und Instandsetzungen von Objekten kann vereinbart werden, den Prozentsatz für die Bauüberwachung um bis zu 50 Prozent zu erhöhen.

(2) Honorare für Leistungen bei Instandhaltungen und Instandsetzungen von Objekten sind nach den anrechenbaren Kosten, der Honorarzone, den Leistungsphasen und der Honorartafel, der die Instandhaltungs- und Instandsetzungsmaßnahme zuzuordnen ist, zu ermitteln.

Abschnitt 2 Freianlagen

§ 37 Besondere Grundlagen des Honorars

(1) Zu den anrechenbaren Kosten für Leistungen bei Freianlagen rechnen neben den Kosten für Außenanlagen auch die Kosten für folgende Bauwerke und Anlagen, soweit sie der Auftragnehmer plant und überwacht:

1. Einzelgewässer mit überwiegend ökologischen und landschaftsgestalterischen Elementen,
2. Teiche ohne Dämme,
3. flächenhafter Erdbau zur Geländegestaltung,
4. einfache Durchlässe und Uferbefestigungen als Mittel zur Geländegestaltung, soweit keine Leistungen nach Teil 4 erforderlich sind,
5. Lärmschutzwälle als Mittel zur Geländegestaltung,
6. Stützbauwerke und Geländeabstützungen ohne Verkehrsbelastung als Mittel zur Geländegestaltung, soweit keine Leistungen nach Teil 4 erforderlich sind,
7. Stege und Brücken, soweit keine Leistungen nach Teil 4 erforderlich sind,
8. Wege ohne Eignung für den regelmäßigen Fahrverkehr mit einfachen Entwässerungsverhältnissen sowie andere Wege und befestigte Flächen, die als Gestaltungselement der Freianlagen geplant werden und für die Leistungen nach Teil 3 nicht erforderlich sind.

(2) Nicht anrechenbar sind die Kosten für Leistungen bei Freianlagen für:

1. das Gebäude sowie die in § 32 Absatz 3 genannten Kosten und
2. den Unter- und Oberbau von Fußgängerbereichen, ausgenommen die Kosten für die Oberflächenbefestigung.

(3) § 11 Absatz 1 gilt nicht, wenn die getrennte Berechnung 7.500 Euro anrechenbare Kosten der Gebäude unterschreitet. Absatz 2 ist insoweit nicht anzuwenden.

§ 38 Leistungsbild Freianlagen

(1) § 33 Absatz 1 Satz 1 gilt mit Ausnahme der Ausführungen zu den raumbildenden Ausbauten entsprechend. Die Leistungen bei Freianlagen sind in neun Leistungsphasen zusammengefasst und werden wie folgt in Prozentsätzen der Honorare des § 39 bewertet:

1. für die Leistungsphase 1 (Grundlagenermittlung) mit 3 Prozent,
2. für die Leistungsphase 2 (Vorplanung) mit 10 Prozent,
3. für die Leistungsphase 3 (Entwurfsplanung) mit 15 Prozent,
4. für die Leistungsphase 4 (Genehmigungsplanung) mit 6 Prozent,
5. für die Leistungsphase 5 (Ausführungsplanung) mit 24 Prozent,
6. für die Leistungsphase 6 (Vorbereitung der Vergabe) mit 7 Prozent,
7. für die Leistungsphase 7 (Mitwirkung bei der Vergabe) mit 3 Prozent,
8. für die Leistungsphase 8 (Objektüberwachung – Bauüberwachung) mit 29 Prozent und
9. für die Leistungsphase 9 (Objektbetreuung und Dokumentation) mit 3 Prozent.

(2) Die einzelnen Leistungen jeder Leistungsphase sind in Anlage 11 geregelt.

§ 39 Honorare für Leistungen bei Freianlagen

(1) Die Mindest- und Höchstsätze der Honorare für die in § 38 aufgeführten Leistungen bei Freianlagen sind in der folgenden Honorartafel festgesetzt:

Honorartafel zu § 39 Absatz 1 – Freianlagen

Anrechen-bare Kosten Euro	Honorarzone I		Honorarzone II		Honorarzone III		Honorarzone IV		Honorarzone V	
	von	bis	von	bis	von	bis	von	bis	von	bis
	Euro		Euro		Euro		Euro		Euro	
20.452	2.616	3.205	3.205	3.988	3.988	5.163	5.163	5.944	5.944	6.535
25.000	3.186	3.902	3.902	4.853	4.853	6.279	6.279	7.230	7.230	7.946
30.000	3.798	4.651	4.651	5.785	5.785	7.486	7.486	8.620	8.620	9.468
35.000	4.409	5.394	5.394	6.710	6.710	8.676	8.676	9.991	9.991	10.977
40.000	5.015	6.133	6.133	7.624	7.624	9.855	9.855	11.348	11.348	12.465
45.000	5.610	6.861	6.861	8.524	8.524	11.019	11.019	12.682	12.682	13.932
50.000	6.200	7.578	7.578	9.412	9.412	12.162	12.162	13.995	13.995	15.373
100.000	11.730	14.276	14.276	17.665	17.665	22.756	22.756	26.145	26.145	28.690
150.000	16.590	20.103	20.103	24.785	24.785	31.810	31.810	36.491	36.491	40.004
200.000	20.814	25.089	25.089	30.781	30.781	39.329	39.329	45.022	45.022	49.297
250.000	24.364	29.196	29.196	35.638	35.638	45.308	45.308	51.750	51.750	56.582
300.000	29.051	34.471	34.471	41.693	41.693	52.534	52.534	59.755	59.755	65.175
350.000	33.897	39.806	39.806	47.685	47.685	59.505	59.505	67.384	67.384	73.293
400.000	38.737	45.026	45.026	53.411	53.411	65.990	65.990	74.373	74.373	80.663
450.000	43.581	50.122	50.122	58.839	58.839	71.915	71.915	80.633	80.633	87.173
500.000	48.418	55.091	55.091	63.989	63.989	77.340	77.340	86.238	86.238	92.912
1.000.000	96.839	107.026	107.026	120.607	120.607	140.982	140.982	154.563	154.563	164.750
1.500.000	145.255	159.689	159.689	178.937	178.937	207.811	207.811	227.058	227.058	241.492
1.533.876	148.535	163.260	163.260	182.894	182.894	212.347	212.347	231.982	231.982	246.706

(2) Die Zuordnung zu den Honorarzonen wird anhand folgender Bewertungsmerkmale für die planerischen Anforderungen ermittelt:

1. Anforderungen an die Einbindung in die Umgebung,
2. Anforderungen an Schutz, Pflege und Entwicklung von Natur und Landschaft,
3. Anzahl der Funktionsbereiche,
4. gestalterische Anforderungen,
5. Ver- und Entsorgungseinrichtungen.

(3) Sind für eine Freianlage Bewertungsmerkmale aus mehreren Honorarzonen anwendbar und bestehen deswegen Zweifel, welcher Honorarzone die Freianlage zugeordnet werden kann, so ist die Anzahl der Bewertungspunkte nach Absatz 4 zu ermitteln; die Freianlage ist nach der Summe der Bewertungsmerkmale folgenden Honorarzonen zuzuordnen:

1. Honorarzone I: Freianlagen mit bis zu 8 Punkten,
2. Honorarzone II: Freianlagen mit 9 bis 15 Punkten,
3. Honorarzone III: Freianlagen mit 16 bis 22 Punkten,
4. Honorarzone IV: Freianlagen mit 23 bis 29 Punkten,
5. Honorarzone V: Freianlagen mit 30 bis 36 Punkten.

(4) Bei der Zuordnung einer Freianlage zu einer Honorarzone sind entsprechend dem Schwierigkeitsgrad der Planungsanforderungen die Bewertungsmerkmale nach Absatz 2 Nummer 1, 2 und 4 mit je bis zu 8 Punkten, die Bewertungsmerkmale nach Absatz 2 Nummer 3 und 5 mit je bis zu 6 Punkten zu bewerten.

Abschnitt 3 Ingenieurbauwerke

§ 40 Anwendungsbereich

Ingenieurbauwerke umfassen:

1. Bauwerke und Anlagen der Wasserversorgung
2. Bauwerke und Anlagen der Abwasserentsorgung,
3. Bauwerke und Anlagen des Wasserbaus, ausgenommen Freianlagen nach § 2 Nummer 11,
4. Bauwerke und Anlagen für Ver- und Entsorgung mit Gasen, Feststoffen einschließlich wassergefährdenden Flüssigkeiten, ausgenommen Anlagen nach § 51,
5. Bauwerke und Anlagen der Abfallentsorgung,
6. konstruktive Ingenieurbauwerke für Verkehrsanlagen,
7. sonstige Einzelbauwerke, ausgenommen Gebäude und Freileitungsmaste.

§ 41 Besondere Grundlagen des Honorars

(1) Anrechenbar sind für Leistungen bei Ingenieurbauwerken die Kosten der Baukonstruktion.

(2) Anrechenbar für Leistungen bei Ingenieurbauwerken sind auch die Kosten für Technische Anlagen mit Ausnahme von Absatz 3 Nummer 7, die der Auftragnehmer nicht fachlich plant oder deren Ausführung er oder sie nicht fachlich überwacht,

1. vollständig bis zu 25 Prozent der sonstigen anrechenbaren Kosten und
2. zur Hälfte mit dem 25 Prozent der sonstigen anrechenbaren Kosten übersteigenden Betrag.

(3) Nicht anrechenbar sind, soweit der Auftragnehmer die Anlagen weder plant noch ihre Ausführung überwacht, die Kosten für:

1. das Herrichten des Grundstücks,
2. die öffentliche Erschließung,
3. die nichtöffentliche Erschließung und die Außenanlagen,
4. verkehrsregelnde Maßnahmen während der Bauzeit, das Umlegen und Verlegen von Leitungen, die Ausstattung und Nebenanlagen von Straßen sowie Ausrüstung und Nebenanlagen von Gleisanlagen und
5. Anlagen der Maschinentechnik, die der Zweckbestimmung des Ingenieurbauwerks dienen.

§ 42 Leistungsbild Ingenieurbauwerke

(1) § 33 Absatz 1 Satz 1 gilt entsprechend. Die Leistungen für Ingenieurbauwerke sind in neun Leistungsphasen zusammengefasst und werden wie folgt in Prozentsätzen der Honorare des § 43 bewertet:

1. für die Leistungsphase 1 (Grundlagenermittlung) mit 2 Prozent,
2. für die Leistungsphase 2 (Vorplanung) mit 15 Prozent,
3. für die Leistungsphase 3 (Entwurfsplanung) mit 30 Prozent,
4. für die Leistungsphase 4 (Genehmigungsplanung) mit 5 Prozent,
5. für die Leistungsphase 5 (Ausführungsplanung) mit 15 Prozent,
6. für die Leistungsphase 6 (Vorbereitung der Vergabe) mit 10 Prozent,
7. für die Leistungsphase 7 (Mitwirkung bei der Vergabe) mit 5 Prozent,
8. für die Leistungsphase 8 (Bauoberleitung) mit 15 Prozent,
9. für die Leistungsphase 9 (Objektbetreuung und Dokumentation) mit 3 Prozent.

Die einzelnen Leistungen jeder Leistungsphase sind in Anlage 12 geregelt. Abweichend von der Bewertung der Leistungsphase 2 (Vorplanung) mit 15 Prozent, wird die Leistungsphase 2 bei Objekten nach § 40 Nummer 6 und 7, die eine Tragwerksplanung erfordern, mit 8 Prozent bewertet.

(2) Die §§ 35 und 36 Absatz 2 gelten entsprechend.

(3) Die Teilnahme an bis zu fünf Erläuterungs- oder Erörterungsterminen mit Bürgern und Bürgerinnen oder politischen Gremien, die bei Leistungen nach Anlage 12 anfallen, sind als Leistungen mit den Honoraren nach § 43 abgegolten.

§ 43 Honorare für Leistungen bei Ingenieurbauwerken

(1) Die Mindest- und Höchstsätze der Honorare für die in § 42 aufgeführten Leistungen bei Ingenieurbauwerken sind in der folgenden Honorartafel für den Anwendungsbereich des § 40 festgesetzt:

Honorartabelle zu § 43 Absatz 1 – Ingenieurbauwerke (Anwendungsbereich des § 40)

Anrechen-bare Kosten Euro	Honorarzone I		Honorarzone II		Honorarzone III		Honorarzone IV		Honorarzone V	
	von	bis	von	bis	von	bis	von	bis	von	bis
	Euro		Euro		Euro		Euro		Euro	
25.565	2.616	3.290	3.290	3.959	3.959	4.634	4.634	5.303	5.303	5.979
30.000	2.981	3.735	3.735	4.487	4.487	5.244	5.244	5.996	5.996	6.750
35.000	3.375	4.215	4.215	5.061	5.061	5.904	5.904	6.749	6.749	7.590
40.000	3.751	4.681	4.681	5.610	5.610	6.534	6.534	7.465	7.465	8.393
45.000	4.125	5.134	5.134	6.146	6.146	7.152	7.152	8.165	8.165	9.173
50.000	4.495	5.585	5.585	6.675	6.675	7.759	7.759	8.851	8.851	9.940
75.000	6.233	7.687	7.687	9.141	9.141	10.591	10.591	12.045	12.045	13.499
100.000	7.863	9.649	9.649	11.436	11.436	13.218	13.218	15.004	15.004	16.790
150.000	10.902	13.286	13.286	15.671	15.671	18.053	18.053	20.437	20.437	22.821
200.000	13.753	16.680	16.680	19.606	19.606	22.528	22.528	25.454	25.454	28.381
250.000	16.467	19.892	19.892	23.322	23.322	26.748	26.748	30.177	30.177	33.603
300.000	19.070	22.970	22.970	26.877	26.877	30.778	30.778	34.684	34.684	38.586
350.000	21.593	25.948	25.948	30.304	30.304	34.654	34.654	39.010	39.010	43.365
400.000	24.056	28.839	28.839	33.626	33.626	38.408	38.408	43.196	43.196	47.979
450.000	26.451	31.653	31.653	36.856	36.856	42.052	42.052	47.255	47.255	52.457
500.000	28.793	34.399	34.399	40.002	40.002	45.607	45.607	51.209	51.209	56.816
750.000	39.906	47.363	47.363	54.819	54.819	62.275	62.275	69.732	69.732	77.188
1.000.000	50.338	59.468	59.468	68.603	68.603	77.733	77.733	86.868	86.868	95.998

Anrechenbare Kosten Euro	Honorarzone I von	Honorarzone I bis	Honorarzone II von	Honorarzone II bis	Honorarzone III von	Honorarzone III bis	Honorarzone IV von	Honorarzone IV bis	Honorarzone V von	Honorarzone V bis
	Euro		Euro		Euro		Euro		Euro	
1.500.000	69.798	81.930	81.930	94.062	94.062	106.198	106.198	118.330	118.330	130.462
2.000.000	88.043	102.884	102.884	117.725	117.725	132.572	132.572	147.413	147.413	162.254
2.500.000	105.403	122.755	122.755	140.099	140.099	157.451	157.451	174.797	174.797	192.147
3.000.000	122.104	141.804	141.804	161.504	161.504	181.210	181.210	200.910	200.910	220.611
3.500.000	138.269	160.202	160.202	182.135	182.135	204.063	204.063	225.996	225.996	247.929
4.000.000	154.001	178.067	178.067	202.128	202.128	226.193	226.193	250.254	250.254	274.320
4.500.000	169.349	195.466	195.466	221.580	221.580	247.691	247.691	273.807	273.807	299.922
5.000.000	184.370	212.464	212.464	240.558	240.558	268.655	268.655	296.748	296.748	324.842
7.500.000	255.540	292.695	292.695	329.850	329.850	367.006	367.006	404.161	404.161	441.316
10.000.000	322.325	367.629	367.629	412.932	412.932	458.236	458.236	503.540	503.540	548.844
15.000.000	446.895	506.699	506.699	566.498	566.498	626.302	626.302	686.100	686.100	745.903
20.000.000	563.691	636.474	636.474	709.258	709.258	782.047	782.047	854.831	854.831	927.615
25.000.000	674.891	759.620	759.620	844.344	844.344	929.073	929.073	1.013.797	1.013.797	1.098.526
25.564.594	687.391	773.458	773.458	859.520	859.520	945.588	945.588	1.031.649	1.031.649	1.117.717

(2) Die Zuordnung zu den Honorarzonen wird anhand folgender Bewertungsmerkmale für die planerischen Anforderungen ermittelt:

1. geologische und baugrundtechnische Gegebenheiten,
2. technische Ausrüstung und Ausstattung,
3. Einbindung in die Umgebung oder das Objektfeld,
4. Umfang der Funktionsbereiche oder der konstruktiven oder technischen Anforderungen,
5. fachspezifische Bedingungen.

(3) Sind für Ingenieurbauwerke Bewertungsmerkmale aus mehreren Honorarzonen anwendbar und bestehen deswegen Zweifel, welcher Honorarzone das Objekt zugeordnet werden kann, so ist die Anzahl der Bewertungspunkte nach Absatz 4 zu ermitteln. Das Objekt ist nach der Summe der Bewertungsmerkmale folgenden Honorarzonen zuzuordnen:

1. Honorarzone I: Objekte mit bis zu 10 Punkten,
2. Honorarzone II: Objekte mit 11 bis 17 Punkten,
3. Honorarzone III: Objekte mit 18 bis 25 Punkten,
4. Honorarzone IV: Objekte mit 26 bis 33 Punkten,
5. Honorarzone V: Objekte mit 34 bis 40 Punkten.

(4) Bei der Zuordnung eines Ingenieurbauwerks zu den Honorarzonen sind entsprechend dem Schwierigkeitsgrad der Planungsanforderungen die Bewertungsmerkmale wie folgt zu bewerten:

1. nach Absatz 2 Nummer 1, 2 und 3 mit bis zu 5 Punkten,
2. nach Absatz 2 Nummer 4 mit bis zu 10 Punkten,
3. nach Absatz 2 Nummer 5 mit bis zu 15 Punkten.

Abschnitt 4 Verkehrsanlagen

§ 44 Anwendungsbereich

Verkehrsanlagen umfassen:

1. Anlagen des Straßenverkehrs, ausgenommen selbstständige Rad-, Geh- und Wirtschaftswege und Freianlagen nach § 2 Nummer 11,
2. Anlagen des Schienenverkehrs,
3. Anlagen des Flugverkehrs.

§ 45 Besondere Grundlagen des Honorars

(1) § 41 gilt entsprechend.

(2) Anrechenbar sind für Leistungen der Leistungsphasen 1 bis 7 und 9 der Anlage 12 bei Verkehrsanlagen:

1. die Kosten für Erdarbeiten einschließlich Felsarbeiten bis zu 40 Prozent der sonstigen anrechenbaren Kosten nach Absatz 1 und
2. 10 Prozent der Kosten für Ingenieurbauwerke, wenn dem Auftragnehmer nicht gleichzeitig Leistungen nach § 46 für diese Ingenieurbauwerke übertragen werden.

(3) Anrechenbar sind für Leistungen der Leistungsphasen 1 bis 7 und 9 des § 46 bei Straßen mit mehreren durchgehenden Fahrspuren, wenn diese eine gemeinsame Entwurfsachse und eine gemeinsame Entwurfsgradiente haben, sowie bei Gleis- und Bahnsteiganlagen mit zwei Gleisen, wenn diese ein gemeinsames Planum haben, nur folgende Prozentsätze der nach den Absätzen 1 und 2 ermittelten Kosten:

1. bei dreistreifigen Straßen 85 Prozent,
2. bei vierstreifigen Straßen 70 Prozent,
3. bei mehr als vierstreifigen Straßen 60 Prozent,
4. bei Gleis- und Bahnsteiganlagen mit zwei Gleisen 90 Prozent.

§ 46 Leistungsbild Verkehrsanlagen

(1) Die Sätze 1 und 2 des § 33 Absatz 1 gelten entsprechend. Sie sind in der folgenden Tabelle für Verkehrsanlagen in Prozentsätzen der Honorare des § 47 bewertet:

1. für die Leistungsphase 1 (Grundlagenermittlung) mit 2 Prozent,
2. für die Leistungsphase 2 (Vorplanung) mit 15 Prozent,
3. für die Leistungsphase 3 (Entwurfsplanung) mit 30 Prozent,
4. für die Leistungsphase 4 (Genehmigungsplanung) mit 5 Prozent,
5. für die Leistungsphase 5 (Ausführungsplanung) mit 15 Prozent,
6. für die Leistungsphase 6 (Vorbereitung der Vergabe) mit 10 Prozent,
7. für die Leistungsphase 7 (Mitwirkung bei der Vergabe) mit 5 Prozent,
8. für die Leistungsphase 8 (Bauoberleitung) mit 15 Prozent,
9. für die Leistungsphase 9 (Objektbetreuung und Dokumentation) mit 3 Prozent.

(2) Die einzelnen Leistungen jeder Leistungsphase sind in Anlage 12 geregelt.

(3) Die §§ 35 und 36 Absatz 2 gelten entsprechend.

§ 47 Honorare für Leistungen bei Verkehrsanlagen

(1) Die Mindest- und Höchstsätze der Honorare für die in § 46 aufgeführten Leistungen bei Verkehrsanlagen sind in der folgenden Honorartafel für den Anwendungsbereich des § 44 festgesetzt:

Honorartafel zu § 47 Absatz 1 – Verkehrsanlagen (Anwendungsbereich des § 44)

Anrechenbare Kosten Euro	Honorarzone I		Honorarzone II		Honorarzone III		Honorarzone IV		Honorarzone V	
	von	bis	von	bis	von	bis	von	bis	von	bis
	Euro		Euro		Euro		Euro		Euro	
25.565	2.874	3.610	3.610	4.347	4.347	5.090	5.090	5.827	5.827	6.564
30.000	3.269	4.094	4.094	4.918	4.918	5.744	5.744	6.568	6.568	7.393
35.000	3.700	4.624	4.624	5.543	5.543	6.467	6.467	7.385	7.385	8.309
40.000	4.111	5.124	5.124	6.141	6.141	7.154	7.154	8.172	8.172	9.185
45.000	4.518	5.619	5.619	6.727	6.727	7.828	7.828	8.934	8.934	10.035
50.000	4.912	6.101	6.101	7.292	7.292	8.481	8.481	9.671	9.671	10.861
75.000	6.775	8.357	8.357	9.940	9.940	11.527	11.527	13.109	13.109	14.691
100.000	8.516	10.452	10.452	12.389	12.389	14.321	14.321	16.258	16.258	18.195
150.000	11.718	14.280	14.280	16.837	16.837	19.399	19.399	21.955	21.955	24.517
200.000	14.642	17.758	17.758	20.875	20.875	23.997	23.997	27.113	27.113	30.230
250.000	17.381	21.002	21.002	24.625	24.625	28.241	28.241	31.864	31.864	35.485
300.000	19.962	24.045	24.045	28.133	28.133	32.216	32.216	36.303	36.303	40.387
350.000	22.410	26.927	26.927	31.444	31.444	35.955	35.955	40.471	40.471	44.987
400.000	24.735	29.657	29.657	34.579	34.579	39.494	39.494	44.417	44.417	49.338
450.000	26.954	32.254	32.254	37.555	37.555	42.855	42.855	48.156	48.156	53.457
500.000	29.084	34.746	34.746	40.407	40.407	46.065	46.065	51.725	51.725	57.387
750.000	38.446	45.634	45.634	52.814	52.814	60.001	60.001	67.181	67.181	74.368
1.000.000	46.193	54.575	54.575	62.955	62.955	71.332	71.332	79.713	79.713	88.094

Anrechen-bare Kosten Euro	Honorarzone I		Honorarzone II		Honorarzone III		Honorarzone IV		Honorarzone V	
	von	bis	von	bis	von	bis	von	bis	von	bis
	Euro		Euro		Euro		Euro		Euro	
1.500.000	63.820	74.911	74.911	86.004	86.004	97.100	97.100	108.192	108.192	119.283
2.000.000	80.496	94.064	94.064	107.633	107.633	121.207	121.207	134.775	134.775	148.344
2.500.000	96.370	112.231	112.231	128.093	128.093	143.956	143.956	159.818	159.818	175.680
3.000.000	111.639	129.652	129.652	147.663	147.663	165.675	165.675	183.687	183.687	201.699
3.500.000	126.423	146.474	146.474	166.525	166.525	186.575	186.575	206.626	206.626	226.677
4.000.000	140.808	162.808	162.808	184.809	184.809	206.806	206.806	228.806	228.806	250.807
4.500.000	154.832	178.710	178.710	202.588	202.588	226.461	226.461	250.339	250.339	274.218
5.000.000	168.563	194.249	194.249	219.935	219.935	245.623	245.623	271.310	271.310	296.996
7.500.000	233.640	267.609	267.609	301.577	301.577	335.551	335.551	369.519	369.519	403.487
10.000.000	294.697	336.115	336.115	377.533	377.533	418.957	418.957	460.375	460.375	501.794
15.000.000	408.590	463.264	463.264	517.937	517.937	572.617	572.617	627.292	627.292	681.965
20.000.000	515.368	581.913	581.913	648.458	648.458	715.009	715.009	781.553	781.553	848.098
25.000.000	617.043	694.507	694.507	771.967	771.967	849.433	849.433	926.893	926.893	1.004.357
25.564.594	628.472	707.160	707.160	785.843	785.843	864.531	864.531	943.214	943.214	1.021.902

(2) § 43 Absatz 2 bis 4 gilt entsprechend.

Teil 4 Fachplanung

Abschnitt 1 Tragwerksplanung

§ 48 Besondere Grundlagen des Honorars

(1) Anrechenbare Kosten sind bei Gebäuden und zugehörigen baulichen Anlagen 55 Prozent der Bauwerk-Baukonstruktionskosten und 10 Prozent der Kosten der Technischen Anlagen.

(2) Die Vertragsparteien können bei Gebäuden mit einem hohen Anteil an Kosten der Gründung und der Tragkonstruktionen sowie bei Umbauten bei der Auftragserteilung schriftlich vereinbaren, dass die anrechenbaren Kosten abweichend von Absatz 1 nach Absatz 3 Nummer 1 bis 12 ermittelt werden.

(3) Anrechenbare Kosten sind bei Ingenieurbauwerken die vollständigen Kosten für:

1. Erdarbeiten,
2. Mauerarbeiten,
3. Beton- und Stahlbetonarbeiten,
4. Naturwerksteinarbeiten,
5. Betonwerksteinarbeiten,
6. Zimmer- und Holzbauarbeiten,
7. Stahlbauarbeiten,
8. Tragwerke und Tragwerksteile aus Stoffen, die anstelle der in den vorgenannten Leistungen enthaltenen Stoffe verwendet werden,
9. Abdichtungsarbeiten,
10. Dachdeckungs- und Dachabdichtungsarbeiten,
11. Klempnerarbeiten,
12. Metallbau- und Schlosserarbeiten für tragende Konstruktionen,
13. Bohrarbeiten, außer Bohrungen zur Baugrunderkundung,
14. Verbauarbeiten für Baugruben,
15. Rammarbeiten,
16. Wasserhaltungsarbeiten, einschließlich der Kosten für Baustelleneinrichtungen. Absatz 4 bleibt unberührt.

(4) Nicht anrechenbar sind bei Anwendung von Absatz 2 oder Absatz 3 die Kosten für:

1. das Herrichten des Baugrundstücks,
2. Oberbodenauftrag,
3. Mehrkosten für außergewöhnliche Ausschachtungsarbeiten,
4. Rohrgräben ohne statischen Nachweis,
5. nichttragendes Mauerwerk, das kleiner als 11,5 Zentimeter ist,
6. Bodenplatten ohne statischen Nachweis,

7. Mehrkosten für Sonderausführungen,
8. Winterbauschutzvorkehrungen und sonstige zusätzliche Maßnahmen für den Winterbau,
9. Naturwerkstein-, Betonwerkstein-, Zimmer- und Holzbau-, Stahlbau- und Klempnerarbeiten, die in Verbindung mit dem Ausbau eines Gebäudes oder Ingenieurbauwerks ausgeführt werden,
10. die Baunebenkosten.

(5) Anrechenbare Kosten für Traggerüste bei Ingenieurbauwerken sind die Herstellkosten einschließlich der zugehörigen Kosten für Baustelleneinrichtungen. Bei mehrfach verwendeten Bauteilen ist der Neuwert anrechenbar.

(6) Die Vertragsparteien können bei Ermittlung der anrechenbaren Kosten vereinbaren, dass Kosten von Arbeiten, die nicht in den Absätzen 1 bis 3 erfasst sind, sowie die in Absatz 4 Nummer 7 und bei Gebäuden die in Absatz 3 Nummer 13 bis 16 genannten Kosten ganz oder teilweise zu den anrechenbaren Kosten gehören, wenn der Auftragnehmer wegen dieser Arbeiten Mehrleistungen für das Tragwerk nach § 49 erbringt.

§ 49 Leistungsbild Tragwerksplanung

(1) Die Leistungen bei der Tragwerksplanung sind für Gebäude und zugehörige bauliche Anlagen sowie für Ingenieurbauwerke nach § 40 Nummer 1 bis 5 in den in der Anlage 13 aufgeführten Leistungsphasen 1 bis 6, für Ingenieurbauwerke nach § 40 Nummer 6 und 7 in den in der Anlage 13 aufgeführten Leistungsphasen 2 bis 6 zusammengefasst und werden wie folgt in Prozentsätzen der Honorare des § 50 bewertet:

1. für die Leistungsphase 1 (Grundlagenermittlung) mit 3 Prozent,
2. für die Leistungsphase 2 (Vorplanung) mit 10 Prozent,
3. für die Leistungsphase 3 (Entwurfsplanung) mit 12 Prozent,
4. für die Leistungsphase 4 (Genehmigungsplanung) mit 30 Prozent,
5. für die Leistungsphase 5 (Ausführungsplanung) mit 42 Prozent,
6. für die Leistungsphase 6 (Vorbereitung der Vergabe) mit 3 Prozent.

Die einzelnen Leistungen jeder Leistungsphase sind in der Anlage 13 geregelt. Die Leistungen der Leistungsphase 1 für Ingenieurbauwerke nach § 40 Nummer 6 und 7 sind im Leistungsbild der Ingenieurbauwerke des § 42 enthalten.

(2) Die Leistungsphase 5 ist abweichend von Absatz 1 mit 26 Prozent der Honorare des § 50 zu bewerten:

1. im Stahlbetonbau, sofern keine Schalpläne in Auftrag gegeben werden,
2. im Stahlbau, sofern der Auftragnehmer die Werkstattzeichnungen nicht auf Übereinstimmung mit der Genehmigungsplanung und den Ausführungszeichnungen nach Anlage 13 Leistungsphase 5 überprüft,
3. im Holzbau mit unterdurchschnittlichem Schwierigkeitsgrad.

(3) Die §§ 35 und 36 Absatz 2 gelten entsprechend.

§ 50 Honorare für Leistungen bei Tragwerksplanungen

(1) Die Mindest- und Höchstsätze der Honorare für die in § 49 aufgeführten Leistungen bei Tragwerksplanungen sind in der folgenden Honorartafel festgesetzt:

Honorartafel zu § 50 Absatz 1 – Tragwerksplanung

Anrechenbare Kosten Euro	Honorarzone I		Honorarzone II		Honorarzone III		Honorarzone IV		Honorarzone V	
	von	bis	von	bis	von	bis	von	bis	von	bis
	Euro		Euro		Euro		Euro		Euro	
10.226	1.119	1.305	1.305	1.760	1.760	2.306	2.306	2.768	2.768	2.947
15.000	1.539	1.783	1.783	2.385	2.385	3.110	3.110	3.713	3.713	3.956
20.000	1.948	2.247	2.247	2.999	2.999	3.894	3.894	4.646	4.646	4.945
25.000	2.335	2.690	2.690	3.574	3.574	4.635	4.635	5.521	5.521	5.874
30.000	2.716	3.120	3.120	4.132	4.132	5.348	5.348	6.360	6.360	6.764
35.000	3.086	3.539	3.539	4.673	4.673	6.029	6.029	7.163	7.163	7.616
40.000	3.435	3.938	3.938	5.189	5.189	6.697	6.697	7.946	7.946	8.449
45.000	3.792	4.340	4.340	5.705	5.705	7.344	7.344	8.710	8.710	9.258
50.000	4.132	4.723	4.723	6.200	6.200	7.970	7.970	9.447	9.447	10.039
75.000	5.762	6.557	6.557	8.547	8.547	10.935	10.935	12.925	12.925	13.721
100.000	7.292	8.276	8.276	10.737	10.737	13.695	13.695	16.155	16.155	17.139
150.000	10.166	11.493	11.493	14.809	14.809	18.795	18.795	22.111	22.111	23.439
200.000	12.872	14.515	14.515	18.612	18.612	23.533	23.533	27.631	27.631	29.273
250.000	15.452	17.388	17.388	22.221	22.221	28.017	28.017	32.849	32.849	34.785
300.000	17.952	20.165	20.165	25.691	25.691	32.316	32.316	37.841	37.841	40.054
350.000	20.368	22.846	22.846	29.030	29.030	36.457	36.457	42.647	42.647	45.120
400.000	22.729	25.457	25.457	32.283	32.283	40.470	40.470	47.297	47.297	50.024
450.000	25.038	28.014	28.014	35.450	35.450	44.377	44.377	51.813	51.813	54.789

Anrechenbare Kosten	Honorarzone I		Honorarzone II		Honorarzone III		Honorarzone IV		Honorarzone V	
	von	bis	von	bis	von	bis	von	bis	von	bis
Euro	Euro		Euro		Euro		Euro		Euro	
500.000	27.298	30.512	30.512	38.548	38.548	48.192	48.192	56.224	56.224	59.439
750.000	38.041	42.364	42.364	53.167	53.167	66.138	66.138	76.940	76.940	81.264
1.000.000	48.166	53.503	53.503	66.836	66.836	82.834	82.834	96.173	96.173	101.504
1.500.000	67.164	74.329	74.329	92.237	92.237	113.733	113.733	131.643	131.643	138.807
2.000.000	85.039	93.876	93.876	115.959	115.959	142.467	142.467	164.555	164.555	173.386
2.500.000	102.126	112.520	112.520	138.494	138.494	169.668	169.668	195.644	195.644	206.037
3.000.000	118.606	130.468	130.468	160.118	160.118	195.700	195.700	225.352	225.352	237.212
3.500.000	134.591	147.857	147.857	181.013	181.013	220.805	220.805	253.966	253.966	267.227
4.000.000	150.174	164.787	164.787	201.308	201.308	245.143	245.143	281.665	281.665	296.276
4.500.000	165.403	181.315	181.315	221.086	221.086	268.819	268.819	308.594	308.594	324.502
5.000.000	180.330	197.500	197.500	240.424	240.424	291.932	291.932	334.859	334.859	352.028
7.500.000	251.338	274.330	274.330	331.806	331.806	400.777	400.777	458.253	458.253	481.246
10.000.000	318.266	346.554	346.554	417.271	417.271	502.132	502.132	572.849	572.849	601.137
15.000.000	443.713	481.549	481.549	576.137	576.137	689.642	689.642	784.230	784.230	822.066
15.338.756	452.187	490.667	490.667	586.864	586.864	702.301	702.301	798.498	798.498	836.978

(2) Die Honorarzone wird bei der Tragwerksplanung nach dem statisch-konstruktiven Schwierigkeitsgrad auf Grund folgender Bewertungsmerkmale ermittelt:

1. Honorarzone I: Tragwerke mit sehr geringem Schwierigkeitsgrad, insbesondere einfache statisch bestimmte ebene Tragwerke aus Holz, Stahl, Stein oder unbewehrtem Beton mit ruhenden Lasten, ohne Nachweis horizontaler Aussteifung,
2. Honorarzone II: Tragwerke mit geringem Schwierigkeitsgrad, insbesondere
   a) statisch bestimmte ebene Tragwerke in gebräuchlichen Bauarten ohne Vorspann- und Verbundkonstruktionen, mit vorwiegend ruhenden Lasten,
   b) Deckenkonstruktionen mit vorwiegend ruhenden Flächenlasten, die sich mit gebräuchlichen Tabellen berechnen lassen,
   c) Mauerwerksbauten mit bis zur Gründung durchgehenden tragenden Wänden ohne Nachweis horizontaler Aussteifung,
   d) Flachgründungen und Stützwände einfacher Art,
3. Honorarzone III: Tragwerke mit durchschnittlichem Schwierigkeitsgrad, insbesondere schwierige
   a) statisch bestimmte und statisch unbestimmte ebene Tragwerke in gebräuchlichen Bauarten ohne Vorspannkonstruktionen und ohne Stabilitätsuntersuchungen,
   b) einfache Verbundkonstruktionen des Hochbaus ohne Berücksichtigung des Einflusses von Kriechen und Schwinden,
   c) Tragwerke für Gebäude mit Abfangung der tragenden beziehungsweise aussteifenden Wände,
   d) ausgesteifte Skelettbauten,
   e) ebene Pfahlrostgründungen,
   f) einfache Gewölbe,
   g) einfache Rahmentragwerke ohne Vorspannkonstruktionen und ohne Stabilitätsuntersuchungen,
   h) einfache Traggerüste und andere einfache Gerüste für Ingenieurbauwerke,
   i) einfache verankerte Stützwände;
4. Honorarzone IV: Tragwerke mit überdurchschnittlichem Schwierigkeitsgrad, insbesondere
   a) statisch und konstruktiv schwierige Tragwerke in gebräuchlichen Bauarten und Tragwerke, für deren Standsicherheit- und Festigkeitsnachweis schwierig zu ermittelnde Einflüsse zu berücksichtigen sind,
   b) vielfach statisch unbestimmte Systeme,
   c) statisch bestimmte räumliche Fachwerke,
   d) einfache Faltwerke nach der Balkentheorie,
   e) statisch bestimmte Tragwerke, die Schnittgrößenbestimmungen nach der Theorie II. Ordnung erfordern,
   f) einfach berechnete, seilverspannte Konstruktionen,

g) Tragwerke für schwierige Rahmen- und Skelettbauten sowie turmartige Bauten, bei denen der Nachweis der Stabilität und Aussteifung die Anwendung besonderer Berechnungsverfahren erfordert,
h) Verbundkonstruktionen, soweit nicht in Honorarzone III oder V erwähnt,
i) einfache Trägerroste und einfache orthotrope Platten,
j) Tragwerke mit einfachen Schwingungsuntersuchungen,
k) schwierige statisch unbestimmte Flachgründungen, schwierige ebene und räumliche Pfahlgründungen, besondere Gründungsverfahren, Unterfahrungen,
l) schiefwinklige Einfeldplatten für Ingenieurbauwerke,
m) schiefwinklig gelagerte oder gekrümmte Träger,
n) schwierige Gewölbe und Gewölbereihen,
o) Rahmentragwerke, soweit nicht in Honorarzone III oder V erwähnt,
p) schwierige Traggerüste und andere schwierige Gerüste für Ingenieurbauwerke,
q) schwierige, verankerte Stützwände,
r) Konstruktionen mit Mauerwerk nach Eignungsprüfung (Ingenieurmauerwerk),

5. Honorarzone V: Tragwerke mit sehr hohem Schwierigkeitsgrad, insbesondere
a) statisch und konstruktiv ungewöhnlich schwierige Tragwerke,
b) schwierige Tragwerke in neuen Bauarten,
c) räumliche Stabwerke und statisch unbestimmte räumliche Fachwerke,
d) schwierige Trägerroste und schwierige orthotrope Platten,
e) Verbundträger mit Vorspannung durch Spannglieder oder andere Maßnahmen,
f) Flächentragwerke (Platten, Scheiben, Faltwerke, Schalen), die die Anwendung der Elastizitätstheorie erfordern,
g) statisch unbestimmte Tragwerke, die Schnittgrößenbestimmungen nach der Theorie II. Ordnung erfordern,
h) Tragwerke mit Standsicherheitsnachweisen, die nur unter Zuhilfenahme modellstatischer Untersuchungen oder durch Berechnungen mit finiten Elementen beurteilt werden können,
i) Tragwerke mit Schwingungsuntersuchungen, soweit nicht in Honorarzone IV erwähnt,
j) seilverspannte Konstruktionen, soweit nicht in Honorarzone IV erwähnt,
k) schiefwinklige Mehrfeldplatten,
l) schiefwinklig gelagerte, gekrümmte Träger,
m) schwierige Rahmentragwerke mit Vorspannkonstruktionen und Stabilitätsuntersuchungen,
n) sehr schwierige Traggerüste und andere sehr schwierige Gerüste für Ingenieurbauwerke, zum Beispiel weit gespannte oder hohe Traggerüste,

o) Tragwerke, bei denen die Nachgiebigkeit der Verbindungsmittel bei der Schnittkraftermittlung zu berücksichtigen ist.

(3) Sind für ein Tragwerk Bewertungsmerkmale aus mehreren Honorarzonen anwendbar und bestehen deswegen Zweifel, welcher Honorarzone das Tragwerk zugeordnet werden kann, so ist für die Zuordnung die Mehrzahl der in den jeweiligen Honorarzonen nach Absatz 2 aufgeführten Bewertungsmerkmale und ihre Bedeutung im Einzelfall maßgebend.

Abschnitt 2 Technische Ausrüstung

§ 51 Anwendungsbereich

(1) Die Leistungen der Technischen Ausrüstung umfassen die Fachplanungen für die Objektplanung.

(2) Die Technische Ausrüstung umfasst folgende Anlagegruppen:

1. Abwasser-, Wasser- und Gasanlagen,
2. Wärmeversorgungsanlagen,
3. Lufttechnische Anlagen,
4. Starkstromanlagen,
5. Fernmelde- und informationstechnische Anlagen,
6. Förderanlagen,
7. nutzungsspezifische Anlagen, einschließlich maschinen- und elektrotechnischen Anlagen in Ingenieurbauwerken,
8. Gebäudeautomation.

§ 52 Besondere Grundlagen des Honorars

(1) Das Honorar für Leistungen bei der Technischen Ausrüstung richtet sich nach den anrechenbaren Kosten der Anlagen einer Anlagengruppe nach § 51 Absatz 2. Anrechenbar bei Anlagen in Gebäuden sind auch sonstige Maßnahmen für technische Anlagen.

(2) § 11 Absatz 1 gilt nicht, soweit mehrere Anlagen in einer Anlagengruppe nach § 51 Absatz 2 zusammengefasst werden und in zeitlichem und örtlichem Zusammenhang als Teil einer Gesamtmaßnahme geplant, betrieben und genutzt werden.

(3) Nicht anrechenbar sind die Kosten für die nichtöffentliche Erschließung und die technischen Anlagen in Außenanlagen, soweit der Auftragnehmer diese nicht plant oder ihre Ausführung überwacht.

(4) Werden Teile der Technischen Ausrüstung in Baukonstruktionen ausgeführt, so können die Vertragsparteien vereinbaren, dass die Kosten hierfür ganz oder teilweise zu den anrechenbaren Kosten gehören. Satz 1 gilt entsprechend für Bauteile der Kostengruppe Baukonstruktionen, deren Abmessung

oder Konstruktion durch die Leistung der Technischen Ausrüstung wesentlich beeinflusst wird.

§ 53 Leistungsbild Technische Ausrüstung

(1) Das Leistungsbild »Technische Ausrüstung« umfasst Leistungen für Neuanlagen, Wiederaufbauten, Erweiterungsbauten, Umbauten, Modernisierungen, Instandhaltungen und Instandsetzungen. Die Leistungen bei der Technischen Ausrüstung sind in neun Leistungsphasen zusammengefasst und werden wie folgt in Prozentsätzen der Honorare des § 54 bewertet:

1. für die Leistungsphase 1 (Grundlagenermittlung) mit 3 Prozent,
2. für die Leistungsphase 2 (Vorplanung) mit 11 Prozent,
3. für die Leistungsphase 3 (Entwurfsplanung) mit 15 Prozent,
4. für die Leistungsphase 4 (Genehmigungsplanung) mit 6 Prozent,
5. für die Leistungsphase 5 (Ausführungsplanung) mit 18 Prozent,
6. für die Leistungsphase 6 (Vorbereitung der Vergabe) mit 6 Prozent,
7. für die Leistungsphase 7 (Mitwirkung bei der Vergabe) mit 5 Prozent,
8. für die Leistungsphase 8 (Objektüberwachung – Bauüberwachung) mit 33 Prozent,
9. für die Leistungsphase 9 (Objektbetreuung und Dokumentation) mit 3 Prozent.

Die einzelnen Leistungen jeder Leistungsphase sind in Anlage 14 geregelt.

(2) Die Leistungsphase 5 ist abweichend von Absatz 1, sofern das Anfertigen von Schlitz- und Durchbruchsplänen nicht in Auftrag gegeben wird, mit 14 Prozent der Honorare des § 54 zu bewerten.

(3) Die §§ 35 und 36 gelten entsprechend.

§ 54 Honorare für Leistungen bei der Technischen Ausrüstung

(1) Die Mindest- und Höchstsätze der Honorare für die in § 53 aufgeführten Leistungen bei einzelnen Anlagen sind in der folgenden Honorartafel festgesetzt:

Honorartafel zu § 54 Absatz 1 – Technische Ausrüstung

Anrechenbare Kosten Euro	Honorarzone I		Honorarzone II		Honorarzone III	
	von	bis	von	bis	von	bis
	Euro		Euro		Euro	
5.113	1.626	2.109	2.109	2.593	2.593	3.077
7.500	2.234	2.886	2.886	3.538	3.538	4.190
10.000	2.812	3.618	3.618	4.421	4.421	5.227
15.000	3.903	4.981	4.981	6.053	6.053	7.132
20.000	4.920	6.262	6.262	7.605	7.605	8.947
25.000	5.882	7.489	7.489	9.100	9.100	10.707
30.000	6.795	8.670	8.670	10.552	10.552	12.428
35.000	7.674	9.804	9.804	11.932	11.932	14.062
40.000	8.506	10.891	10.891	13.269	13.269	15.653
45.000	9.336	11.942	11.942	14.541	14.541	17.147
50.000	10.157	12.991	12.991	15.818	15.818	18.652
75.000	13.825	17.645	17.645	21.470	21.470	25.290
100.000	17.184	21.839	21.839	26.490	26.490	31.145
150.000	23.216	29.252	29.252	35.290	35.290	41.328
200.000	29.057	36.110	36.110	43.159	43.159	50.212
250.000	35.152	43.175	43.175	51.203	51.203	59.226
300.000	41.263	50.245	50.245	59.227	59.227	68.209
350.000	47.493	57.474	57.474	67.455	67.455	77.437
400.000	53.700	64.757	64.757	75.819	75.819	86.876
450.000	59.961	72.030	72.030	84.097	84.097	96.166
500.000	66.254	79.301	79.301	92.353	92.353	105.400
750.000	96.686	113.598	113.598	130.516	130.516	147.428
1.000.000	125.694	144.936	144.936	164.174	164.174	183.415
1.500.000	180.748	200.873	200.873	220.993	220.993	241.119
2.000.000	233.881	254.373	254.373	274.869	274.869	295.361
2.500.000	285.744	308.367	308.367	330.998	330.998	353.621
3.000.000	335.147	359.125	359.125	383.098	383.098	407.076
3.500.000	380.361	405.518	405.518	430.680	430.680	455.838
3.750.000	401.625	427.295	427.295	452.971	452.971	478.641
3.834.689	408.667	434.499	434.499	460.336	460.336	486.168

(2) Die Zuordnung zu den Honorarzonen wird anhand folgender Bewertungsmerkmale ermittelt:

1. Anzahl der Funktionsbereiche,
2. Integrationsansprüche,
3. technische Ausgestaltung,
4. Anforderungen an die Technik,
5. konstruktive Anforderungen.

(3) Werden Anlagen einer Anlagengruppe verschiedenen Honorarzonen zugeordnet, so ergibt sich das Honorar nach Absatz 1 aus der Summe der Einzelhonorare. Ein Einzelhonorar wird jeweils für die Anlagen ermittelt, die einer Honorarzone zugeordnet werden. Für die Ermittlung des Einzelhonorars ist zunächst für die Anlagen jeder Honorarzone das Honorar zu berechnen, das sich ergeben würde, wenn die gesamten anrechenbaren Kosten der Anlagengruppe nur der Honorarzone zugeordnet würden, für die das Einzelhonorar berechnet wird. Das Einzelhonorar ist dann nach dem Verhältnis der Summe der anrechenbaren Kosten der Anlagen einer Honorarzone zu den gesamten anrechenbaren Kosten der Anlagengruppe zu ermitteln.

Teil 5 Übergangs- und Schlussvorschriften

§ 55 Übergangsvorschrift

Die Verordnung gilt nicht für Leistungen, die vor ihrem Inkrafttreten vertraglich vereinbart wurden; insoweit bleiben die bisherigen Vorschriften anwendbar.

§ 56 Inkrafttreten, Außerkrafttreten

Diese Verordnung tritt am Tag nach der Verkündung in Kraft. Gleichzeitig tritt die Honorarordnung für Architekten und Ingenieure in der Fassung der Bekanntmachung vom 4. März 1991 (BGBl. I S. 533), die zuletzt durch Artikel 5 des Gesetzes vom 10. November 2001 (BGBl. I S. 2992) geändert worden ist, außer Kraft.

Der Bundesrat hat zugestimmt.

Anlage 1
(zu § 3 Absatz 1)

Beratungsleistungen

Inhaltsübersicht:

Beratungsleistungen

1.1. Leistung Umweltverträglichkeitsstudie

1.1.1. Leistungsbild Umweltverträglichkeitsstudie

(1) Die Grundleistungen bei Umweltverträglichkeitsstudien zur Standortfindung als Beitrag zur Umweltverträglichkeitsprüfung können nach den in Ab-

satz 2 aufgeführten Leistungsphasen 1 bis 5 zusammengefasst werden. Sie können nach der folgenden Tabelle in Prozentsätze der Honorare unter Punkt 1.1.2. bewertet werden:

	Bewertung der Grundleistungen in Prozentsätzen der Honorare
1. Klären der Aufgabenstellung und Ermitteln des Leistungsumfangs	3
2. Ermitteln und Bewerten der Planungsgrundlagen Bestandsaufnahme, Bestandsbewertung und zusammenfassende Darstellung	30
3. Konfliktanalyse und Alternativen	20
4. Vorläufige Fassung der Studie	40
5. Endgültige Fassung der Studie	7

(2) Das Leistungsbild kann sich wie folgt zusammensetzen:

Grundleistungen	Besondere Leistungen
1. Klären der Aufgabenstellung und Ermitteln des Leistungsumfangs Abgrenzen des Untersuchungsbereichs Zusammenstellen der verfügbaren planungsrelevanten Unterlagen, insbesondere – örtliche und überörtliche Planungen und Untersuchungen – thematische Karten, Luftbilder und sonstige Daten Ermitteln des Leistungsumfangs und ergänzender Fachleistungen Ortsbesichtigungen	

Grundleistungen	**Besondere Leistungen**
2. Ermitteln und Bewerten der Planungsgrundlagen a) Bestandsaufnahme Erfassen auf der Grundlage vorhandener Unterlagen und örtlicher Erhebungen – des Naturhaushalts in seinen Wirkungszusammenhängen, insbesondere durch Landschaftsfaktoren wie Relief, Geländegestalt, Gestein, Boden, oberirdische Gewässer, Grundwasser, Geländeklima sowie Tiere und Pflanzen und deren Lebensräume – der Schutzgebiete, geschützten Landschaftsbestandteile und schützenswerten Lebensräume – der vorhandenen Nutzungen, Beeinträchtigungen und Vorhaben – des Landschaftsbildes und der -struktur – der Sachgüter und des kulturellen Erbes b) Bestandsbewertung Bewerten der Leistungsfähigkeit und der Empfindlichkeit des Naturhaushalts und des Landschaftsbildes nach den Zielen und Grundsätzen des Naturschutzes und der Landschaftspflege Bewerten der vorhandenen und vorhersehbaren Umweltbelastungen der Bevölkerung sowie Beeinträchtigungen (Vorbelastung) von Natur und Landschaft c) Zusammenfassende Darstellung der Bestandsaufnahme und der -bewertung in Text und Karte	Einzeluntersuchungen zu natürlichen Grundlagen, zur Vorbelastung und zu sozioökonomischen Fragestellungen Sonderkartierungen Prognosen Ausbreitungsberechnungen Beweissicherung Aktualisierung der Planungsgrundlagen Untersuchen von Sekundäreffekten außerhalb des Untersuchungsgebiets
3. Konfliktanalyse und Alternativen Ermitteln der projektbedingten umwelterheblichen Wirkungen Verknüpfen der ökologischen und nutzungsbezogenen Empfindlichkeit des Untersuchungsgebiets mit den projektbedingten umwelterheblichen Wirkungen und Beschreiben der Wechselwirkungen zwischen den betroffenen Faktoren Ermitteln konfliktarmer Bereiche und Abgrenzen der vertieft zu untersuchenden Alternativen Überprüfen der Abgrenzung des Untersuchungsbereichs Abstimmen mit dem Auftraggeber Zusammenfassende Darstellung in Text und Karte	

Grundleistungen	Besondere Leistungen
4. Vorläufige Fassung der Studie Erarbeiten der grundsätzlichen Lösung der wesentlichen Teile der Aufgabe in Text und Karte mit Alternativen a) Ermitteln, Bewerten und Darstellen für jede sich wesentlich unterscheidende Lösung unter Berücksichtigung des Vermeidungs- und/oder Ausgleichsgebots – des ökologischen Risikos für den Naturhaushalt – der Beeinträchtigungen des Landschaftsbildes – der Auswirkungen auf den Menschen, die Nutzungsstruktur, die Sachgüter und das kulturelle Erbe Aufzeigen von Entwicklungstendenzen des Untersuchungsbereichs ohne das geplante Vorhaben (Status quo-Prognose) b) Ermitteln und Darstellen voraussichtlich nicht ausgleichbarer Beeinträchtigungen c) Vergleichende Bewertung der sich wesentlich unterscheidenden Alternativen Abstimmen der vorläufigen Fassung der Studie mit dem Auftraggeber	Erstellen zusätzlicher Hilfsmittel der Darstellung Vorstellen der Planung vor Dritten Detailausarbeitungen in besonderen Maßstäben
5. Endgültige Fassung der Studie Darstellen der Umweltverträglichkeitsstudie in der vorgeschriebenen Fassung in Text und Karte in der Regel im Maßstab 1:5.000 einschließlich einer nichttechnischen Zusammenfassung	

1.1.2. Honorarzonen und Honorare für Grundleistungen bei Umweltverträglichkeitsstudien

(1) Die Honorarzone wird bei Umweltverträglichkeitsstudien auf Grund folgender Bewertungsmerkmale ermittelt:

1. Honorarzone I:
   Umweltverträglichkeitsstudien mit geringem Schwierigkeitsgrad, insbesondere bei einem Untersuchungsraum
   – mit geringer Ausstattung an ökologisch bedeutsamen Strukturen,
   – mit schwach gegliedertem Landschaftsbild,
   – mit schwach ausgeprägter Erholungsnutzung,
   – mit gering ausgeprägten und einheitlichen Nutzungsansprüchen,
   – mit geringer Empfindlichkeit gegenüber Umweltbelastungen und Beeinträchtigungen von Natur und Landschaft,
   und bei Vorhaben und Maßnahmen mit geringer potentieller Beeinträchtigungsintensität;

2. Honorarzone II:
   Umweltverträglichkeitsstudien mit durchschnittlichem Schwierigkeitsgrad, insbesondere bei einem Untersuchungsraum
   - mit durchschnittlicher Ausstattung an ökologisch bedeutsamen Strukturen,
   - mit mäßig gegliedertem Landschaftsbild,
   - mit durchschnittlich ausgeprägter Erholungsnutzung,
   - mit differenzierten Nutzungsansprüchen,
   - mit durchschnittlicher Empfindlichkeit gegenüber Umweltbelastungen und Beeinträchtigungen von Natur und Landschaft,

   und bei Vorhaben und Maßnahmen mit durchschnittlicher potentieller Beeinträchtigungsintensität;
3. Honorarzone III:
   Umweltverträglichkeitsstudien mit hohem Schwierigkeitsgrad, insbesondere bei einem Untersuchungsraum
   - mit umfangreicher und vielgestaltiger Ausstattung an ökologisch bedeutsamen Strukturen,
   - mit stark gegliedertem Landschaftsbild,
   - mit intensiv ausgeprägter Erholungsnutzung,
   - mit stark differenzierten oder kleinräumigen Nutzungsansprüchen,
   - mit hoher Empfindlichkeit gegenüber Umweltbelastungen und Beeinträchtigungen von Natur und Landschaft,

   und bei Vorhaben und Maßnahmen mit hoher potentieller Beeinträchtigungsintensität.

(2) Sind für eine Umweltverträglichkeitsstudie Bewertungsmerkmale aus mehreren Honorarzonen anwendbar und bestehen deswegen Zweifel, welcher Honorarzone die Umweltverträglichkeitsstudie zugeordnet werden kann, so ist die Anzahl der Bewertungspunkte nach Absatz 3 zu ermitteln; die Umweltverträglichkeitsstudie ist nach der Summe der Bewertungspunkte folgenden Honorarzonen zuzuordnen;

1. Honorarzone I Umweltverträglichkeitsstudien mit bis zu 16 Punkten,
2. Honorarzone II Umweltverträglichkeitsstudien mit 17 bis zu 30 Punkten,
3. Honorarzone III Umweltverträglichkeitsstudien mit 31 bis zu 42 Punkten.

(3) Bei der Zurechnung einer Umweltverträglichkeitsstudie in die Honorarzonen sind entsprechend dem Schwierigkeitsgrad der Aufgabenstellung die Bewertungsmerkmale Ausstattung an ökologisch bedeutsamen Strukturen, Landschaftsbild, Erholungsnutzung sowie Nutzungsansprüche mit je bis zu 6 Punkten zu bewerten, die Bewertungsmerkmale Empfindlichkeit gegenüber Umweltbelastungen und Beeinträchtigungen von Natur und Landschaft sowie Vorhaben und Maßnahmen mit potentieller Beeinträchtigungsintensität mit je bis zu 9 Punkten.

(4) Honorare für die unter Punkt 1.1.1. aufgeführten Grundleistungen bei Umweltverträglichkeitsstudien ab 50 Hektar können sich nach der folgenden Honorartafel, die Mindest- und Höchstsätze nach der Gesamtfläche des Untersuchungsraumes in Hektar enthält, richten:

Honorartafel zu Leistungen bei Umweltverträglichkeitsstudien

Fläche in ha	Honorarzone I		Honorarzone II		Honorarzone III	
	von	bis	von	bis	von	bis
	Euro		Euro		Euro	
50	7.581	9.258	9.258	10.927	10.927	12.604
100	10.107	12.340	12.340	14.566	14.566	16.799
250	16.423	20.298	20.298	24.167	24.167	28.042
500	25.421	31.811	31.811	38.200	38.200	44.589
750	33.239	41.956	41.956	50.680	50.680	59.398
1.000	40.422	51.411	51.411	62.401	62.401	73.390
1.250	46.973	60.000	60.000	73.025	73.025	86.051
1.500	53.053	68.210	68.210	83.368	83.368	98.525
1.750	59.684	76.636	76.636	93.581	93.581	110.532
2.000	65.685	84.212	84.212	102.738	102.738	121.264
2.500	76.580	98.160	98.160	119.739	119.739	141.319
3.000	87.159	110.842	110.842	134.526	134.526	158.209
3.500	96.158	121.944	121.944	147.737	147.737	173.524
4.000	104.841	132.208	132.208	159.581	159.581	186.948
4.500	112.265	141.635	141.635	171.004	171.004	200.374
5.000	120.003	151.055	151.055	182.112	182.112	213.164
5.500	128.531	160.369	160.369	192.213	192.213	224.051
6.000	136.421	169.266	169.266	202.106	202.106	234.951
6.500	143.688	177.900	177.900	212.106	212.106	246.318
7.000	150.318	186.319	186.319	222.320	222.320	258.320
7.500	158.687	196.583	196.583	234.479	234.479	272.375
8.000	166.741	206.318	206.318	245.896	245.896	285.474
8.500	174.474	216.526	216.526	258.585	258.585	300.637
9.000	181.898	226.425	226.425	270.952	270.952	315.479
9.500	189.002	236.503	236.503	284.000	284.000	331.503
10.000	195.790	246.318	246.318	296.846	296.846	347.373

1.2. Leistungen für Thermische Bauphysik

1.2.1. Anwendungsbereich

(1) Leistungen für Thermische Bauphysik (Wärme- und Kondensatfeuchteschutz) werden erbracht, um thermodynamische Einflüsse und deren Wirkungen auf Gebäude und Ingenieurbauwerke sowie auf Menschen, Tiere und Pflanzen und auf die Raumhygiene zu erfassen und zu begrenzen.

(2) Zu den Leistungen für Thermische Bauphysik können insbesondere gehören:

1. Entwurf, Bemessung und Nachweis des Wärmeschutzes nach der Wärmeschutzverordnung und nach den bauordnungsrechtlichen Vorschriften,
2. Leistungen zum Begrenzen der Wärmeverluste und Kühllasten,
3. Leistungen zum Ermitteln der wirtschaftlich optimalen Wärmedämm-Maßnahmen, insbesondere durch Minimieren der Bau- und Nutzungskosten,
4. Leistungen zum Planen von Maßnahmen für den sommerlichen Wärmeschutz in besonderen Fällen,
5. Leistungen zum Begrenzen der dampfdiffusionsbedingten Wasserdampfkondensation auf und in den Konstruktionsquerschnitten,
6. Leistungen zum Begrenzen von thermisch bedingten Einwirkungen auf Bauteile durch Wärmeströme,
7. Leistungen zum Regulieren des Feuchte- und Wärmehaushaltes von belüfteten Fassaden- und Dachkonstruktionen.

(3) Bei den Leistungen nach Absatz 2 Nummern 2 bis 7 können zusätzlich bauphysikalische Messungen an Bauteilen und Baustoffen, zum Beispiel Temperatur- und Feuchtemessungen, Messungen zur Bestimmung der Sorptionsfähigkeit, Bestimmungen des Wärmedurchgangskoeffizienten am Bau oder der Luftgeschwindigkeit in Luftschichten anfallen.

1.2.2. Wärmeschutz

(1) Leistungen für den Wärmeschutz nach Punkt 1.2.1. Absatz 2 Nummer 1 können folgende Leistungen umfassen:

	Bewertung der Grundleistungen in Prozent der Honorare
1. Erarbeiten des Planungskonzepts für den Wärmeschutz	20
2. Erarbeiten des Entwurfs einschließlich der überschlägigen Bemessung für den Wärmeschutz und Durcharbeiten konstruktiver Details der Wärmeschutzmaßnahmen	40
3. Aufstellen des prüffähigen Nachweises des Wärmeschutzes	25

4. Abstimmen des geplanten Wärmeschutzes
   mit der Ausführungsplanung und der Vergabe 15
5. Mitwirken bei der Ausführungsüberwachung –

(2) Das Honorar für die Leistungen nach Absatz 1 kann sich nach den anrechenbaren Kosten des Gebäudes nach § 32, nach der Honorarzone nach § 34, der das Gebäude zuzuordnen ist, und nach der Honorartafel in Absatz 3 richten.

(3) Honorare für die in Absatz 1 aufgeführten Leistungen für den Wärmeschutz ab 255.646 Euro können anhand der folgenden Honorartafel bestimmt werden:

Honorartafel zu Leistungen für den Wärmeschutz

Anrechenbare Kosten	Honorarzone I		Honorarzone II		Honorarzone III		Honorarzone IV		Honorarzone V	
	von	bis	von	bis	von	bis	von	bis	von	bis
Euro	Euro		Euro		Euro		Euro		Euro	
255.646	596	686	686	810	810	990	990	1.113	1.113	1.203
500.000	768	912	912	1.111	1.111	1.398	1.398	1.597	1.597	1.741
2.500.000	2.083	2.416	2.416	2.853	2.853	3.512	3.512	3.949	3.949	4.281
5.000.000	3.136	3.636	3.636	4.300	4.300	5.297	5.297	5.962	5.962	6.460
25.000.000	12.989	14.436	14.436	16.369	16.369	19.268	19.268	21.200	21.200	22.648
25.564.594	13.267	14.741	14.741	16.709	16.709	19.663	19.663	21.630	21.630	23.104

1.3. Leistungen für Schallschutz und Raumakustik

1.3.1. Schallschutz

(1) Leistungen für Schallschutz werden erbracht, um

1. in Gebäuden und Innenräumen einen angemessenen Luft- und Trittschallschutz, Schutz gegen von außen eindringende Geräusche und gegen Geräusche von Anlagen der Technischen Ausrüstung und anderen technischen Anlagen und Einrichtungen zu erreichen (baulicher Schallschutz) und
2. die Umgebung geräuscherzeugender Anlagen gegen schädliche Umwelteinwirkungen durch Lärm zu schützen (Schallimmissionsschutz).

(2) Zu den Leistungen für baulichen Schallschutz können insbesondere rechnen:

1. Leistungen zur Planung und zum Nachweis der Erfüllung von Schallschutzanforderungen, soweit objektbezogene schalltechnische Berechnungen oder Untersuchungen erforderlich werden (Bauakustik) und

2. schalltechnische Messungen, zum Beispiel zur Bestimmung von Luft- und Trittschalldämmung, der Geräusche von Anlagen der Technischen Ausrüstung und von Außengeräuschen.

(3) Zu den Leistungen für den Schallimmissionsschutz können insbesondere rechnen:

1. schalltechnische Bestandsaufnahme,
2. Festlegen der schalltechnischen Anforderungen,
3. Entwerfen der Schallschutzmaßnahmen,
4. Mitwirken bei der Ausführungsplanung und
5. Abschlussmessungen.

1.3.2. Bauakustik

(1) Leistungen für Bauakustik unter Punkt 1.3.1. Absatz 2 Nummer 1 können folgende Leistungen umfassen:

	Bewertung der Grundleistungen in Prozent der Honorare
1. Erarbeiten des Planungskonzepts, Festlegen der Schallschutzanforderungen	10
2. Erarbeiten des Entwurfs einschließlich Aufstellen der Nachweise des Schallschutzes	35
3. Mitwirken bei der Ausführungsplanung	30
4. Mitwirken bei der Vorbereitung der Vergabe und bei der Vergabe	5
5. Mitwirken bei der Überwachung schalltechnisch wichtiger Ausführungsarbeiten	20

(2) Das Honorar für die Leistungen nach Absatz 1 kann sich nach den anrechenbaren Kosten nach den Absätzen 3 bis 5, nach der Honorarzone, der das Objekt nach Punkt 1.3.3. zuzuordnen ist, und nach der Honorartafel unter Punkt 1.3.3. richten.

(3) Anrechenbare Kosten können die Kosten für Baukonstruktionen, Installationen, zentrale Betriebstechnik und betriebliche Einbauten sein.

(4) Die §§ 4, 6, 35 und 36 gelten sinngemäß.

(5) Die Vertragsparteien können vereinbaren, dass die Kosten für besondere Bauausführungen ganz oder teilweise zu den anrechenbaren Kosten gehören, wenn hierdurch dem Auftragnehmer ein erhöhter Arbeitsaufwand entsteht.

1.3.3. Honorarzonen und Honorare für Leistungen bei der Bauakustik

(1) Die Honorarzone kann bei der Bauakustik auf Grund folgender Bewertungsmerkmale ermittelt werden:

1. Honorarzone I:
   Objekte mit geringen Planungsanforderungen an die Bauphysik, insbesondere
   – Wohnhäuser, Heime, Schulen, Verwaltungsgebäude und Banken mit jeweils durchschnittlicher Technischer Ausrüstung und entsprechendem Ausbau;
2. Honorarzone II:
   Objekte mit durchschnittlichen Planungsanforderungen an die Bauakustik, insbesondere
   – Heime, Schulen, Verwaltungsgebäude mit jeweils überdurchschnittlicher Technischer Ausrüstung und entsprechendem Ausbau,
   – Wohnhäuser mit versetzten Grundrissen,
   – Wohnhäuser mit Außenlärmbelastungen,
   – Hotels, soweit nicht in Honorarzone III erwähnt,
   – Universitäten und Hochschulen,
   – Krankenhäuser, soweit nicht in Honorarzone III erwähnt,
   – Gebäude für Erholung, Kur und Genesung,
   – Versammlungsstätten, soweit nicht in Honorarzone III erwähnt,
   – Werkstätten mit schutzbedürftigen Räumen;
3. Honorarzone III:
   Objekte mit überdurchschnittlichen Planungsanforderungen an die Bauakustik, insbesondere
   – Hotels mit umfangreichen gastronomischen Einrichtungen,
   – Gebäude mit gewerblicher und Wohnnutzung,
   – Krankenhäuser in bauakustisch besonders ungünstigen Lagen oder mit ungünstiger Anordnung der Versorgungseinrichtungen,
   – Theater-, Konzert- und Kongressgebäude,
   – Tonstudios und akustische Messräume.

(2) § 50 Absatz 3 gilt sinngemäß.

(3) Honorare für die nach Absatz 1 aufgeführten Leistungen für Bauakustik ab 255.646 Euro können anhand der folgenden Honorartafel bestimmt werden:

Honorartafel zu Leistungen für Bauakustik

Anrechenbare Kosten in Euro	Honorarzone I		Honorarzone II		Honorarzone III	
	von	bis	von	bis	von	bis
	Euro		Euro		Euro	
255.646	1.766	2.025	2.025	2.329	2.329	2.683
300.000	1.942	2.230	2.230	2.567	2.567	2.961
350.000	2.135	2.451	2.451	2.823	2.823	3.255
400.000	2.323	2.662	2.662	3.071	3.071	3.538
450.000	2.506	2.871	2.871	3.310	3.310	3.809
500.000	2.670	3.062	3.062	3.533	3.533	4.074
750.000	3.462	3.971	3.971	4.580	4.580	5.279
1.000.000	4.171	4.782	4.782	5.512	5.512	6.355
1.500.000	5.433	6.229	6.229	7.187	7.187	8.284
2.000.000	6.564	7.527	7.527	8.685	8.685	10.009
2.500.000	7.605	8.724	8.724	10.065	10.065	11.604
3.000.000	8.581	9.844	9.844	11.351	11.351	13.086
3.500.000	9.501	10.898	10.898	12.570	12.570	14.487
4.000.000	10.382	11.905	11.905	13.734	13.734	15.828
4.500.000	11.224	12.876	12.876	14.848	14.848	17.114
5.000.000	12.034	13.803	13.803	15.923	15.923	18.355
7.500.000	15.740	18.053	18.053	20.822	20.822	24.000
10.000.000	19.061	21.864	21.864	25.213	25.213	29.068
15.000.000	24.957	28.628	28.628	33.017	33.017	38.060
20.000.000	30.230	34.676	34.676	39.993	39.993	46.107
25.000.000	35.080	40.237	40.237	46.407	46.407	53.496
25.564.594	35.624	40.860	40.860	47.125	47.125	54.325

1.3.4. Raumakustik

(1) Leistungen für Raumakustik werden erbracht, um Räume mit besonderen Anforderungen an die Raumakustik durch Mitwirkung bei Formgebung, Materialauswahl und Ausstattung ihrem Verwendungszweck akustisch anzupassen.

(2) Zu den Leistungen für Raumakustik können insbesondere gehören:

1. raumakustische Planung und Überwachung,
2. akustische Messungen,
3. Modelluntersuchungen,
4. Beraten bei der Planung elektroakustischer Anlagen.

1.3.5. Raumakustische Planung und Überwachung

(1) Die raumakustische Planung und Überwachung nach Punkt 1.3.4 Absatz 2 Nummer 1 kann folgende Leistungen umfassen:

	Bewertung der Grundleistungen in Prozent der Honorare
1. Erarbeiten des raumakustischen Planungskonzepts, Festlegen der raumakustischen Anforderungen	20
2. Erarbeiten des raumakustischen Entwurfs	35
3. Mitwirken bei der Ausführungsplanung	25
4. Mitwirken bei der Vorbereitung der Vergabe und bei der Vergabe	5
5. Mitwirken bei der Überwachung raumakustisch wichtiger Ausführungsarbeiten	15

(2) Das Honorar für jeden Innenraum, für den Leistungen nach Absatz 1 erbracht werden, kann sich nach den anrechenbaren Kosten nach den Absätzen 3 bis 5, nach der Honorarzone, der der Innenraum nach Punkt 1.3.6 und 1.3.7 zuzuordnen ist, sowie nach der Honorartafel nach Punkt 1.3.6 richten.

(3) Anrechenbare Kosten können die Kosten für Baukonstruktionen, geteilt durch den Bruttorauminhalt des Gebäudes und multipliziert mit dem Rauminhalt des betreffenden Innenraumes sowie die Kosten für betriebliche Einbauten, Möbel und Textilien des betreffenden Innenraums sein.

(4) Die §§ 4, 6, 35 und 36 gelten sinngemäß.

(5) Werden bei Innenräumen nicht sämtliche Leistungen nach Absatz 1 übertragen, so gilt § 8 sinngemäß.

1.3.6. Honorarzonen und Honorare für Leistungen bei der raumakustischen Planung und Überwachung

(1) Innenräume können bei der raumakustischen Planung und Überwachung nach den in Absatz 2 genannten Bewertungsmerkmalen folgenden Honorarzonen zugeordnet werden:

1. Honorarzone I:
   Innenräume mit sehr geringen Planungsanforderungen;
2. Honorarzone II:
   Innenräume mit geringen Planungsanforderungen;
3. Honorarzone III:
   Innenräume mit durchschnittlichen Planungsanforderungen;
4. Honorarzone IV:
   Innenräume mit überdurchschnittlichen Planungsanforderungen;
5. Honorarzone V:
   Innenräume mit sehr hohen Planungsanforderungen.

(2) Bewertungsmerkmale können sein:

1. Anforderungen an die Einhaltung der Nachhallzeit,
2. Einhalten eines bestimmten Frequenzganges der Nachhallzeit,
3. Anforderungen an die räumliche und zeitliche Schallverteilung,
4. akustische Nutzungsart des Innenraums,
5. Veränderbarkeit der akustischen Eigenschaften des Innenraums.

(3) § 50 Absatz 3 gilt sinngemäß.

(4) Honorare für die in Punkt 1.3.5 Absatz 1 aufgeführten Leistungen für raumakustische Planung und Überwachung bei Innenräumen ab 51.129 Euro können sich an der folgenden Honorartafel ausrichten:

Honorartafel zu Leistungen für raumakustische Planung

Anrechenbare Kosten in Euro	Honorarzone I		Honorarzone II		Honorarzone III		Honorarzone IV		Honorarzone V	
	von	bis	von	bis	von	bis	von	bis	von	bis
	Euro		Euro		Euro		Euro		Euro	
51.129	1.192	1.552	1.552	1.912	1.912	2.267	2.267	2.627	2.627	2.987
100.000	1.370	1.783	1.783	2.192	2.192	2.605	2.605	3.014	3.014	3.428
150.000	1.546	2.010	2.010	2.473	2.473	2.930	2.930	3.394	3.394	3.858
200.000	1.712	2.224	2.224	2.742	2.742	3.255	3.255	3.773	3.773	4.287
250.000	1.877	2.439	2.439	3.007	3.007	3.570	3.570	4.138	4.138	4.700
300.000	2.047	2.659	2.659	3.271	3.271	3.883	3.883	4.496	4.496	5.108
350.000	2.198	2.860	2.860	3.521	3.521	4.182	4.182	4.844	4.844	5.506
400.000	2.356	3.062	3.062	3.769	3.769	4.479	4.479	5.185	5.185	5.892
450.000	2.516	3.266	3.266	4.021	4.021	4.772	4.772	5.526	5.526	6.277
500.000	2.662	3.461	3.461	4.260	4.260	5.063	5.063	5.863	5.863	6.662
750.000	3.403	4.423	4.423	5.437	5.437	6.458	6.458	7.472	7.472	8.493
1.000.000	4.104	5.334	5.334	6.564	6.564	7.798	7.798	9.028	9.028	10.258
1.500.000	5.454	7.086	7.086	8.719	8.719	10.355	10.355	11.988	11.988	13.619
2.000.000	6.745	8.768	8.768	10.787	10.787	12.811	12.811	14.828	14.828	16.851
2.500.000	7.997	10.396	10.396	12.794	12.794	15.193	15.193	17.591	17.591	19.989
3.000.000	9.226	11.994	11.994	14.762	14.762	17.525	17.525	20.293	20.293	23.060
3.500.000	10.434	13.561	13.561	16.693	16.693	19.818	19.818	22.949	22.949	26.077
4.000.000	11.625	15.109	15.109	18.594	18.594	22.083	22.083	25.568	25.568	29.052

Anrechenbare Kosten in Euro	Honorarzone I		Honorarzone II		Honorarzone III		Honorarzone IV		Honorarzone V	
	von	bis	von	bis	von	bis	von	bis	von	bis
	Euro		Euro		Euro		Euro		Euro	
4.500.000	12.799	16.636	16.636	20.473	20.473	24.317	24.317	28.153	28.153	31.991
5.000.000	13.961	18.151	18.151	22.336	22.336	26.527	26.527	30.711	30.711	34.901
7.500.000	19.644	25.534	25.534	31.426	31.426	37.318	37.318	43.209	43.209	49.100
7.669.378	20.028	26.035	26.035	32.041	32.041	38.048	38.048	44.054	44.054	50.061

1.3.7. Objektliste für raumakustische Planung und Überwachung

Nachstehende Innenräume werden bei der raumakustischen Planung und Überwachung nach Maßgabe der in Punkt 1.3.6 genannten Merkmale in der Regel folgenden Honorarzonen zugeordnet:

(1) Honorarzone I:
Pausenhallen, Spielhallen, Liege- und Wandelhallen;

(2) Honorarzone II:
Unterrichts-, Vortrags- und Sitzungsräume bis 500 m³, nicht teilbare Sporthallen, Filmtheater und Kirchen bis 1.000 m³, Großraumbüros;

(3) Honorarzone III:
Unterrichts-, Vortrags- und Sitzungsräume über 500 bis 1.500 m³, Filmtheater und Kirchen über 1.000 bis 3.000 m³, teilbare Turn- und Sporthallen bis 3.000 m³;

(4) Honorarzone IV:
Unterrichts-, Vortrags- und Sitzungsräume über 1.500 m³, Mehrzweckhallen bis 3.000 m³, Filmtheater und Kirchen über 3.000 m³;

(5) Honorarzone V:
Konzertsäle, Theater, Opernhäuser, Mehrzweckhallen über 3.000 m³, Tonaufnahmeräume, Innenräume mit veränderlichen akustischen Eigenschaften, akustische Messräume.

1.4. Leistungen für Bodenmechanik, Erd- und Grundbau

1.4.1. Anwendungsbereich

(1) Leistungen für Bodenmechanik, Erd- und Grundbau werden erbracht, um die Wechselwirkung zwischen Baugrund und Bauwerk sowie seiner Umgebung zu erfassen und die für die Berechnung erforderlichen Bodenkennwerte festzulegen.

(2) Zu den Leistungen für Bodenmechanik, Erd- und Grundbau können insbesondere rechnen:

1. Baugrundbeurteilung und Gründungsberatung für Flächen- und Pfahlgründungen als Grundlage für die Bemessung der Gründung durch den Tragwerksplaner, soweit diese Leistungen nicht durch Anwendung von Tabellen oder anderen Angaben, zum Beispiel in den bauordnungsrechtlichen Vorschriften, erbracht werden können,
2. Ausschreiben und Überwachen der Aufschlussarbeiten,
3. Durchführen von Labor- und Feldversuchen,
4. Beraten bei der Sicherung von Nachbarbauwerken,
5. Aufstellung von Setzungs-, Grundbruch- und anderen erdstatischen Berechnungen, soweit diese Leistungen nicht in den Leistungen nach Nummer 1 oder in den Leistungen nach § 42 oder § 49 erfasst sind,

6. Untersuchungen zur Berücksichtigung dynamischer Beanspruchung bei der Bemessung des Bauwerks oder seiner Gründung,
7. Beratung bei Baumaßnahmen im Fels,
8. Abnahme von Gründungssohlen und Aushubsohlen,
9. Allgemeine Beurteilung der Tragfähigkeit des Baugrundes und der Gründungsmöglichkeiten, die sich nicht auf ein bestimmtes Gebäude oder Ingenieurbauwerk bezieht.

1.4.2. Baugrundbeurteilung und Gründungsberatung

(1) Die Baugrundbeurteilung und Gründungsberatung nach Punkt 1.4.1 Absatz 2 Nr. 1 kann folgende Leistung für Gebäude und Ingenieurbauwerke umfassen:

	Bewertung der Grundleistungen in Prozent der Honorare
1. Klären der Aufgabenstellung, Ermittlung der Baugrundverhältnisse auf Grund der vorhandenen Unterlagen; Festlegen und Darstellen der erforderlichen Baugrunderkundungen;	15
2. Auswerten und Darstellen der Baugrunderkundungen sowie der Labor- und Feldversuche; Abschätzen des Schwankungsbereiches von Wasserständen im Boden; Baugrundbeurteilung; Festlegen der Bodenkennwerte;	35
3. Vorschlag für die Gründung mit Angabe der zulässigen Bodenpressungen in Abhängigkeit von den Fundamentabmessungen, gegebenenfalls mit Angaben zur Bemessung der Pfahlgründung; Angabe der zu erwartenden Setzungen für die vom Tragwerksplaner im Rahmen der Entwurfsplanung nach § 49 zu erbringenden Grundleistungen; Hinweise zur Herstellung und Trockenhaltung der Baugrube und des Bauwerks sowie zur Auswirkung der Baumaßnahme auf Nachbarbauwerke.	50

(2) Das Honorar für die Leistungen nach Absatz 1 kann sich nach den anrechenbaren Kosten, nach der Honorarzone, der die Gründung zuzuordnen ist, und nach der Honorartafel in Punkt 1.4.3 richten.

(3) Die anrechenbaren Kosten können gemäß § 48 ermittelt werden.

(4) Werden nicht sämtliche Leistungen nach Absatz 1 übertragen, so gilt § 8 sinngemäß.

(5) Das Honorar für Ingenieurbauwerke mit großer Längenausdehnung (Linienbauwerke) kann frei vereinbart werden.

(6) § 11 Absatz 1 bis 3 gilt sinngemäß.

1.4.3. Honorarzonen und Honorare für Grundleistungen bei der Baugrundbeurteilung und Gründungsberatung

(1) Die Honorarzone kann bei der Baugrundbeurteilung und Gründungsberatung auf Grund folgender Bewertungsmerkmale ermittelt werden:

1. Honorarzone I:
   Gründungen mit sehr geringem Schwierigkeitsgrad, insbesondere
   - gering setzungsempfindliche Bauwerke mit einheitlicher Gründungsart bei annähernd regelmäßigem Schichtenaufbau des Untergrundes mit einheitlicher Tragfähigkeit (Scherfestigkeit) und Setzungsfähigkeit innerhalb der Baufläche;
2. Honorarzone II:
   Gründungen mit geringem Schwierigkeitsgrad, insbesondere
   - setzungsempfindliche Bauwerke sowie gering setzungsempfindliche Bauwerke mit bereichsweise unterschiedlicher Gründungsart oder bereichsweise stark unterschiedlichen Lasten bei annähernd regelmäßigem Schichtenaufbau des Untergrundes mit einheitlicher Tragfähigkeit und Setzungsfähigkeit innerhalb der Baufläche,
   - gering setzungsempfindliche Bauwerke mit einheitlicher Gründungsart bei unregelmäßigem Schichtenaufbau des Untergrundes mit unterschiedlicher Tragfähigkeit und Setzungsfähigkeit innerhalb der Baufläche;
3. Honorarzone III:
   Gründungen mit durchschnittlichem Schwierigkeitsgrad, insbesondere
   - stark setzungsempfindliche Bauwerke bei annähernd regelmäßigem Schichtenaufbau des Untergrundes mit einheitlicher Tragfähigkeit und Setzungsfähigkeit innerhalb der Baufläche,
   - setzungsempfindliche Bauwerke sowie gering setzungsempfindliche Bauwerke mit bereichsweise unterschiedlicher Gründungsart oder bereichsweise stark unterschiedlichen Lasten bei unregelmäßigem Schichtenaufbau des Untergrundes mit unterschiedlicher Tragfähigkeit und Setzungsfähigkeit innerhalb der Baufläche,
   - gering setzungsempfindliche Bauwerke mit einheitlicher Gründungsart bei unregelmäßigem Schichtenaufbau des Untergrundes mit stark unterschiedlicher Tragfähigkeit und Setzungsfähigkeit innerhalb der Baufläche;
4. Honorarzone IV:
   Gründungen mit überdurchschnittlichem Schwierigkeitsgrad, insbesondere

- stark setzungsempfindliche Bauwerke bei unregelmäßigem Schichtenaufbau des Untergrundes mit unterschiedlicher Tragfähigkeit und Setzungsfähigkeit innerhalb der Baufläche,
- setzungsempfindliche Bauwerke sowie gering setzungsempfindliche Bauwerke mit bereichsweise unterschiedlicher Gründungsart oder bereichsweise stark unterschiedlichen Lasten bei unregelmäßigem Schichtenaufbau des Untergrundes mit stark unterschiedlicher Tragfähigkeit und Setzungsfähigkeit innerhalb der Baufläche;

5. Honorarzone V:
   Gründungen mit sehr hohem Schwierigkeitsgrad, insbesondere
   - stark setzungsempfindliche Bauwerke bei unregelmäßigem Schichtenaufbau des Untergrundes mit stark unterschiedlicher Tragfähigkeit und Setzungsfähigkeit der Baufläche.

(2) § 50 Absatz 3 gilt sinngemäß.

(3) Honorare für die in Punkt 1.4.1. aufgeführten Leistungen für die Baugrundbeurteilung und Gründungsberatung ab 51.129 Euro können an der folgenden Honorartafel orientiert werden.

Honorartafel zu Leistungen für die Baugrundbeurteilung und Gründungsberatung

Anrechenbare Kosten in Euro	Honorarzone I von	Honorarzone I bis	Honorarzone II von	Honorarzone II bis	Honorarzone III von	Honorarzone III bis	Honorarzone IV von	Honorarzone IV bis	Honorarzone V von	Honorarzone V bis
	Euro		Euro		Euro		Euro		Euro	
51.129	524	945	945	1.361	1.361	1.783	1.783	2.199	2.199	2.621
75.000	644	1.140	1.140	1.629	1.629	2.124	2.124	2.614	2.614	3.110
100.000	750	1.307	1.307	1.863	1.863	2.416	2.416	2.971	2.971	3.529
150.000	922	1.584	1.584	2.241	2.241	2.903	2.903	3.560	3.560	4.222
200.000	1.077	1.824	1.824	2.570	2.570	3.310	3.310	4.056	4.056	4.802
250.000	1.207	2.025	2.025	2.844	2.844	3.666	3.666	4.486	4.486	5.304
300.000	1.333	2.218	2.218	3.103	3.103	3.984	3.984	4.870	4.870	5.755
350.000	1.445	2.387	2.387	3.329	3.329	4.275	4.275	5.216	5.216	6.158
400.000	1.550	2.548	2.548	3.544	3.544	4.538	4.538	5.534	5.534	6.531
450.000	1.646	2.693	2.693	3.740	3.740	4.786	4.786	5.833	5.833	6.882
500.000	1.739	2.831	2.831	3.928	3.928	5.020	5.020	6.118	6.118	7.211
750.000	2.149	3.445	3.445	4.743	4.743	6.035	6.035	7.332	7.332	8.627
1.000.000	2.510	3.969	3.969	5.429	5.429	6.887	6.887	8.346	8.346	9.805
1.500.000	3.099	4.825	4.825	6.551	6.551	8.281	8.281	10.007	10.007	11.733
2.000.000	3.610	5.554	5.554	7.502	7.502	9.446	9.446	11.395	11.395	13.339
2.500.000	4.056	6.189	6.189	8.323	8.323	10.461	10.461	12.594	12.594	14.727
3.000.000	4.462	6.763	6.763	9.063	9.063	11.364	11.364	13.664	13.664	15.964
3.500.000	4.840	7.291	7.291	9.742	9.742	12.194	12.194	14.644	14.644	17.095

Anrechenbare Kosten in Euro	Honorarzone I		Honorarzone II		Honorarzone III		Honorarzone IV		Honorarzone V	
	von	bis	von	bis	von	bis	von	bis	von	bis
	Euro		Euro		Euro		Euro		Euro	
4.000.000	5.191	7.780	7.780	10.366	10.366	12.957	12.957	15.543	15.543	18.134
4.500.000	5.519	8.238	8.238	10.956	10.956	13.670	13.670	16.388	16.388	19.107
5.000.000	5.834	8.676	8.676	11.513	11.513	14.352	14.352	17.189	17.189	20.030
7.500.000	7.224	10.570	10.570	13.916	13.916	17.262	17.262	20.607	20.607	23.954
10.000.000	8.404	12.169	12.169	15.934	15.934	19.698	19.698	23.463	23.463	27.227
15.000.000	10.395	14.832	14.832	19.270	19.270	23.707	23.707	28.145	28.145	32.582
20.000.000	12.098	17.083	17.083	22.067	22.067	27.058	27.058	32.043	32.043	37.027
25.000.000	13.606	19.060	19.060	24.518	24.518	29.973	29.973	35.432	35.432	40.886
25.564.594	13.774	19.280	19.280	24.792	24.792	30.297	30.297	35.809	35.809	41.316

1.5. Vermessungstechnische Leistungen

1.5.1. Anwendungsbereich

(1) Vermessungstechnische Leistungen sind das Erfassen ortsbezogener Daten über Bauwerke und Anlagen, Grundstücke und Topographie, das Erstellen von Plänen, das Übertragen von Planungen in die Örtlichkeit sowie das vermessungstechnische Überwachen der Bauausführung, soweit die Leistungen mit besonderen instrumentellen und vermessungstechnischen Verfahrensanforderungen erbracht werden müssen. Ausgenommen von Satz 1 sind Leistungen, die nach landesrechtlichen Vorschriften für Zwecke der Landesvermessung und des Liegenschaftskatasters durchgeführt werden.

(2) Zu den vermessungstechnischen Leistungen rechnen:

1. Entwurfsvermessung für die Planung und den Entwurf von Gebäuden, Ingenieurbauwerken und Verkehrsanlagen,
2. Bauvermessungen für den Bau und die abschließende Bestandsdokumentation von Gebäuden, Ingenieurbauwerken und Verkehrsanlagen,
3. Vermessung an Objekten außerhalb der Entwurfs- und Bauphase, Leistungen für nicht objektgebundene Vermessungen, Fernerkundung und geographisch-geometrische Datenbasen sowie andere sonstige vermessungstechnische Leistungen.

1.5.2. Grundlagen des Honorars bei der Entwurfsvermessung

(1) Das Honorar für Grundleistungen bei der Entwurfsvermessung kann sich nach den anrechenbaren Kosten des Objekts, nach der Honorarzone, der die Entwurfsvermessung angehört, sowie nach der Honorartafel unter Punkt 1.5.8. richten.

(2) Anrechenbare Kosten können unter Zugrundelegung der Kostenberechnung ermittelt werden, solange diese nicht vorliegt oder wenn die Vertragsparteien dies bei Auftragserteilung schriftlich vereinbaren, nach der Kostenschätzung.

(3) Anrechenbare Kosten können die Herstellungskosten des Objekts sein. Sie sind zu ermitteln nach § 4 und

1. bei Gebäuden nach § 32,
2. bei Ingenieurbauwerken nach § 41,
3. bei Verkehrsanlagen nach § 45.

(4) Anrechenbar sind bei Gebäuden und Ingenieurbauwerken nur folgende Prozentsätze der nach Absatz 3 ermittelten anrechenbaren Kosten, die wie folgt gestaffelt aufzusummieren sind:

1. bis zu 511.292 Euro	40 Prozent,
2. über 511.292 bis zu 1.022.584 Euro	35 Prozent,
3. über 1.022.584 bis zu 2.556.459 Euro	30 Prozent,
4. über 2.556.459 Euro	25 Prozent.

(5) Die Absätze 1 bis 4 sowie die Punkte 1.5.3. und 1.5.4. gelten nicht für vermessungstechnische Leistungen bei ober- und unterirdischen Leitungen, innerörtlichen Verkehrsanlagen mit überwiegend innerörtlichem Verkehr, ausgenommen Wasserstraßen-, Geh- und Radwegen sowie Gleis- und Bahnsteiganlagen. Das Honorar für die in Satz 1 genannten Objekte kann frei vereinbart werden.

(6) Umfasst ein Auftrag Vermessungen für mehrere Objekte, so können die Honorare für die Vermessung jedes Objektes getrennt berechnet werden.

1.5.3. Honorarzonen für Leistungen bei der Entwurfsvermessung

(1) Die Honorarzonen können bei der Entwurfsvermessung auf Grund folgender Bewertungsmerkmale ermittelt werden:

1. Honorarzone I:
   Vermessungen mit sehr geringen Anforderungen, das heißt mit
   - sehr hoher Qualität der vorhandenen Kartenunterlagen,
   - sehr geringen Anforderungen an die Genauigkeit,
   - sehr hoher Qualität des vorhandenen Lage- und Höhenfestpunktfeldes,
   - sehr geringen Beeinträchtigungen durch die Geländebeschaffenheit und bei der Begehbarkeit,
   - sehr geringer Behinderung durch Bebauung und Bewuchs,
   - sehr geringer Behinderung durch Verkehr,
   - sehr geringer Topographiedichte;
2. Honorarzone II:
   Vermessungen mit geringen Anforderungen, das heißt mit
   - guter Qualität der vorhandenen Kartenunterlagen,
   - geringen Anforderungen an die Genauigkeit,
   - guter Qualität des vorhandenen Lage- und Höhenfestpunktfeldes,
   - geringen Beeinträchtigungen durch die Geländebeschaffenheit und bei der Begehbarkeit,
   - geringer Behinderung durch Bebauung und Bewuchs,
   - geringer Behinderung durch Verkehr,
   - geringer Topographiedichte;
3. Honorarzone III:
   Vermessungen mit durchschnittlichen Anforderungen, das heißt mit
   - befriedigender Qualität der vorhandenen Kartenunterlagen,
   - durchschnittlichen Anforderungen an die Genauigkeit,
   - befriedigender Qualität des vorhandenen Lage- und Höhenfestpunktfeldes,
   - durchschnittlichen Beeinträchtigungen durch die Geländebeschaffenheit und bei der Begehbarkeit,
   - durchschnittlicher Behinderung durch Bebauung und Bewuchs,
   - durchschnittlicher Behinderung durch Verkehr,
   - durchschnittlicher Topographiedichte;

4. Honorarzone IV:
Vermessungen mit überdurchschnittlichen Anforderungen, das heißt mit
   - kaum ausreichender Qualität der vorhandenen Kartenunterlagen,
   - überdurchschnittlichen Anforderungen an die Genauigkeit,
   - kaum ausreichender Qualität des vorhandenen Lage- und Höhenfestpunktfeldes,
   - überdurchschnittlichen Beeinträchtigungen durch die Geländebeschaffenheit und bei der Begehbarkeit,
   - überdurchschnittlicher Behinderung durch Bebauung und Bewuchs,
   - überdurchschnittlicher Behinderung durch Verkehr,
   - überdurchschnittlicher Topographiedichte;
5. Honorarzone V:
Vermessungen mit sehr hohen Anforderungen, das heißt mit
   - mangelhafter Qualität der vorhandenen Kartenunterlagen,
   - sehr hohen Anforderungen an die Genauigkeit,
   - mangelhafter Qualität des vorhandenen Lage- und Höhenfestpunktfeldes,
   - sehr hohen Beeinträchtigungen durch die Geländebeschaffenheit und bei der Begehbarkeit,
   - sehr hoher Behinderung durch Bebauung und Bewuchs,
   - sehr hoher Behinderung durch Verkehr,
   - sehr hoher Topographiedichte.

(2) Sind für eine Entwurfsvermessung Bewertungsmerkmale aus mehreren Honorarzonen anwendbar und bestehen deswegen Zweifel, welcher Honorarzone die Vermessung zugeordnet werden kann, so kann die Anzahl der Bewertungspunkte nach Absatz 3 ermittelt werden. Die Vermessung kann nach der Summe der Bewertungspunkte folgenden Honorarzonen zugeordnet werden:

1. Honorarzone I: Vermessungen mit bis zu 14 Punkten,
2. Honorarzone II: Vermessungen mit 15 bis 25 Punkten,
3. Honorarzone III: Vermessungen mit 26 bis 37 Punkten,
4. Honorarzone IV: Vermessungen mit 38 bis 48 Punkten,
5. Honorarzone V: Vermessungen mit 49 bis 60 Punkten.

(3) Bei der Zuordnung einer Entwurfsvermessung zu den Honorarzonen können entsprechend dem Schwierigkeitsgrad der Anforderungen an die Vermessung die Bewertungsmerkmale Qualität der vorhandenen Kartenunterlagen, Anforderungen an die Genauigkeit und Qualität des vorhandenen Lage- und Höhenfestpunktfeldes mit je bis zu 5 Punkten, die Bewertungsmerkmale Beeinträchtigungen durch die Geländebeschaffenheit und bei der Begehbarkeit Behinderung durch Bebauung und Bewuchs sowie Behinderung durch Verkehr mit je bis zu 10 Punkten und das Bewertungsmerkmal Topographiedichte mit bis zu 15 Punkten bewertet werden.

1.5.4. Leistungsbild Entwurfsvermessung

(1) Das Leistungsbild Entwurfsvermessung kann die terrestrischen und photogrammetrischen Vermessungsleistungen für die Planung und den Entwurf von Gebäuden, Ingenieurbauwerken und Verkehrslagen umfassen. Die Grundleistungen können in den in Absatz 2 aufgeführten Leistungsphasen 1 bis 6 zusammengefasst werden. Sie können in der folgenden Tabelle in Prozentsätzen der Honorare des Punkt 1.5.8. bewertet werden:

	Bewertung der Grundleistungen in Prozent der Honorare
1. Grundlagenermittlung	3
2. Geodätisches Festpunktfeld	15
3. Vermessungstechnische Lage- und Höhenpläne	52
4. Absteckungsunterlagen	15
5. Absteckung für Entwurf	5
6. Geländeschnitte	10

(2) Das Leistungsbild kann sich wie folgt zusammensetzen:

Grundleistungen	**Besondere Leistungen**
1. Grundlagenermittlung Einholen von Informationen und Beschaffen von Unterlagen über die Örtlichkeit und das geplante Objekt Beschaffen vermessungstechnischer Unterlagen Ortsbesichtigung Ermitteln des Leistungsumfangs in Abhängigkeit von den Genauigkeitsanforderungen und dem Schwierigkeitsgrad	Schriftliches Einholen von Genehmigungen zum Betreten von Grundstücken, zum Befahren von Gewässern und für anordnungsbedürftige Verkehrssicherungsmaßnahmen
2. Geodätisches Festpunktfeld Erkunden und Vermarken von Lage- und Höhenfestpunkten Erstellen von Punktbeschreibungen und Einmessungsskizzen Messungen zum Bestimmen der Fest- und Passpunkte Auswerten der Messungen und Erstellen des Koordinaten- und Höhenverzeichnisses	Netzanalyse und Messprogramm für Grundnetze hoher Genauigkeit Vermarken bei besonderen Anforderungen Bau von Festpunkten und Signalen

Grundleistungen	Besondere Leistungen
3. Vermessungstechnische Lage- und Höhenpläne Topographische/Morphologische Geländeaufnahme (terrestrisch/photogrammetrisch) einschließlich Erfassen von Zwangspunkten Auswerten der Messungen/Luftbilder Erstellen von Plänen mit Darstellen der Situation im Planungsbereich einschließlich der Einarbeitung der Katasterinformation Darstellen der Höhen in Punkt-, Raster- oder Schichtlinienform Erstellen eines digitalen Geländemodells Graphisches Übernehmen von Kanälen, Leitungen, Kabeln und unterirdischen Bauwerken aus vorhandenen Unterlagen Eintragen der bestehenden öffentlich-rechtlichen Festsetzungen Liefern aller Messdaten in digitaler Form	Orten und Aufmessen des unterirdischen Bestandes Vermessungsarbeiten Untertage, unter Wasser oder bei Nacht Maßnahmen für umfangreiche anordnungsbedürftige Verkehrssicherung Detailliertes Aufnehmen bestehender Objekte und Anlagen außerhalb normaler topographischer Aufnahmen wie z.B. Fassaden und Innenräume von Gebäuden Eintragen von Eigentümerangaben Darstellen in verschiedenen Maßstäben Aufnahmen über den Planungsbereich hinaus Ausarbeiten der Lagepläne entsprechend der rechtlichen Bedingungen für behördliche Genehmigungsverfahren Erfassen von Baumkronen
4. Absteckungsunterlagen Berechnen der Detailgeometrie anhand des Entwurfs und Erstellen von Absteckungsunterlagen	Durchführen von Optimierungsberechnungen im Rahmen der Baugeometrie (Flächennutzung, Abstandsflächen, Fahrbahndecken)
5. Absteckung für den Entwurf Übertragen der Leitlinie linienhafter Objekte in die Örtlichkeit Übertragen der Projektgeometrie in die Örtlichkeit für Erörterungsverfahren	
6. Geländeschnitte Ermitteln und Darstellen von Längs- und Querprofilen aus terrestrischen/photogrammetrischen Aufnahmen	

1.5.5. Grundlagen des Honorars bei der Bauvermessung

(1) Das Honorar für Grundleistungen bei der Bauvermessung kann sich nach den anrechenbaren Kosten des Objekts, nach der Honorarzone, der die Bauvermessung angehört, sowie nach der Honorartafel unter Punkt 1.5.8. richten.

(2) Anrechenbare Kosten können nach Punkt 1.5.2 Absatz 3 ermittelt werden. Anrechenbar können bei Ingenieurbauwerken 100 Prozent, bei Gebäuden und Verkehrsanlagen 80 Prozent der ermittelten Kosten sein.

(3) Die Absätze 1 bis 2 sowie die Punkte 1.5.6 und 1.5.7 gelten nicht für vermessungstechnische Leistungen bei ober- und unterirdischen Leitungen, Tunnel-, Stollen- und Kavernenbauwerken, innerörtlichen Verkehrsanlagen mit überwiegend innerörtlichem Verkehr – ausgenommen Wasserstraßen –, bei Geh- und Radwegen sowie Gleis- und Bahnsteiganlagen. Das Honorar für die in Satz 1 genannten Objekte kann frei vereinbart werden.

1.5.6. Honorarzonen für Leistungen bei der Bauvermessung

(1) Die Honorarzone kann bei der Bauvermessung auf Grund folgender Bewertungsmerkmale ermittelt werden:

1. Honorarzone I:
   Vermessungen mit sehr geringen Anforderungen, das heißt mit
   - sehr geringen Beeinträchtigungen durch die Geländebeschaffenheit und bei der Begehbarkeit,
   - sehr geringen Behinderungen durch Bebauung und Bewuchs,
   - sehr geringer Behinderung durch den Verkehr,
   - sehr geringen Anforderungen an die Genauigkeit,
   - sehr geringen Anforderungen durch die Geometrie des Objekts,
   - sehr geringer Behinderung durch den Baubetrieb;
2. Honorarzone II:
   Vermessungen mit geringen Anforderungen, das heißt mit
   - geringen Beeinträchtigungen durch die Geländebeschaffenheit und bei der Begehbarkeit,
   - geringen Behinderungen durch Bebauung und Bewuchs,
   - geringer Behinderung durch den Verkehr,
   - geringen Anforderungen an die Genauigkeit,
   - geringen Anforderungen durch die Geometrie des Objekts,
   - geringer Behinderung durch den Baubetrieb;
3. Honorarzone III:
   Vermessungen mit durchschnittlichen Anforderungen, das heißt mit
   - durchschnittlichen Beeinträchtigungen durch die Geländebeschaffenheit und bei der Begehbarkeit,
   - durchschnittlichen Behinderungen durch Bebauung und Bewuchs,
   - durchschnittlicher Behinderung durch den Verkehr,
   - durchschnittliche Anforderungen an die Genauigkeit,
   - durchschnittlichen Anforderungen durch die Geometrie des Objekts,
   - durchschnittlicher Behinderung durch den Baubetrieb;
4. Honorarzone IV:
   Vermessungen mit überdurchschnittlichen Anforderungen, das heißt mit
   - überdurchschnittlichen Beeinträchtigungen durch die Geländebeschaffenheit und bei der Begehbarkeit,

- überdurchschnittlichen Behinderungen durch Bebauung und Bewuchs,
- überdurchschnittlicher Behinderung durch den Verkehr,
- überdurchschnittlichen Anforderungen an die Genauigkeit,
- überdurchschnittlichen Anforderungen durch die Geometrie des Objekts,
- überdurchschnittlicher Behinderung durch den Baubetrieb;

5. Honorarzone V:
Vermessungen mit sehr hohen Anforderungen, das heißt mit
- sehr hohen Beeinträchtigungen durch die Geländebeschaffenheit und bei der Begehbarkeit,
- sehr hohen Behinderungen durch Bebauung und Bewuchs,
- sehr hoher Behinderung durch den Verkehr,
- sehr hohen Anforderungen an die Genauigkeit,
- sehr hohen Anforderungen durch die Geometrie des Objekts,
- sehr hoher Behinderung durch den Baubetrieb.

(2) Punkt 1.5.3 Absatz 2 gilt sinngemäß.

(3) Bei der Zurechnung einer Bauvermessung in die Honorarzonen kann entsprechend dem Schwierigkeitsgrad der Anforderungen an die Vermessung das Bewertungsmerkmal Beeinträchtigungen durch Geländebeschaffenheit und bei der Begehbarkeit mit bis zu 5 Punkten bewertet werden. Die Bewertungsmerkmale Behinderungen durch Bebauung und Bewuchs, Behinderungen durch den Verkehr, Anforderungen an die Genauigkeit sowie Anforderungen durch die Geometrie des Objekts können mit je bis zu 10 Punkten und das Bewertungsmerkmal Behinderung durch den Baubetrieb mit bis zu 15 Punkten bewertet werden.

1.5.7. Leistungsbild Bauvermessung

(1) Das Leistungsbild Bauvermessung kann die terrestrischen und photogrammetrischen Vermessungsleistungen für den Bau und die abschließende Bestandsdokumentation von Gebäuden, Ingenieurbauwerken und Verkehrsanlagen umfassen. Die Grundleistungen sind in den in Absatz 2 aufgeführten Leistungsphasen 1 bis 4 zusammengefasst. Sie können in der folgenden Tabelle in Prozentsätzen der Honorare unter Punkt 1.5.8. bewertet werden:

	Bewertung der Grundleistungen in Prozent der Honorare
1. Baugeometrische Beratung	2
2. Absteckung für die Bauausführung	14
3. Bauausführungsvermessung	66
4. Vermessungstechnische Überwachung der Bauausführung	18

(2) Das Leistungsbild kann sich wie folgt zusammensetzen:

Grundleistungen	Besondere Leistungen
1. **Baugeometrische Beratung** Beraten bei der Planung, insbesondere im Hinblick auf die erforderlichen Genauigkeiten Erstellen eines konzeptionellen Messprogramms Festlegen eines für alle Beteiligten verbindlichen Maß-, Bezugs- und Benennungssystems Erstellen von Messprogrammen für Bewegungs- und Deformationsmessungen, einschließlich Vorgaben für die Baustelleneinrichtung	Erstellen von vermessungstechnischen Leistungsbeschreibungen Erarbeiten von Organisationsvorschlägen über Zuständigkeiten, Verantwortlichkeit und Schnittstellen der Objektvermessung
2. **Absteckung für Bauausführung** Übertragen der Projektgeometrie (Hauptpunkte) in die Örtlichkeit Übergabe der Lage- und Höhenfestpunkte, der Hauptpunkte und der Absteckungsunterlagen an das bauausführende Unternehmen	
3. **Bauausführungsvermessung** Messungen zur Verdichtung des Lage- und Höhenfestpunktfeldes Messungen zur Überprüfung und Sicherung von Fest- und Achspunkten Baubegleitende Absteckungen der geometriebestimmenden Bauwerkspunkte nach Lage und Höhe Messungen zur Erfassung von Bewegungen und Deformationen des zu erstellenden Objekts an konstruktiv bedeutsamen Punkten (bei Wasserstraßen keine Grundleistung) Stichprobenartige Eigenüberwachungsmessungen Fortlaufende Bestandserfassung während der Bauausführung als Grundlage für den Bestandplan	Absteckungen unter Berücksichtigung von belastungs- und fertigungstechnischen Verformungen Prüfen der Maßgenauigkeit von Fertigteilen Aufmaß von Bauleistungen, soweit besondere vermessungstechnische Leistungen gegeben sind Herstellen von Bestandsplänen Ausgabe von Baustellenbestandsplänen während der Bauausführung Fortführen der vermessungstechnischen Bestandspläne nach Abschluss der Grundleistungen

Grundleistungen	Besondere Leistungen
4. Vermessungstechnische Überwachung der Bauausführung Kontrollieren der Bauausführung durch stichprobenartige Messungen an Schalungen und entstehenden Bauteilen Fertigen von Messprotokollen Stichprobenartige Bewegungs- und Deformationsmessungen an konstruktiv bedeutsamen Punkten des zu erstellenden Objekts	Prüfen der Mengenermittlungen Einrichten eines geometrischen Objektinformationssystems Planen und Durchführen von langfristigen vermessungstechnischen Objektüberwachungen im Rahmen der Ausführungskontrolle baulicher Maßnahmen Vermessungen für die Abnahme von Bauleistungen, soweit besondere vermessungstechnische Anforderungen gegeben sind

(3) Die Leistungsphase 3 kann abweichend von Absatz 1 bei Gebäuden mit 45 bis 66 Prozent bewertet werden.

1.5.8. Honorare für Grundleistungen bei der Vermessung

Honorare für die unter den Punkten 1.5.4. und 1.5.7. aufgeführten Grundleistungen ab 51.129 Euro können an der folgenden Honorartafel orientiert werden:

Honorartafel zu Leistungen bei der Vermessung

Anrechenbare Kosten in Euro	Honorarzone I		Honorarzone II		Honorarzone III		Honorarzone IV		Honorarzone V	
	von	bis	von	bis	von	bis	von	bis	von	bis
	Euro		Euro		Euro		Euro		Euro	
51.129	2.250	2.643	2.643	3.037	3.037	3.431	3.431	3.825	3.825	4.219
100.000	3.325	3.826	3.826	4.327	4.327	4.829	4.829	5.330	5.330	5.831
150.000	4.320	4.931	4.931	5.542	5.542	6.153	6.153	6.765	6.765	7.376
200.000	5.156	5.826	5.826	6.547	6.547	7.217	7.217	7.939	7.939	8.609
250.000	5.881	6.656	6.656	7.437	7.437	8.212	8.212	8.994	8.994	9.768
300.000	6.547	7.383	7.383	8.219	8.219	9.055	9.055	9.892	9.892	10.728
350.000	7.207	8.098	8.098	9.037	9.037	9.929	9.929	10.867	10.867	11.758
400.000	7.867	8.859	8.859	9.815	9.815	10.809	10.809	11.765	11.765	12.757
450.000	8.527	9.584	9.584	10.630	10.630	11.644	11.644	12.690	12.690	13.747
500.000	9.187	10.299	10.299	11.413	11.413	12.513	12.513	13.625	13.625	14.737
750.000	11.332	12.667	12.667	14.002	14.002	15.336	15.336	16.672	16.672	18.006
1.000.000	13.525	14.977	14.977	16.532	16.532	18.086	18.086	19.642	19.642	21.196
1.500.000	17.714	19.597	19.597	21.592	21.592	23.586	23.586	25.582	25.582	27.576
2.000.000	21.894	24.217	24.217	26.652	26.652	29.086	29.086	31.522	31.522	33.956
2.500.000	26.074	28.837	28.837	31.712	31.712	34.586	34.586	37.462	37.462	40.336
3.000.000	30.254	33.457	33.457	36.772	36.772	40.086	40.086	43.402	43.402	46.716
3.500.000	34.434	38.077	38.077	41.832	41.832	45.586	45.586	49.342	49.342	53.096
4.000.000	38.614	42.697	42.697	46.892	46.892	51.086	51.086	55.282	55.282	59.476

Anrechenbare Kosten in Euro	Honorarzone I		Honorarzone II		Honorarzone III		Honorarzone IV		Honorarzone V	
	von	bis	von	bis	von	bis	von	bis	von	bis
	Euro		Euro		Euro		Euro		Euro	
4.500.000	42.794	47.317	47.317	51.952	51.952	56.586	56.586	61.222	61.222	65.856
5.000.000	46.974	51.937	51.937	57.012	57.012	62.086	62.086	67.162	67.162	72.236
7.500.000	67.874	75.037	75.037	82.312	82.312	89.586	89.586	96.862	96.862	104.136
10.000.000	88.672	98.137	98.137	107.612	107.612	117.086	117.086	126.562	126.562	136.036
10.225.838	90.550	100.223	100.223	109.897	109.897	119.571	119.571	129.245	129.245	138.918

Anlage 2
(zu § 3 Absatz 3)

Besondere Leistungen

Inhaltsübersicht:

Besondere Leistungen

2.1. Leistungsbild Flächennutzungsplan
Das Leistungsbild kann folgende Besondere Leistungen umfassen:

2.1.1. Klären der Aufgabenstellung und Ermitteln des Leistungsumfangs
Ausarbeiten eines Leistungskatalogs;

2.1.2. Ermitteln der Planungsvorgaben
Geländemodelle,
Geodätische Feldarbeit,
Kartentechnische Ergänzungen,
Erstellen von pausfähigen Bestandskarten,
Erarbeiten einer Planungsgrundlage aus unterschiedlichem Kartenmaterial,
Auswerten von Luftaufnahmen,
Befragungsaktion für Primärstatistik unter Auswerten von sekundärstatistischem Material,
Strukturanalysen,
Statistische und örtliche Erhebungen sowie Bedarfsermittlungen, zum Beispiel Versorgung, Wirtschafts-, Sozial- und Baustruktur sowie soziokulturelle Struktur, soweit nicht in den Grundleistungen erfasst,
Differenzierte Erhebung des Nutzungsbestands;

2.1.3. Vorentwurf
Mitwirken an der Öffentlichkeitsarbeit des Auftraggebers einschließlich Mitwirken an Informationsschriften und öffentlichen Diskussionen sowie Erstellen der dazu notwendigen Planungsunterlagen und Schriftsätze,
Vorbereiten, Durchführen und Auswerten der Verfahren im Sinne des § 3 Absatz 1 des Baugesetzbuchs,

Vorbereiten, Durchführen und Auswerten der Verfahren im Sinne des § 3 Absatz 2 des Baugesetzbuchs,
Erstellen von Sitzungsvorlagen, Arbeitsheften und anderen Unterlagen,
Durchführen der Beteiligung von Behörden und Stellen, die Träger öffentlicher Belange sind und von der Planung berührt werden können;

2.1.4. Entwurf
Anfertigen von Beiplänen, zum Beispiel für Verkehr, Infrastruktureinrichtungen, Flurbereinigung sowie von Wege- und Gewässerplänen, Grundbesitzkarten und Gütekarten unter Berücksichtigung der Pläne anderer an der Planung fachlich Beteiligter,
Wesentliche Änderungen oder Neubearbeitung des Entwurfs, insbesondere nach Bedenken und Anregungen,
Ausarbeiten der Beratungsunterlagen der Gemeinde zu Bedenken und Anregungen,
Differenzierte Darstellung der Nutzung;

2.1.5. Genehmigunsfähige Planfassung
Leistungen für die Drucklegung,
Herstellen von zusätzlichen farbigen Ausfertigungen des Flächennutzungsplans,
Überarbeiten von Planzeichnungen und von dem Erläuterungsbericht nach der Genehmigung.

2.2. Leistungsbild Bebauungsplan
Das Leistungsbild kann folgende Besondere Leistungen umfassen:

2.2.1. Klären der Aufgabenstellung und Ermitteln des Leistungsumfangs
Festellen der Art und des Umfangs weiterer notwendiger Voruntersuchungen, besonders bei Gebieten, die bereits überwiegend bebaut sind,
Stellungnahme zu Einzelvorhaben während der Planaufstellung;

2.2.2. Ermitteln der Planungsvorgaben
Geodätische Einmessung,
Primärerhebungen (Befragungen, Objektaufnahme),
Ergänzende Untersuchungen bei nicht vorhandenem Flächennutzungsplan,
Mitwirken bei der Ermittlung der Förderungsmöglichkeiten durch öffentliche Mittel,
Stadtbildanalyse;

2.2.3. Vorentwurf
Modelle;

2.2.4. Entwurf
Berechnen und Darstellen der Umweltschutzmaßnahmen;

2.2.5. Planfassung für die Anzeige oder Genehmigung
Herstellen von zusätzlichen farbigen Ausfertigungen des Bebauungsplans.

2.3. Leistungsbild Landschaftsplan
Das Leistungsbild kann folgende Besondere Leistungen umfassen:

2.3.1. Klären der Aufgabenstellung und Ermitteln des Leistungsumfangs
Antragsverfahren für Planungszuschüsse;

2.3.2. Ermitteln der Planungsvorgaben
Einzeluntersuchungen natürlicher Grundlagen,
Einzeluntersuchungen zu spezifischen Nutzungen,
Daten aus vorhandenen Unterlagen im Einzelnen ermitteln und aufbereiten,
Örtliche Erhebungen, die nicht überwiegend der Kontrolle der aus Unterlagen erhobenen Daten dienen.

2.4. Leistungsbild Landschaftsrahmenplan
Das Leistungsbild kann folgende Besondere Leistungen umfassen:

2.4.1 Landschaftsanalyse
Daten aus vorhandenen Unterlagen im Einzelnen ermitteln und aufbereiten,
Örtliche Erhebungen, die nicht überwiegend der Kontrolle der aus Unterlagen erhobenen Daten dienen;

2.4.2 Endgültige Planfassung
Mitwirkung bei der Einarbeitung von Zielen der Landschaftsentwicklung in Programme und Pläne im Sinne des Raumordnungsgesetzes.

2.5. Leistungsbild Pflege- und Entwicklungsplan
Das Leistungsbild kann in der Leistungsphase 2 (Ermitteln der Planungsgrundlagen) folgende Besondere Leistungen umfassen:
Flächendeckende detaillierte Vegetationskartierung,
Eingehende zoologische Erhebungen einzelner Arten oder Artengruppen.

2.6. Leistungsbild Gebäude und raumbildende Ausbauten
Das Leistungsbild kann folgende Besondere Leistungen umfassen:

2.6.1. Grundlagenermittlung
Bestandsaufnahme,
Standortanalyse, Betriebsplanung,
Aufstellung eines Raumprogramms,
Aufstellen eines Funktionsprogramms,
Prüfen der Umwelterheblichkeit,
Prüfen der Umweltverträglichkeit;

2.6.2. Vorplanung (Projekt und Planungsvorbereitung)
Untersuchen von Lösungsmöglichkeiten nach grundsätzlich verschiedenen Anforderungen,
Ergänzen der Vorplanungsunterlagen auf Grund besonderer Anforderungen,
Aufstellen eines Finanzierungsplanes,
Aufstellen einer Bauwerks- und Betriebs-Kosten-Nutzen-Analyse,
Mitwirken bei der Kreditbeschaffung,

Durchführen der Voranfrage (Bauanfrage),
Anfertigen von Darstellungen durch besondere Techniken, wie zum Beispiel Perspektiven,
Muster,
Modelle,
Aufstellen eines Zeit- und Organisationsplanes,
Ergänzen der Vorplanungsunterlagen hinsichtlich besonderer Maßnahmen zur Gebäude- und Bauteiloptimierung, die über das übliche Maß der Planungsleistungen hinausgehen, zur Verringerung des Energieverbrauchs sowie der Schadstoff- und CO_2-Emissionen und zur Nutzung erneuerbarer Energien in Abstimmung mit anderen an der Planung fachlich Beteiligten. Das übliche Maß ist für Maßnahmen zur Energieeinsparung durch die Erfüllung der Anforderungen gegeben, die sich aus Rechtsvorschriften und den allgemein anerkannten Regeln der Technik ergeben;

2.6.3. Entwurfsplanung (System- und Integrationsplanung)
Analyse der Alternativen/Varianten und deren Wertung mit Kostenuntersuchung (Optimierung),
Wirtschaftlichkeitsberechnung,
Kostenberechnung durch Aufstellen von Mengengerüsten oder Bauelementkatalog,
Ausarbeitung besonderer Maßnahmen zur Gebäude- und Bauteiloptimierung, die über das übliche Maß der Planungsleistungen hinausgehen, zur Verringerung des Energieverbrauchs sowie der Schadstoff- und CO_2-Emissionen und zur Nutzung erneuerbarer Energien in Abstimmung mit anderen an der Planung fachlich Beteiligter. Das übliche Maß ist für Maßnahmen zur Energieeinsparung durch die Erfüllung der Anforderungen gegeben, die sich aus Rechtsvorschriften und den allgemein anerkannten Regeln der Technik ergeben;

2.6.4. Genehmigungsplanung
Mitwirken bei der Beschaffung der nachbarlichen Zustimmung,
Erarbeiten von Unterlagen für besondere Prüfverfahren,
Fachliche und organisatorische Unterstützung des Bauherrn im Widerspruchsverfahren, Klageverfahren oder Ähnliches,
Ändern der Genehmigungsunterlagen infolge von Umständen, die der Auftragnehmer nicht zu vertreten hat;

2.6.5 Ausführungsplanung
Aufstellen einer detaillierten Objektbeschreibung als Baubuch zur Grundlage der Leistungsbeschreibung mit Leistungsprogramm*),

* Diese Besondere Leistung wird bei Leistungsbeschreibung mit Leistungsprogramm ganz oder teilweise Grundleistung. In diesem Fall entfallen die entsprechenden Grundleistungen dieser Leistungsphase, soweit die Leistungsbeschreibung mit Leistungsprogramm angewandt wird.

Aufstellen einer detaillierten Objektbeschreibung als Raumbuch zur Grundlage der Leistungsbeschreibung mit Leistungsprogramm*),
Prüfen der vom bauausführenden Unternehmen auf Grund der Leistungsbeschreibung mit Leistungsprogramm ausgearbeiteten Ausführungspläne auf Übereinstimmung mit der Entwurfsplanung*),
Erarbeiten von Detailmodellen,
Prüfen und Anerkennen von Plänen Dritter, nicht an der Planung fachlich Beteiligter auf Übereinstimmung mit den Ausführungsplänen (zum Beispiel Werkstattzeichnungen von Unternehmen, Aufstellungs- und Fundamentpläne von Maschinenlieferanten), soweit die Leistungen Anlagen betreffen, die in den anrechenbaren Kosten nicht erfasst sind;

2.6.6. Vorbereitung der Vergabe
Aufstellen der Leistungsbeschreibungen mit Leistungsprogramm unter Bezug auf Baubuch/Raumbuch*),
Aufstellen von alternativen Leistungsbeschreibungen für geschlossene Leistungsbereiche,
Aufstellen von vergleichenden Kostenübersichten unter Auswertung der Beiträge anderer an der Planung fachlich Beteiligter;

2.6.7. Mitwirkung bei der Vergabe
Prüfen und Werten der Angebote aus Leistungsbeschreibung mit Leistungsprogramm einschließlich Preisspiegel*),
Aufstellen, Prüfen und Werten von Preisspiegeln nach besonderen Anforderungen;

2.6.8. Objektüberwachung (Bauüberwachung)
Aufstellen, Überwachen und Fortschreiben eines Zahlungsplanes,
Aufstellen, Überwachen und Fortschreiben von differenzierten Zeit-, Kosten- oder Kapazitätsplänen,
Tätigkeit als verantwortlicher Bauleiter, soweit diese Tätigkeit nach jeweiligem Landesrecht über die Grundleistungen der Leistungsphase 8 hinausgeht;

2.6.9. Objektbetreuung und Dokumentation
Erstellen von Bestandsplänen,
Aufstellen von Ausrüstungs- und Inventarverzeichnissen,
Erstellen von Wartungs- und Pflegeanweisungen,
Objektbeobachtung,
Objektverwaltung,
Baubegehungen nach Übergabe,
Überwachen der Wartungs- und Pflegeleistungen,
Aufbereiten des Zahlungsmaterials für eine Objektdatei,

---

* Diese Besondere Leistung wird bei Leistungsbeschreibung mit Leistungsprogramm ganz oder teilweise Grundleistung. In diesem Fall entfallen die entsprechenden Grundleistungen dieser Leistungsphase, soweit die Leistungsbeschreibung mit Leistungsprogramm angewandt wird.

Ermittlung und Kostenfeststellung zu Kostenrichtwerten,
Überprüfen der Bauwerks- und Betriebs-Kosten-Nutzen-Analyse;

2.6.10 Besondere Leistungen bei Umbauten und Modernisierungen
Maßliches, technisches und verformungsgerechtes Aufmaß,
Schadenskartierung,
Ermitteln von Schadensursachen,
Planen und Überwachen von Maßnahmen zum Schutz von vorhandener Substanz,
Organisation von und Mitwirkung an Betreuungsmaßnahmen für Nutzer und andere Planungsbetroffene,
Wirkungskontrollen von Planungsansatz und Maßnahmen im Hinblick auf die Nutzer, beispielsweise durch Befragen.

2.7. Leistungsbild Freianlagen
Das Leistungsbild kann die zu Punkt 2.6. aufgeführten Besonderen Leistungen umfassen.

2.8. Leistungsbild Ingenieurbauwerke
Das Leistungsbild kann folgende Besonderen Leistungen umfassen:

2.8.1. Grundlagenermittlung
Auswahl und Besichtigen ähnlicher Objekte,
Ermitteln besonderer, in den Normen nicht festgelegter Belastungen;

2.8.2. Vorplanung (Projekt- und Planungsvorbereitung)
Anfertigen von Nutzen-Kosten-Untersuchungen,
Anfertigen von topographischen und hydrologischen Unterlagen,
Genaue Berechnung besonderer Bauteile,
Koordinieren und Darstellen der Ausrüstung und Leitungen bei Gleisanlagen;

2.8.3. Entwurfsplanung
Beschaffen von Auszügen aus Grundbuch, Kataster und anderen amtlichen Unterlagen,
Fortschreiben von Nutzen-Kosten-Untersuchungen,
Signaltechnische Berechnung,
Mitwirken bei Verwaltungsvereinbarungen;

2.8.4. Genehmigungsplanung
Mitwirken beim Beschaffen der Zustimmung von Betroffenen,
Herstellen der Unterlagen für Verbandsgründungen;

2.8.5. Ausführungsplanung
Aufstellen von Ablauf- und Netzplänen;
Planen von Anlagen der Verfahrens- und Prozesstechnik für Ingenieurbauwerke gemäß § 40 Nummern 1 bis 3 und 5, die dem Auftragnehmer übertragen werden, der auch die Grundleistungen für die jeweiligen Ingenieurbauwerke erbringt;

Erstellen von Ausführungszeichnungen für Ingenieurbauwerke nach § 40 Nummern 1 bis 3 und 5, die einen überdurchschnittlichen Aufwand erfordern und die bei Auftragserteilung abweichend von § 42 Absatz 1 Nummer 5 mit mehr als 15 bis zu 35 % schriftlich vereinbart werden können;

2.8.6. Mitwirkung bei der Vergabe

Prüfen und Werten von Nebenangeboten und Änderungsvorschlägen mit grundlegend anderen Konstruktionen im Hinblick auf die technische und funktionelle Durchführbarkeit;

2.8.7. Objektbetreuung und Dokumentation

Erstellen eines Bauwerksbuchs;

2.8.8. Örtliche Bauüberwachung

Überwachen der Ausführung des Objekts auf Übereinstimmung mit den zur Ausführung genehmigten Unterlagen, dem Bauvertrag sowie den allgemein anerkannten Regeln der Technik und den einschlägigen Vorschriften;
Hauptachsen für das Objekt von objektnahen Festpunkten abstecken sowie Höhenfestpunkte im Objektbereich herstellen, soweit die Leistungen nicht mit besonderen instrumentellen und vermessungstechnischen Verfahrensanforderungen erbracht werden müssen;
Baugelände örtlich kennzeichnen;
Führen eines Bautagebuchs;
Gemeinsames Aufmaß mit den ausführenden Unternehmen;
Mitwirken bei der Abnahme von Leistungen und Lieferungen;
Rechnungsprüfung;
Mitwirken bei behördlichen Abnahmen;
Mitwirken beim Überwachen der Prüfung der Funktionsfähigkeit der Anlagenteile der Gesamtanlage;
Überwachen der Beseitigung der bei der Leistung festgestellten Mängel; bei Objekten nach § 40: Überwachen der Ausführung von Tragwerken nach § 50 Absatz 2 Nr. 1 und 2 auf Übereinstimmung mit dem Standsicherheitsnachweis;

2.8.9. Besondere Leistungen bei Umbauten und Modernisierungen von Ingenieurbauwerken und bei Verkehrsanlagen mit geringen Kosten für Erdarbeiten einschließlich Felsarbeiten sowie mit gebundener Gradiente oder bei schwieriger Anpassung an vorhandene Randbebauung

Ermitteln substanzbezogener Daten und Vorschriften,
Untersuchen und Abwickeln der notwendigen Sicherungsmaßnahmen von Bau- und Betriebszuständen,
Örtliches Überprüfen von Planungsdetails an der vorgefundenen Substanz und Überarbeiten der Planung bei Abweichen von den ursprünglichen Feststellungen,
Erarbeiten eines Vorschlags zur Behebung von Schäden oder Mängeln.

2.9. Leistungsbild Verkehrsanlagen
Das Leistungsbild kann die zu Punkt 2.8. aufgeführten Besonderen Leistungen umfassen.

2.10. Leistungsbild Tragwerksplanung
Das Leistungsbild kann folgende Besondere Leistungen umfassen:

2.10.1. Vorplanung (Projekt- und Planungsvorbereitung)
Aufstellen von Vergleichsberechnungen für mehrere Lösungsmöglichkeiten unter verschiedenen Objektbedingungen, Aufstellen eines Lastenplanes, zum Beispiel als Grundlage für die Baugrundbeurteilung und Gründungsberatung,
Vorläufige nachprüfbare Berechnung wesentlicher tragender Teile,
Vorläufig nachprüfbare Berechnung der Gründung;

2.10.2. Entwurfsplanung (System- und Integrationsplanung)
Vorgezogene, prüfbare und für die Ausführung geeignete Berechnung wesentlich tragender Teile,
Vorgezogene, prüfbare und für die Ausführung geeignete Berechnung der Gründung,
Mehraufwand bei Sonderbauweisen oder Sonderkonstruktionen, zum Beispiel Klären von Konstruktionsdetails,
Vorgezogene Stahl- oder Holzmengenermittlung des Tragwerks und der kraftübertragenden Verbindungsteile für eine Ausschreibung, die ohne Vorliegen von Ausführungsunterlagen durchgeführt wird,
Nachweise der Erdbebensicherung;

2.10.3. Genehmigungsplanung
Bauphysikalische Nachweise zum Brandschutz,
Statische Berechnung und zeichnerische Darstellung für Bergschadenssicherungen und Bauzustände, soweit diese Leistungen über das Erfassen von normalen Bauzuständen hinausgehen,
Zeichnungen mit statischen Positionen und den Tragwerksabmessungen, den Bewehrungs-Querschnitten, den Verkehrslasten und der Art und Güte der Baustoffe sowie Besonderheiten der Konstruktionen zur Vorlage bei der bauaufsichtlichen Prüfung anstelle von Positionsplänen,
Aufstellen der Berechnungen nach militärischen Lastenklassen (MLC),
Erfassen von Bauzuständen bei Ingenieurbauwerken, in denen das statische System von dem des Endzustands abweicht;

2.10.4. Ausführungsplanung
Werkstattzeichnungen im Stahl- und Holzbau einschließlich Stücklisten,
Elementpläne für Stahlbetonfertigteile einschließlich Stahl- und Stücklisten,
Berechnen der Dehnwege,
Festlegen des Spannvorganges und Erstellen der Spannprotokolle im Spannbetonbau,
Wesentliche Leistungen, die infolge Änderungen der Planung, die vom Auftragnehmer nicht zu vertreten sind, erforderlich werden,

Rohbauzeichnungen im Stahlbetonbau, die auf der Baustelle nicht der Ergänzung durch die Pläne des Objektplaners bedürfen;

2.10.5. Vorbereitung der Vergabe
Beitrag zur Leistungsbeschreibung mit Leistungsprogramm des Objektplaners*),
Beitrag zum Aufstellen von vergleichenden Kostenübersichten des Objektplaners,
Aufstellen des Leistungsverzeichnisses des Tragwerks;

2.10.6. Mitwirkung bei der Vergabe
Mitwirken bei der Prüfung und Wertung der Angebote Leistungsbeschreibung mit Leistungsprogramm,
Mitwirken bei der Prüfung und Wertung von Nebenangeboten,
Beitrag zum Kostenanschlag nach DIN 276 aus Einheitspreisen oder Pauschalangeboten;

2.10.7. Objektüberwachung (Bauüberwachung)
Ingenieurtechnische Kontrolle der Ausführung des Tragwerks auf Übereinstimmung mit den geprüften statischen Unterlagen,
Ingenieurtechnische Kontrolle der Baubehelfe, zum Beispiel Arbeits- und Lehrgerüste, Kranbahnen, Baugrubensicherungen,
Kontrolle der Betonherstellung und -verarbeitung auf der Baustelle in besonderen Fällen sowie statische Auswertung der Güteprüfungen,
Betontechnologische Beratung;

2.10.8. Objektbetreuung und Dokumentation
Baubegehung zur Feststellung und Überwachung von die Standsicherheit betreffenden Einflüssen;

2.10.9. Besondere Leistungen bei Umbauten und Modernisierungen
Mitwirken bei der Überwachung der Ausführung der Tragwerkseingriffe.

2.11. Leistungsbild technische Ausrüstung
Das Leistungsbild kann folgende Besonderen Leistungen umfassen:

2.11.1. Grundlagenermittlung
Systemanalyse (Klären der möglichen Systeme nach Nutzen, Aufwand, Wirtschaftlichkeit und Durchführbarkeit und Umweltverträglichkeit),
Datenerfassung, Analysen und Optimierungsprozesse für energiesparendes und umweltverträgliches Bauen;

---

* Diese Besondere Leistung wird bei Leistungsbeschreibung mit Leistungsprogramm Grundleistung. In diesem Fall entfallen die Grundleistungen dieser Leistungsphase.

2.11.2. Vorplanung
Durchführen von Versuchen und Modellversuchen,
Untersuchung zur Gebäude- und Anlagenoptimierung hinsichtlich Energieverbrauch und Schadstoffemission (z.B. SO_2, NO_x),
Erarbeiten optimierter Energiekonzepte;

2.11.3. Entwurfsplanung
Erarbeiten von Daten für die Planung Dritter, zum Beispiel für die Zentrale Leittechnik,
Detaillierter Wirtschaftlichkeitsnachweis,
Detaillierter Vergleich von Schadstoffemissionen,
Betriebskostenberechnungen,
Schadstoffemissionsberechnungen,
Erstellen des technischen Teils eines Raumbuchs als Beitrag zur Leistungsbeschreibung mit Leistungsprogramm des Objektplaners;

2.11.4. Ausführungsplanung
Prüfen und Anerkennen von Schalplänen des Tragwerksplaners und von Montage- und Werkstattzeichnungen auf Übereinstimmung mit der Planung,
Anfertigen von Plänen für Anschlüsse von beigestellten Betriebsmitteln und Maschinen,
Anfertigen von Stromlaufplänen;

2.11.5. Vorbereitung der Vergabe
Anfertigen von Ausschreibungszeichnungen bei Leistungsbeschreibung mit Leistungsprogramm;

2.11.6. Objektüberwachung (Bauüberwachung)
Durchführen von Leistungs- und Funktionsmessungen,
Ausbilden und Einweisen von Bedienungspersonal,
Überwachen und Detailkorrektur beim Hersteller,
Aufstellen, Fortschreiben und Überwachen von Ablaufplänen (Netzplantechnik für EDV);

2.11.7. Objektbetreuung und Dokumentation
Erarbeiten der Wartungsplanung und -organisation,
Ingenieurtechnische Kontrolle des Energieverbrauchs und der Schadstoffemission.

2.11.8 Besondere Leistungen bei Umbauten und Modernisierungen
Durchführen von Verbrauchsmessungen,
Endoskopische Untersuchungen.

Anlage 3
(zu § 5 Absatz 4 Satz 2)
Objektlisten

Inhaltsübersicht:

Objektlisten

3.1. Gebäude

Nachstehende Gebäude werden in der Regel folgenden Honorarzonen zugeordnet:

3.1.1. Honorarzone I:

Schlaf- und Unterkunftsbaracken und andere Behelfsbauten für vorübergehende Nutzung,
Pausenhallen, Spielhallen, Liege- und Wandelhallen, Einstellhallen,
Verbindungsgänge, Feldscheunen und andere einfache landwirtschaftliche Gebäude,
Tribünenbauten, Wetterschutzhäuser;

3.1.2. Honorarzone II:

Einfache Wohnbauten mit gemeinschaftlichen Sanitär- und Kücheneinrichtungen;
Garagenbauten, Parkhäuser, Gewächshäuser,
geschlossene, eingeschossige Hallen und Gebäude als selbständige Bauaufgabe, Kassengebäude,
Bootshäuser, einfache Werkstätten ohne Kranbahnen,
Verkaufslager, Unfall- und Sanitätswachen,
Musikpavillons;

3.1.3. Honorarzone III:

Wohnhäuser, Wohnheime und Heime mit durchschnittlicher Ausstattung,
Kinderhorte, Kindergärten, Gemeinschaftsunterkünfte, Jugendherbergen, Grundschulen,
Jugendfreizeitstätten, Jugendzentren, Bürgerhäuser, Studentenhäuser, Altentagesstätten und andere Betreuungseinrichtungen,
Fertigungsgebäude der metallverarbeitenden Industrie, Druckereien, Kühlhäuser,
Werkstätten, geschlossene Hallen und landwirtschaftliche Gebäude, soweit nicht in Honorarzone I, II oder IV erwähnt, Parkhäuser mit integrierten weiteren Nutzungsarten,

Bürobauten mit durchschnittlicher Ausstattung, Ladenbauten, Einkaufszentren, Märkte und Großmärkte, Messehallen, Gaststätten, Kantinen, Mensen, Wirtschaftsgebäude, Feuerwachen, Rettungsstationen, Ambulatorien, Pflegeheime ohne medizinisch-technische Ausrüstung, Hilfskrankenhäuser, Ausstellungsgebäude, Lichtspielhäuser,
Turn- und Sportgebäude sowie -anlagen, soweit nicht in Honorarzone II oder IV erwähnt;

3.1.4. Honorarzone IV:
Wohnungshäuser mit überdurchschnittlicher Ausstattung, Terrassen- und Hügelhäuser, planungsaufwendige Einfamilienhäuser mit entsprechendem Ausbau und Hausgruppen in planungsaufwendiger verdichteter Bauweise auf kleineren Grundstücken, Heime mit zusätzlichen medizinisch-technischen Einrichtungen,
Zentralwerkstätten, Brauereien, Produktionsgebäude der Automobilindustrie, Kraftwerksgebäude,
Schulen, ausgenommen Grundschulen; Bildungszentren, Volkshochschulen, Fachhochschulen, Hochschulen, Universitäten, Akademien, Hörsaalgebäude, Laborgebäude, Bibliotheken und Archive, Institutsgebäude für Lehre und Forschung, soweit nicht in Honorarzone V erwähnt,
landwirtschaftliche Gebäude mit überdurchschnittlicher Ausstattung, Großküchen, Hotels, Banken, Kaufhäuser, Rathäuser, Parlaments- und Gerichtsgebäude sowie sonstige Gebäude für die Verwaltung mit überdurchschnittlicher Ausstattung,
Krankenhäuser der Versorgungsstufe I und II, Fachkrankenhäuser, Krankenhäuser besonderer Zweckbestimmung, Therapie- und Rehabilitationseinrichtungen, Gebäude für Erholung, Kur und Genesung,
Kirchen, Konzerthallen, Museen, Studiobühnen, Mehrzweckhallen für religiöse, kulturelle oder sportliche Zwecke,
Hallenschwimmbäder, Sportleistungszentren, Großsportstätten;

3.1.5. Honorarzone V:
Krankenhäuser der Versorgungsstufe III, Universitätskliniken,
Stahlwerksgebäude, Sintergebäude, Kokereien,
Studios für Rundfunk, Fernsehen und Theater, Konzertgebäude, Theaterbauten, Kulissengebäude, Gebäude für die wissenschaftliche Forschung (experimentelle Fachrichtungen).

3.2. Freianlagen
Nachstehende Freianlagen werden in der Regel folgenden Honorarzonen zugeordnet:

3.2.1. Honorarzone I:
Geländegestaltungen mit Einsaaten in der freien Landschaft,
Windschutzpflanzungen,
Spielwiesen, Ski- und Rodelhänge ohne technische Einrichtungen;

3.2.2. Honorarzone II:
Freiflächen mit einfachem Ausbau bei kleineren Siedlungen, bei Einzelbauwerken und bei landwirtschaftlichen Aussiedlungen,
Begleitgrün an Verkehrsanlagen, soweit nicht in Honorarzone I oder III erwähnt, Grünverbindungen ohne besondere Ausstattung; Ballspielplätze (Bolzplätze), Ski- und Rodelhänge mit technischen Einrichtungen; Sportplätze ohne Laufbahnen oder ohne sonstige technische Einrichtungen,
Geländegestaltungen und Pflanzungen für Deponien, Halden und Entnahmestellen,
Pflanzungen in der freien Landschaft, soweit nicht in Honorarzone I erwähnt, Ortsrandeingrünungen;

3.2.3. Honorarzone III:
Freiflächen bei privaten und öffentlichen Bauwerken, soweit nicht in Honorarzonen II, IV oder V erwähnt,
Begleitgrün an Verkehrsanlagen mit erhöhten Anforderungen an Schutz, Pflege und Entwicklung von Natur und Landschaft,
Flächen für den Arten- und Biotopschutz, soweit nicht in Honorarzone IV oder V erwähnt,
Ehrenfriedhöfe, Ehrenmale; Kombinationsspielfelder, Sportanlagen Typ D und andere Sportanlagen, soweit nicht in Honorarzone II oder IV erwähnt, Camping-, Zelt- und Badeplätze, Kleingartenanlagen;

3.2.4. Honorarzone IV:
Freiflächen mit besonderen topographischen oder räumlichen Verhältnissen bei privaten und öffentlichen Bauwerken,
innerörtliche Grünzüge, Oberflächengestaltungen und Pflanzungen für Fußgängerbereiche; extensive Dachbegrünungen,
Flächen für den Arten- und Biotopschutz mit differenzierten Gestaltungsansprüchen oder mit Biotopverbundfunktionen,
Sportanlagen Typ A bis C, Spielplätze, Sportstadien, Freibäder, Golfplätze, Friedhöfe, Parkanlagen, Freilichtbühnen, Schulgärten, naturkundliche Lehrpfade und -gebiete;

3.2.5. Honorarzone V:
Hausgärten und Gartenfriedhöfe für hohe Repräsentationsansprüche, Terrassen- und Dachgärten, intensive Dachbegrünungen,
Freiflächen im Zusammenhang mit historischen Anlagen; historische Parkanlagen, Gärten und Plätze,
botanische und zoologische Gärten,
Freiflächen mit besonderer Ausstattung für hohe Benutzungsansprüche, Garten- und Hallenschauen.

3.3. Raumbildende Ausbauten
Nachstehende raumbildende Ausbauten werden in der Regel folgenden Honorarzonen zugeordnet:

3.3.1. Honorarzone I:
Innere Verkehrsflächen, offene Pausen-, Spiel- und Liegehallen, einfachste Innenräume für vorübergehende Nutzung;

3.3.2. Honorarzone II:
Einfache Wohn-, Aufenthalts- und Büroräume, Werkstätten; Verkaufslager, Nebenräume in Sportanlagen, einfache Verkaufskioske,
Innenräume, die unter Verwendung von serienmäßig hergestellten Möbeln und Ausstattungsgegenständen einfacher Qualität gestaltet werden;

3.3.3. Honorarzone III:
Aufenthalts-, Büro, Freizeit-, Gaststätten-, Gruppen-, Wohn-, Sozial-, Versammlungs- und Verkaufsräume, Kantinen sowie Hotel-, Kranken-, Klassenzimmer und Bäder mit durchschnittlichem Ausbau, durchschnittlicher Ausstattung oder durchschnittlicher technischer Einrichtung,
Messestände bei Verwendung von System- oder Modulbauteilen,
Innenräume mit durchschnittlicher Gestaltung, die zum überwiegenden Teil unter Verwendung von serienmäßig hergestellten Möbeln und Ausstattungsgegenständen gestaltet werden;

3.3.4. Honorarzone IV:
Wohn-, Aufenthalts-, Behandlungs-, Verkaufs-, Arbeits-, Bibliotheks-, Sitzungs-, Gesellschafts-, Gaststätten-, Vortragsräume, Hörsäle, Ausstellungen,

Messestände, Fachgeschäfte, soweit nicht in Honorarzone II oder III erwähnt,
Empfangs- und Schalterhallen mit überdurchschnittlichem Ausbau, gehobener Ausstattung oder überdurchschnittlichen technischen Einrichtungen, z.B. in Krankenhäusern, Hotels, Banken, Kaufhäusern, Einkaufszentren oder Rathäusern,
Parlaments- und Gerichtssäle, Mehrzweckhallen für religiöse, kulturelle oder sportliche Zwecke,
Raumbildende Ausbauten von Schwimmbädern und Wirtschaftsküchen,
Kirchen,
Innenräume mit überdurchschnittlicher Gestaltung unter Mitverwendung von serienmäßig hergestellten Möbeln und Ausstattungsgegenständen gehobener Qualität;

3.3.5. Honorarzone V:
Konzert- und Theatersäle; Studioräume für Rundfunk, Fernsehen und Theater,
Geschäfts- und Versammlungsräume mit anspruchsvollem Ausbau, aufwendiger Ausstattung oder sehr hohen technischen Ansprüchen,
Innenräume der Repräsentationsbereiche mit anspruchsvollem Ausbau, aufwendiger Ausstattung oder mit besonderen Anforderungen an die technischen Einrichtungen.

3.4. Ingenieurbauwerke

Nachstehende Ingenieurbauwerke werden in der Regel folgenden Honorarzonen zugeordnet:

3.4.1. Honorarzone I:

Zisternen, Leitungen über Wasser ohne Zwangspunkte,
Leitungen für Abwasser ohne Zwangspunkte,
Einzelgewässer mit gleichförmigem ungegliederten Querschnitt ohne Zwangspunkte, ausgenommen Einzelgewässer mit überwiegend ökologischen und landschaftsgestalterischen Elementen,
Teiche bis 3 m Dammhöhe über Sohle ohne Hochwasserentlastung, ausgenommen Teiche ohne Dämme; Bootsanlegestellen an stehenden Gewässern, einfache Deich- und Dammbauten; einfacher, insbesondere flächenhafter Erdbau, ausgenommen flächenhafter Erdbau zur Geländegestaltung,
Transportleitungen für wassergefährdende Flüssigkeiten und Gase ohne Zwangspunkte, handelsübliche Fertigbehälter für Tankanlagen,
Zwischenlager, Sammelstellen und Umladestationen offener Bauart für Abfälle oder Wertstoffe ohne Zusatzeinrichtungen,
Stege, soweit Leistungen nach Teil 4 Abschnitt 1 erforderlich sind, einfache Durchlässe und Uferbefestigungen, ausgenommen einfache Durchlässe und Uferbefestigungen als Mittel zur Geländegestaltung, soweit keine Leistungen nach Teil 4 Abschnitt 1 erforderlich sind,
einfache Ufermauern; Lärmschutzwälle, ausgenommen Lärmschutzwälle als Mittel zur Geländegestaltung; Stützbauwerke und Geländeabstützungen ohne Verkehrsbelastung als Mittel zur Geländegestaltung, soweit Leistungen nach § 50 Absatz 2 Nummern 3 bis 5 erforderlich sind,
einfache gemauerte Schornsteine, einfache Maste und Türme ohne Aufbauten, Versorgungsbauwerke und Schutzrohre in sehr einfachen Fällen ohne Zwangspunkte;

3.4.2. Honorarzone II:

einfache Anlagen zur Gewinnung und Förderung von Wasser, z.B. Quellfassungen, Schachtbrunnen,
einfache Anlagen zur Speicherung von Wasser, z.B. Behälter in Fertigbauweise, Feuerlöschbecken,
Leitungen für Wasser mit geringen Verknüpfungen und wenigen Zwangspunkten, einfache Leitungsnetze für Wasser,
industriell systematisierte Abwasserbehandlungsanlagen, Schlammabsetzanlagen, Schlammpolder, Erdbecken als Regenrückhaltebecken, Leitungen für Abwasser mit geringen Verknüpfungen und wenigen Zwangspunkten, einfache Leitungsnetze für Abwasser,
einfache Pumpanlagen, Pumpwerke und Schöpfwerke,
einfache feste Wehre, Düker mit wenigen Zwangspunkten, Einzelgewässer mit gleichförmigem gegliedertem Querschnitt und einigen Zwangspunkten,
Teiche mit mehr als 3 m Dammhöhe über Sohle ohne Hochwasserentlastung,
Teiche bis 3 m Dammhöhe über Sohle mit Hochwasserentlastung,

Ufer- und Sohlensicherung an Wasserstraßen, einfache Schiffsanlege-, -lösch- und -ladestellen, Bootsanlegestellen an fließenden Gewässern, Deich- und Dammbauten, soweit nicht in Honorarzone I, III oder IV erwähnt,
Berieselung und rohrlose Dränung, flächenhafter Erdbau mit unterschiedlichen Schütthöhen oder Materialien,
Transportleitungen für wassergefährdende Flüssigkeiten und Gase mit geringen Verknüpfungen und wenigen Zwangspunkten, industriell vorgefertigte einstufige Leichtflüssigkeitsabscheider,
Zwischenlager, Sammelstellen und Umladestationen offener Bauart für Abfälle oder Wertstoffe mit einfachen Zusatzeinrichtungen,
einfache, einstufige Aufbereitungsanlagen für Wertstoffe, einfache Bauschuttaufbereitungsanlagen,
Pflanzenabfall-Kompostierungsanlagen und Bauschuttdeponien ohne besondere Einrichtungen,
gerade Einfeldbrücken einfacher Bauart, Durchlässe, soweit nicht in Honorarzone I erwähnt,
Stützbauwerke mit Verkehrsbelastungen, einfache Kaimauern und Piers, Schmalwände,
Uferspundwände und Ufermauern, soweit nicht in Honorarzone I oder III erwähnt,
einfache Lärmschutzanlagen, soweit Leistungen nach Teil 4 Abschnitt 1 oder nach Punkt 1.4. erforderlich sind,
einfache Schornsteine, soweit nicht in Honorarzone I erwähnt,
Maste und Türme ohne Aufbauten, soweit nicht in Honorarzone I erwähnt,
Versorgungsbauwerke und Schutzrohre mit zugehörigen Schächten für Versorgungssysteme mit wenigen Zwangspunkten,
flach gegründete, einzeln stehende Silos ohne Anbauten,
einfache Werft-, Aufschlepp- und Helgenanlagen.

3.4.3. Honorarzone III:
Tiefbrunnen, Speicherbehälter,
einfache Wasseraufbereitungsanlagen und Anlagen mit mechanischen Verfahren,
Leitungen für Wasser mit zahlreichen Verknüpfungen und mehreren Zwangspunkten,
Leitungsnetze mit mehreren Verknüpfungen und zahlreichen Zwangspunkten und mit einer Druckzone,
Abwasserbehandlungsanlagen mit gemeinsamer aerober Stabilisierung, Schlammabsetzanlagen mit mechanischen Einrichtungen,
Leitungen für Abwasser mit zahlreichen Verknüpfungen und zahlreichen Zwangspunkten,
Leitungsnetze für Abwasser mit mehreren Verknüpfungen und mehreren Zwangspunkten,
Pump- und Schöpfwerke, soweit nicht in Honorarzone II oder IV erwähnt,
Kleinwasserkraftanlagen,

feste Wehre, soweit nicht in Honorarzone II erwähnt,
einfache bewegliche Wehre, Düker, soweit nicht Honorarzone II oder IV erwähnt, Einzelgewässer mit ungleichförmigem ungegliedertem Querschnitt und einigen Zwangspunkten, Gewässersysteme mit einigen Zwangspunkten, Hochwasserrückhaltebecken und Talsperren bis 5 m Dammhöhe über Sohle oder bis 100.000 m^3 Speicherraum, Schifffahrtskanäle, Schiffsanlege-, -lösch- und -ladestellen,
Häfen, schwierige Deich- und Dammbauten,
Siele, einfache Sperrwerke, Sperrtore, einfache Schiffsschleusen, Bootsschleusen, Regenbecken und Kanalstauräume mit geringen Verknüpfungen und wenigen Zwangspunkten, Beregnung und Rohrdränung,
Transportleitungen für wassergefährdende Flüssigkeiten und Gase mit geringen Verknüpfungen und wenigen Zwangspunkten,
Anlagen zur Lagerung wassergefährdender Flüssigkeiten in einfachen Fällen,
Pumpzentralen für Tankanlagen in Ortbetonbauweise,
einstufige Leichtflüssigkeitsabscheider, soweit nicht in Honorarzone II erwähnt, Leerrohrnetze mit wenigen Verknüpfungen;
Zwischenlager, Sammelstellen und Umladestationen für Abfälle oder Wertstoffe, soweit nicht in Honorarzone I oder II erwähnt,
Aufbereitungsanlagen für Wertstoffe, soweit nicht in Honorarzone II oder IV erwähnt,
Bauschuttaufbereitungsanlagen, soweit nicht in Honorarzone II erwähnt,
Biomüll-Kompostierungsanlagen,
Pflanzenabfall-Kompostierungsanlagen, soweit nicht in Honorarzone II erwähnt, Bauschuttdeponien, soweit nicht in Honorarzone II erwähnt,
Hausmüll- und Monodeponien, soweit nicht in Honorarzone IV erwähnt,
Abdichtung von Altablagerungen und kontaminierten Standorten, soweit nicht in Honorarzone IV erwähnt,
Einfeldbrücken, soweit nicht in Honorarzone II oder IV erwähnt,
einfache Mehrfeld- und Bogenbrücken, Stützbauwerke mit Verankerungen, Kaimauern und Piers, soweit nicht in Honorarzone II oder IV erwähnt,
Schlitz- und Bohrpfahlwände, Trägerbohlwände, schwierige Uferspundwände und Ufermauern,
Lärmschutzanlagen, soweit nicht in Honorarzone II oder IV erwähnt und soweit Leistungen nach Teil 4 Abschnitt 1 oder Punkt 1.4. erforderlich sind,
einfache Tunnel- und Trogbauwerke,
Schornsteine mittlerer Schwierigkeit, Maste und Türme mit Aufbauten, einfache Kühltürme,
Versorgungsbauwerke mit zugehörigen Schächten für Versorgungssysteme unter beengten Verhältnissen,
einzeln stehende Silos mit einfachen Anbauten,
Werft-, Aufschlepp- und Helgenanlagen, soweit nicht in Honorarzone II oder IV erwähnt,
einfache Docks,
einfache, selbständige Tiefgaragen,

einfache Schacht- und Kavernenbauwerke, einfache Stollenbauten, schwierige Bauwerke für Heizungsanlagen in Ortbetonbauweise, einfache Untergrundbahnhöfe;

3.4.4. Honorarzone IV:

Brunnengalerien und Horizontalbrunnen, Speicherbehälter in Turmbauweise, Wasseraufbereitungsanlagen mit physikalischen und chemischen Verfahren, einfache Grundwasserdekontaminierungsanlagen,
Leitungsnetze für Wasser mit zahlreichen Verknüpfungen und zahlreichen Zwangspunkten;
Abwasserbehandlungsanlagen, soweit nicht in Honorarzone II, III oder V erwähnt,
Schlammbehandlungsanlagen; Leitungsnetze für Abwasser mit zahlreichen Zwangspunkten,
schwierige Pump- und Schöpfwerke,
Druckerhöhungsanlagen, Wasserkraftanlagen, bewegliche Wehre, soweit nicht in Honorarzone III erwähnt,
mehrfunktionale Düker, Einzelgewässer mit ungleichförmigem gegliedertem Querschnitt und vielen Zwangspunkten, Gewässersysteme mit vielen Zwangspunkten, besonders schwieriger Gewässerausbau mit sehr hohen technischen Anforderungen und ökologischen Ausgleichsmaßnahmen,
Hochwasserrückhaltebecken und Talsperren mit mehr als 100.000 m^3 und weniger als 5.000.000 m^3 Speicherraum,
Schiffsanlege-, -lösch- und -ladestellen bei Tide- oder Hochwasserbeeinflussung, Schiffsschleusen, Häfen bei Tide- und Hochwasserbeeinflussung,
besonders schwierige Deich- und Dammbauten,
Sperrwerke, soweit nicht in Honorarzone III erwähnt,
Regenbecken und Kanalstauräume mit zahlreichen Verknüpfungen und zahlreichen Zwangspunkten,
kombinierte Regenwasserbewirtschaftungsanlagen,
Beregnung und Rohrdränung bei ungleichmäßigen Boden- und schwierigen Geländeverhältnissen,
Transportleitungen für wassergefährdende Flüssigkeiten und Gase mit zahlreichen Verknüpfungen und zahlreichen Zwangspunkten,
mehrstufige Leichtflüssigkeitsabscheider; Leerrohrnetze mit zahlreichen Verknüpfungen,
mehrstufige Aufbereitungsanlagen für Wertstoffe, Kompostwerke, Anlagen zur Konditionierung von Sonderabfällen, Hausmülldeponien und Monodeponien mit schwierigen technischen Anforderungen, Sonderabfalldeponien, Anlagen für Untertagedeponien, Behälterdeponien, Abdichtung von Altablagerungen und kontaminierten Standorten mit schwierigen technischen Anforderungen, Anlagen zur Behandlung kontaminierter Böden,
schwierige Einfeld-, Mehrfeld- und Bogenbrücken,
schwierige Kaimauern und Piers,
Lärmschutzanlagen in schwieriger städtebaulicher Situation, soweit Leistun-

gen nach Teil 4 Abschnitt 1 oder Punkt 1.4. erforderlich sind,
schwierige Tunnel- und Trogbauwerke,
schwierige Schornsteine,
Maste und Türme mit Aufbauten und Betriebsgeschoss,
Kühltürme, soweit nicht in Honorarzone III oder V erwähnt,
Versorgungskanäle mit zugehörigen Schächten in schwierigen Fällen für mehrere Medien, Silos mit zusammengefügten Zellenblöcken und Anbauten,
schwierige Werft-, Aufschlepp- und Helgenanlagen, schwierige Docks,
selbständige Tiefgaragen, soweit nicht in Honorarzone III erwähnt,
schwierige Schacht- und Kavernenbauwerke, schwierige Stollenbauten,
schwierige Untergrundbahnhöfe, soweit nicht in Honorarzone V erwähnt;

3.4.5. Honorarzone V:
Bauwerke und Anlagen mehrstufiger oder kombinierter Verfahren der Wasseraufbereitung; komplexe Grundwasserdekontaminierungsanlagen,
schwierige Abwasserbehandlungsanlagen, Bauwerke und Anlagen für mehrstufige oder kombinierte Verfahren der Schlammbehandlung,
schwierige Wasserkraftanlagen, z.B. Pumpspeicherwerke oder Kavernenkraftwerke, Schiffshebewerke,
Hochwasserrückhaltebecken und Talsperren mit mehr als 5.000.000 m^3 Speicherraum,
Verbrennungsanlagen, Pyrolyseanlagen,
besonders schwierige Brücken, besonders schwierige Tunnel- und Trogbauwerke,
besonders schwierige Schornsteine,
Maste und Türme mit Aufbauten, Betriebsgeschoss und Publikumseinrichtungen, schwierige Kühltürme, besonders schwierige Schacht- und Kavernenbauwerke, Untergrund-Kreuzungsbahnhöfe, Offshore Anlagen.

3.5. Verkehrsanlagen
Nachstehende Verkehrsanlagen werden in der Regel folgenden Honorarzonen zugeordnet:

3.5.1. Honorarzone I:
Wege im ebenen oder wenig bewegten Gelände mit einfachen Entwässerungsverhältnissen, ausgenommen Wege ohne Eignung für den regelmäßigen Fahrverkehr mit einfachen Entwässerungsverhältnissen sowie andere Wege und befestigte Flächen, die als Gestaltungselement der Freianlage geplant werden und für die Leistungen nach Teil 3 Abschnitt 3 nicht erforderlich sind, einfache Verkehrsflächen, Parkplätze in Außenbereichen;
Gleis- und Bahnsteiganlagen ohne Weichen und Kreuzungen, soweit nicht in den Honorarzonen II bis V erwähnt;

3.5.2. Honorarzone II:
Wege im bewegten Gelände mit einfachen Baugrund- und Entwässerungsverhältnissen, ausgenommen Wege ohne Eignung für den regelmäßigen Fahrverkehr und mit einfachen Entwässerungsverhältnissen sowie andere Wege und

befestigte Flächen, die als Gestaltungselement der Freianlage geplant werden und für die Leistungen nach Teil 3 Abschnitt 3 nicht erforderlich sind, außerörtliche Straßen ohne besondere Zwangspunkte oder im wenig bewegten Gelände,
Tankstellen- und Rastanlagen einfacher Art,
Anlieger- und Sammelstraßen in Neubaugebieten, innerörtliche Parkplätze, einfache höhengleiche Knotenpunkte,
Gleisanlagen der freien Strecke ohne besondere Zwangspunkte, Gleisanlagen der freien Strecke im wenig bewegten Gelände, Gleis- und Bahnsteiganlagen der Bahnhöfe mit einfachen Spurplänen,
einfache Verkehrsflächen für Landeplätze, Segelfluggelände;

3.5.3. Honorarzone III:
Wege im bewegten Gelände mit schwierigen Baugrund- und Entwässerungsverhältnissen,
außerörtliche Straßen mit besonderen Zwangspunkten oder im bewegten Gelände,
schwierige Tankstellen- und Rastanlagen,
innerörtliche Straßen und Plätze, soweit nicht in Honorarzone II, IV oder V erwähnt,
verkehrsberuhigte Bereiche, ausgenommen Oberflächengestaltungen und Pflanzungen für Fußgängerbereiche nach Punkt 3.2.4,
schwierige höhengleiche Knotenpunkte, einfache höhenungleiche Knotenpunkte, Verkehrsflächen für Güterumschlag Straße/Straße,
innerörtliche Gleisanlagen, soweit nicht in Honorarzone IV erwähnt,
Gleisanlagen der freien Strecke mit besonderen Zwangspunkten,
Gleisanlagen der freien Strecke im bewegten Gelände,
Gleis- und Bahnsteiganlagen der Bahnhöfe mit schwierigen Spurplänen,
schwierige Verkehrsflächen für Landeplätze, einfache Verkehrsflächen für Flughäfen;

3.5.4. Honorarzone IV:
außerörtliche Straßen mit einer Vielzahl besonderer Zwangspunkte oder im stark bewegten Gelände, soweit nicht in Honorarzone V erwähnt,
innerörtliche Straßen und Plätze mit hohen verkehrstechnischen Anforderungen oder in schwieriger städtebaulicher Situation, sowie vergleichbare verkehrsberuhigte Bereiche, ausgenommen Oberflächengestaltungen und Pflanzungen für Fußgängerbereiche nach Punkt 3.2.4,
sehr schwierige höhengleiche Knotenpunkte,
schwierige höhenungleiche Knotenpunkte,
Verkehrsflächen für Güterumschlag im kombinierten Ladeverkehr,
schwierige innerörtliche Gleisanlagen, Gleisanlagen der freien Strecke mit einer Vielzahl besonderer Zwangspunkte, Gleisanlagen der freien Strecke im stark bewegten Gelände; Gleis- und Bahnsteiganlagen der Bahnhöfe mit sehr schwierigen Spurplänen,
schwierige Verkehrsflächen für Flughäfen;

3.5.5. Honorarzone V:
schwierige Gebirgsstraßen, schwierige innerörtliche Straßen und Plätze mit sehr hohen verkehrstechnischen Anforderungen oder in sehr schwieriger städtebaulicher Situation,
sehr schwierige höhenungleiche Knotenpunkte,
sehr schwierige innerörtliche Gleisanlagen.

3.6. Anlagen der Technischen Ausrüstung
Nachstehende Anlagen werden in der Regel folgenden Honorarzonen zugeordnet:

3.6.1. Honorarzone I:
Gas-, Wasser-, Abwasser- und sanitärtechnische Anlagen mit kurzen einfachen Rohrnetzen,
Heizungsanlagen mit direktbefeuerten Einzelgeräten und einfache Gebäudeheizungsanlagen ohne besondere Anforderungen an die Regelung, Lüftungsanlagen einfacher Art,
einfache Niederspannungs- und Fernmeldeinstallationen,
Abwurfanlagen für Abfall oder Wäsche, einfache Einzelaufzüge, Regalanlagen, soweit nicht in Honorarzone II oder III erwähnt,
chemische Reinigungsanlagen,
medizinische und labortechnische Anlagen der Elektromedizin, Dentalmedizin, Medizinmechanik und Feinmechanik/Optik jeweils für Arztpraxen der Allgemeinmedizin;

3.6.2. Honorarzone II:
Gas-, Wasser-, Abwasser- und sanitärtechnische Anlagen mit umfangreichen verzweigten Rohrnetzen, Hebeanlagen und Druckerhöhungsanlagen, manuelle Feuerlösch- und Brandschutzanlagen,
Gebäudeheizungsanlagen mit besonderen Anforderungen an die Regelung, Fernheiz- und Kältenetze mit Übergabestationen, Lüftungsanlagen mit Anforderungen an Geräuschstärke, Zugfreiheit oder mit zusätzlicher Luftaufbereitung (außer geregelter Luftkühlung),
Kompaktstationen, Niederspannungsleitungs- und Verteilungsanlagen, soweit nicht in Honorarzone I oder III erwähnt, kleine Fernmeldeanlagen und -netze, zum Beispiel kleine Wählanlagen nach Telekommunikationsordnung, Beleuchtungsanlagen nach der Wirkungsgrad-Berechnungsmethode, Blitzschutzanlagen,
Hebebühnen, flurgesteuerte Krananlagen, Verfahr-, Einschub- und Umlaufregelanlagen, Fahrtreppen und Fahrsteige, Förderanlagen mit bis zu zwei Sende- und Empfangsstellen, schwierige Einzelaufzüge, einfache Aufzugsgruppen ohne besondere Anforderungen, technische Anlagen für Mittelbühnen,
Küchen und Wäschereien mittlerer Größe,
medizinische und labortechnische Anlagen der Elektromedizin, Dentalmedizin, Medizinmechanik und Feinmechanik/Optik sowie Röntgen- und Nuklearanlagen mit kleinen Strahlendosen jeweils für Facharzt- oder Gruppenpra-

xen, Sanatorien, Altersheime und einfache Krankenhausfachabteilungen, Laboreinrichtungen, zum Beispiel für Schulen und Fotolabors;

3.6.3. Honorarzone III:
Gaserzeugungsanlagen und Gasdruckreglerstationen einschließlich zugehöriger Rohrnetze, Anlagen zur Reinigung, Entgiftung und Neutralisation von Abwasser, Anlagen zur biologischen, chemischen und physikalischen Behandlung von Wasser; Wasser-, Abwasser- und sanitärtechnische Anlagen mit überdurchschnittlichen hygienischen Anforderungen; automatische Feuerlösch- und Brandschutzanlagen,
Dampfanlagen, Heißwasseranlagen, schwierige Heizungssysteme neuer Technologien, Wärmepumpanlagen, Zentralen für Fernwärme und Fernkälte, Kühlanlagen, Lüftungsanlagen mit geregelter Luftkühlung und Klimaanlagen einschließlich der zugehörigen Kälteerzeugungsanlagen,
Hoch- und Mittelspannungsanlagen, Niederspannungsschaltanlagen, Eigenstromerzeugungs- und Umformeranlagen, Niederspannungsleitungs- und Verteilungsanlagen mit Kurzschlussberechnungen, Beleuchtungsanlagen nach der Punkt-für-Punkt-Berechnungsmethode, große Fernmeldeanlagen und -netze,
Aufzugsgruppen mit besonderen Anforderungen, gesteuerte Förderanlagen mit mehr als zwei Sende- und Empfangsstellen, Regalbediengeräte mit zugehörigen Regalanlagen, zentrale Entsorgungsanlagen für Wäsche, Abfall oder Staub, technische Anlagen für Großbühnen, höhenverstellbare Zwischenböden und Wellenerzeugungsanlagen in Schwimmbecken, automatisch betriebene Sonnenschutzanlagen,
Großküchen und Großwäschereien,
medizinische und labortechnische Anlagen für große Krankenhäuser mit ausgeprägten Untersuchungs- und Behandlungsräumen sowie für Kliniken und Institute mit Lehr- und Forschungsaufgaben, Klimakammern und Anlagen für Klimakammern, Sondertemperaturräume und Reinräume, Vakuumanlagen, Medienver- und -entsorgungsanlagen, chemische und physikalische Einrichtungen für Großbetriebe, Forschung und Entwicklung, Fertigung, Klinik und Lehre.

Anlage 4
(zu § 18 Absatz 1)

Leistungen im Leistungsbild Flächennutzungsplan

Leistungsphase 1: Klären der Aufgabenstellung und Ermitteln des Leistungsumfangs

a) Zusammenstellen einer Übersicht der vorgegebenen bestehenden und laufenden örtlichen und überörtlichen Planungen und Untersuchungen einschließlich solcher benachbarter Gemeinden,
b) Zusammenstellen der verfügbaren Kartenunterlagen und Daten nach Umfang und Qualität,
c) Festlegen ergänzender Fachleistungen und Formulieren von Entscheidungshilfen für die Auswahl anderer fachlich Beteiligter, soweit notwendig,
d) Werten des vorhandenen Grundlagenmaterials und der materiellen Ausstattung,
e) Ermitteln des Leistungsumfangs,
f) Ortsbesichtigungen;

Leistungsphase 2: Ermitteln der Planungsvorgaben

a) Bestandsaufnahme
   - Erfassen und Darlegen der Ziele der Raumordnung und Landesplanung, der beabsichtigten Planungen und Maßnahmen der Gemeinde und der Träger öffentlicher Belange,
   - Darstellen des Zustands unter Verwendung hierzu vorliegender Fachbeiträge, insbesondere im Hinblick auf Topographie, vorhandene Bebauung und ihre Nutzung, Verkehrs-, Ver- und Entsorgungsanlagen, Umweltverhältnisse, wasserwirtschaftliche Verhältnisse, Lagerstätten, Bevölkerung, gewerbliche Wirtschaft, land- und forstwirtschaftliche Struktur,
   - Darstellen von Flächen, deren Böden erheblich mit umweltgefährdenden Stoffen belastet sind, soweit Angaben hierzu vorliegen,
   - kleinere Ergänzungen vorhandener Karten nach örtlichen Feststellungen unter Berücksichtigung aller Gegebenheiten, die auf die Planung von Einfluss sind,
   - Beschreiben des Zustands mit statistischen Angaben im Text, in Zahlen sowie in zeichnerischen oder grafischen Darstellungen, die den letzten Stand der Entwicklung zeigen,
   - Örtlichen Erhebungen,
   - Erfassen von vorliegenden Äußerungen der Einwohner,
b) Analyse des in der Bestandsaufnahme ermittelten und beschriebenen Zustands,
c) Zusammenstellen und Gewichten der vorliegenden Fachprognosen über die voraussichtliche Entwicklung der Bevölkerung, der sozialen und kulturellen Einrichtungen, der gewerblichen Wirtschaft, der Land- und Forstwirtschaft, des Verkehrs, der Ver- und Entsorgung und des Umweltschutzes

in Abstimmung mit dem Auftraggeber sowie unter Berücksichtigung von Auswirkungen übergeordneter Planungen,

d) Mitwirken beim Aufstellen von Zielen und Zwecken der Planung;

Leistungsphase 3: Vorentwurf

- grundsätzliche Lösung der wesentlichen Teile der Aufgabe in zeichnerischer Darstellung mit textlichen Erläuterungen zur Begründung der städtebaulichen Konzeption unter Darstellung von sich wesentlich unterscheidenden Lösungen nach gleichen Anforderungen,
- Darlegen der Auswirkungen der Planung,
- Berücksichtigen von Fachplanungen,
- Mitwirken an der Beteiligung der Behörden und Stellen, die Träger öffentlicher Belange sind und von der Planung berührt werden können,
- Mitwirken an der Abstimmung mit den Nachbargemeinden,
- Mitwirken an der frühzeitigen Beteiligung der Bürgerinnen und Bürger einschließlich Erörterung der Planung,
- Mitwirken bei der Auswahl einer sich wesentlich unterscheidenden Lösung zur weiteren Bearbeitung als Entwurfsgrundlage,
- Abstimmen des Vorentwurfs mit dem Auftraggeber;

Leistungsphase 4: Entwurf

- Entwurf des Flächennutzungsplans für die öffentliche Auslegung in der vorgeschriebenen Fassung mit Erläuterungsbericht,
- Mitwirken bei der Abfassung der Stellungnahme der Gemeinde zu Bedenken und Anregungen,
- Abstimmen des Entwurfs mit dem Auftraggeber;

Leistungsphase 5: Genehmigungsfähige Planfassung
Erstellen des Flächennutzungsplans in der durch Beschluss der Gemeinde aufgestellten Fassung für die Vorlage zur Genehmigung durch die höhere Verwaltungsbehörde in einer farbigen oder vervielfältigungsfähigen Schwarz-Weiß-Ausfertigung nach den Landesregelungen.

Anlage 5
(zu § 19 Absatz 1)

Leistungen im Leistungsbild Bebauungsplan

Leistungsphase 1: Klären der Aufgabenstellung und Ermitteln des Leistungsumfangs

a) Festlegen des räumlichen Geltungsbereichs und Zusammenstellen einer Übersicht der vorgegebenen bestehenden und laufenden örtlichen und überörtlichen Planungen und Untersuchungen,
b) Ermitteln des nach dem Baugesetzbuch erforderlichen Leistungsumfangs,
c) Festlegen ergänzender Fachleistungen und Formulieren von Entscheidungshilfen für die Auswahl anderer an der Planung fachlich Beteiligter, soweit notwendig,
d) Überprüfen, inwieweit der Bebauungsplan aus einem Flächennutzungsplan entwickelt werden kann,
e) Ortsbesichtigungen;

Leistungsphase 2: Ermitteln der Planungsvorgaben

a) Bestandsaufnahme
   - Ermitteln des Planungsbestands, wie die bestehenden Planungen und Maßnahmen der Gemeinde und der Stellen, die Träger öffentlicher Belange sind,
   - Ermitteln des Zustands des Planbereichs, wie Topographie, vorhandene Bebauung und Nutzung, Freiflächen und Nutzung einschließlich Bepflanzungen, Verkehrs-, Ver- und Entsorgungsanlagen, Umweltverhältnisse, Baugrund, wasserwirtschaftliche Verhältnisse, Denkmalschutz und Milieuwerte, Naturschutz, Baustrukturen, Gewässerflächen, Eigentümer, durch: Begehungen, zeichnerische Darstellungen, Beschreibungen unter Verwendung von Beiträgen anderer an der Planung fachlich Beteiligter; die Ermittlungen sollen sich auf die Bestandsaufnahme gemäß Flächennutzungsplan und deren Fortschreibung und Ergänzung stützen beziehungsweise darauf aufbauen,
   - Darstellen von Flächen, deren Böden erheblich mit umweltgefährdenden Stoffen belastet sind, soweit Angaben hierzu vorliegen,
   - Örtlicher Erhebungen,
   - Erfassen von vorliegenden Äußerungen der Einwohner,
b) Analyse des in der Bestandsaufnahme ermittelten und beschriebenen Zustands,
c) Prognose der voraussichtlichen Entwicklung, insbesondere unter Berücksichtigung von Auswirkungen übergeordneter Planungen unter Verwendung von Beiträgen anderer an der Planung fachlich Beteiligter,
d) Mitwirken beim Aufstellen von Zielen und Zwecken der Planung;

Leistungsphase 3: Vorentwurf

- Grundsätzliche Lösung der wesentlichen Teile der Aufgabe in zeichnerischer Darstellung mit textlichen Erläuterungen zur Begründung der städtebaulichen Konzeption unter Darstellung von sich wesentlich unterscheidenden Lösungen nach gleichen Anforderungen,
- Darlegen der wesentlichen Auswirkungen der Planung,
- Berücksichtigen von Fachplanungen,
- Mitwirken an der Beteiligung der Behörden und Stellen, die Träger öffentlicher Belange sind und von der Planung berührt werden können,
- Mitwirken an der Abstimmung mit den Nachbargemeinden,
- Mitwirken an der frühzeitigen Beteiligung der Bürgerinnen und Bürger einschließlich Erörterung der Planung,
- Überschlägige Kostenschätzung,
- Abstimmen des Vorentwurfs mit dem Auftraggeber und den Gremien der Gemeinde;

Leistungsphase 4: Entwurf

- Entwurf des Bebauungsplans für die öffentliche Auslegung in der vorgeschriebenen Fassung mit Begründung,
- Mitwirken bei der überschlägigen Ermittlung der Kosten und, soweit erforderlich, Hinweise auf bodenordnende und sonstige Maßnahmen, für die der Bebauungsplan die Grundlage bilden soll,
- Mitwirken bei der Abfassung der Stellungnahme der Gemeinde zu Bedenken und Anregungen,
- Abstimmen des Entwurfs mit dem Auftraggeber,

Leistungsphase 5: Planfassung für die Anzeige oder Genehmigung

Erstellen des Bebauungsplans in der durch Beschluss der Gemeinde aufgestellten Fassung und seiner Begründung für die Anzeige oder Genehmigung in einer farbigen oder vervielfältigungsfähigen Schwarz-Weiß-Ausfertigung nach den Landesregelungen.

Anlage 6
(zu § 23 Absatz 1)

Leistungen im Leistungsbild Landschaftsplan

Leistungsphase 1: Klären der Aufgabenstellung und Ermitteln des Leistungsumfangs

a) Zusammenstellen einer Übersicht der vorgegebenen bestehenden und laufenden örtlichen und überörtlichen Planungen und Untersuchungen,
b) Abgrenzung des Planungsgebiets,
c) Zusammenstellen der verfügbaren Kartenunterlagen und Daten nach Umfang und Qualität,
d) Werten des vorhandenen Grundlagenmaterials,
e) Ermitteln des Leistungsumfangs und der Schwierigkeitsmerkmale,
f) Festlegen ergänzender Fachleistungen, soweit notwendig,
g) Ortsbesichtigungen;

Leistungsphase 2: Ermitteln der Planungsgrundlagen

a) Bestandsaufnahme einschließlich voraussehbarer Veränderungen von Natur und Landschaft Erfassen auf Grund vorhandener Unterlagen und örtlicher Erhebungen, insbesondere
   - der größeren naturräumlichen Zusammenhänge und siedlungsgeschichtlichen Entwicklungen,
   - des Naturhaushalts,
   - der landschaftsökologischen Einheiten,
   - des Landschaftsbildes,
   - der Schutzgebiete und geschützten Landschaftsbestandteile,
   - der Erholungsgebiete und -flächen, ihrer Erschließung sowie Bedarfssituation,
   - von Kultur-, Bau und Bodendenkmälern,
   - der Flächennutzung,
   - voraussichtlicher Änderungen auf Grund städtebaulicher Planungen, Fachplanungen und anderer Eingriffe in Natur und Landschaft,
   - Erfassen von vorliegenden Äußerungen der Einwohner;
b) Landschaftsbewertung nach den Zielen und Grundsätzen des Naturschutzes und der Landschaftspflege einschließlich der Erholungsvorsorge, Bewerten des Landschaftsbildes sowie der Leistungsfähigkeit des Zustands, der Faktoren und der Funktionen des Naturhaushalts, insbesondere hinsichtlich
   - der Empfindlichkeit,
   - besonderer Flächen- und Nutzungsfunktionen,
   - nachteiliger Nutzungsauswirkungen,
   - geplanter Eingriffe in Natur und Landschaft,

Feststellung von Nutzungs- und Zielkonflikten nach den Zielen und Grundsätzen von Naturschutz und Landschaftspflege,

c) Zusammenfassende Darstellung der Bestandsaufnahme und der Landschaftsbewertung in Erläuterungstext und Karten;

Leistungsphase 3: Vorläufige Planfassung (Vorentwurf)

Grundsätzliche Lösung der Aufgabe mit sich wesentlich unterscheidenden Lösungen nach gleichen Anforderungen und Erläuterungen in Text und Karte,

a) Darlegen der Entwicklungsziele des Naturschutzes und der Landschaftspflege, insbesondere in Bezug auf die Leistungsfähigkeit des Naturhaushalts, die Pflege natürlicher Ressourcen, das Landschaftsbild, die Erholungsvorsorge, den Biotop- und Artenschutz, den Boden-, Wasser- und Klimaschutz sowie Minimierung von Eingriffen (und deren Folgen) in Natur und Landschaft,
b) Darlegen der im einzelnen angestrebten Flächenfunktionen einschließlich notwendiger Nutzungsänderungen, insbesondere für
   - landschaftspflegerische Sanierungsgebiete,
   - Flächen für landschaftspflegerische Entwicklungsmaßnahmen,
   - Freiräume einschließlich Sport-, Spiel- und Erholungsflächen,
   - Vorrangflächen und -objekte des Naturschutzes und der Landschaftspflege, Flächen für Kultur-, Bau- und Bodendenkmäler für besonders schutzwürdige Biotope und Ökosysteme sowie für Erholungsvorsorge,
   - Flächen für landschaftspflegerische Maßnahmen in Verbindung mit sonstigen Nutzungen, Flächen für Ausgleichs- und Ersatzmaßnahmen in Bezug auf die oben genannten Eingriffe,
c) Vorschläge für Inhalte, die für die Übernahme in andere Planungen, insbesondere in die Bauleitplanung, geeignet sind,
d) Hinweise auf landschaftliche Folgeplanungen und -maßnahmen sowie kommunale Förderungsprogramme,
   Beteiligung an der Mitwirkung von Verbänden nach § 60 des Bundesnaturschutzgesetzes,
   Berücksichtigen von Fachplanungen,
   Mitwirken bei der Abstimmung des Vorentwurfs mit der für Naturschutz und Landschaftspflege zuständigen Behörde,
   Abstimmen des Vorentwurfs mit dem Auftraggeber;

Leistungsphase 4: Entwurf

Darstellen des Landschaftsplans in der vorgeschriebenen Fassung in Text und Karte mit Erläuterungsbericht.

Anlage 7
(zu § 24 Absatz 1)

Leistungen im Leistungsbild Grünordnungsplan

Leistungsphase 1: Klären der Aufgabenstellung und Ermitteln des Leistungsumfangs

a) Zusammenstellen einer Übersicht der vorgegebenen bestehenden und laufenden örtlichen und überörtlichen Planungen und Untersuchungen,
b) Abgrenzen des Planungsbereichs,
c) Zusammenstellen der verfügbaren Kartenunterlagen und Daten nach Umfang und Qualität,
d) Werten des vorhandenen Grundlagenmaterials,
e) Ermitteln des Leistungsumfangs und der Schwierigkeitsmerkmale,
f) Festlegen ergänzender Fachleistungen, soweit notwendig,
g) Ortsbesichtigungen;

Leistungsphase 2: Ermitteln der Planungsgrundlagen

a) Bestandsaufnahme einschließlich voraussichtlicher Änderungen
Erfassen auf Grund vorhandener Unterlagen eines Landschaftsplans und örtlicher Erhebungen, insbesondere
   - des Naturhaushalts als Wirkungsgefüge der Naturfaktoren,
   - der Vorgaben des Artenschutzes, des Bodenschutzes und des Orts- oder Landschaftsbildes,
   - der siedlungsgeschichtlichen Entwicklung,
   - der Schutzgebiete und geschützten Landschaftsbestandteile einschließlich der unter Denkmalschutz stehenden Objekte,
   - der Flächennutzung unter besonderer Berücksichtigung der Flächenversiegelung, Größe, Nutzungsarten oder Ausstattung, Verteilung, Vernetzung von Frei- und Grünflächen sowie der Erschließungsflächen für Freizeit- und Erholungsanlagen,
   - des Bedarfs an Erholungs- und Freizeiteinrichtungen sowie an sonstigen Grünflächen,
   - der voraussichtlichen Änderungen auf Grund städtebaulicher Planungen, Fachplanungen und anderer Eingriffe in Natur und Landschaft,
   - der Immissionen, Boden- und Gewässerbelastungen,
   - der Eigentümer,

Erfassen von vorliegenden Äußerungen der Einwohner,

b) Bewerten der Landschaft nach den Zielen und Grundsätzen des Naturschutzes und der Landschaftspflege einschließlich der Erholungsvorsorge, Bewerten des Landschaftsbildes sowie der Leistungsfähigkeit, des Zustands, der Faktoren und Funktionen des Naturhaushalts, insbesondere hinsichtlich
   - der Empfindlichkeit des jeweiligen Ökosystems für bestimmte Nutzungen, seiner Größe, der räumlichen Lage und der Einbindung in Grünflä-

chensysteme, der Beziehungen zum Außenraum sowie der Ausstattung und Beeinträchtigungen der Grün- und Freiflächen,
- nachteiliger Nutzungsauswirkungen,

c) Zusammenfassende Darstellung der Bestandsaufnahme und der Bewertung des Planungsbereichs in Erläuterungstext und Karten;

Leistungsphase 3: Vorläufige Planfassung (Vorentwurf)

Grundsätzliche Lösung der wesentlichen Teile der Aufgabe mit sich wesentlich unterscheidenden Lösungen nach gleichen Anforderungen in Text und Karten mit Begründung

a) Darlegen der Flächenfunktionen und räumlichen Strukturen nach ökologischen und gestalterischen Gesichtspunkten, insbesondere
   - Flächen mit Nutzungsbeschränkungen einschließlich notwendiger Nutzungsänderungen zur Erhaltung oder Verbesserung des Naturhaushalts oder des Landschafts- oder Ortsbildes,
   - landschaftspflegerische Sanierungsbereiche,
   - Flächen für landschaftspflegerische Entwicklungs- und Gestaltungsmaßnahmen,
   - Flächen für Ausgleichs- und Ersatzmaßnahmen,
   - Schutzgebiete und -objekte,
   - Freiräume,
   - Flächen für landschaftspflegerische Maßnahmen in Verbindung mit sonstigen Nutzungen,

b) Darlegen von Entwicklungs-, Schutz-, Gestaltungs- und Pflegemaßnahmen, insbesondere für
   - Grünflächen,
   - Anpflanzungen und Erhaltung von Grünbeständen,
   - Sport-, Spiel- und Erholungsflächen,
   - Fußwegesystem,
   - Gehölzanpflanzungen zur Einbindung baulicher Anlagen in die Umgebung
   - Ortseingänge und Siedlungsränder,
   - pflanzliche Einbindung von öffentlichen Straßen und Plätzen,
   - klimatisch wichtige Freiflächen,
   - Immissionsschutzmaßnahmen,
   - Festlegen von Pflegemaßnahmen aus Gründen des Naturschutzes und der Landschaftspflege,
   - Erhaltung und Verbesserung der natürlichen Selbstreinigungskraft von Gewässern,
   - Erhaltung und Pflege von naturnahen Vegetationsbeständen,
   - bodenschützende Maßnahmen – Schutz vor Schadstoffeintrag,
   - Vorschläge für Gehölzarten der potentiell natürlichen Vegetation, für Leitarten bei Bepflanzungen, für Befestigungsarten bei Wohnstraßen, Gehwegen, Plätzen, Parkplätzen, für Versickerungsfreiflächen,
   - Festlegen der zeitlichen Folge von Maßnahmen,

- Kostenschätzung für durchzuführende Maßnahmen,

c) Hinweise auf weitere Aufgaben von Naturschutz und Landschaftspflege
   Vorschläge für Inhalte, die für die Übernahme in andere Planungen, insbesondere in die Bauleitplanung, geeignet sind,
   Beteiligung an der Mitwirkung von Verbänden nach § 60 des Bundesnaturschutzgesetzes,
   Berücksichtigen von Fachplanungen,
   Mitwirken an der Abstimmung des Vorentwurfs mit der für Naturschutz und Landschaftspflege zuständigen Behörde,
   Abstimmen des Vorentwurfs mit dem Auftraggeber;

Leistungsphase 4: Endgültige Planfassung (Entwurf)

Darstellen des Grünordnungsplans in der vorgeschriebenen Fassung in Text und Karte mit Begründung.

Anlage 8
(zu § 25 Absatz 1)

Leistungen im Leistungsbild Landschaftsrahmenplan

Leistungsphase 1: Landschaftsanalyse

Erfassen und Darstellen in Text und Karten der

a) natürlichen Grundlagen,
b) Landschaftsgliederung
   - Naturräume
   - Ökologische Raumeinheiten,
c) Flächennutzung,
d) geschützten Flächen und Einzelbestandteile der Natur;

Leistungsphase 2: Landschaftsdiagnose

Bewerten der ökologischen Raumeinheiten und Darstellen in Text und Karten hinsichtlich

a) Naturhaushalt,
b) Landschaftsbild
   - naturbedingt
   - anthropogen,
c) Nutzungsauswirkungen, insbesondere Schäden an Naturhaushalt und Landschaftsbild,
d) Empfindlichkeit der Ökosysteme oder einzelner Landschaftsfaktoren,
e) Zielkonflikten zwischen Belangen des Naturschutzes und der Landschaftspflege einerseits und raumbeanspruchenden Vorhaben andererseits;

Leistungsphase 3: Entwurf

Darstellung der Erfordernisse und Maßnahmen zur Verwirklichung der Ziele des Naturschutzes und der Landschaftspflege in Text und Karten mit Begründung

a) Ziele der Landschaftsentwicklung nach Maßgabe der Empfindlichkeit des Naturhaushalts
   - Bereiche ohne Nutzung oder mit naturnaher Nutzung,
   - Bereiche mit extensiver Nutzung,
   - Bereiche mit intensiver landwirtschaftlicher Nutzung,
   - Bereiche städtisch industrieller Nutzung,
b) Ziele des Arten- und Biotopschutzes,
c) Ziele zum Schutz und zur Pflege abiotischer Landschaftsgebiete,
d) Sicherung und Pflege von Schutzgebieten und Einzelbestandteilen von Natur und Landschaft,
e) Pflege-, Gestaltungs- und Entwicklungsmaßnahmen zur
   - Sicherung überörtlicher Grünzüge,
   - Grünordnung im Siedlungsbereich,

- Landschaftspflege einschließlich des Arten- und Biotopschutzes sowie des Wasser-, Boden- und Klimaschutzes,
- Sanierung von Landschaftsschäden,

f) Grundsätze einer landschaftsschonenden Landnutzung,
g) Leitlinien für die Erholung in der freien Natur,
h) Gebiete, für die detaillierte landschaftliche Planungen erforderlich sind:
   - Landschaftspläne,
   - Grünordnungspläne,
   - Landschaftspflegerische Begleitpläne,

Abstimmung des Entwurfs mit dem Auftraggeber;

Leistungsphase 4: Endgültige Planfassung

Darstellen des Landschaftsrahmenplans in der vorgeschriebenen Fassung in Text und Karte mit Erläuterungsbericht nach erfolgter Abstimmung des Entwurfs mit dem Auftraggeber gemäß Leitungsphase 3.

Anlage 9
(zu § 26 Absatz 1)

Leistungen im Leistungsbild Landschaftspflegerischer Begleitplan

Leistungsphase 1: Klären der Aufgabenstellung und Ermitteln des Leistungsumfangs

a) Abgrenzen des Planungsbereichs,
b) Zusammenstellen der verfügbaren planungsrelevanten Unterlagen, insbesondere
   – örtliche und überörtliche Planungen und Untersuchungen,
   – thematische Karten, Luftbilder und sonstige Daten,
c) Ermitteln des Leistungsumfangs und ergänzender Fachleistungen,
d) Aufstellen eines verbindlichen Arbeitspapiers,
e) Ortsbesichtigungen;

Leistungsphase 2: Ermitteln und Bewerten der Planungsgrundlagen

a) Bestandsaufnahme
   Erfassen auf Grund vorhandener Unterlagen und örtlicher Erhebungen
   – des Naturhaushalts in seinen Wirkungszusammenhängen, insbesondere durch Landschaftsfaktoren wie Relief, Geländegestalt, Gestein, Boden, oberirdische Gewässer, Grundwasser, Geländeklima sowie Tiere und Pflanzen und deren Lebensräume,
   – der Schutzgebiete, geschützten Landschaftsbestandteile und schützenswerten Lebensräume,
   – der vorhandenen Nutzungen und Vorhaben,
   – des Landschaftsbildes und der -struktur,
   – der kulturgeschichtlich bedeutsamen Objekte,
   Erfassen der Eigentumsverhältnisse auf Grund vorhandener Unterlagen,
b) Bestandsbewertung
   Bewerten der Leistungsfähigkeit und Empfindlichkeit des Naturhaushalts und des Landschaftsbildes nach den Zielen und Grundsätzen des Naturschutzes und der Landschaftspflege,
   Bewerten der vorhandenen Beeinträchtigungen von Natur und Landschaft (Vorbelastung),
c) Zusammenfassende Darstellung der Bestandsaufnahme und der -bewertung in Text und Karte;

Leistungsphase 3: Ermitteln und Bewerten des Eingriffs

a) Konfliktanalyse
   Ermitteln und Bewerten der durch das Vorhaben zu erwartenden Beeinträchtigungen des Naturhaushalts und des Landschaftsbildes nach Art, Umfang, Ort und zeitlichem Ablauf,

b) Konfliktminderung
   Erarbeiten von Lösungen zur Vermeidung oder Verminderung von Beeinträchtigungen des Naturhaushalts und des Landschaftsbildes in Abstimmung mit den an der Planung fachlich Beteiligten,
c) Ermitteln der unvermeidbaren Beeinträchtigungen,
d) Überprüfen der Abgrenzung des Untersuchungsbereichs,
e) Abstimmen mit dem Auftraggeber,
f) Zusammenfassende Darstellung der Ergebnisse von Konfliktanalyse und Konfliktminderung sowie der unvermeidbaren Beeinträchtigungen in Text und Karte;

Leistungsphase 4: Vorläufige Planfassung

Erarbeiten der grundsätzlichen Lösung der wesentlichen Teile der Aufgabe in Text und Karte mit Alternativen

a) Darstellen und Begründen von Maßnahmen des Naturschutzes und der Landschaftspflege nach Art, Umfang, Lage und zeitlicher Abfolge einschließlich Biotopentwicklungs- und Pflegemaßnahmen, insbesondere Ausgleichs-, Ersatz-, Gestaltungs- und Schutzmaßnahmen sowie Maßnahmen nach § 3 Absatz 2 des Bundesnaturschutzgesetzes,
b) Vergleichendes Gegenüberstellen von Beeinträchtigungen und Ausgleich einschließlich Darstellen verbleibender, nicht ausgleichbarer Beeinträchtigungen,
c) Kostenschätzung
   Abstimmen der vorläufigen Planfassung mit dem Auftraggeber und der für Naturschutz und Landschaftspflege zuständigen Behörde;

Leistungsphase 5: Endgültige Planfassung

Darstellen des landschaftspflegerischen Begleitplans in der vorgeschriebenen Fassung in Text und Karte.

Anlage 10
(zu § 27)

Leistungen im Leistungsbild Pflege- und Entwicklungsplan

Leistungsphase 1: Zusammenstellen der Ausgangsbedingungen

a) Abgrenzen des Planungsbereichs,
b) Zusammenstellen der verfügbaren planungsrelevanten Unterlagen, insbesondere
   - ökologische und wissenschaftliche Bedeutung des Planungsbereichs,
   - Schutzzweck,
   - Schutzverordnungen,
   - Eigentümer;

Leistungsphase 2: Ermitteln der Planungsgrundlagen

a) Erfassen und Beschreiben der natürlichen Grundlagen,
b) Ermitteln von Beeinträchtigungen des Planungsbereichs;

Leistungsphase 3: Konzept der Pflege- und Entwicklungsmaßnahmen

a) Erfassen und Darstellen von
   - Flächen, auf denen eine Nutzung weiter betrieben werden soll,
   - Flächen, auf denen regelmäßig Pflegemaßnahmen durchzuführen sind,
   - Maßnahmen zur Verbesserung der ökologischen Standortverhältnisse,
   - Maßnahmen zur Änderung der Biotopstruktur,
b) Vorschläge für
   - gezielte Maßnahmen zur Förderung bestimmter Tier- und Pflanzenarten,
   - Maßnahmen zur Lenkung des Besucherverkehrs,
   - Maßnahmen zur Änderung der rechtlichen Vorschriften,
   - die Durchführung der Pflege- und Entwicklungsmaßnahmen,
c) Hinweise für weitere wissenschaftliche Untersuchungen,
d) Kostenschätzung der Pflege- und Entwicklungsmaßnahmen,
e) Abstimmen der Konzepte mit dem Auftraggeber;

Leistungsphase 4: Endgültige Planfassung

Darstellen des Pflege- und Entwicklungsplans in der vorgeschriebenen Fassung in Text und Karte.

Anlage 11
(zu den §§ 33 und 38 Absatz 2)

Leistungen im Leistungsbild Gebäude und raumbildende Ausbauten sowie ...
Leistungsbild Freianlagen

Leistungsphase 1: Grundlagenermittlung

a) Klären der Aufgabenstellung,
b) Beraten zum gesamten Leistungsbedarf,
c) Formulieren von Entscheidungshilfen für die Auswahl anderer an der Planung fachlich Beteiligter,
d) Zusammenfassen der Ergebnisse;

Leistungsphase 2: Vorplanung (Projekt- und Planungsvorbereitung)

a) Analyse der Grundlagen,
b) Abstimmen der Zielvorstellungen (Randbedingungen, Zielkonflikte),
c) Aufstellen eines planungsbezogenen Zielkatalogs (Programmziele),
d) Erarbeiten eines Planungskonzepts einschließlich Untersuchung der alternativen Lösungsmöglichkeiten nach gleichen Anforderungen mit zeichnerischer Darstellung und Bewertung, zum Beispiel versuchsweise zeichnerische Darstellungen, Strichskizzen, gegebenenfalls mit erläuternden Angaben,
e) Integrieren der Leistungen anderer an der Planung fachlich Beteiligter,
f) Klären und Erläutern der wesentlichen städtebaulichen, gestalterischen, funktionalen, technischen, bauphysikalischen, wirtschaftlichen, energiewirtschaftlichen (zum Beispiel hinsichtlich rationeller Energieverwendung und der Verwendung erneuerbarer Energien) und landschaftsökologischen Zusammenhänge, Vorgänge und Bedingungen, sowie der Belastung und Empfindlichkeit der betroffenen Ökosysteme,
g) Vorverhandlungen mit Behörden und anderen an der Planung fachlich Beteiligten über die Genehmigungsfähigkeit,
h) bei Freianlagen: Erfassen, Bewerten und Erläutern der ökosystemaren Strukturen und Zusammenhänge, zum Beispiel Boden, Wasser, Klima, Luft, Pflanzen- und Tierwelt, sowie Darstellen der räumlichen und gestalterischen Konzeption mit erläuternden Angaben, insbesondere zur Geländegestaltung, Biotopverbesserung und -vernetzung, vorhandenen Vegetation, Neupflanzung, Flächenverteilung der Grün-, Verkehrs-, Wasser-, Spiel- und Sportflächen; ferner Klären der Randgestaltung und der Anbindung an die Umgebung,
i) Kostenschätzung nach DIN 276 oder nach dem wohnungsrechtlichen Berechnungsrecht,
j) Zusammenstellen aller Vorplanungsergebnisse;

Leistungsphase 3: Entwurfsplanung (System- und Integrationsplanung)

a) Durcharbeiten des Planungskonzepts (stufenweise Erarbeitung einer zeichnerischen Lösung) unter Berücksichtigung städtebaulicher, gestalterischer, funktionaler, technischer, bauphysikalischer, wirtschaftlicher, energiewirtschaftlicher (zum Beispiel hinsichtlich rationeller Energieverwendung und der Verwendung erneuerbarer Energie) und landschaftsökologischer Anforderungen unter Verwendung der Beiträge anderer an der Planung fachlich Beteiligter bis zum vollständigen Entwurf,
b) Integrieren der Leistungen anderer an der Planung fachlich Beteiligter,
c) Objektbeschreibung mit Erläuterung von Ausgleichs- und Ersatzmaßnahmen nach Maßgabe der naturschutzrechtlichen Eingriffsregelung,
d) Zeichnerische Darstellung des Gesamtentwurfs, zum Beispiel durchgearbeitete, vollständige Vorentwurfs- und/oder Entwurfszeichnungen (Maßstab nach Art und Größe des Bauvorhabens; bei Freianlagen: im Maßstab 1:500 bis 1:100, insbesondere mit Angaben zur Verbesserung der Biotopfunktion, zu Vermeidungs-, Schutz-, Pflege- und Entwicklungsmaßnahmen sowie zur differenzierten Bepflanzung; bei raumbildenden Ausbauten: im Maßstab 1:50 bis 1:20, insbesondere mit Einzelheiten der Wandabwicklungen, Farb-, Licht- und Materialgestaltung), gegebenenfalls auch Detailpläne mehrfach wiederkehrender Raumgruppen,
e) Verhandlungen mit Behörden und anderen an der Planung fachlich Beteiligten über die Genehmigungsfähigkeit,
f) Kostenberechnung nach DIN 276 oder nach dem wohnungsrechtlichen Berechnungsrecht,
g) Kostenkontrolle durch Vergleich der Kostenberechnung mit der Kostenschätzung,
h) Zusammenfassen aller Entwurfsunterlagen;

Leistungsphase 4: Genehmigungsplanung

a) Erarbeiten der Vorlagen für die nach den öffentlich-rechtlichen Vorschriften erforderlichen Genehmigungen oder Zustimmungen einschließlich der Anträge auf Ausnahmen und Befreiungen unter Verwendung der Beiträge anderer an der Planung fachlich Beteiligter sowie noch notwendiger Verhandlungen mit Behörden,
b) Einreichen dieser Unterlagen,
c) Vervollständigen und Anpassen der Planungsunterlagen, Beschreibungen und Berechnungen unter Verwendung der Beiträge anderer an der Planung fachlich Beteiligter,
d) **bei Freianlagen und raumbildenden Ausbauten:** Prüfen auf notwendige Genehmigungen, Einholen von Zustimmungen und Genehmigungen;

Leistungsphase 5: Ausführungsplanung

a) Durcharbeiten der Ergebnisse der Leistungsphase 3 und 4 (stufenweise Erarbeitung und Darstellung der Lösung) unter Berücksichtigung städtebaulicher, gestalterischer, funktionaler, technischer, bauphysikalischer, wirtschaftlicher, energiewirtschaftlicher (zum Beispiel hinsichtlich rationeller Energieverwendung und der Verwendung erneuerbarer Energien) und landschaftsökologischer Anforderungen unter Verwendung der Beiträge anderer an der Planung fachlich Beteiligter bis zur ausführungsreifen Lösung,

b) zeichnerische Darstellung des Objekts mit allen für die Ausführung notwendigen Einzelangaben, zum Beispiel endgültige, vollständige Ausführungs-, Detail- und Konstruktionszeichnungen im Maßstab 1:50 bis 1:1, bei Freianlagen je nach Art des Bauvorhabens im Maßstab 1:200 bis 1:50, insbesondere Bepflanzungspläne, mit den erforderlichen textlichen Ausführungen,
c) bei raumbildenden Ausbauten: Detaillierte Darstellung der Räume und Raumfolgen im Maßstab 1:25 bis 1:1, mit den erforderlichen textlichen Ausführungen; Materialbestimmung,
d) Erarbeiten der Grundlagen für die anderen an der Planung fachlich Beteiligten und Integrierung ihrer Beiträge bis zur ausführungsreifen Lösung,
e) Fortschreiben der Ausführungsplanung während der Objektausführung;

Leistungsphase 6: Vorbereitung der Vergabe

a) Ermitteln und Zusammenstellen von Mengen als Grundlage für das Aufstellen von Leistungsbeschreibungen unter Verwendung der Beiträge anderer an der Planung fachlich Beteiligter,
b) Aufstellen von Leistungsbeschreibungen mit Leistungsverzeichnissen nach Leistungsbereichen,
c) Abstimmen und Koordinieren der Leistungsbeschreibungen der an der Planung fachlich Beteiligten;

Leistungsphase 7: Mitwirkung bei der Vergabe

a) Zusammenstellen der Vergabe- und Vertragsunterlagen für alle Leistungsbereiche,
b) Einholen von Angeboten,
c) Prüfen und Werten der Angebote einschließlich Aufstellen eines Preisspiegels nach Teilleistungen unter Mitwirkung aller während der Leistungsphasen 6 und 7 fachlich Beteiligten,
d) Abstimmen und Zusammenstellen der Leistungen der fachlich Beteiligten, die an der Vergabe mitwirken,
e) Verhandlung mit Bietern,
f) Kostenanschlag nach DIN 276 aus Einheits- oder Pauschalpreisen der Angebote,
g) Kostenkontrolle durch Vergleich des Kostenanschlags mit der Kostenrechnung,
h) Mitwirken bei der Auftragserteilung;

Leistungsphase 8: Objektüberwachung (Bauüberwachung)

a) Überwachen der Ausführung des Objekts auf Übereinstimmung mit der Baugenehmigung oder Zustimmung, den Ausführungsplänen und den Leistungsbeschreibungen sowie mit den allgemein anerkannten Regeln der Technik und den einschlägigen Vorschriften,
b) Überwachen der Ausführung von Tragwerken nach § 50 Absatz 2 Nummer 1 und 2 auf Übereinstimmung mit dem Standsicherheitsnachweis,
c) Koordinieren der an der Objektüberwachung fachlich Beteiligten,
d) Überwachung und Detailkorrektur von Fertigteilen,
e) Aufstellen und Überwachen eines Zeitplanes (Balkendiagramm),
f) Führen eines Bautagebuches,
g) gemeinsames Aufmaß mit den bauausführenden Unternehmen,
h) Abnahme der Bauleistungen unter Mitwirkung anderer an der Planung und Objektüberwachung fachlich Beteiligter unter Feststellung von Mängeln,
i) Rechnungsprüfung,
j) Kostenfeststellung nach DIN 276 oder nach dem wohnungsrechtlichen Berechnungsrecht,
k) Antrag auf behördliche Abnahmen und Teilnahme daran,
l) Übergabe des Objekts einschließlich Zusammenstellung und Übergabe der erforderlichen Unterlagen, zum Beispiel Bedienungsanleitungen, Prüfprotokolle,
m) Auflisten der Verjährungsfristen für Mängelansprüche,
n) Überwachen der Beseitigung der bei der Abnahme der Bauleistungen festgestellten Mängel,
o) Kostenkontrolle durch Überprüfen der Leistungsabrechnung der bauausführenden Unternehmen im Vergleich zu den Vertragspreisen und dem Kostenanschlag;

Leistungsphase 9: Objektbetreuung und Dokumentation

a) Objektbegehung zur Mängelfeststellung vor Ablauf der Verjährungsfristen für Mängelansprüche gegenüber den bauausführenden Unternehmen,
b) Überwachen der Beseitigung von Mängeln, die innerhalb der Verjährungsfristen für Mängelansprüche, längstens jedoch bis zum Ablauf von vier Jahren seit Abnahme der Bauleistungen auftreten,
c) Mitwirken bei der Freigabe von Sicherheitsleistungen,
d) Systematische Zusammenstellung der zeichnerischen Darstellungen und rechnerischen Ergebnisse des Objekts.

Anlage 12
(zu § 42 Absatz 1 und § 46 Absatz 2)

Leistungen im Leistungsbild Ingenieurbauwerke und im Leistungsbild Verkehrsanlagen

Leistungsphase 1: Grundlagenermittlung

a) Klären der Aufgabenstellung,
b) Ermitteln der vorgegebenen Randbedingungen,
c) bei Objekten nach § 40 Nummer 6 und 7, die eine Tragwerksplanung erfordern: Klären der Aufgabenstellung auch auf dem Gebiet der Tragwerksplanung,
d) Ortsbesichtigung,
e) Zusammenstellen der die Aufgabe beeinflussenden Planungsabsichten,
f) Zusammenstellen und Werten von Unterlagen,
g) Erläutern von Planungsdaten,
h) Ermitteln des Leistungsumfangs und der erforderlichen Vorarbeiten, zum Beispiel Baugrunduntersuchungen, Vermessungsleistungen, Immissionsschutz,
i) Formulieren von Entscheidungshilfen für die Auswahl anderer an der Planung fachlich Beteiligter,
j) Zusammenfassen der Ergebnisse;

Leistungsphase 2: Vorplanung (Projekt- und Planungsvorbereitung)

a) Analyse der Grundlagen,
b) Abstimmen der Zielvorstellungen auf die Randbedingungen, die insbesondere durch Raumordnung, Landesplanung, Bauleitplanung, Rahmenplanung sowie örtliche und überörtliche Fachplanungen vorgegeben sind,
c) Untersuchungen von Lösungsmöglichkeiten mit ihren Einflüssen auf bauliche und konstruktive Gestaltung, Zweckmäßigkeit, Wirtschaftlichkeit unter Beachtung der Umweltverträglichkeit,
d) Beschaffen und Auswerten amtlicher Karten,
e) Erarbeiten eines Planungskonzepts einschließlich Untersuchung der alternativen Lösungsmöglichkeiten nach gleichen Anforderungen mit zeichnerischer Darstellung und Bewertung unter Einarbeitung der Beiträge anderer an der Planung fachlich Beteiligter,
bei Verkehrsanlagen: überschlägige verkehrstechnische Bemessung der Verkehrsanlage; Ermitteln der Schallimmissionen von der Verkehrsanlage an kritischen Stellen nach Tabellenwerten; Untersuchen der möglichen Schallschutzmaßnahmen, ausgenommen detaillierte schalltechnische Untersuchungen, insbesondere in komplexen Fällen,
f) Klären und Erläutern der wesentlichen fachspezifischen Zusammenhänge, Vorgänge und Bedingungen,

g) Vorverhandlungen mit Behörden und anderen an der Planung fachlich Beteiligten über die Genehmigungsfähigkeit, gegebenenfalls über die Bezuschussung und Kostenbeteiligung,
h) Mitwirken beim Erläutern des Planungskonzepts gegenüber Bürgerinnen und Bürgern und politischen Gremien,
i) Überarbeiten des Planungskonzepts nach Bedenken und Anregungen,
j) Bereitstellen von Unterlagen als Auszüge aus dem Vorentwurf zur Verwendung für ein Raumordnungsverfahren,
k) Kostenschätzung,
l) Zusammenstellen aller Vorplanungsergebnisse;

Leistungsphase 3: Entwurfsplanung (System- und Integrationsplanung)

a) Durcharbeiten des Planungskonzepts (stufenweise Erarbeitung einer zeichnerischen Lösung) unter Berücksichtigung aller fachspezifischen Anforderungen und unter Verwendung der Beiträge anderer an der Planung fachlich Beteiligter bis zum vollständigen Entwurf,
b) Erläuterungsbericht,
c) fachspezifische Berechnungen, ausgenommen Berechnungen des Tragwerks,
d) zeichnerische Darstellung des Gesamtentwurfs,
e) Finanzierungsplan, Bauzeiten- und Kostenplan, Ermitteln und Begründen der zuwendungsfähigen Kosten sowie Vorbereiten der Anträge auf Finanzierung, Mitwirken beim Erläutern des vorläufigen Entwurfs gegenüber Bürgerinnen und Bürgern und politischen Gremien, Überarbeiten des vorläufigen Entwurfs auf Grund von Bedenken und Anregungen,
f) Verhandlungen mit Behörden und anderen an der Planung fachlich Beteiligten über die Genehmigungsfähigkeit,
g) Kostenberechnung,
h) Kostenkontrolle durch Vergleich der Kostenberechnung mit Kostenschätzung,
i) bei Verkehrsanlagen: überschlägige Festlegung der Abmessungen von Ingenieurbauwerken; Zusammenfassen aller vorläufigen Entwurfsunterlagen; Weiterentwickeln des vorläufigen Entwurfs zum endgültigen Entwurf; Ermitteln der Schallimmissionen von der Verkehrsanlage nach Tabellenwerten; Festlegen der erforderlichen Schallschutzmaßnahmen an der Verkehrsanlage, gegebenenfalls unter Einarbeitung der Ergebnisse detaillierter schalltechnischer Untersuchungen und Feststellen der Notwendigkeit von Schallschutzmaßnahmen an betroffenen Gebäuden; rechnerische Festlegung der Anlage in den Haupt- und Kleinpunkten; Darlegen der Auswirkungen auf Zwangspunkte, Nachweis der Lichtraumprofile; überschlägiges Ermitteln der wesentlichen Bauphasen unter Berücksichtigung der Verkehrslenkung während der Bauzeit,
j) Zusammenfassen aller Entwurfsunterlagen;

Leistungsphase 4: Genehmigungsplanung

a) Erarbeiten der Unterlagen für die erforderlichen öffentlich-rechtlichen Verfahren einschließlich der Anträge auf Ausnahmen und Befreiungen, Aufstellen des Bauwerksverzeichnisses unter Verwendung der Beiträge anderer an der Planung fachlich Beteiligter,
b) Einreichen dieser Unterlagen,
c) Grunderwerbsplan und Grunderwerbsverzeichnis,
d) bei Verkehrsanlagen: Einarbeiten der Ergebnisse der schalltechnischen Untersuchungen,
e) Verhandlungen mit Behörden,
f) Vervollständigen und Anpassen der Planungsunterlagen, Beschreibungen und Berechnungen unter Verwendung der Beiträge anderer an der Planung fachlich Beteiligter,
g) Mitwirken beim Erläutern gegenüber Bürgerinnen und Bürgern,
h) Mitwirken im Planfeststellungsverfahren einschließlich der Teilnahme an Erörterungsterminen sowie Mitwirken bei der Abfassung der Stellungnahmen zu Bedenken und Anregungen;

Leistungsphase 5: Ausführungsplanung

a) Durcharbeiten der Ergebnisse der Leistungsphasen 3 und 4 (stufenweise Erarbeitung und Darstellung der Lösung) unter Berücksichtigung aller fachspezifischen Anforderungen und Verwendung der Beiträge anderer an der Planung fachlich Beteiligter bis zur ausführungsreifen Lösung,
b) zeichnerische und rechnerische Darstellung des Objekts mit allen für die Ausführung notwendigen Einzelangaben einschließlich Detailzeichnungen in den erforderlichen Maßstäben,
c) Erarbeiten der Grundlagen für die anderen an der Planung fachlich Beteiligten und Integrieren ihrer Beiträge bis zur ausführungsreifen Lösung,
d) Fortschreiben der Ausführungsplanung während der Objektausführung;

Leistungsphase 6: Vorbereitung der Vergabe

a) Mengenermittlung und Aufgliederung nach Einzelpositionen unter Verwendung der Beiträge anderer an der Planung fachlich Beteiligter,
b) Aufstellen der Verdingungsunterlagen, insbesondere Anfertigen der Leistungsbeschreibungen mit Leistungsverzeichnissen sowie der Besonderen Vertragsbedingungen,
c) Abstimmen und Koordinieren der Verdingungsunterlagen der an der Planung fachlich Beteiligten,
d) Festlegen der wesentlichen Ausführungsphasen;

Leistungsphase 7: Mitwirkung bei der Vergabe

a) Zusammenstellen der Vergabe- und Vertragsunterlagen für alle Leistungsbereiche,
b) Einholen von Angeboten,

c) Prüfen und Werten der Angebote einschließlich Aufstellen eines Preisspiegels,
d) Abstimmen und Zusammenstellen der Leistungen der fachlich Beteiligten, die an der Vergabe mitwirken,
e) Mitwirken bei Verhandlungen mit Bietern,
f) Fortschreiben der Kostenberechnung,
g) Kostenkontrolle durch Vergleich der fortgeschriebenen Kostenberechnung mit der Kostenberechnung,
h) Mitwirken bei der Auftragserteilung;

Leistungsphase 8: Bauoberleitung

a) Aufsicht über die örtliche Bauüberwachung, soweit die Bauoberleitung und die örtliche Bauüberwachung getrennt vergeben werden, Koordinierung der an der Objektüberwachung fachlich Beteiligten, insbesondere Prüfen auf Übereinstimmung und Freigeben von Plänen Dritter,
b) Aufstellen und Überwachen eines Zeitplans (Balkendiagramm),
c) Inverzugsetzen der ausführenden Unternehmen,
d) Abnahme von Leistungen und Lieferungen unter Mitwirkung der örtlichen Bauüberwachung und anderer an der Planung und Objektüberwachung fachlich Beteiligter unter Fertigung einer Niederschrift über das Ergebnis der Abnahme,
e) Antrag auf behördliche Abnahmen und Teilnahme daran,
f) Übergabe des Objekts einschließlich Zusammenstellung und Übergabe der erforderlichen Unterlagen, zum Beispiel Abnahmeniederschriften und Prüfungsprotokolle,
g) Zusammenstellen von Wartungsvorschriften für das Objekt,
h) Überwachen der Prüfungen der Funktionsfähigkeit der Anlagenteile und der Gesamtanlage,
i) Auflisten der Verjährungsfristen für Mängelansprüche,
j) Kostenfeststellung,
k) Kostenkontrolle durch Überprüfen der Leistungsabrechnung der bauausführenden Unternehmen im Vergleich zu den Vertragspreisen und der fortgeschriebenen Kostenberechnung;

Leistungsphase 9: Objektbetreuung und Dokumentation

a) Objektbegehung zur Mängelfeststellung vor Ablauf der Verjährungsfristen für Gewährleistungsansprüche gegenüber den ausführenden Unternehmen,
b) Überwachen der Beseitigung von Mängeln, die innerhalb der Verjährungsfristen der Mängelansprüche, längstens jedoch bis zum Ablauf von vier Jahren seit Abnahme der Leistungen auftreten,
c) Mitwirken bei der Freigabe von Sicherheitsleistungen,
d) systematische Zusammenstellung der zeichnerischen Darstellungen und rechnerischen Ergebnisse des Objekts.

Anlage 13
(zu § 49 Absatz 1)

Leistungen im Leistungsbild Tragwerksplanung

Leistungsphase 1: Grundlagenermittlung

Klären der Aufgabenstellung auf dem Fachgebiet Tragwerksplanung im Benehmen mit dem Objektplaner;

Leistungsphase 2: Vorplanung (Projekt- und Planungsvorbereitung)

a) Bei Ingenieurbauwerken nach § 40 Nummer 6 und 7: Übernahme der Ergebnisse aus Leistungsphase 1 der Anlage 12,
b) Beraten in statisch-konstruktiver Hinsicht unter Berücksichtigung der Belange der Standsicherheit, der Gebrauchsfähigkeit und der Wirtschaftlichkeit,
c) Mitwirken bei dem Erarbeiten eines Planungskonzepts einschließlich Untersuchung der Lösungsmöglichkeiten des Tragwerks unter gleichen Objektbedingungen mit skizzenhafter Darstellung, Klärung und Angabe der für das Tragwerk wesentlichen konstruktiven Festlegungen für zum Beispiel Baustoffe, Bauarten und Herstellungsverfahren, Konstruktionsraster und Gründungsart,
d) Mitwirken bei Vorverhandlungen mit Behörden und anderen an der Planung fachlich Beteiligten über die Genehmigungsfähigkeit,
e) Mitwirken bei der Kostenschätzung; bei Gebäuden und zugehörigen baulichen Anlagen nach DIN 276;

Leistungsphase 3: Entwurfsplanung (System- und Integrationsplanung)

a) Erarbeiten der Tragwerkslösung unter Beachtung der durch die Objektplanung integrierten Fachplanungen bis zum konstruktiven Entwurf mit zeichnerischer Darstellung,
b) Überschlägige statische Berechnung und Bemessung,
c) Grundlegende Festlegungen der konstruktiven Details und Hauptabmessungen des Tragwerks für zum Beispiel Gestaltung der tragenden Querschnitte, Aussparungen und Fugen; Ausbildung der Auflager- und Knotenpunkte sowie der Verbindungsmittel,
d) Mitwirken bei der Objektbeschreibung,
e) Mitwirken bei Verhandlungen mit Behörden und anderen an der Planung fachlich Beteiligten über die Genehmigungsfähigkeit,
f) Mitwirken bei der Kostenberechnung, bei Gebäuden und zugehörigen baulichen Anlagen: nach DIN 276,
g) Mitwirken bei der Kostenkontrolle durch Vergleich der Kostenberechnung mit der Kostenschätzung;

Leistungsphase 4: Genehmigungsplanung

a) Aufstellen der prüffähigen statischen Berechnungen für das Tragwerk unter Berücksichtigung der vorgegebenen bauphysikalischen Anforderungen,
b) Bei Ingenieurbauwerken: Erfassen von normalen Bauzuständen,
c) Anfertigen der Positionspläne für das Tragwerk oder Eintragen der statischen Positionen, der Tragwerksabmessungen, der Verkehrslasten, der Art und Güte der Baustoffe und der Besonderheiten der Konstruktionen in die Entwurfszeichnungen des Objektsplaners (zum Beispiel in Transparentpausen),
d) Zusammenstellen der Unterlagen der Tragwerksplanung zur bauaufsichtlichen Genehmigung,
e) Verhandlungen mit Prüfämtern und Prüfingenieuren,
f) Vervollständigen und Berichtigen der Berechnungen und Pläne;

Leistungsphase 5: Ausführungsplanung

a) Durcharbeiten der Ergebnisse der Leistungsphasen 3 und 4 unter Beachtung der durch die Objektplanung integrierten Fachplanungen,
b) Anfertigen der Schalpläne in Ergänzung der fertig gestellten Ausführungspläne des Objektplaners,
c) Zeichnerische Darstellung der Konstruktionen mit Einbau- und Verlegeanweisungen, zum Beispiel Bewehrungspläne, Stahlbaupläne, Holzkonstruktionspläne (keine Werkstattzeichnungen),
d) Aufstellen detaillierter Stahl- oder Stücklisten als Ergänzung zur zeichnerischen Darstellung der Konstruktionen mit Stahlmengenermittlung;

Leistungsphase 6: Vorbereitung der Vergabe

a) Ermitteln der Betonstahlmengen im Stahlbetonbau, der Stahlmengen in Stahlbau und der Holzmengen im Ingenieurholzbau als Beitrag zur Mengenermittlung des Objektplaners,
b) Überschlägiges Ermitteln der Mengen der konstruktiven Stahlteile und statisch erforderlichen Verbindungs- und Befestigungsmittel im Ingenieurholzbau,
c) Aufstellen von Leistungsbeschreibungen als Ergänzung zu den Mengenermittlungen als Grundlage für das Leistungsverzeichnis des Tragwerks;

Anlage 14
(zu § 53 Absatz 1)

Leistungen im Leistungsbild Technische Ausrüstung

Leistungsphase 1: Grundlagenermittlung

a) Klären der Aufgabenstellung der Technischen Ausrüstung im Benehmen mit dem Auftraggeber und dem Objektplaner oder der Objektplanerin, insbesondere in technischen und wirtschaftlichen Grundsatzfragen,
b) Zusammenfassen der Ergebnisse;

Leistungsphase 2: Vorplanung (Projekt- und Planungsvorbereitung)

a) Analyse der Grundlagen,
b) Erarbeiten eines Planungskonzepts mit überschlägiger Auslegung der wichtigen Systeme und Anlagenteile einschließlich Untersuchung der alternativen Lösungsmöglichkeiten nach gleichen Anforderungen mit skizzenhafter Darstellung zur Integrierung in die Objektplanung einschließlich Wirtschaftlichkeitsvorbetrachtung,
c) Aufstellen eines Funktionsschemas beziehungsweise Prinzipschaltbildes für jede Anlage,
d) Klären und Erläutern der wesentlichen fachspezifischen Zusammenhänge, Vorgänge und Bedingungen,
e) Mitwirken bei Vorverhandlungen mit Behörden und anderen an der Planung fachlich Beteiligten über die Genehmigungsfähigkeit,
f) Mitwirken bei der Kostenschätzung, bei Anlagen in Gebäuden: nach DIN 276,
g) Zusammenstellen der Vorplanungsergebnisse;

Leistungsphase 3: Entwurfsplanung (System- und Integrationsplanung)

a) Durcharbeiten des Planungskonzepts (stufenweise Erarbeitung einer zeichnerischen Lösung) unter Berücksichtigung aller fachspezifischen Anforderungen sowie unter Beachtung der durch die Objektplanung integrierten Fachplanungen bis zum vollständigen Entwurf,
b) Festlegen aller Systeme und Anlagenteile,
c) Berechnung und Bemessung sowie zeichnerische Darstellung und Anlagenbeschreibung,
d) Angabe und Abstimmung der für die Tragwerksplanung notwendigen Durchführungen und Lastangaben (ohne Anfertigen von Schlitz- und Durchbruchsplänen),
e) Mitwirken bei Verhandlungen mit Behörden und anderen an der Planung fachlich Beteiligten über die Genehmigungsfähigkeit,
f) Mitwirken bei der Kostenrechnung, bei Anlagen in Gebäuden: nach DIN 276,
g) Mitwirken bei der Kostenkontrolle durch Vergleich der Kostenberechnung mit der Kostenschätzung;

Leistungsphase 4: Genehmigungsplanung

a) Erarbeiten der Vorlagen für die nach den öffentlich-rechtlichen Vorschriften erforderlichen Genehmigungen oder Zustimmungen einschließlich der Anträge auf Ausnahmen und Befreiungen sowie noch notwendiger Verhandlungen mit Behörden,
b) Zusammenstellen dieser Unterlagen,
c) Vervollständigen und Anpassen der Planungsunterlagen, Beschreibungen und Berechnungen;

Leistungsphase 5: Ausführungsplanung

a) Durcharbeiten der Ergebnisse der Leistungsphasen 3 und 4 (stufenweise Erarbeitung und Darstellung der Lösung) unter Berücksichtigung aller fachspezifischen Anforderungen sowie unter Beachtung der durch die Objektplanung integrierten Fachleistungen bis zur ausführungsreifen Lösung,
b) Zeichnerische Darstellung der Anlagen mit Dimensionen (keine Montage- und Werkstattzeichnungen),
c) Anfertigen von Schlitz- und Durchbruchsplänen,
d) Fortschreibung der Ausführungsplanung auf den Stand der Ausschreibensergebnisse;

Leistungsphase 6: Vorbereitung der Vergabe

a) Ermitteln von Mengen als Grundlage für das Aufstellen von Leistungsverzeichnissen in Abstimmung mit Beiträgen anderer an der Planung fachlich Beteiligter,
b) Aufstellen von Leistungsbeschreibungen mit Leistungsverzeichnissen nach Leistungsbereichen;

Leistungsphase 7: Mitwirkung bei der Vergabe

a) Prüfen und Werten der Angebote einschließlich Aufstellen eines Preisspiegels nach Teilleistungen,
b) Mitwirken bei der Verhandlung mit Bietern und Erstellen eines Vergabevorschlages,
c) Mitwirken beim Kostenanschlag aus Einheits- oder Pauschalpreisen der Angebote, bei Anlagen in Gebäuden: nach DIN 276,
d) Mitwirken bei der Kostenkontrolle durch Vergleich des Kostenanschlags mit der Kostenberechnung,
e) Mitwirken bei der Auftragserteilung;

Leistungsphase 8: Objektüberwachung (Bauüberwachung)

a) Überwachen der Ausführung des Objektes auf Übereinstimmung mit der Baugenehmigung oder Zustimmung, den Ausführungsplänen, den Leistungsbeschreibungen oder Leistungsverzeichnissen sowie mit den allgemein anerkannten Regeln der Technik und den einschlägigen Vorschriften,

b) Mitwirken bei dem Aufstellen und Überwachen eines Zeitplanes (Balkendiagramm),
c) Mitwirken bei dem Führen eines Bautagebuches,
d) Mitwirken beim Aufmass mit den ausführenden Unternehmen,
e) Fachtechnische Abnahme der Leistungen und Feststellen der Mängel,
f) Rechnungsprüfung,
g) Mitwirken bei der Kostenfeststellung, bei Anlagen in Gebäuden: nach DIN 276,
h) Antrag auf behördliche Abnahmen und Teilnahme daran,
i) Zusammenstellen und Übergeben der Revisionsunterlagen, Bedienungsanleitungen und Prüfprotokolle,
j) Mitwirken beim Auflisten der Verjährungsfristen für Mängelansprüche,
k) Überwachen der Beseitigung der bei der Abnahme der Leistungen festgestellten Mängel,
l) Mitwirken bei der Kostenkontrolle durch Überprüfen der Leistungsabrechnung der bauausführenden Unternehmen im Vergleich zu den Vertragspreisen und dem Kostenanschlag;

Leistungsphase 9: Objektbetreuung und Dokumentation

a) Objektbegehung zur Mängelfeststellung vor Ablauf der Verjährungsfristen für Mängelansprüche gegenüber den ausführenden Unternehmen,
b) Überwachen der Beseitigung von Mängeln, die innerhalb der Verjährungsfristen für Mängelansprüche, längstens jedoch bis zum Ablauf von vier Jahren seit Abnahme der Leistungen auftreten,
c) Mitwirken bei der Freigabe von Sicherheitsleistungen,
d) Mitwirken bei der systematischen Zusammenstellung der zeichnerischen Darstellungen und rechnerischen Ergebnisse des Objekts.

Stichwortverzeichnis

(Die Zahlen verweisen auf die jeweiligen Randnummern)

K

L